全国职业院校汽车类专业新形态工作手册式教材
全国技工院校汽车类专业工学一体化教材

汽车检测与故障诊断

中德诺浩汽车职业教育研究院　组织编写
主编　吕丕华

中国劳动社会保障出版社

内容简介

本书为全国职业院校汽车类专业新形态工作手册式教材 / 全国技工院校汽车类专业工学一体化教材，由中德诺浩汽车职业教育研究院组织开发。全书分为 4 个学习情境、30 个学习任务，主要包括发动机无法启动故障诊断与维修、发动机怠速抖动故障诊断与维修、发动机加速无力故障诊断与维修、前照灯电路故障诊断与维修、雨刮不工作故障诊断与维修、电动车窗故障诊断与维修、空调系统故障诊断与维修、中控门锁故障诊断与维修、无钥匙进入故障诊断与维修、电子驻车制动系统故障诊断与维修等内容。

本书可作为全国职业院校与技工院校汽车类专业教学用书，也可作为汽车售后服务企业相关技术人员与社会人士培训参考用书。

本套教材由吕丕华主编，本书由温江杰负责编写。

图书在版编目（CIP）数据

汽车检测与故障诊断 / 吕丕华主编. -- 北京：中国劳动社会保障出版社，2023

全国职业院校汽车类专业新形态工作手册式教材　全国技工院校汽车类专业工学一体化教材

ISBN 978-7-5167-5847-2

Ⅰ. ①汽…　Ⅱ. ①吕…　Ⅲ. ①汽车 – 故障检测 – 职业教育 – 教材②汽车 – 故障诊断 – 职业教育 – 教材　Ⅳ. ①U472.9

中国国家版本馆 CIP 数据核字（2023）第 152350 号

中国劳动社会保障出版社出版发行

（北京市惠新东街 1 号　邮政编码：100029）

*

北京市白帆印务有限公司印刷装订　　新华书店经销

880 毫米 ×1230 毫米　16 开本　17 印张　418 千字

2023 年 9 月第 1 版　　2023 年 9 月第 1 次印刷

定价：56.00 元

营销中心电话：400-606-6496

出版社网址：http://www.class.com.cn

http://jg.class.com.cn

序

当前，我国正在加快实施“中国制造2025”计划，处于由制造大国向制造强国、由人力资源大国向人力资源强国发展的重要时期，党和国家为此制定了一系列科教兴国、人才强国的战略措施。

在人才队伍中，工作在生产一线的技能型人才是重要基础。高素质技能型人才队伍是推动经济社会发展的重要保障，职业教育是培养高素质技能型人才的主要渠道。尽管世界各国国情不同，发展职业教育的条件、政策和具体措施各异，但无论发达国家还是新兴工业化国家，均普遍重视职业教育在培养高素质技能型人才中的重要作用，把发展职业教育作为人力资源开发、振兴经济、增强国力的战略选择。

德国的职业教育水平处于世界领先地位。德国经济在世界金融危机中之所以依然稳健发展，与其因职业教育发达而拥有大量的高素质技能型人才是分不开的。完备的法律制度和各方面的高度重视，为德国的职业教育发展提供了有力保障。德国的双元制职业教育制度将劳动人事制度与教育制度有机地结合在一起。学校和企业都是培养人才的主体，并承担相应责任，学校和企业的教学计划、形式和内容虽各有侧重，但又相互联系，且均以工作任务为教学载体，将技能学习和训练、理论学习和运用有机结合，充分发挥学生在教学中的主体作用，着力培养学生承担社会责任的能力、独立发现和解决问题的能力、在实践中自主学习的能力。

改革开放以来，我国在借鉴国外先进职业教育经验方面取得了可喜成就。我国职业教育的对外交流与合作就是从借鉴和学习德国经验开始的，中德诺浩（北京）教育投资股份有限公司为此做了积极而有效的探索。

长期以来，该公司致力于引进德国的汽车职业教育资源，与德国手工业协会合作，在国内与以德国品牌为主的汽车合资企业和各类职业院校共同开展教育工作。经过多年的探索，结合我国国情，该公司成功地引进德国汽车职业教育的课程体系、教学素材和教学方法，并结合互联网手段进行了全方位本土化，在此基础上与 300 多所职业院校联手，为我国汽车维修企业培养了大批优秀人才。与此同时，该公司组织中德两国的汽车技术专家、经验丰富的维修技师和职业教育专家，共同编写了职业院校汽车类专业新形态工作手册式教材。这套教材以培养高技能人才为目标，内容选自实际操作，既“原汁原味”地吸纳了德国经验，又结合我国实际情况充实了教学内容，推动我国汽车维修技能型人才的培养与世界接轨。我期待其在我国培养国际标准汽车高技能人才方面发挥出重要作用，在中国由汽车大国向汽车强国迈进的征程中做出应有的贡献。

唐天标

2022 年 12 月

（本序作者系第十一届全国人大常委会委员、第十一届全国人大教科文卫委员会副主任委员，原中国人民解放军总政治部副主任，上将军衔）

前言

职业教育是国民教育体系和人力资源开发的重要组成部分，肩负着培养多样化人才、传承技术技能、促进就业创业的重要职责。随着新型工业化的推进和科学技术的发展，现代职业教育体系越来越成为国家竞争力的重要支撑。为贯彻落实全国职业教育大会精神，推动现代职业教育高质量发展，加快构建现代职业教育体系，建设技能型社会，弘扬工匠精神，培养更多高素质技术技能人才、能工巧匠、大国工匠，满足我国汽车产业迅猛发展对高端技术技能型汽车人才的需求，中德诺浩在总结多年来将德国汽车职业教育中国本土化经验的基础上，编写了这套职业院校汽车类专业新形态工作手册式教材。

本套教材将理论基础和实践应用有机结合，在引领学生学习汽车专业知识的同时培养学生实际操作技能，具有以下特点：

（1）以企业一线任务为引导，将理论知识与实践技能进行完美结合。

（2）集图、文、声、像于一体，为学生提供多种形式的学习素材。

（3）采用四色印刷，版面简洁清晰、主题明确、色彩清新。

（4）本套教材配有丰富的数字化教学资源，学生可通过扫描每本书专属的封面二维码进行浏览和自学。

本套教材由中德诺浩汽车职业教育研究院组织编写，编写方式充分发挥了学生的主体地位，优化了课堂设计，便于调动学生的学习积极性和主动性，还可培养学生的创新意识和创新能力。

本套教材是职业院校汽车类专业核心课程教材，同时也可供从事汽车研究、设计、制造、使用和维修的工程技术人员学习和参考。

由于时间紧、任务重，本书内容难免有不恰当和错误之处，敬请广大读者批评指正！

编者

2022 年 10 月

目录

CONTENTS

情境一

发动机故障检修

任务一　发动机无法启动故障诊断与维修（一）

<table>
<tr><th colspan="6">发动机无法启动故障诊断与维修任务工单——基础检查及故障诊断</th></tr>
<tr><td>客户信息</td><td>姓名</td><td colspan="2"></td><td>职业</td><td></td></tr>
<tr><td rowspan="2">车辆信息</td><td colspan="2">车型</td><td colspan="2">VIN 码</td><td>行驶里程</td></tr>
<tr><td colspan="2"></td><td colspan="2"></td><td></td></tr>
<tr><td>维修事项</td><td colspan="5">发动机故障验证 □　发动机基础检查 □　发动机故障自诊断 □　读取与清除故障码 □
读取数据流（测量值）□　基本设定 □　CAN 数据总线检修 □　起动系统故障检修 □
点火系统故障检修 □　燃油系统故障检修 □　进气系统故障检修 □　机械系统故障检修 □
客户描述：</td></tr>
<tr><th colspan="3">车辆外观检查</th><th colspan="3">车辆内部检查</th></tr>
<tr><td>凹凸 □
划痕 □
石击 □
油漆 □</td><td colspan="2">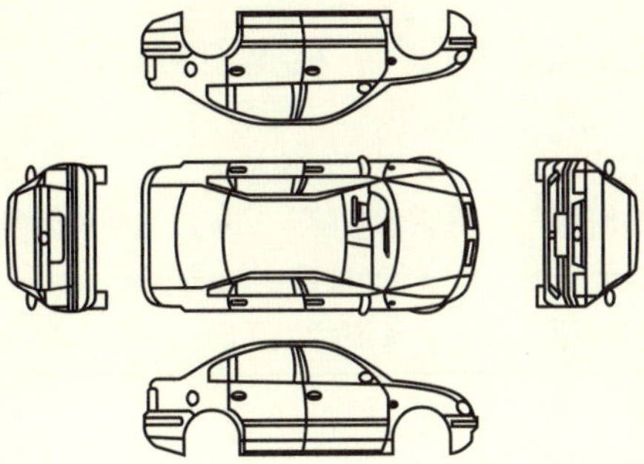</td><td>污渍 □
破损 □
色斑 □
变形 □</td><td colspan="2">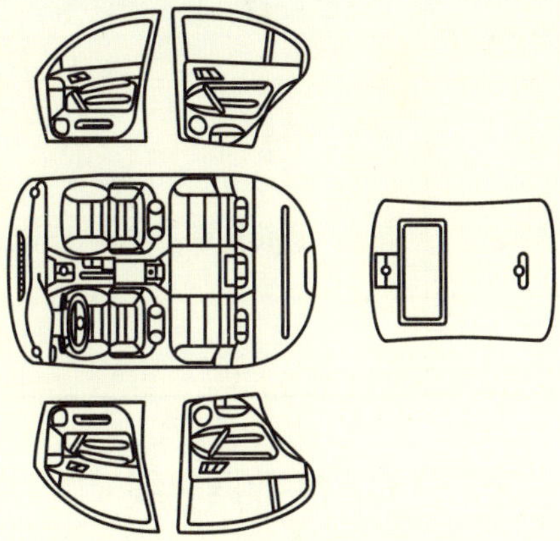</td></tr>
<tr><td>明确具体工作任务</td><td colspan="5"></td></tr>
<tr><td>任务目标</td><td colspan="5">● 掌握发动机无法启动故障诊断与维修的思路
● 能够正确使用检测设备和仪器进行故障检测
● 能够正确填写维修工单，进行质量检查</td></tr>
<tr><td>任务内容</td><td colspan="5">● 发动机无法启动故障原因
● CAN 数据总线系统组成及故障检修
● 发动机无法启动故障诊断树
● 发动机无法启动故障排除</td></tr>
</table>

续表

任务重点	● 发动机无法启动故障原因 ● 发动机无法启动故障诊断树 ● 发动机无法启动故障排除
任务难点	● 发动机无法启动故障排除

一、知识讲解

（一）发动机无法启动常见故障类型及故障原因

发动机无法启动常见故障有两种类型：一种是起动机不转，发动机无法启动；另一种是起动机运转正常，发动机无法启动。发动机无法启动故障原因可能涉及发动机防盗系统、起动系统、点火系统、燃油系统、发动机控制系统、CAN 数据总线系统、进气和排气系统、发动机机械系统等，见表 1-1。

表 1-1　发动机无法启动故障类型及原因

序号	故障类型	故障原因
1	起动机不转，发动机无法启动	★起动机故障　★启动继电器故障　★启动线路故障 ★车辆处于防盗状态　★蓄电池电压过低 ★点火开关、挡位开关、离合器开关、制动开关故障 ★发动机控制单元及相关电路故障 ★ CAN 数据总线故障
2	起动机运转正常，发动机无法启动	★发动机防盗系统故障　★钥匙没有成功匹配 ★曲轴（凸轮轴）位置传感器故障 ★点火电路故障　★燃油系统故障 ★进气系统漏气、传感器故障　★排气系统堵塞 ★电控单元故障　★ CAN 数据总线故障 ★发动机缸压不足　★发动机正时（配气）相位错乱

（二）CAN 数据总线

1. CAN 数据总线的定义

CAN 是 controller area network 的缩写，称为控制单元局域网，它是车用控制单元传输信息的一种传送形式。

CAN 数据总线系统的控制单元连接采用铜缆串行方式。由于控制单元采用串行合用方式，因此，不同控制单元之间的信息传送方式是广播式传输，也就是说每个控制单元不指定接收者，而是把所有的信息都往外发送，由接收控制单元自主选择是否需要接收这些信息，如图 1-1 所示。

2. CAN 数据总线系统分类

CAN 数据总线系统分为驱动系统、舒适系统、信息系统、诊断系统、仪表系统五个局域网，其传输速率（单位 Kbit/s）、传输线（CAN-H 线）颜色分别如下：

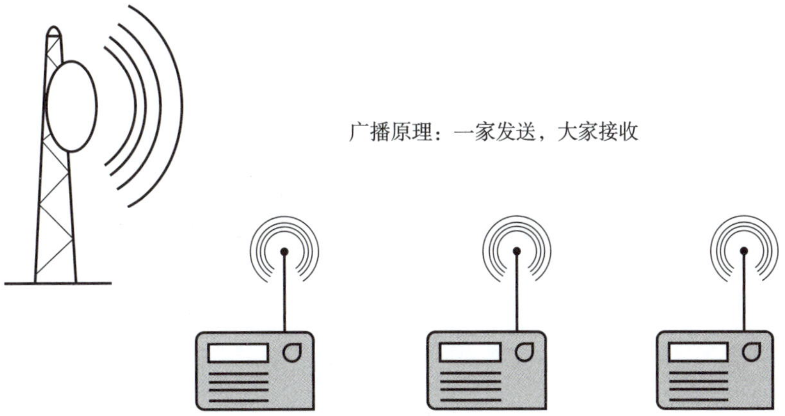

图 1-1 CAN 数据总线系统的信息传送方式

驱动系统（由 15 号线激活）：500，橙 / 黑；　舒适系统（由 30 号线激活）：100，橙 / 绿；

信息系统（由 30 号线激活）：100，橙 / 紫；　诊断系统（由 30 号线激活）：500，—；

仪表系统（由 15 号线激活）：100，橙 / 蓝。

CAN 数据总线使用两根扭绞在一起的导线连接各控制单元，两根导线分别称为 CAN-H 和 CAN-L 线。CAN 数据总线的基本色是橙色，CAN-L 线为橙 / 棕色。

LIN 总线是 CAN 数据总线网络的子系统，为 CAN 数据总线提供辅助功能，其传输速率为 20 Kbit/s，整个 CAN 数据总线系统最大可承载 1 000 Kbit/s。

3. 驱动 CAN 数据总线系统组成

驱动 CAN 数据总线系统由启动控制钥匙 D、转向盘转角传感器 G85、带 EDL（电子差速锁）的 ABS 控制单元 J104、自动变速器控制单元 J217、发动机控制单元 J623、安全气囊控制单元 J234、前照灯调节控制单元 J431、电动助力转向控制单元 J500、转向柱电子装置控制单元 J527、网关 J533、诊断接口 T16 组成，如图 1-2 所示。

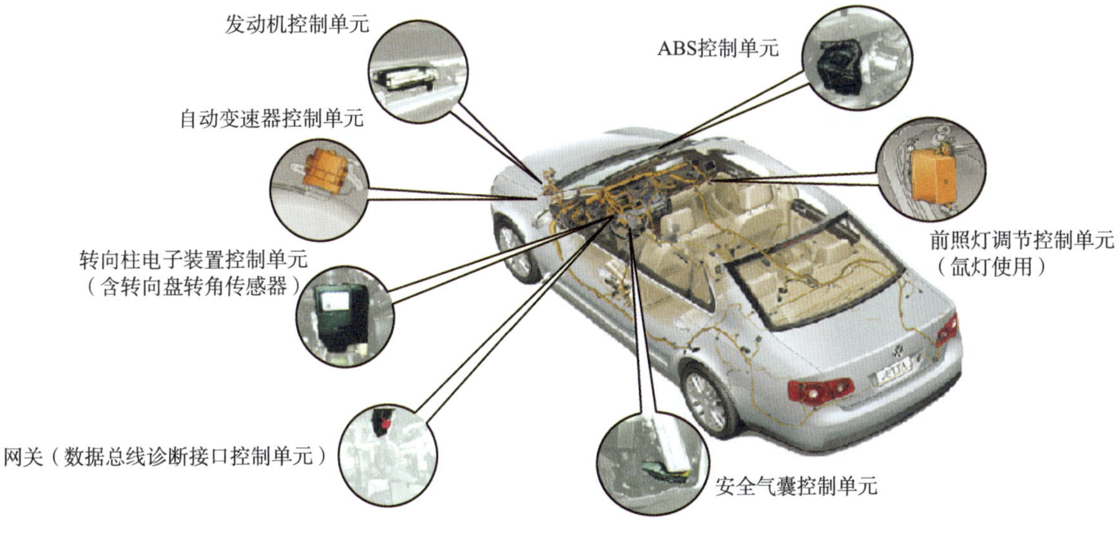

a）

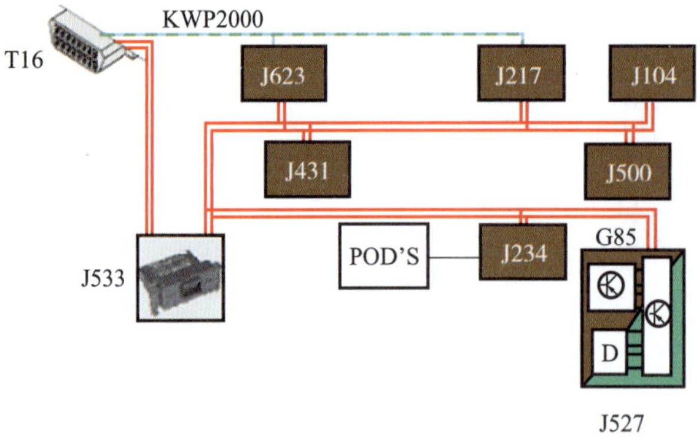

b）

图 1-2　驱动 CAN 数据总线系统组成

4. 网关 J533 及其作用

由于不同区域 CAN 数据总线的传输速率和识别代号不同，因此，一个信号要从一个总线进入另一个总线区域，必须改变其识别代号和传输速率，使之能被另一个系统接收，这个任务由网关（gateway）来完成。此外，网关还具有改变信息优先级的功能。

网关 J533 安装位置及针脚说明如图 1-3 所示。

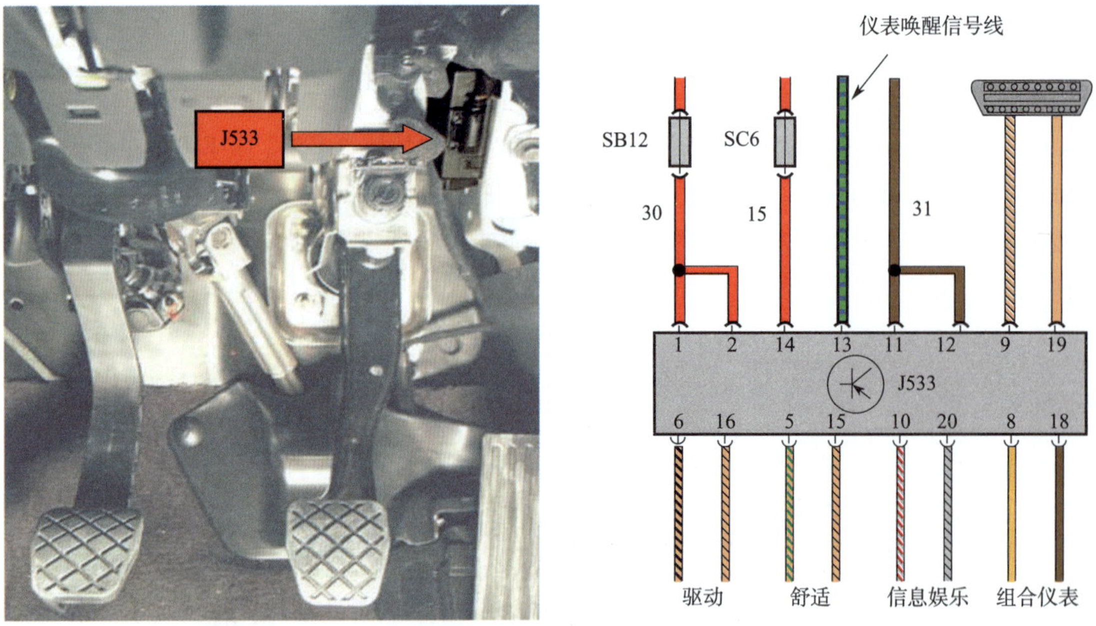

图 1-3　网关 J533 安装位置及针脚说明

5. CAN 数据总线故障检测方法

（1）CAN 数据总线维修注意事项

导线维修技术要求如图 1-4 所示，切记不能打开总线的结点。

（2）终端电阻和电压检测

终端电阻检测：关闭点火开关并断开电源至少等待 5 min 后，拆下相应的控制单元插接器，使用数字万用表或专用检测仪测量终端电阻阻值为 120 Ω，测量驱动总线总阻值为 60 Ω，如图 1-5 所示。

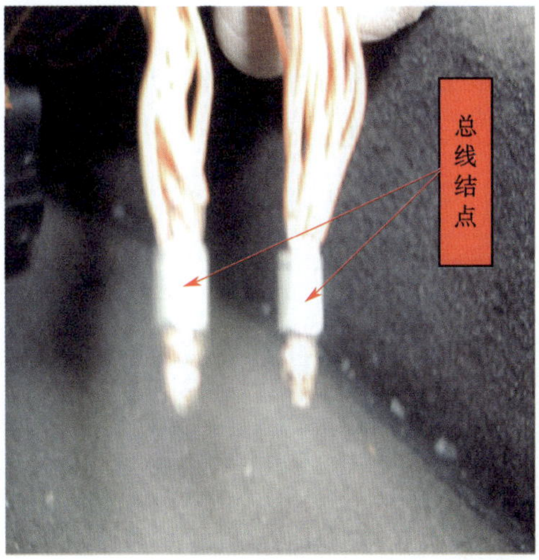

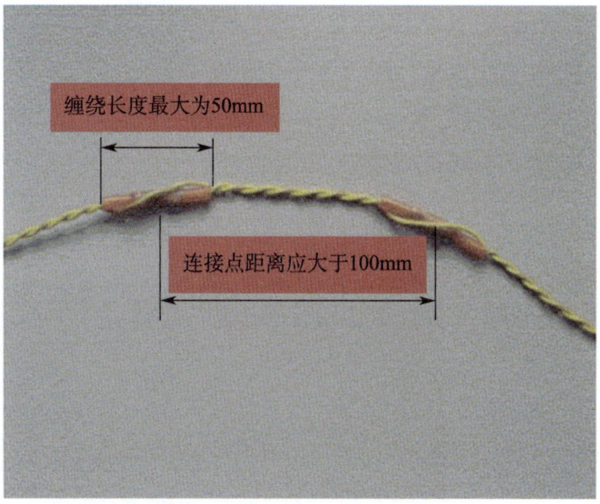

图 1-4　导线维修技术要求

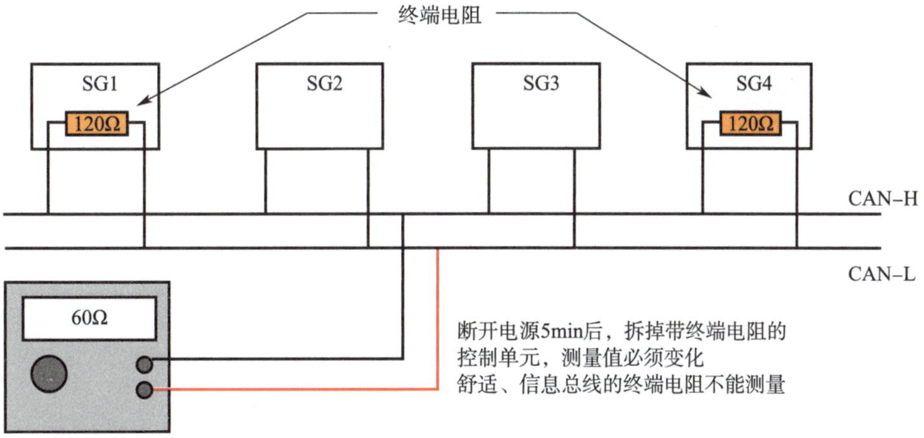

图 1-5　终端电阻检测

电压检测：打开点火开关，用数字万用表或示波器检查 CAN-H 和 CAN-L 电压值应符合规定，如图 1-6 所示。

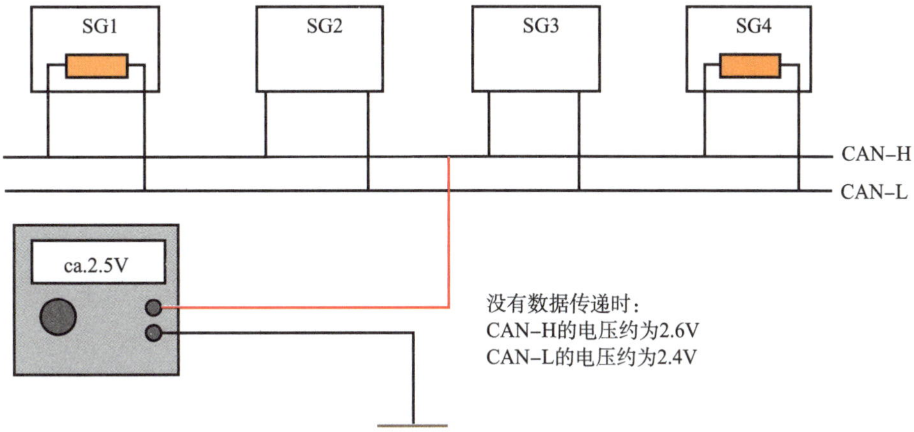

图 1-6　电压检测

（3）驱动 CAN 数据总线波形检测

使用波形分析仪或汽车专用示波器检测驱动 CAN 数据总线波形，应符合规定。如波形不符合规定，应检查驱动 CAN 数据总线是否有断路、短路、对蓄电池负极短路、对蓄电池正极短路等故障。

驱动 CAN 数据总线标准波形如图 1–7 所示。

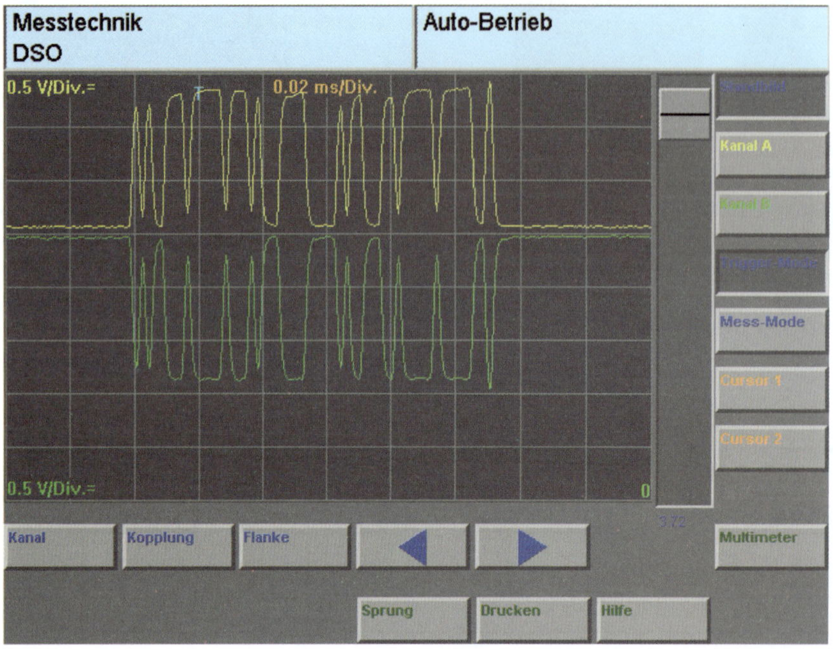

CAN–H 与 CAN–L 的波形相同，极性相反，且最大电压值相等

图 1–7　驱动 CAN 数据总线标准波形

（三）发动机无法启动故障诊断流程

1. 故障验证

打开点火开关并启动发动机，检查发动机能否正常运转并着车。验证后关闭点火开关。

2. 发动机基础检查

（1）将车辆停放在维修工位，拉起驻车制动器并将自动变速器置于空挡，铺设三件套（即转向盘套、座椅套和脚垫）。

（2）准备好常用工具、诊断仪、万用表、试灯。

（3）检查发动机机油、冷却液、制动液液面是否正常。

（4）检查蓄电池电压是否正常。

3. 发动机故障自诊断

（1）连接诊断仪，打开点火开关，进行发动机故障自诊断。

（2）如果无法进入发动机故障自诊断，检查熔丝 SB13、SB14 是否损坏，检查发动机控制单元电源、搭铁是否良好。

（3）检查发动机控制单元 J623 的 CAN 数据总线波形是否正常。如不正常，检查发动机控制单元 J623 与数据总线诊断接口控制单元 J533 之间的 CAN 数据总线连接线路是否良好。

（4）如果所有电控系统自诊断都进不去，则检查熔丝 SC1、SC13 是否损坏，检查诊断插座 U31 的电源、搭铁是否良好；如正常，检查熔丝 SB15、SC7 是否损坏，数据总线诊断接口控制单元 J533 的电源、搭铁是否良好；如以上都正常，则数据总线诊断接口控制单元 J533 损坏，需更换。

（5）读取故障码，按照故障码提示进行故障检测，排除故障。

（6）如果无故障码，查阅相关维修手册（资料），根据发动机各系统工作原理进行故障分析、检测，排除故障。

4. 起动系统检查

（1）打开点火开关，启动着车，检查起动机是否正常运转。

（2）如果起动机不转，检查发动机是否处于防盗状态；若处于防盗状态，检查防盗系统是否有故障。

（3）如果防盗系统正常，拆卸空气滤清器壳体，检查起动挡时起动机 T1v 端子是否有 12 V 电压；若正常，故障为起动机损坏或起动机搭铁不良。

（4）如果起动机 T1v 端子没电，检查熔丝 SB30、SC10 是否有电；若熔丝没电，检查熔丝和继电器 J329 是否损坏；若正常，检查继电器 J329 与车载电网控制单元 J519、熔丝、搭铁之间的连接导线是否有故障。

（5）如果熔丝 SB30、SC10 有电，检查继电器 J682 和 J710 是否损坏。若正常，检查继电器 J682 与熔丝 SC10、发动机控制单元 J623 之间的连接导线是否正常，检查继电器 J710 与熔丝 SC10、发动机控制单元 J623、起动机的 T1v 端子、车载电网控制单元 J519 之间的连接导线是否正常。

（6）如果以上检查正常，使用诊断仪检查曲轴位置传感器 G28 和凸轮轴位置传感器 G40 的信号电压是否正常；若传感器正常，检查熔丝 SB13、SB14 是否正常；若熔丝正常，检查发动机控制单元 J623 的电源、搭铁是否正常。

（7）连接诊断仪，检查制动开关、变速器空挡启动开关是否正常。

（8）若以上检查均正常，则发动机控制单元 J623 损坏，需更换。

5. 点火系统检查

（1）取下发动机装饰盖，断开点火控制器的插接器，取下点火控制器总成，插上火花塞，启动发动机，检查高压火花是否正常。

（2）如果高压火花正常，检查各缸火花塞及燃油系统是否有故障。

（3）如果无高压火花，检查点火控制器插接器 1 号端子是否有 12 V 工作电压，2 号和 4 号端子搭铁是否良好。

（4）如果无 12 V 工作电压，检查熔丝 SB10、SB13 是否损坏，主继电器 J271 是否损坏。

（5）如果有 12 V 工作电压，检查 3 号端子是否有点火信号电压。

（6）如果有点火信号电压，则点火控制器总成损坏，需更换。

（7）如果无点火信号电压，检查曲轴、凸轮轴位置传感器是否损坏。

（8）如果曲轴、凸轮轴位置传感器正常，检查发动机控制单元 J623 的电源、搭铁是否正常。

（9）如果正常，则发动机控制单元 J623 损坏，需更换。

6. 燃油系统检查

（1）连接诊断仪，检查 106 组高压燃油系统的压力值，观察燃油压力值是否符合规定。

（2）拔下燃油压力调节阀 N276 的插接器，观察发动机是否熄火，如果熄火，则说明低压燃油系统压力过低，不能维持发动机正常启动及运转，应检查电动燃油泵、燃油滤清器是否正常；如果不熄火，则查看高压燃油系统的压力值，若数值在 650 kPa 左右，则证明低压燃油系统没有故障。

（3）若燃油压力值不符合规定，检查高压燃油压力传感器 G247 是否损坏；若无燃油压力，检查燃油泵熔丝 SC36 是否损坏。

（4）拆卸后排座椅，检查燃油泵控制单元 J538 端子 1 电压是否正常，端子 6 搭铁是否正常。

（5）检查燃油泵控制单元 J538 端子 2 与发动机控制单元 J623、端子 7 与车载电网控制单元 J519 之间的连接导线是否正常。

（6）拔下燃油泵插接器，检查燃油泵阻值是否符合规定。

（7）检查燃油泵供油量是否符合规定。

7. 进气系统及传感器检查

（1）检查进气软管、活性炭罐、涡轮增压进气管等是否有严重泄漏的地方。

（2）检查空气滤清器是否堵塞，节气门体是否脏污、卡滞。

（3）检查节气门位置传感器、空气流量计、冷却液温度传感器、氧传感器、进气压力传感器的电源、搭铁、信号电压、数据流是否正常。

8. 发动机机械系统检查

（1）检查发动机正时传动带（链条）是否错位、断裂。

（2）检查发动机缸压是否正常。

（3）检查三元催化器、排气管、消声器是否堵塞。

（4）检查发动机曲柄连杆机构和配气机构是否正常。

（四）发动机无法启动故障诊断树

发动机无法启动故障诊断树如图 1-8 所示。

二、任务准备

选出完成本任务所需的工具、设备、资料等。

	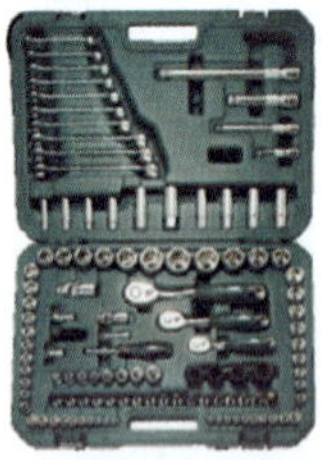	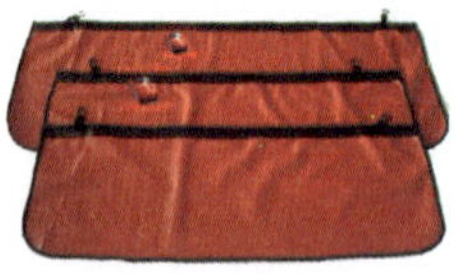	
工具车	工具套件	翼子板布	吹尘枪
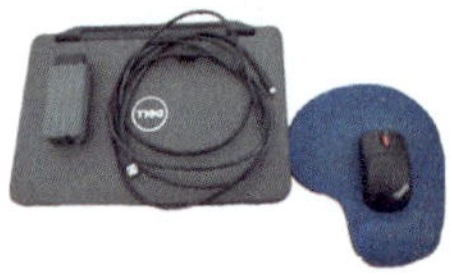	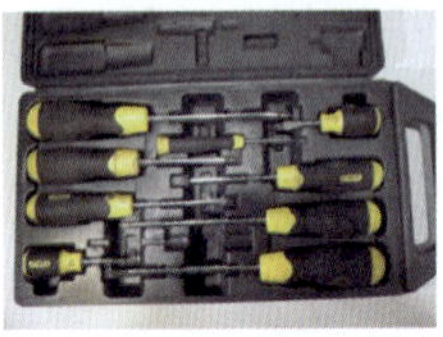	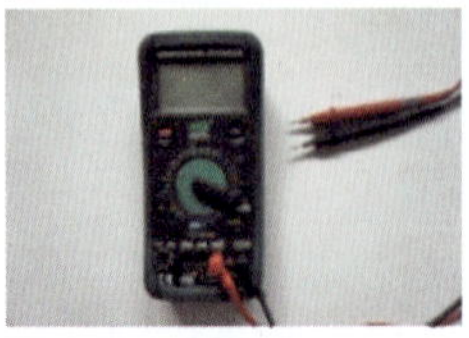	
诊断仪	旋具套装	万用表	二极管试灯

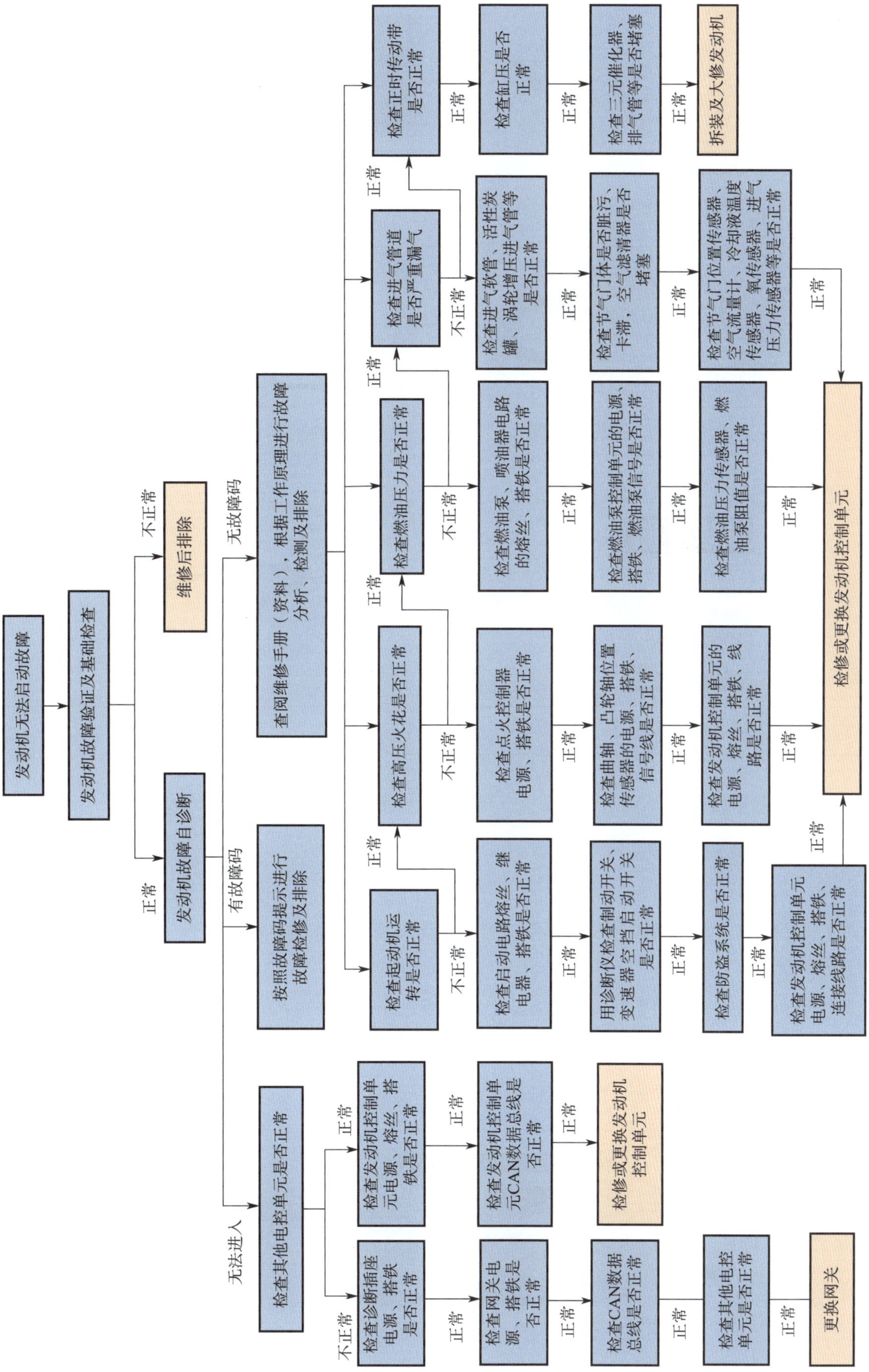

图 1-8 发动机无法启动故障诊断树

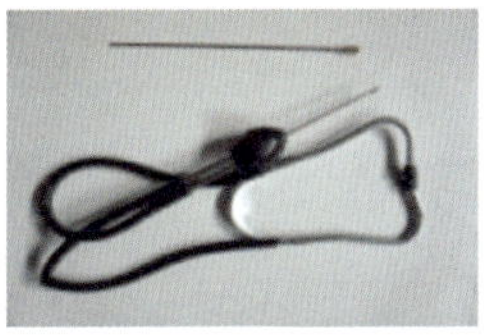		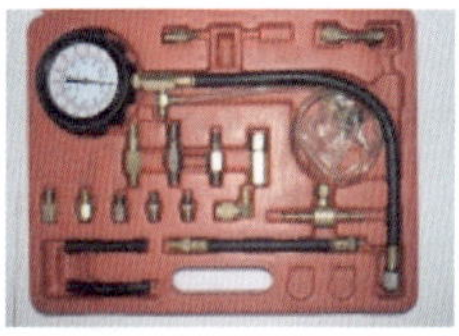	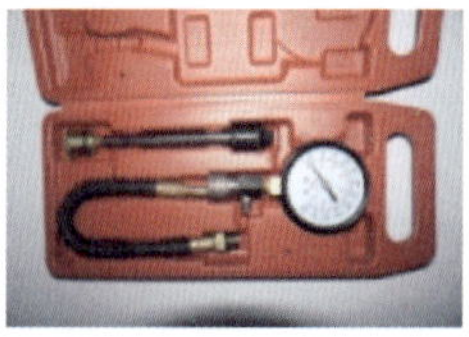
听诊器	抹布	燃油压力表	气缸压力表
	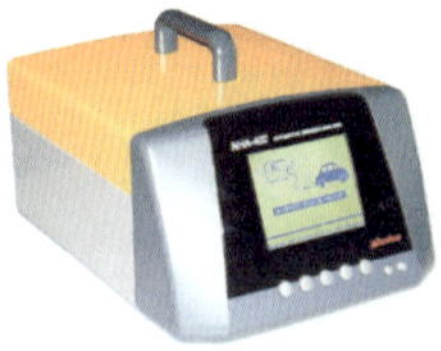		
示波器	尾气分析仪	举升机	实训车辆

维修手册	多楔传动带

三、防护措施

1. 进入车间应穿工鞋，戴工帽；工作服应整洁，无破损；操作时不可戴手表等金属饰品，以防划伤车辆表面。

2. 举升车辆时应严格按照举升机使用方法进行操作，并通知其他人员远离举升设备。

3. 更换油液或配件时应处理好油液或配件的回收清理工作，以免对工作环境造成污染。

观察下列车间操作图片，选出操作正确的图片。

		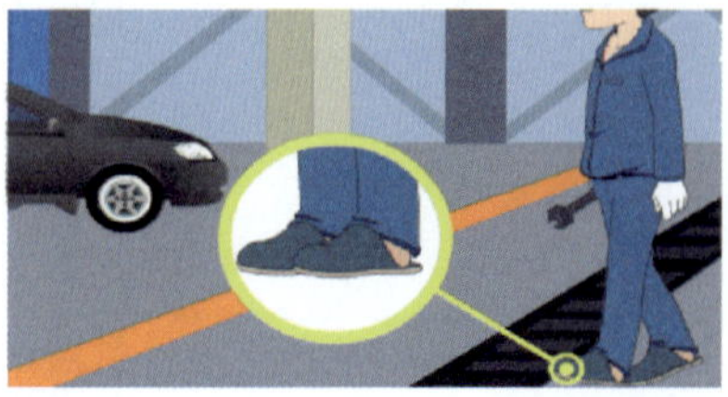

四、任务分配（见表 1-2）

表 1-2　任务分配表

职务	代码	姓名	工作内容
组长	A		监督、管理组员工作
组员	B		准备实训所需车辆及零配件
	C		
	D		准备实训所需工具及维修手册
	E		

五、任务实施

（一）操作流程

完成下面工作内容的排序并填写在表 1-3 中。

表 1-3　发动机无法启动故障诊断与维修操作步骤

操作流程	步骤	工作内容
故障验证		打开点火开关并启动发动机，检查发动机能否正常运转并着车。验证后关闭点火开关
发动机基础检查		准备好常用工具、诊断仪、万用表、试灯
		检查发动机机油、冷却液、制动液液面是否正常
		将车辆停放在维修工位，拉起驻车制动器并将自动变速器置于空挡
		铺好转向盘套、座椅套、脚垫，打开发动机舱盖，铺好翼子板布
		检查启动时蓄电池电压是否正常
发动机故障自诊断		如果无法进入发动机故障自诊断，检查熔丝 SB13、SB14 是否损坏，检查发动机控制单元电源、搭铁是否良好
		连接诊断仪，打开点火开关，进行发动机故障自诊断
		检查发动机控制单元 J623 的 CAN 数据总线波形是否正常，如不正常，检查发动机控制单元 J623 与数据总线诊断接口控制单元 J533 之间的 CAN 数据总线连接线路是否良好
		读取故障码，按照故障码提示进行故障检测，排除故障
		如果所有电控系统自诊断都进不去，则检查熔丝 SC1、SC13 是否损坏，检查诊断插座 U31 的电源、搭铁是否良好；如正常，检查熔丝 SB15、SC7 是否损坏，数据总线诊断接口控制单元 J533 的电源、搭铁是否良好；如以上都正常，则数据总线诊断接口控制单元 J533 损坏，需更换
		如果无故障码，查阅相关维修手册（资料），根据发动机各系统工作原理进行故障分析、检测，排除故障
起动系统检查		打开点火开关，启动着车，检查起动机是否正常运转
		如果起动机不转，检查发动机是否处于防盗状态；若处于防盗状态，检查防盗系统是否有故障

续表

操作流程	步骤	工作内容
起动系统检查		如果熔丝 SB30、SC10 有电，检查继电器 J682 和 J710 是否损坏。若正常，检查继电器 J682 与熔丝 SC10、发动机控制单元 J623 之间的连接导线是否正常，检查继电器 J710 与熔丝 SC10、发动机控制单元 J623、起动机的 T1v 端子、车载电网控制单元 J519 之间的连接导线是否正常
		如果以上检查正常，使用诊断仪检查曲轴位置传感器 G28 和凸轮轴位置传感器 G40 的信号电压是否正常；若传感器正常，检查熔丝 SB13、SB14 是否正常；若熔丝正常，检查发动机控制单元 J623 的电源、搭铁是否正常
		如果防盗系统正常，拆卸空气滤清器壳体，检查起动挡时起动机 T1v 端子是否有 12 V 电压；若有电，故障为起动机损坏或起动机搭铁不良
		如果起动机 T1v 端子没电，检查熔丝 SB30、SC10 是否有电；若熔丝没电，检查熔丝和继电器 J329 是否损坏；若正常，检查继电器 J329 与控制单元 J519、熔丝、搭铁之间的连接导线是否有故障
		连接诊断仪，检查制动开关、变速器空挡启动开关是否正常
		若以上检查均正常，则发动机控制单元 J623 损坏，需更换
点火系统检查		取下发动机装饰盖，断开点火控制器的插接器，取下点火控制器总成，插上火花塞，启动发动机，检查高压火花是否正常
		如果高压火花正常，检查各缸火花塞及燃油系统是否有故障
		如果有 12 V 工作电压，检查 3 号端子是否有点火信号电压
		如果有点火信号电压，则点火控制器总成损坏，需更换
		如果无高压火花，检查点火控制器插接器 1 号端子是否有 12 V 工作电压，2 号和 4 号端子搭铁是否良好
		如果无 12 V 工作电压，检查熔丝 SB10、SB13 是否损坏，主继电器 J271 是否损坏
		如果无点火信号电压，检查曲轴、凸轮轴位置传感器是否损坏
		如果曲轴、凸轮轴位置传感器正常，检查发动机控制单元 J623 的电源、搭铁是否正常
		如果正常，则发动机控制单元 J623 损坏，需更换
燃油系统检查		连接诊断仪，检查 106 组高压燃油系统的压力值，观察燃油压力值是否符合规定
		拆卸后排座椅，检查燃油泵控制单元 J538 端子 1 电压是否正常，端子 6 搭铁是否正常
		检查燃油泵控制单元 J538 端子 2 与发动机控制单元 J623、端子 7 与车载电网控制单元 J519 之间的连接导线是否正常
		拔下燃油泵插接器，检查燃油泵阻值是否符合规定
		拔下燃油压力调节阀 N276 的插接器，观察发动机是否熄火。如果熄火，则说明低压燃油系统压力过低，不能维持发动机正常启动及运转，应检查电动燃油泵、燃油滤清器是否正常；如果不熄火，则查看高压燃油系统的压力值，若数值在 650 kPa 左右，则证明低压燃油系统没有故障
		若燃油压力值不符合规定，检查高压燃油压力传感器 G247 是否损坏；若无燃油压力，检查燃油泵熔丝 SC36 是否损坏
		检查燃油泵供油量是否符合规定

续表

操作流程	步骤	工作内容
进气系统及传感器检查		检查节气门位置传感器、空气流量计、冷却液温度传感器、氧传感器、进气压力传感器的电源、搭铁、信号电压、数据流是否正常
		检查进气软管、活性炭罐、涡轮增压进气管等是否有严重泄漏的地方
		检查空气滤清器是否堵塞，节气门体是否脏污、卡滞
发动机机械系统检查		检查发动机正时传动带（链条）是否错位、断裂
		检查发动机缸压是否正常
		检查三元催化器、排气管、消声器是否堵塞
		检查发动机曲柄连杆机构和配气机构是否正常

（二）实施记录

结合实施过程，对照表 1–4 所列检查项目进行检查，并记录实际的检查结果。

表 1–4　发动机无法启动故障诊断与维修实施记录

序号	项目	故障检查	故障记录
1	故障验证	发动机转速低 □　发动机运转不着车 □ 起动机发出“咔咔”声，不运转 □　起动机无任何反应 □	检查出的故障：
2	发动机基础检查	铺设三件套，安全防护工作 □　机油液面 □　冷却液液面 □ 制动液液面 □　蓄电池电压：________ V	检查出的故障：
3	发动机故障自诊断	正确连接诊断仪 □　不能进入自诊断 □　可以进入自诊断 □ 诊断插座 U31 检查 □　相关熔丝检查 □　网关 J533 检查 □ 发动机 CAN 数据总线波形正常 □　发动机 CAN 数据总线波形错误 □ 发动机控制单元 J623 电源、搭铁、熔丝检查 □ 网关 J533 电源、搭铁、熔丝检查 □ 检查发动机控制单元 J623 与网关 J533 之间的 CAN 数据总线连接是否正常 □ 检查诊断插座 U31 与网关 J533 之间的 CAN 数据总线连接是否正常 □ 读取故障码：有故障码 □　无故障码 □ 故障码记录：________________________________ ____	检查出的故障：
4	起动系统检查	起动机不运转 □　起动机运转无力 □　起动机正常运转 □ 起动机 T1v 端子电压检测：有 12 V 电压 □　无 12 V 电压 □ 启动电路熔丝、继电器检查：熔丝损坏 □　继电器损坏 □ 启动电路熔丝、继电器、控制单元连接线路检查： 断路 □　短路 □　搭铁 □　正常 □ 曲轴位置传感器 G28 检查：电源、搭铁故障 □　传感器正常 □ 传感器故障 □ 凸轮轴位置传感器 G40 检查：电源、搭铁故障 □　传感器正常 □ 传感器故障 □ 制动开关、空挡启动开关检查：开关正常 □　开关损坏 □ 发动机控制单元 J623 检查：电源、搭铁故障 □　J623 损坏 □	检查出的故障：

续表

序号	项目	故障检查	故障记录
5	点火系统检查	高压火花检查：无高压火花 □ 高压火花弱 □ 高压火花正常 □ 火花塞检查：火花塞正常 □ 火花塞损坏 □ 点火控制器电路检查：电源、搭铁正常 □ 电源、搭铁故障 □ 熔丝正常 □ 熔丝损坏 □ 继电器正常 □ 继电器损坏 □ 点火信号检查：有点火信号 □ 无点火信号 □ 点火信号错误 □ 曲轴位置传感器 G28 检查：电源、搭铁故障 □ 传感器正常 □ 传感器故障 □ 凸轮轴位置传感器 G40 检查：电源、搭铁故障 □ 传感器正常 □ 传感器故障 □	检查出的故障：
6	燃油系统检查	高压燃油压力检查：油压正常 □ 油压过低 □ 无油压 □ 油压测量值：________________ kPa 燃油压力调节阀 N276 检查：电磁阀正常 □ 电磁阀损坏 □ 电源、搭铁故障 □ 高压燃油压力传感器 G247 检查：传感器正常 □ 传感器故障 □ 电源、搭铁故障 □ 燃油泵熔丝检查：熔丝正常 □ 熔丝损坏 □ 燃油泵控制单元 J538 检查：电源、搭铁故障 □ 连接导线故障 □ J538 故障 □ 燃油泵检查：燃油泵正常 □ 燃油泵损坏 □ 燃油泵性能不良 □	检查出的故障：
7	进气系统及传感器检查	进气系统检查：空气滤清器脏污、堵塞 □ 进气软管破裂、漏气 □ 各真空管脱落、破裂、泄漏 □ 活性炭罐电磁阀常开 □ 废气再循环阀常开 □ 涡轮增压进气管破裂、泄漏 □ 节气门体脏污 □ 各传感器检测：有故障码 □ 无故障码 □ 读取数据流（测量值）□ 连接导线故障 □ 电源、搭铁故障 □ 传感器正常 □ 传感器故障 □ 故障码记录：____	检查出的故障：
8	发动机机械系统检查	发动机缸压检测：缸压正常 □ 缸压过低 □ 个别缸压低 □ 缸压检测值：1 缸______ 2 缸______ 3 缸______ 4 缸______ 配气正时检查：正时传动带磨损 □ 正时传动带断裂 □ 排气装置检查：三元催化器堵塞 □ 排气管、消声器堵塞 □ 发动机拆装及检查：曲柄连杆机构故障 □ 配气机构故障 □	检查出的故障：

根据任务实施流程和故障排除过程，总结发动机无法启动故障排除思路，并填写在下面。

1. ____
2. ____
3. ____
4. ____
5. ____
6. ____

六、检查

（一）自检

结合本组任务操作过程，对任务执行过程中的操作规范性进行检查，检查操作过程中是否存在以下问题，分析讨论应如何避免并总结规范的操作方法（见表 1–5）。

表 1–5 自检

检查项目	结果
车辆停放位置是否合适，是否将变速器置于空挡并拉紧驻车制动器	是 □ 否 □
是否使用三件套对车辆进行防护	是 □ 否 □
使用举升机是否按规范操作，是否注意人身安全	是 □ 否 □
发动机基础检查项目是否正常	是 □ 否 □
发动机 CAN 数据总线波形是否正常	是 □ 否 □
发动机故障自诊断能否进入	能 □ 否 □
发动机无法启动故障是否排除	是 □ 否 □
工作场地是否清洁，车辆是否复位	是 □ 否 □

（二）互检

组与组之间相互进行任务操作过程及结果检查，并把检查结果填写在表 1–6 中。

表 1–6 互检

检查项目	结果
车辆停放位置是否合适，是否将变速器置于空挡并拉紧驻车制动器	是 □ 否 □
是否使用三件套对车辆进行防护	是 □ 否 □
使用举升机是否按规范操作，是否注意人身安全	是 □ 否 □
发动机基础检查项目是否正常	是 □ 否 □
发动机 CAN 数据总线波形是否正常	是 □ 否 □
发动机故障自诊断能否进入	能 □ 否 □
发动机无法启动故障是否排除	是 □ 否 □
工作场地是否清洁，车辆是否复位	是 □ 否 □

七、课堂小结

任务二　发动机无法启动故障诊断与维修（二）

发动机无法启动故障诊断与维修任务工单——起动系统与点火系统检查				
客户信息	姓名		职业	
车辆信息	车型	VIN 码	行驶里程	
维修事项	发动机故障验证 □ 读取数据流（测量值）□ 点火系统故障检修 □	发动机基础检查 □ 基本设定 □ 燃油系统故障检修 □	发动机故障自诊断 □ CAN 数据总线检修 □ 进气系统故障检修 □	读取与清除故障码 □ 起动系统故障检修 □ 机械系统故障检修 □
	客户描述：			

车辆外观检查		车辆内部检查	
凹凸 □ 划痕 □ 石击 □ 油漆 □	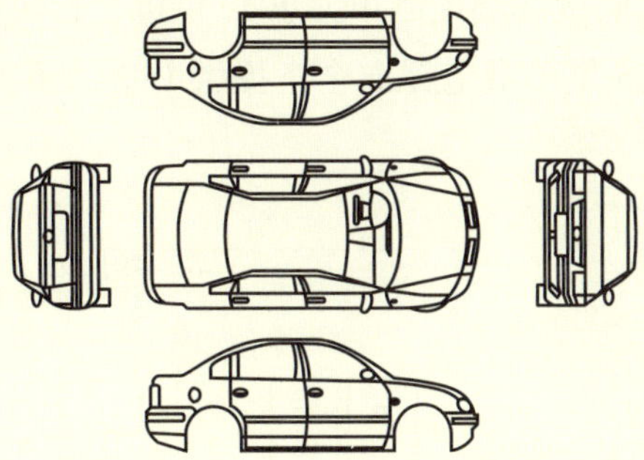	污渍 □ 破损 □ 色斑 □ 变形 □	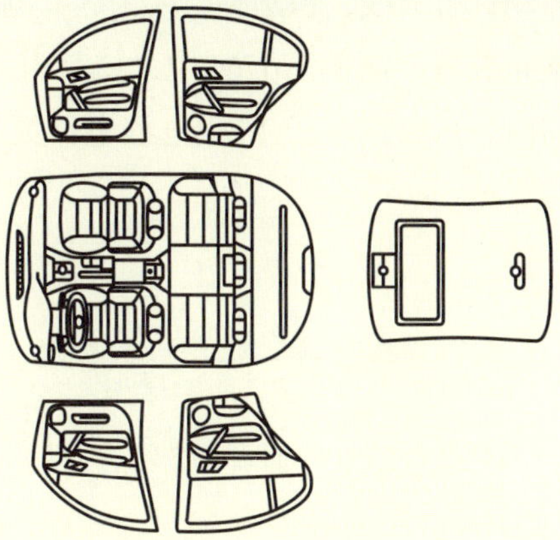

明确具体工作任务	

任务目标

- 掌握发动机无法启动故障诊断与维修的思路
- 能够正确使用检测设备和仪器进行故障检测
- 能够正确填写维修工单，进行质量检查

任务内容

- 大众迈腾轿车防盗和启动电路的组成及工作原理
- 大众迈腾轿车燃油系统的组成、工作原理及故障检修方法
- 发动机无法启动故障诊断树
- 发动机无法启动故障排除

续表

任务重点	● 发动机无法启动故障原因 ● 发动机无法启动故障诊断树 ● 发动机无法启动故障排除
任务难点	● 发动机无法启动故障排除

一、知识讲解

（一）大众迈腾轿车的防盗和启动电路

1. 防盗和启动电路组成

防盗和启动电路由接线端控制单元 J942、车载电网控制单元 J519、舒适系统中央控制单元 J393（与防盗控制单元 J362 集成于一体）、发动机控制单元 J623、进入及启动许可天线、点火开关 E415、点火启动按键 E378、网关 J533 等部件组成，如图 2-1 所示。

2. 防盗和启动电路工作原理

（1）驾驶员可通过点火开关 E415 或点火启动按键 E378 操纵车辆功能。接线端 S 和接线端 15 电源由接线端控制单元 J942 根据点火启动按键 E378 的请求以电子方式产生，在收到请求时产生持续信号。接线端 S、15、50 会在接线端控制单元 J942 中被接通。

（2）当按下点火启动按键 E378 时，首先进行防盗验证，舒适系统中央控制单元 J393 通过进入及启动许可天线，识别到点火钥匙并判断其是否合法，如果是合法钥匙，J393 将发出唤醒信号到转向柱锁止装置控制单元 J764 中，使其内部的开关接通，向接线端控制单元 J942 供电，转向盘解锁，与此同时，J519 向端子 15 供电继电器提供电源，端子 15 供电继电器向全车提供 15 端子供电，仪表指示灯点亮。

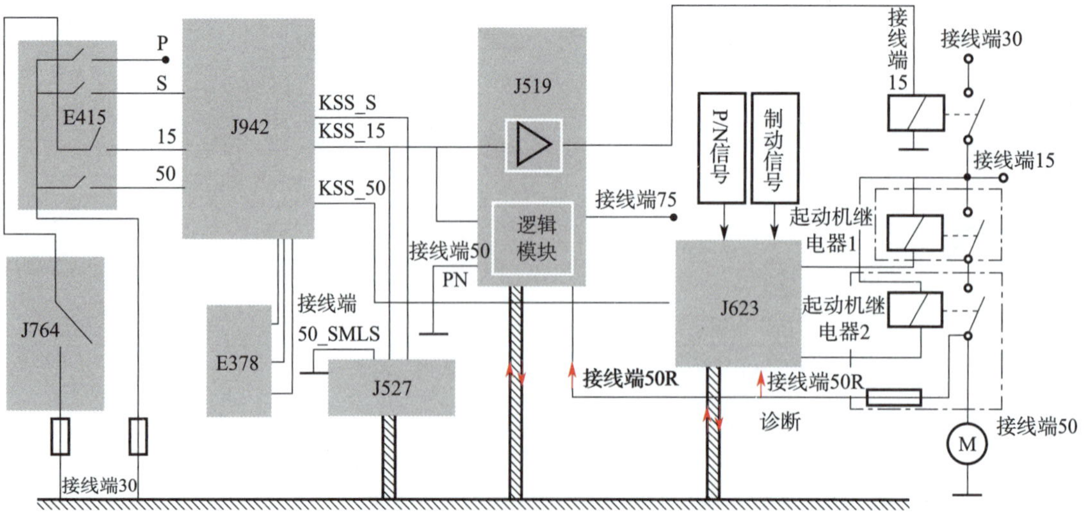

a）

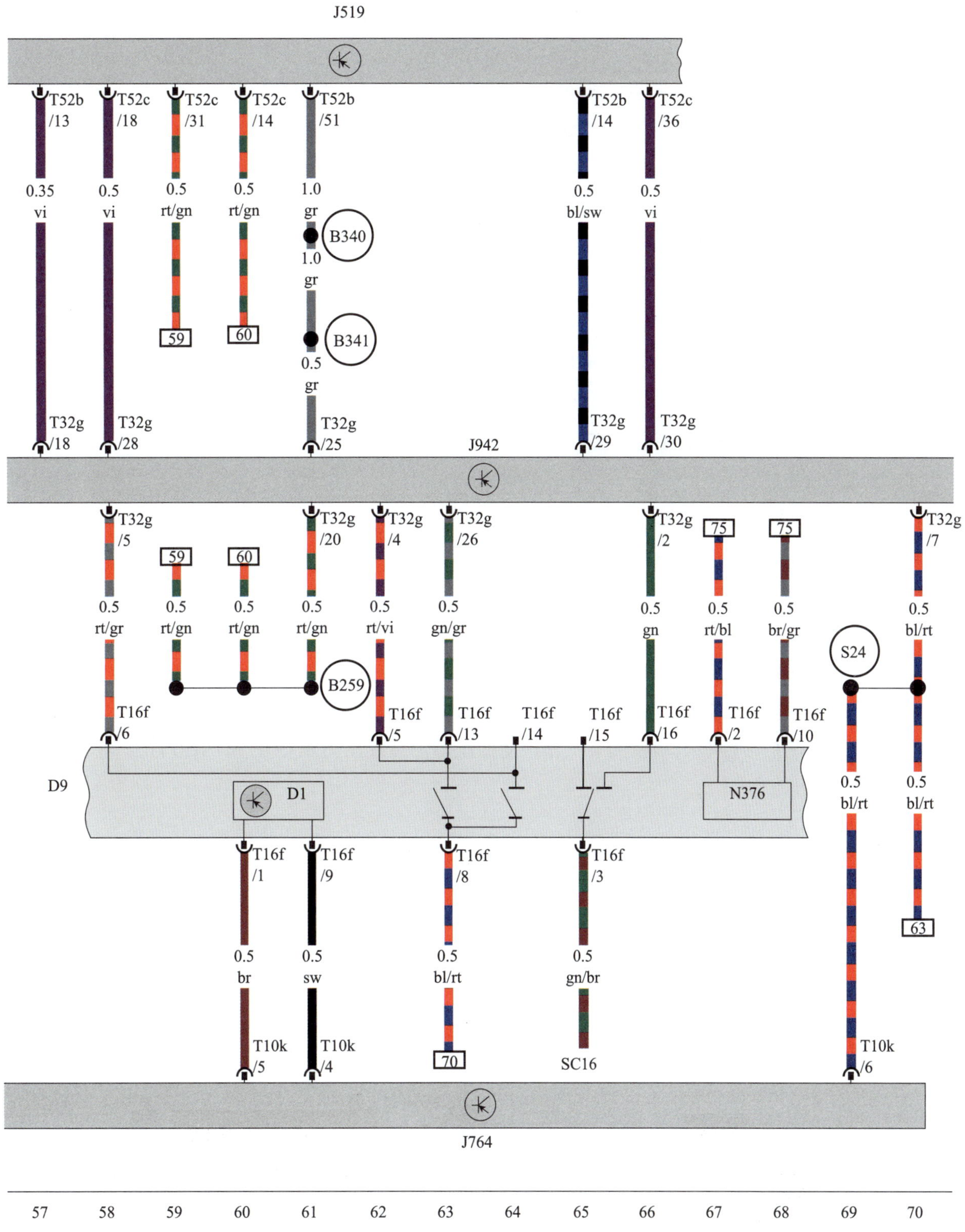

b）

图 2-1 防盗和启动电路

D1—防盗锁止系统读取单元 D9—电子点火开关 J519—车载电网控制单元 J764—转向柱锁止装置控制单元 J942—端子及发动机启动控制系统的控制单元（接线端控制单元） N376—点火钥匙拔出锁止电磁铁 SC16—熔丝架C上的熔丝16 J623—发动机控制单元 E415—点火开关 E378—点火启动按键 J527—转向柱电子装置控制单元

（3）启动时，接线端 50 的请求由 J942 以 200 ms 的矩形脉冲发送到发动机控制单元 J623，如果 J623 接收到启动条件的信息，如 P/N 信号和制动信号（在手动变速器车辆上，离合器开关信号被视为启动条件），J623 就会接通它的两个起动机继电器 J682 和 J710，使起动机运转。

（4）如果 J942 在连续工作过程中失灵，作为紧急运行，它将继续为端子 15 供电继电器提供电源，直至识别到车速为 0 为止，然后断开点火开关，并将硬件和软件都切换到紧急运行状态（J942 内部）。这表示来自点火开关的接线端将被连接，进而使车辆能够通过这种方式继续运行。点火启动按键 E378 不再起作用，其照明装置也被关闭，只要点火启动按键 E378 出现不可信情况，就会执行以上动作。

（5）在处理 J942 接线端 50 的请求之前，发动机控制单元 J623 会通过起动机控制装置的诊断导线（用于“反馈”的接线端 50R）查询当前电压的可靠性。如不可靠，发动机控制单元 J623 就会中断启动。车载电网控制单元 J519 也会同时获取此信息。

（二）大众迈腾轿车的燃油系统

1. 燃油系统组成

迈腾轿车燃油系统主要由电动燃油泵、低压燃油压力传感器 G410、燃油高压泵、燃油压力调节阀 N276、高压燃油压力传感器 G247、燃油轨道、压力限制阀、喷油器、发动机控制单元 J623 和燃油泵控制单元 J538 等组成，如图 2-2 所示。

2. 燃油系统工作原理

迈腾轿车燃油泵控制模块电路图如图 2-3 所示。

（1）低压燃油系统的压力是由燃油箱中的电动燃油泵提供的，装在燃油箱上部的燃油泵控制单元 J538 根据脉宽调制信号控制电动燃油泵工作，使低压燃油系统压力维持在 50 ~ 650 kPa，用以保证发动机的正常启动及工作。

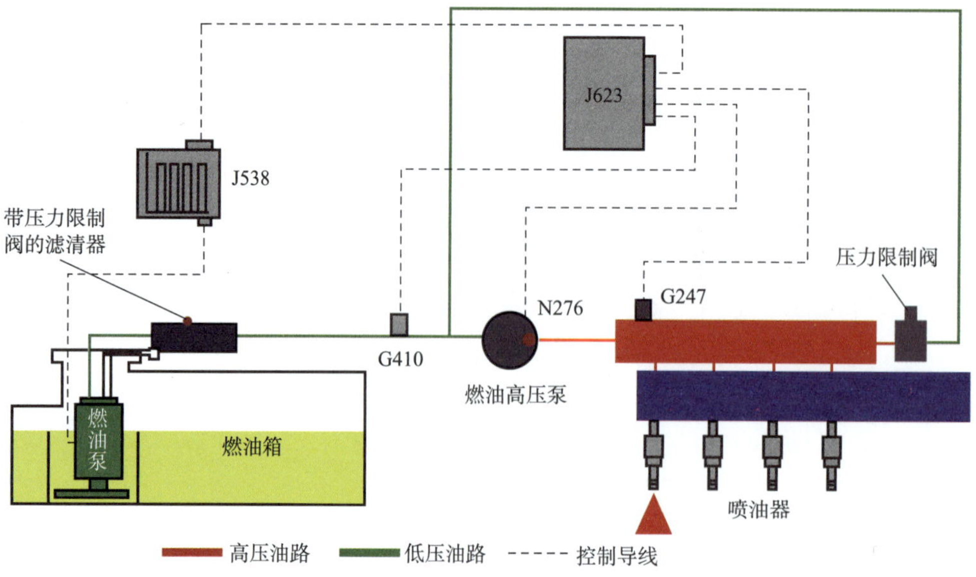

a）

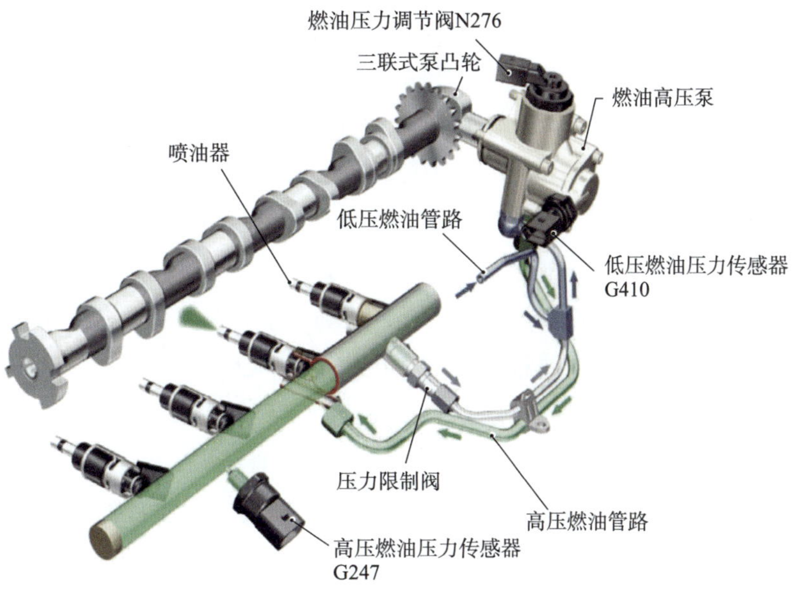

b）

图 2-2 迈腾轿车燃油系统控制示意图

J538—燃油泵控制单元 G410—低压燃油压力传感器 N276—燃油压力调节阀 G247—高压燃油压力传感器

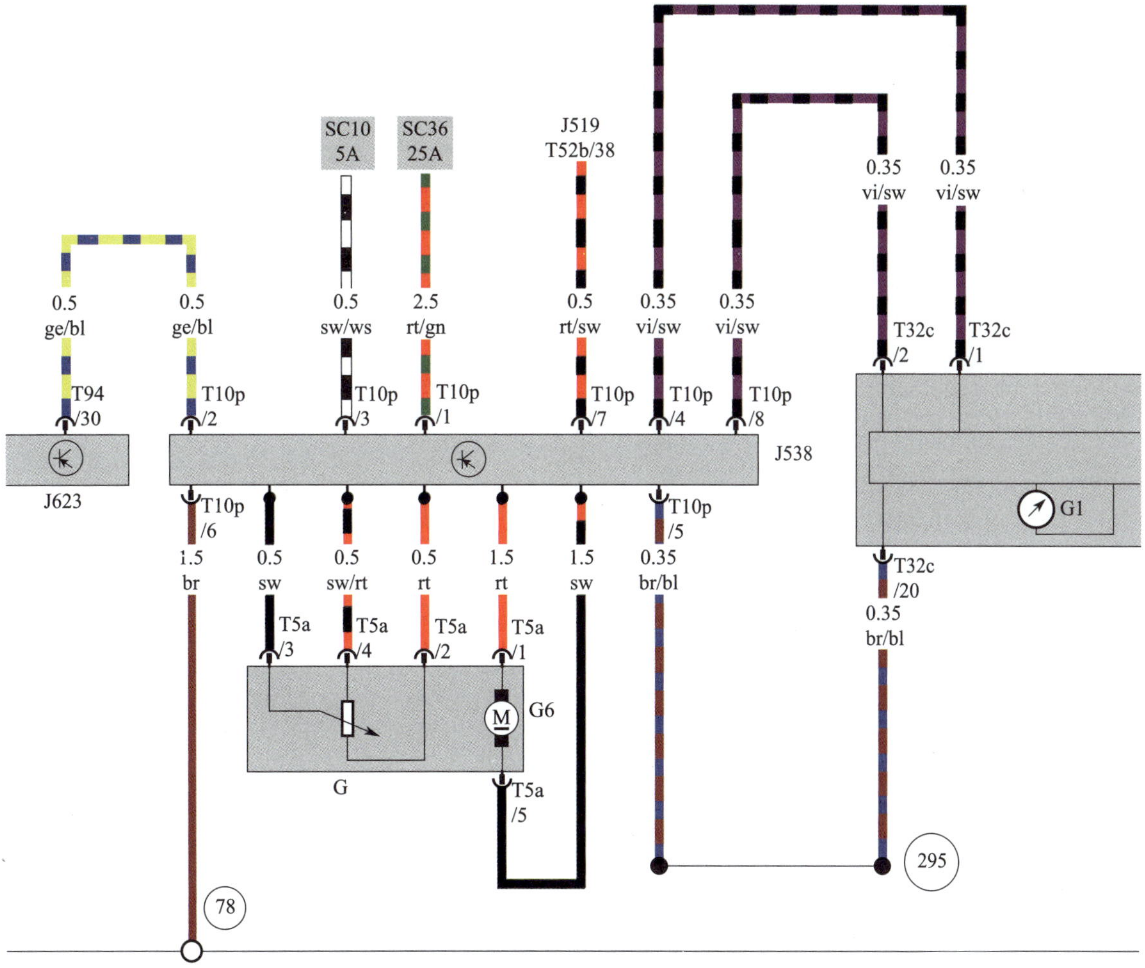

图 2-3 迈腾轿车燃油泵控制模块电路图

（2）燃油高压泵（由凸轮轴驱动）把低压燃油系统内 50 ~ 650 kPa 的低压燃油转化为最高约 15 MPa 的高压燃油，以满足不同工况的需求。燃油压力调节阀 N276 装在燃油高压泵上，发动机控制单元根据高压燃油压力传感器 G247 监测到的信号，控制 N276 精确调整占空比，从而得到所需的燃油压力。

（3）在发动机启动时，低压燃油系统的压力能达到 600 kPa 以上，用以保证发动机的正常启动及工作。燃油高压泵产生约 15 MPa 压力，泵活塞被凸轮轴通过圆柱挺杆驱动，这样可减少摩擦和链条受力，使发动机运转更平顺，燃油经济性更好。

（4）高压喷油器的主要作用是使燃油形成细雾，正确计量出燃油量，在正确的时刻将燃油准确地喷到燃烧室内相应区域。单孔高压喷油器燃油喷束角为 70°，喷束倾角为 20°，这样可以在短时间内喷出很多燃油，从而满足发动机的需要。

3. 燃油系统故障检修

在排除故障之前，应用故障诊断仪 VAS5052 或 VAS5053 读取燃油系统的故障码、数据流，然后再根据检测的结果分析故障的原因。但在排除迈腾 1.8TSI 轿车燃油系统故障时应注意以下几个问题：

（1）燃油压力调节阀 N276 不工作时，EPC（发动机电子功率控制系统，也称电子节气门）灯会点亮，路试车辆，会出现车辆加速缓慢现象，即使加速踏板踩到底，发动机转速也只有 3 000 r/min 左右。由于燃油压力调节阀 N276 是高频电磁阀，因此不能进行通电测试，否则会导致 N276 烧坏。

（2）当电动燃油泵出现间歇性故障时，会导致发动机无规律性的启动困难故障，同时会有故障码 08851（燃油压力调节阀机械故障）出现。在排除此故障时，可以先检查迈腾 1.8TSI 轿车发动机低压燃油系统，具体步骤如下：拔下 N276 的插接器，然后观察发动机是否熄火，如果熄火，则说明低压燃油系统压力过低，不能维持发动机正常启动及运转，应检查电动燃油泵、燃油滤清器是否正常；如果不熄火，则查看数据流 01–08–106 组的 1 区数值（高压燃油系统的压力值），若数值在 650 kPa 左右，则证明低压燃油系统没有故障。

（3）拆装高压喷油器，必须更换四氟乙烯密封圈。在安装四氟乙烯密封圈时，把其推到高压喷油器上应胀大，在推到高压喷油器密封槽后必须收缩；否则，说明四氟乙烯密封圈不合格。第一道密封圈整形需使用专用工具 T10133/7，第二道密封圈整形需使用专用工具 T10133/8。

（4）在维修及诊断燃油系统故障时切勿被故障码所迷惑。有时，虽然在发动机系统能检查到燃油压力调节阀的故障码，但实质上可能并非燃油压力调节阀出现故障，也可能是燃油滤清器压力限制阀出现故障或电动燃油泵磨损导致低压燃油系统压力异常，以致调节到极限也无法使压力正常，此时发动机控制单元便会存储有关的故障码。

（5）由于迈腾 1.8TSI 轿车燃油系统与传统轿车的燃油系统不同，因此，在维修及诊断迈腾 1.8TSI 轿车燃油系统故障时，要结合维修资料，仔细分析其工作原理，在了解其工作原理的前提下分析故障原因，这样才能收到事半功倍的效果。

二、任务准备

选出完成本任务所需的工具、设备、资料等。

<table>
<tr><td></td><td>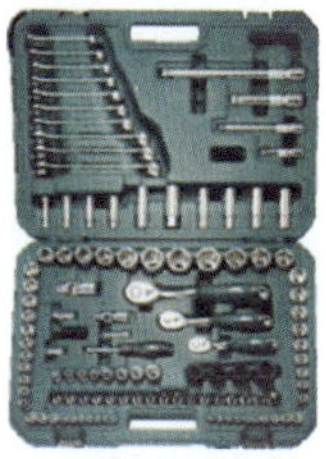</td><td>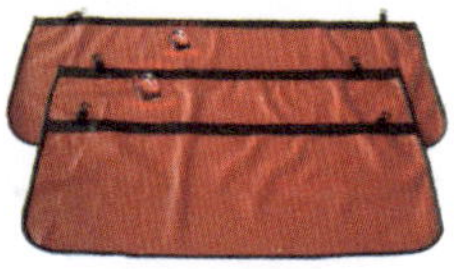</td><td>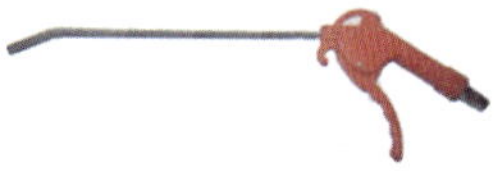</td></tr>
<tr><td>工具车</td><td>工具套件</td><td>翼子板布</td><td>吹尘枪</td></tr>
<tr><td></td><td></td><td></td><td></td></tr>
<tr><td>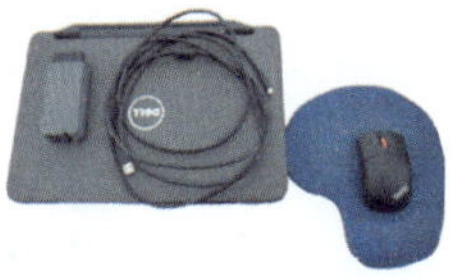</td><td>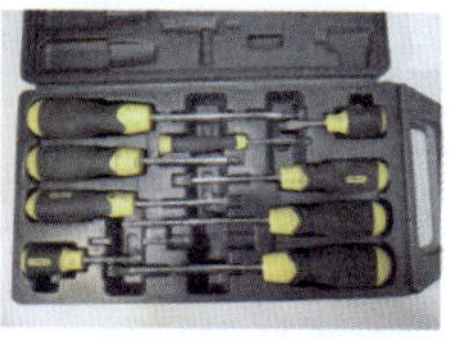</td><td>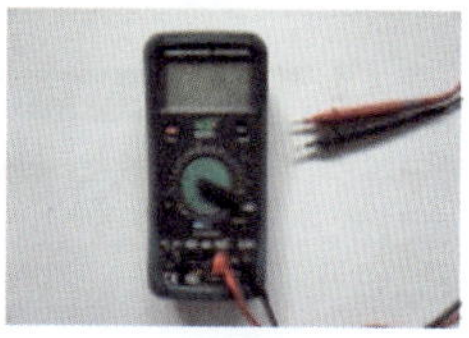</td><td>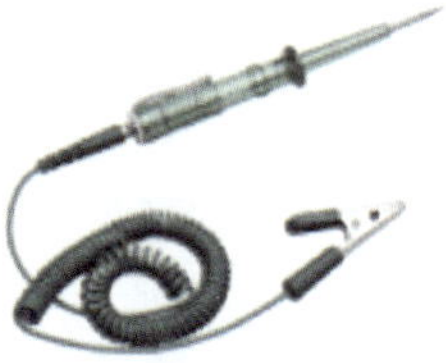</td></tr>
<tr><td>诊断仪</td><td>旋具套装</td><td>万用表</td><td>二极管试灯</td></tr>
<tr><td></td><td></td><td></td><td></td></tr>
<tr><td>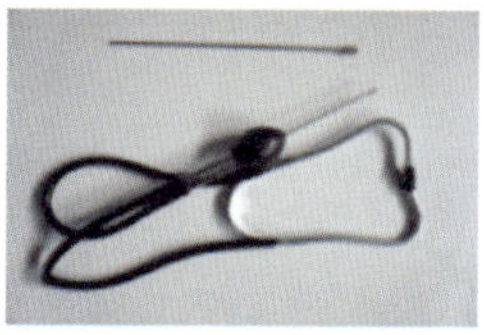</td><td></td><td>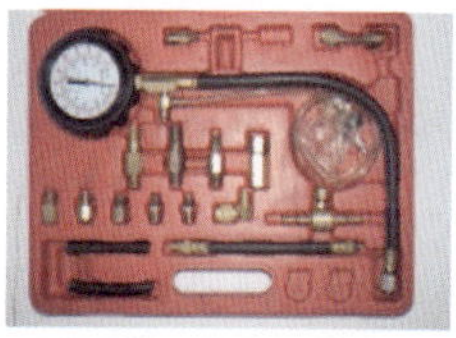</td><td>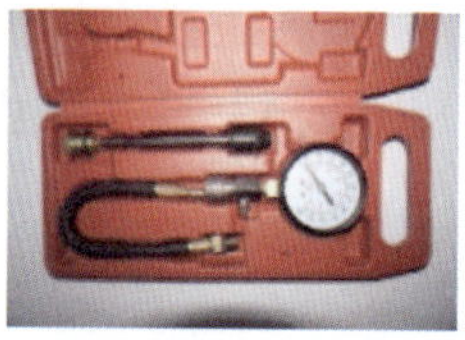</td></tr>
<tr><td>听诊器</td><td>抹布</td><td>燃油压力表</td><td>气缸压力表</td></tr>
<tr><td></td><td></td><td></td><td></td></tr>
<tr><td>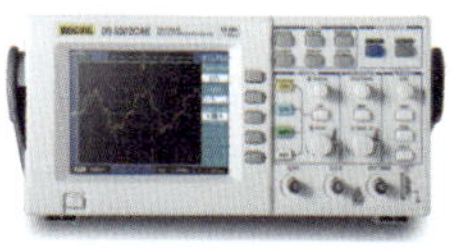</td><td>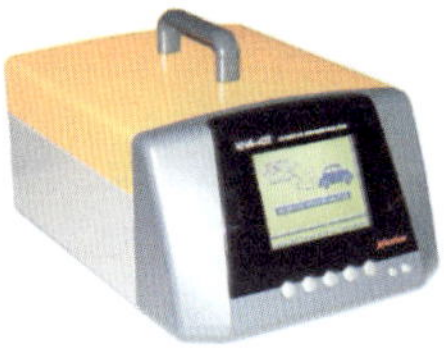</td><td>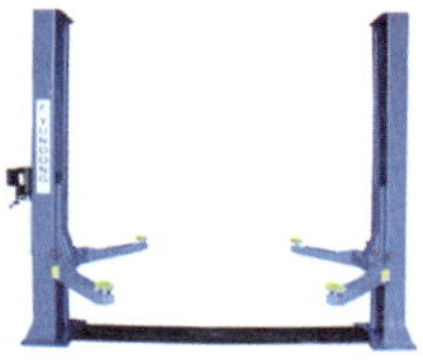</td><td></td></tr>
<tr><td>示波器</td><td>尾气分析仪</td><td>举升机</td><td>实训车辆</td></tr>
<tr><td></td><td></td><td></td><td></td></tr>
<tr><td colspan="2"></td><td colspan="2"></td></tr>
<tr><td colspan="2">维修手册</td><td colspan="2">多楔传动带</td></tr>
<tr><td colspan="2"></td><td colspan="2"></td></tr>
</table>

三、防护措施

1. 进入车间应穿工鞋，戴工帽；工作服应整洁，无破损；操作时不可戴手表等金属饰品，以防划伤车辆表面。

2. 举升车辆时应严格按照举升机使用方法进行操作，并通知其他人员远离举升设备。

3. 更换油液或配件时应处理好油液或配件的回收清理工作，以免对工作环境造成污染。

观察下列车间操作图片，选出操作正确的图片。

		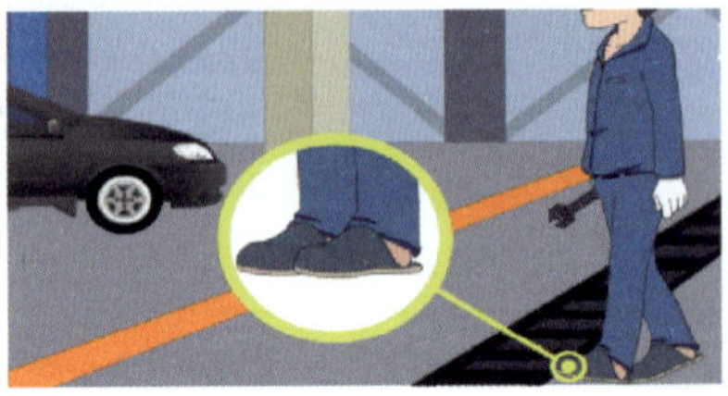

四、任务分配（见表 2-1）

表 2-1　任务分配表

职务	代码	姓名	工作内容
组长	A		监督、管理组员工作
组员	B		准备实训所需车辆及零配件
	C		
	D		准备实训所需工具及维修手册
	E		

五、任务实施

（一）操作流程

完成下面工作内容的排序并填写在表 2-2 中。

表 2-2　发动机无法启动故障诊断与维修操作步骤

操作流程	步骤	工作内容
故障验证		打开点火开关并启动发动机，检查发动机能否正常运转并着车。验证后关闭点火开关
发动机基础检查		铺好转向盘套、座椅套、脚垫，打开发动机舱盖，铺好翼子板布
		将车辆停放在维修工位，拉起驻车制动器并将自动变速器置于空挡
		检查发动机机油、冷却液、制动液液面是否正常

续表

操作流程	步骤	工作内容
发动机基础检查		准备好常用工具、诊断仪、万用表、试灯
		检查启动时蓄电池电压是否正常
发动机故障自诊断		如果无法进入发动机故障自诊断，检查熔丝 SB13、SB14 是否损坏，检查发动机控制单元电源、搭铁是否良好
		连接诊断仪，打开点火开关，进行发动机故障自诊断
		检查发动机控制单元 J623 的 CAN 数据总线波形是否正常，如不正常，检查发动机控制单元 J623 与数据总线诊断接口控制单元 J533 之间的 CAN 数据总线连接线路是否良好
		如果所有电控系统自诊断都进不去，则检查熔丝 SC1、SC13 是否损坏，检查诊断插座 U31 的电源、搭铁是否良好；如正常，检查熔丝 SB15、SC7 是否损坏，数据总线诊断接口控制单元 J533 的电源、搭铁是否良好；如以上都正常，则数据总线诊断接口控制单元 J533 损坏，需更换
		如果无故障码，查阅相关维修手册（资料），根据发动机各系统工作原理进行故障分析、检测，排除故障
		读取故障码，按照故障码提示进行故障检测，排除故障
起动系统检查		如果起动机不转，检查发动机是否处于防盗状态；若处于防盗状态，检查防盗系统是否有故障
		打开点火开关，启动着车，检查起动机是否正常运转
		如果防盗系统正常，拆卸空气滤清器壳体，检查起动挡时起动机 T1v 端子是否有 12 V 电压；若有电，故障为起动机损坏或起动机搭铁不良
		如果起动机 T1v 端子没电，检查熔丝 SB30、SC10 是否有电；若熔丝没电，检查熔丝和继电器 J329 是否损坏；若正常，检查继电器 J329 与控制单元 J519、熔丝、搭铁之间的连接导线是否有故障
		如果以上检查正常，使用诊断仪检查曲轴位置传感器 G28 和凸轮轴位置传感器 G40 的信号电压是否正常；若传感器正常，检查熔丝 SB13、SB14 是否正常；若熔丝正常，检查发动机控制单元 J623 的电源、搭铁是否正常
		如果熔丝 SB30、SC10 有电，检查继电器 J682 和 J710 是否损坏。若正常，检查继电器 J682 与熔丝 SC10、发动机控制单元 J623 之间的连接导线是否正常，检查继电器 J710 与熔丝 SC10、发动机控制单元 J623、起动机的 T1v 端子、车载电网控制单元 J519 之间的连接导线是否正常
		连接诊断仪，检查制动开关、变速器空挡启动开关是否正常
		若以上检查均正常，则发动机控制单元 J623 损坏，需更换
点火系统检查		如果高压火花正常，检查各缸火花塞及燃油系统是否有故障
		如果无高压火花，检查点火控制器的插接器 1 号端子是否有 12 V 工作电压，2 号和 4 号端子搭铁是否良好
		取下发动机装饰盖，断开点火控制器插接器，取下点火控制器总成，插上火花塞，启动发动机，检查高压火花是否正常
		如果无 12 V 工作电压，检查熔丝 SB10、SB13 是否损坏，主继电器 J271 是否损坏

续表

操作流程	步骤	工作内容
点火系统检查		如果有 12 V 工作电压，检查 3 号端子是否有点火信号电压
		如果曲轴、凸轮轴位置传感器正常，检查发动机控制单元 J623 的电源、搭铁是否正常
		如果有点火信号电压，则点火控制器总成损坏，需更换
		如果无点火信号电压，检查曲轴、凸轮轴位置传感器是否损坏
		如果正常，则发动机控制单元 J623 损坏，需更换
燃油系统检查		拔下燃油压力调节阀 N276 的插接器，观察发动机是否熄火，如果熄火，则说明低压燃油系统压力过低，不能维持发动机正常启动及运转，应检查电动燃油泵、燃油滤清器是否正常；如果不熄火，则查看高压燃油系统的压力值，若数值在 650 kPa 左右，则证明低压燃油系统没有故障
		连接诊断仪，检查 106 组高压燃油系统的压力值，观察燃油压力值是否符合规定
		若燃油压力值不符合规定，检查高压燃油压力传感器 G247 是否损坏；若无燃油压力，检查燃油泵熔丝 SC36 是否损坏
		拆卸后排座椅，检查燃油泵控制单元 J538 端子 1 电压是否正常，端子 6 搭铁是否正常
		拔下燃油泵插接器，检查燃油泵阻值是否符合规定
		检查燃油泵控制单元 J538 端子 2 与发动机控制单元 J623、端子 7 与车载电网控制单元 J519 之间的连接导线是否正常
		检查燃油泵供油量是否符合规定
进气系统及传感器检查		检查空气滤清器是否堵塞，节气门体是否脏污、卡滞
		检查进气软管、活性炭罐、涡轮增压进气管等是否有严重泄漏的地方
		检查节气门位置传感器、空气流量计、冷却液温度传感器、氧传感器、进气压力传感器的电源、搭铁、信号电压、数据流是否正常
发动机机械系统检查		检查发动机缸压是否正常
		检查发动机正时传动带（链条）是否错位、断裂
		检查三元催化器、排气管、消声器是否堵塞
		检查发动机曲柄连杆机构和配气机构是否正常

（二）实施记录

结合实施过程，对照表 2-3 所列检查项目进行检查，并记录实际的检查结果。

表 2-3　发动机无法启动故障诊断与维修实施记录

序号	项目	故障检查	故障记录
1	故障验证	发动机运转慢 □　发动机运转不着车 □ 起动机发出“咔咔”声，不运转 □　起动机无任何反应 □	检查出的故障：
2	发动机基础检查	铺设三件套，安全防护工作 □　机油液面 □　冷却液液面 □ 制动液液面 □　蓄电池电压：_________ V	检查出的故障：

续表

序号	项目	故障检查	故障记录
3	发动机故障自诊断	正确连接诊断仪 □　不能进入自诊断 □　可以进入自诊断 □ 诊断插座 U31 检查 □　相关熔丝检查 □　网关 J533 检查 □ 发动机 CAN 数据总线波形正常 □　发动机 CAN 数据总线波形错误 □ 发动机控制单元 J623 电源、搭铁、熔丝检查 □ 网关 J533 电源、搭铁、熔丝检查 □ 检查发动机控制单元 J623 与网关 J533 之间的 CAN 数据总线连接是否正常 □ 检查诊断插座 U31 与网关 J533 之间的 CAN 数据总线连接是否正常 □ 读取故障码：有故障码 □　无故障码 □ 故障码记录：____ ____	检查出的故障：
4	起动系统检查	起动机不运转 □　起动机运转无力 □　起动机正常运转 □ 起动机 T1v 端子电压检测：有 12 V 电压 □　无 12 V 电压 □ 启动电路熔丝、继电器检查：熔丝损坏 □　继电器损坏 □ 启动电路熔丝、继电器、控制单元连接线路检查： 断路 □　短路 □　搭铁 □　正常 □ 曲轴位置传感器 G28 检查：电源、搭铁故障 □　传感器正常 □ 传感器故障 □ 凸轮轴位置传感器 G40 检查：电源、搭铁故障 □　传感器正常 □ 传感器故障 □ 制动开关、空挡启动开关检查：开关正常 □　开关损坏 □ 发动机控制单元 J623 检查：电源、搭铁故障 □　J623 损坏 □	检查出的故障：
5	点火系统检查	高压火花检查：无高压火花 □　高压火花弱 □　高压火花正常 □ 火花塞检查：火花塞正常 □　火花塞损坏 □ 点火控制器电路检查：电源、搭铁正常 □　电源、搭铁故障 □ 熔丝正常 □　熔丝损坏 □　继电器正常 □ 继电器损坏 □ 点火信号检查：有点火信号 □　无点火信号 □　点火信号错误 □ 曲轴位置传感器 G28 检查：电源、搭铁故障 □　传感器正常 □ 传感器故障 □ 凸轮轴位置传感器 G40 检查：电源、搭铁故障 □　传感器正常 □ 传感器故障 □	检查出的故障：
6	燃油系统检查	高压燃油压力检查：油压正常 □　油压过低 □　无油压 □ 油压测量值：____________ kPa 燃油压力调节阀 N276 检查：电磁阀正常 □　电磁阀损坏 □ 电源、搭铁故障 □ 高压燃油压力传感器 G247 检查：传感器正常 □　传感器故障 □ 电源、搭铁故障 □ 燃油泵熔丝检查：熔丝正常 □　熔丝损坏 □ 燃油泵控制单元 J538 检查：电源、搭铁故障 □　连接导线故障 □ J538 故障 □ 燃油泵检查：燃油泵正常 □　燃油泵损坏 □　燃油泵性能不良 □	检查出的故障：

续表

序号	项目	故障检查	故障记录
7	进气系统及传感器检查	进气系统检查：空气滤清器脏污、堵塞 □　进气软管破裂、漏气 □ 各真空管脱落、破裂、泄漏 □ 活性炭罐电磁阀常开 □　废气再循环阀常开 □ 涡轮增压进气管破裂、泄漏 □　节气门体脏污 □ 各传感器检测：有故障码 □　无故障码 □　读取数据流（测量值）□ 连接导线故障 □　电源、搭铁故障 □ 传感器正常 □　传感器故障 □ 故障码记录：________________________________	检查出的故障：
8	发动机机械系统检查	发动机缸压检测：缸压正常 □　缸压过低 □　个别缸压低 □ 缸压检测值：1 缸______　2 缸______　3 缸______　4 缸______ 配气正时检查：正时传动带磨损 □　正时传动带断裂 □ 排气装置检查：三元催化器堵塞 □　排气管、消声器堵塞 □ 发动机拆装及检查：曲柄连杆机构故障 □　配气机构故障 □	检查出的故障：
根据任务实施流程和故障排除过程，总结发动机无法启动故障排除思路，并填写在下面。 1. ________________ 2. ________________ 3. ________________ 4. ________________ 5. ________________ 6. ________________			

六、检查

（一）自检

结合本组任务操作过程，对任务执行过程中的操作规范性进行检查，检查操作过程中是否存在以下问题，分析讨论应如何避免并总结规范的操作方法（见表 2–4）。

表 2–4　自检

检查项目	结果
车辆停放位置是否合适，是否将变速器置于空挡并拉紧驻车制动器	是 □　否 □
是否使用三件套对车辆进行防护	是 □　否 □
使用举升机是否按规范操作，是否注意人身安全	是 □　否 □
发动机基础检查项目是否正常	是 □　否 □
发动机 CAN 数据总线波形是否正常	是 □　否 □
发动机故障自诊断能否进入	能 □　否 □
发动机无法启动故障是否排除	是 □　否 □
工作场地是否清洁，车辆是否复位	是 □　否 □

（二）互检

组与组之间相互进行任务操作过程及结果检查，并把检查结果填写在表 2-5 中。

表 2-5 互检

检查项目	结果
车辆停放位置是否合适，是否将变速器置于空挡并拉紧驻车制动器	是☐ 否☐
是否使用三件套对车辆进行防护	是☐ 否☐
使用举升机是否按规范操作，是否注意人身安全	是☐ 否☐
发动机基础检查项目是否正常	是☐ 否☐
发动机 CAN 数据总线波形是否正常	是☐ 否☐
发动机故障自诊断能否进入	能☐ 否☐
发动机无法启动故障是否排除	是☐ 否☐
工作场地是否清洁，车辆是否复位	是☐ 否☐

七、课堂小结

任务三　发动机无法启动故障诊断与维修（三）

发动机无法启动故障诊断与维修任务工单——燃油系统检查				
客户信息	姓名		职业	
车辆信息	车型	VIN 码	行驶里程	
维修事项	发动机故障验证 □ 读取数据流（测量值）□ 点火系统故障检修 □	发动机基础检查 □ 基本设定 □ 燃油系统故障检修 □	发动机故障自诊断 □ CAN 数据总线检修 □ 进气系统故障检修 □	读取与清除故障码 □ 起动系统故障检修 □ 机械系统故障检修 □
	客户描述：			

车辆外观检查		车辆内部检查	
凹凸 □	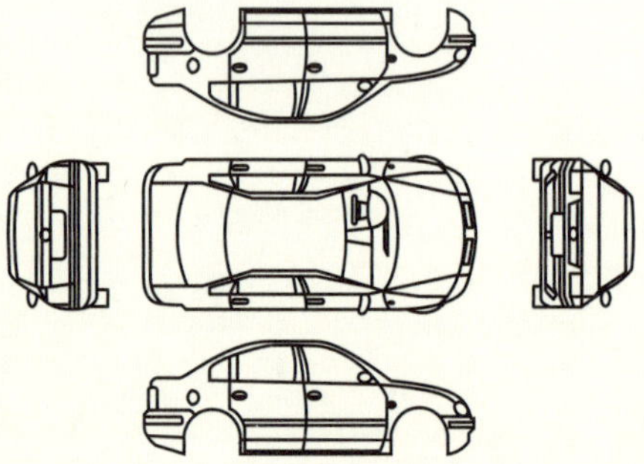	污渍 □	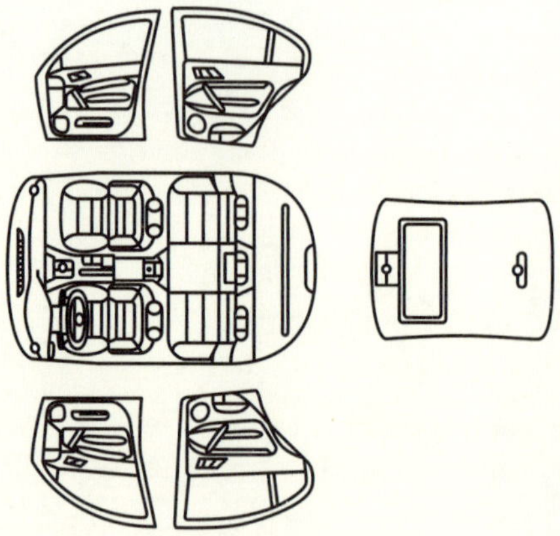
划痕 □		破损 □	
石击 □		色斑 □	
油漆 □		变形 □	

明确具体工作任务	

任务目标

- 掌握发动机无法启动故障诊断与维修的思路
- 能够正确使用检测设备和仪器进行故障检测
- 能够正确填写维修工单，进行质量检查

任务内容

- 发动机无法启动故障原因
- 发动机无法启动故障诊断树
- 发动机无法启动故障排除

续表

任务重点	● 发动机无法启动故障原因 ● 发动机无法启动故障诊断树 ● 发动机无法启动故障排除
任务难点	● 发动机无法启动故障排除

一、任务准备

选出完成本任务所需的工具、设备、资料等。

	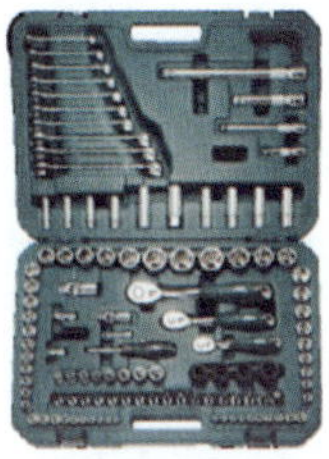		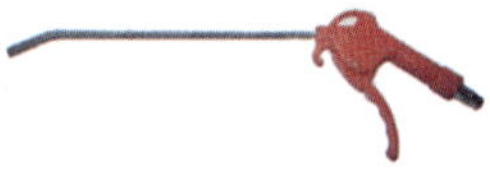
工具车	工具套件	翼子板布	吹尘枪
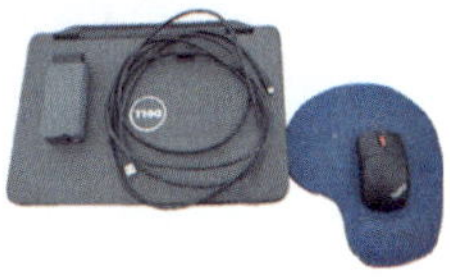	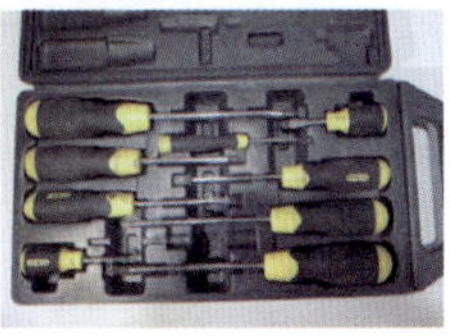	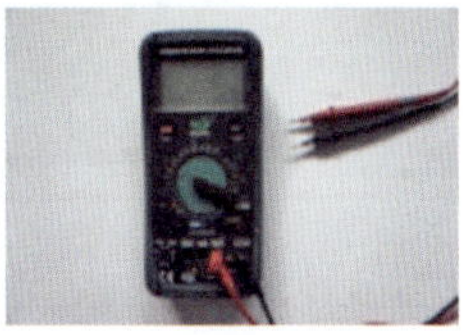	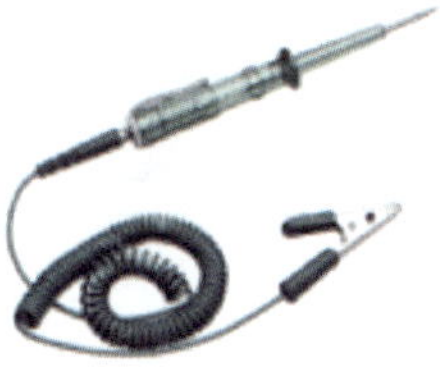
诊断仪	旋具套装	万用表	二极管试灯
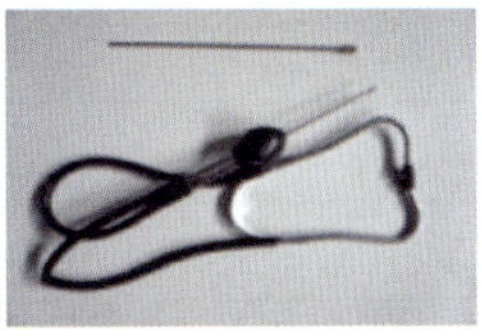		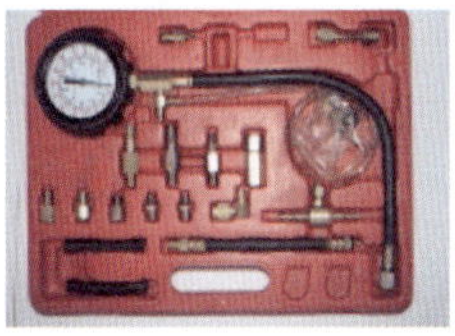	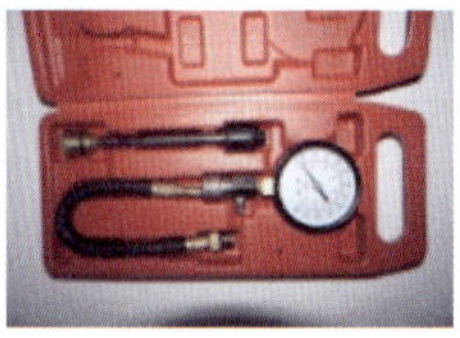
听诊器	抹布	燃油压力表	气缸压力表
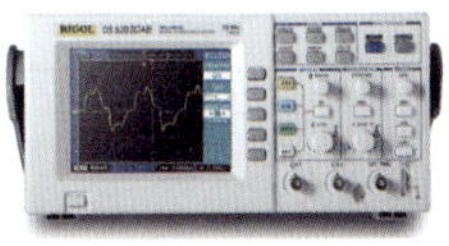			
示波器	尾气分析仪	举升机	实训车辆

维修手册	多楔传动带

二、防护措施

1. 进入车间应穿工鞋，戴工帽；工作服应整洁，无破损；操作时不可戴手表等金属饰品，以防划伤车辆表面。

2. 举升车辆时应严格按照举升机使用方法进行操作，并通知其他人员远离举升设备。

3. 更换油液或配件时应处理好油液或配件的回收清理工作，以免对工作环境造成污染。

观察下列车间操作图片，选出操作正确的图片。

		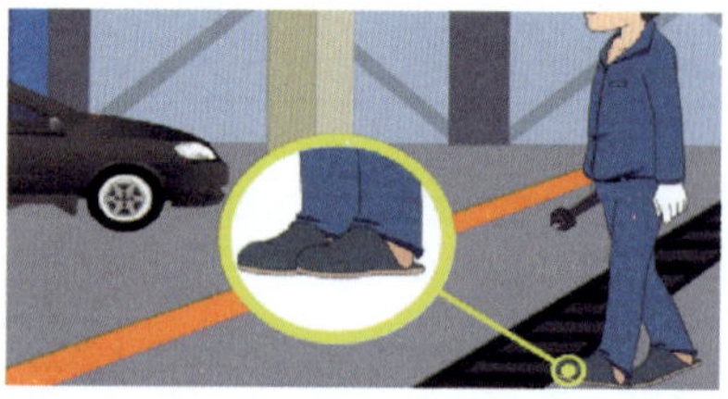

三、任务分配（见表 3-1）

表 3-1　任务分配表

职务	代码	姓名	工作内容
组长	A		监督、管理组员工作
组员	B		准备实训所需车辆及零配件
	C		
	D		准备实训所需工具及维修手册
	E		

四、任务实施

（一）操作流程

完成下面工作内容的排序并填写在表 3-2 中。

表 3-2 发动机无法启动故障诊断与维修操作步骤

操作流程	步骤	工作内容
故障验证		打开点火开关并启动发动机，检查发动机能否正常运转并着车。验证后关闭点火开关
发动机基础检查		准备好常用工具、诊断仪、万用表、试灯
		将车辆停放在维修工位，拉起驻车制动器并将自动变速器置于空挡
		铺好转向盘套、座椅套、脚垫，打开发动机舱盖，铺好翼子板布
		检查发动机机油、冷却液、制动液液面是否正常
		检查启动时蓄电池电压是否正常
发动机故障自诊断		连接诊断仪，打开点火开关，进行发动机故障自诊断
		检查发动机控制单元 J623 的 CAN 数据总线波形是否正常，如不正常，检查控制单元 J623 与数据总线诊断接口控制单元 J533 之间的 CAN 数据总线连接线路是否良好
		如果无法进入发动机故障自诊断，检查熔丝 SB13、SB14 是否损坏，检查发动机控制单元电源、搭铁是否良好
		如果所有电控系统自诊断都进不去，则检查熔丝 SC1、SC13 是否损坏，检查诊断插座 U31 的电源、搭铁是否良好；如正常，检查熔丝 SB15、SC7 是否损坏，数据总线诊断接口控制单元 J533 的电源、搭铁是否良好；如以上都正常，则数据总线诊断接口控制单元 J533 损坏，需更换
		如果无故障码，查阅相关维修手册（资料），根据发动机各系统工作原理进行故障分析、检测，排除故障
		读取故障码，按照故障码提示进行故障检测，排除故障
起动系统检查		打开点火开关，启动着车，检查起动机是否正常运转
		如果防盗系统正常，拆卸空气滤清器壳体，检查起动挡时起动机 T1v 端子是否有 12 V 电压；若有电，故障为起动机损坏或起动机搭铁不良
		如果起动机不转，检查发动机是否处于防盗状态；若处于防盗状态，检查防盗系统是否有故障
		如果起动机 T1v 端子没电，检查熔丝 SB30、SC10 是否有电；若熔丝没电，检查熔丝和继电器 J329 是否损坏；若正常，检查继电器 J329 与控制单元 J519、熔丝、搭铁之间的连接导线是否有故障
		如果以上检查正常，使用诊断仪检查曲轴位置传感器 G28 和凸轮轴位置传感器 G40 的信号电压是否正常；若传感器正常，检查熔丝 SB13、SB14 是否正常；若熔丝正常，检查发动机控制单元 J623 的电源、搭铁是否正常
		如果熔丝 SB30、SC10 有电，检查继电器 J682 和 J710 是否损坏。若正常，检查继电器 J682 与熔丝 SC10、发动机控制单元 J623 之间的连接导线是否正常，检查继电器 J710 与熔丝 SC10、发动机控制单元 J623、起动机的 T1v 端子、车载电网控制单元 J519 之间的连接导线是否正常
		连接诊断仪，检查制动开关、变速器空挡启动开关是否正常
		若以上检查均正常，则发动机控制单元 J623 损坏，需更换
点火系统检查		取下发动机装饰盖，断开点火控制器的插接器，取下点火控制器总成，插上火花塞，启动发动机，检查高压火花是否正常
		如果无高压火花，检查点火控制器插接器 1 号端子是否有 12 V 工作电压，2 号和 4 号端子搭铁是否良好

续表

操作流程	步骤	工作内容
点火系统检查		如果高压火花正常，检查各缸火花塞及燃油系统是否有故障
		如果无 12 V 工作电压，检查熔丝 SB10、SB13 是否损坏，主继电器 J271 是否损坏
		如果有点火信号电压，则点火控制器总成损坏，需更换
		如果有 12 V 工作电压，检查 3 号端子是否有点火信号电压
		如果无点火信号电压，检查曲轴、凸轮轴位置传感器是否损坏
		如果正常，则发动机控制单元 J623 损坏，需更换
		如果曲轴、凸轮轴位置传感器正常，检查发动机控制单元 J623 的电源、搭铁是否正常
燃油系统检查		连接诊断仪，检查 106 组高压燃油系统的压力值，观察燃油压力值是否符合规定
		若燃油压力值不符合规定，检查高压燃油压力传感器 G247 是否损坏；若无燃油压力，检查燃油泵熔丝 SC36 是否损坏
		拔下燃油压力调节阀 N276 的插接器，观察发动机是否熄火，如果熄火，则说明低压燃油系统压力过低，不能维持发动机正常启动及运转，应检查电动燃油泵、燃油滤清器是否正常；如果不熄火，则查看高压燃油系统的压力值，若数值在 650 kPa 左右，则证明低压燃油系统没有故障
		拆卸后排座椅，检查燃油泵控制单元 J538 端子 1 电压是否正常，端子 6 搭铁是否正常
		拔下燃油泵插接器，检查燃油泵阻值是否符合规定
		检查燃油泵控制单元 J538 端子 2 与发动机控制单元 J623、端子 7 与车载电网控制单元 J519 之间的连接导线是否正常
		检查燃油泵供油量是否符合规定
进气系统及传感器检查		检查进气软管、活性炭罐、涡轮增压进气管等是否有严重泄漏的地方
		检查节气门位置传感器、空气流量计、冷却液温度传感器、氧传感器、进气压力传感器的电源、搭铁、信号电压、数据流是否正常
		检查空气滤清器是否堵塞，节气门体是否脏污、卡滞
发动机机械系统检查		检查发动机正时传动带（链条）是否错位、断裂
		检查三元催化器、排气管、消声器是否堵塞
		检查发动机缸压是否正常
		检查发动机曲柄连杆机构和配气机构是否正常

（二）实施记录

结合实施过程，对照表 3-3 所列检查项目进行检查，并记录实际的检查结果。

表 3-3　发动机无法启动故障诊断与维修实施记录

序号	项目	故障检查	故障记录
1	故障验证	发动机运转慢 □　发动机运转不着车 □ 起动机发出“咔咔”声，不运转 □　起动机无任何反应 □	检查出的故障：
2	发动机基础检查	铺设三件套，安全防护工作 □　机油液面 □　冷却液液面 □ 制动液液面 □　蓄电池电压：________ V	检查出的故障：

续表

序号	项目	故障检查	故障记录
3	发动机故障自诊断	正确连接诊断仪 □　不能进入自诊断 □　可以进入自诊断 □ 诊断插座 U31 检查 □　相关熔丝检查 □　网关 J533 检查 □ 发动机 CAN 数据总线波形正常 □　发动机 CAN 数据总线波形错误 □ 发动机控制单元 J623 电源、搭铁、熔丝检查 □ 网关 J533 电源、搭铁、熔丝检查 □ 检查发动机控制单元 J623 与网关 J533 之间的 CAN 数据总线连接是否正常 □ 检查诊断插座 U31 与网关 J533 之间的 CAN 数据总线连接是否正常 □ 读取故障码：有故障码 □　无故障码 □ 故障码记录：____ ____	检查出的故障：
4	起动系统检查	起动机不运转 □　起动机运转无力 □　起动机正常运转 □ 起动机 T1v 端子电压检测：有 12 V 电压 □　无 12 V 电压 □ 启动电路熔丝、继电器检查：熔丝损坏 □　继电器损坏 □ 启动电路熔丝、继电器、控制单元连接线路检查： 断路 □　短路 □　搭铁 □　正常 □ 曲轴位置传感器 G28 检查：电源、搭铁故障 □　传感器正常 □ 传感器故障 □ 凸轮轴位置传感器 G40 检查：电源、搭铁故障 □　传感器正常 □ 传感器故障 □ 制动开关、空挡启动开关检查：开关正常 □　开关损坏 □ 发动机控制单元 J623 检查：电源、搭铁故障 □　J623 损坏 □	检查出的故障：
5	点火系统检查	高压火花检查：无高压火花 □　高压火花弱 □　高压火花正常 □ 火花塞检查：火花塞正常 □　火花塞损坏 □ 点火控制器电路检查：电源、搭铁正常 □　电源、搭铁故障 □ 熔丝正常 □　熔丝损坏 □　继电器正常 □ 继电器损坏 □ 点火信号检查：有点火信号 □　无点火信号 □　点火信号错误 □ 曲轴位置传感器 G28 检查：电源、搭铁故障 □　传感器正常 □ 传感器故障 □ 凸轮轴位置传感器 G40 检查：电源、搭铁故障 □　传感器正常 □ 传感器故障 □	检查出的故障：
6	燃油系统检查	高压燃油压力检查：油压正常 □　油压过低 □　无油压 □ 油压测量值：____________ kPa 燃油压力调节阀 N276 检查：电磁阀正常 □　电磁阀损坏 □ 电源、搭铁故障 □ 高压燃油压力传感器 G247 检查：传感器正常 □　传感器故障 □ 电源、搭铁故障 □ 燃油泵熔丝检查：熔丝正常 □　熔丝损坏 □ 燃油泵控制单元 J538 检查：电源、搭铁故障 □　连接导线故障 □ J538 故障 □ 燃油泵检查：燃油泵正常 □　燃油泵损坏 □　燃油泵性能不良 □	检查出的故障：

续表

序号	项目	故障检查	故障记录
7	进气系统及传感器检查	进气系统检查：空气滤清器脏污、堵塞 □ 进气软管破裂、漏气 □ 各真空管脱落、破裂、泄漏 □ 活性炭罐电磁阀常开 □ 废气再循环阀常开 □ 涡轮增压进气管破裂、泄漏 □ 节气门体脏污 □ 各传感器检测：有故障码 □ 无故障码 □ 读取数据流（测量值）□ 连接导线故障 □ 电源、搭铁故障 □ 传感器正常 □ 传感器故障 □ 故障码记录：________________________________	检查出的故障：
8	发动机机械系统检查	发动机缸压检测：缸压正常 □ 缸压过低 □ 个别缸压低 □ 缸压检测值：1 缸______ 2 缸______ 3 缸______ 4 缸______ 配气正时检查：正时传动带磨损 □ 正时传动带断裂 □ 排气装置检查：三元催化器堵塞 □ 排气管、消声器堵塞 □ 发动机拆装及检查：曲柄连杆机构故障 □ 配气机构故障 □	检查出的故障：
根据任务实施流程和故障排除过程，总结发动机无法启动故障排除思路，并填写在下面。 1. ________________________________ 2. ________________________________ 3. ________________________________ 4. ________________________________ 5. ________________________________ 6. ________________________________			

五、检查

（一）自检

结合本组任务操作过程，对任务执行过程中的操作规范性进行检查，检查操作过程中是否存在以下问题，分析讨论应如何避免并总结规范的操作方法（见表 3–4）。

表 3–4 自检

检查项目	结果
车辆停放位置是否合适，是否将变速器置于空挡并拉紧驻车制动器	是 □ 否 □
是否使用三件套对车辆进行防护	是 □ 否 □
使用举升机是否按规范操作，是否注意人身安全	是 □ 否 □
发动机基础检查项目是否正常	是 □ 否 □
发动机 CAN 数据总线波形是否正常	是 □ 否 □
发动机故障自诊断能否进入	能 □ 否 □
发动机无法启动故障是否排除	是 □ 否 □
工作场地是否清洁，车辆是否复位	是 □ 否 □

（二）互检

组与组之间相互进行任务操作过程及结果检查，并把检查结果填写在表 3-5 中。

表 3-5　互检

检查项目	结果
车辆停放位置是否合适，是否将变速器置于空挡并拉紧驻车制动器	是 □　否 □
是否使用三件套对车辆进行防护	是 □　否 □
使用举升机是否按规范操作，是否注意人身安全	是 □　否 □
发动机基础检查项目是否正常	是 □　否 □
发动机 CAN 数据总线波形是否正常	是 □　否 □
发动机故障自诊断能否进入	能 □　否 □
发动机无法启动故障是否排除	是 □　否 □
工作场地是否清洁，车辆是否复位	是 □　否 □

六、课堂小结

____

____

____

任务四　发动机无法启动故障诊断与维修（四）

<table>
<tr><td colspan="6">发动机无法启动故障诊断与维修任务工单——进气系统及传感器检查</td></tr>
<tr><td>客户信息</td><td>姓名</td><td colspan="2"></td><td>职业</td><td></td></tr>
<tr><td rowspan="2">车辆信息</td><td colspan="2">车型</td><td colspan="2">VIN 码</td><td>行驶里程</td></tr>
<tr><td colspan="2"></td><td colspan="2"></td><td></td></tr>
<tr><td>维修事项</td><td colspan="5">发动机故障验证 □　发动机基础检查 □　发动机故障自诊断 □　读取与清除故障码 □
读取数据流（测量值）□　基本设定 □　CAN 数据总线检修 □　起动系统故障检修 □
点火系统故障检修 □　燃油系统故障检修 □　进气系统故障检修 □　机械系统故障检修 □
客户描述：</td></tr>
</table>

<table>
<tr><td colspan="2">车辆外观检查</td><td colspan="2">车辆内部检查</td></tr>
<tr><td>凹凸 □
划痕 □
石击 □
油漆 □</td><td>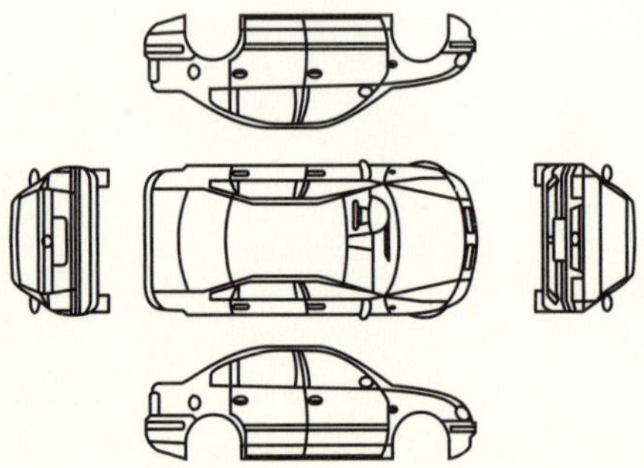</td><td>污渍 □
破损 □
色斑 □
变形 □</td><td>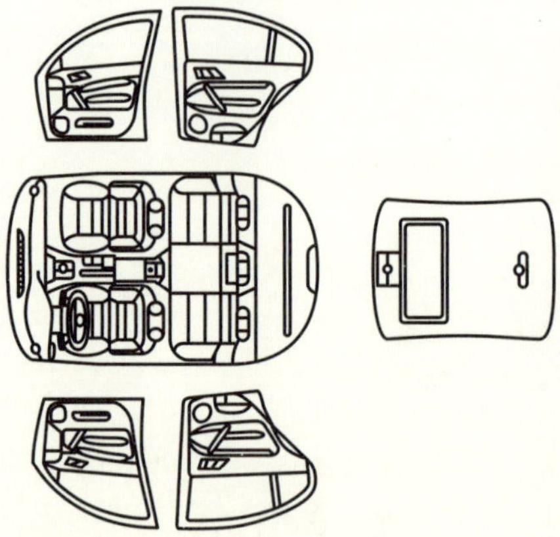</td></tr>
<tr><td>明确具体工作任务</td><td colspan="3"></td></tr>
</table>

任务目标

- 掌握发动机无法启动故障诊断与维修的思路
- 能够正确使用检测设备和仪器进行故障检测
- 能够正确填写维修工单，进行质量检查

任务内容

- 发动机无法启动故障原因
- 发动机无法启动故障诊断树
- 发动机无法启动故障排除

续表

任务重点	● 发动机无法启动故障原因 ● 发动机无法启动故障诊断树 ● 发动机无法启动故障排除
任务难点	● 发动机无法启动故障排除

一、任务准备

选出完成本任务所需的工具、设备、资料等。

	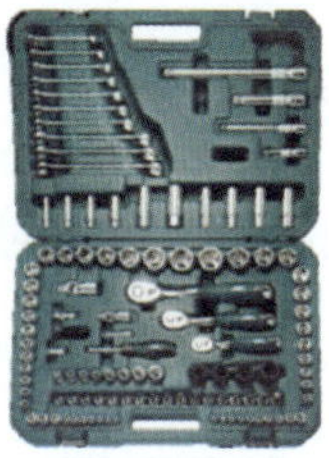	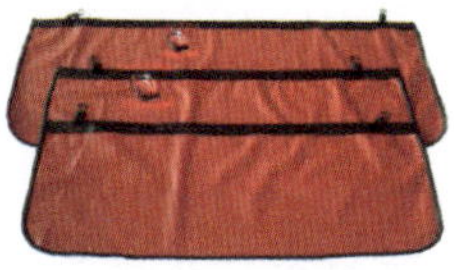	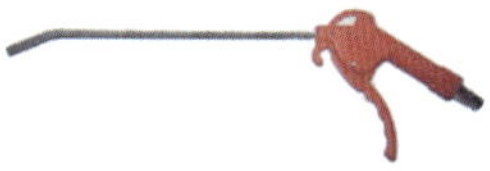
工具车	工具套件	翼子板布	吹尘枪
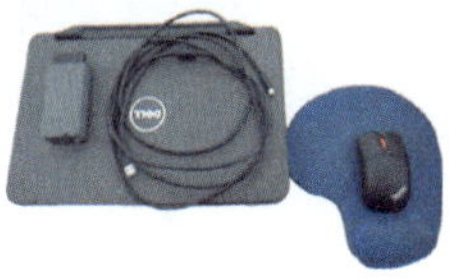	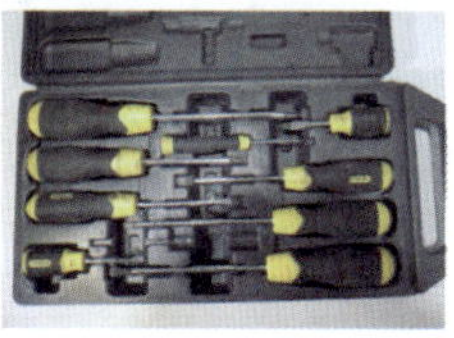	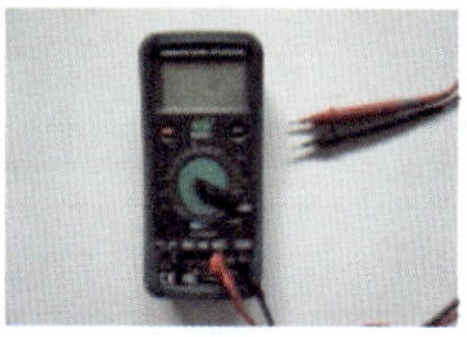	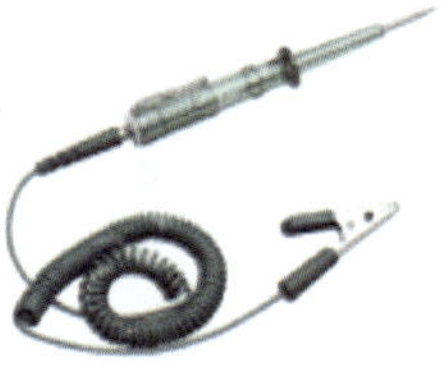
诊断仪	旋具套装	万用表	二极管试灯
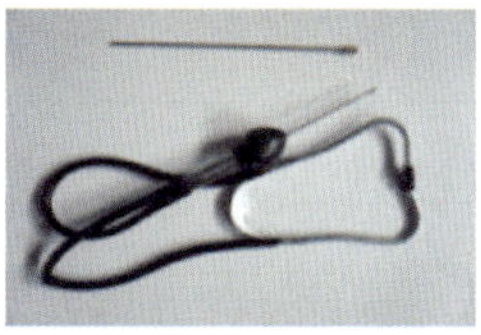		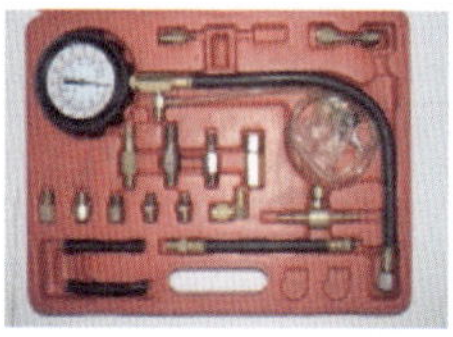	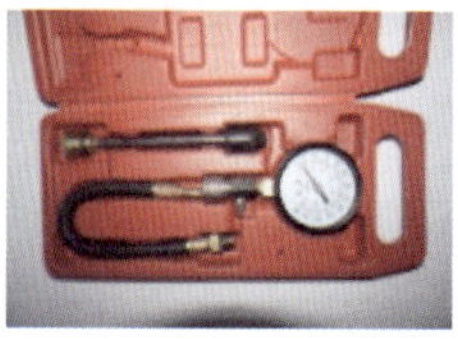
听诊器	抹布	燃油压力表	气缸压力表
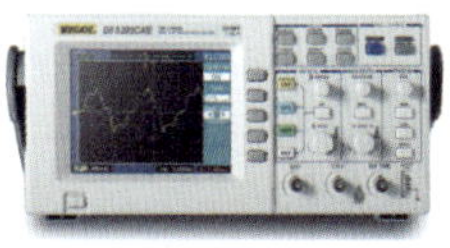	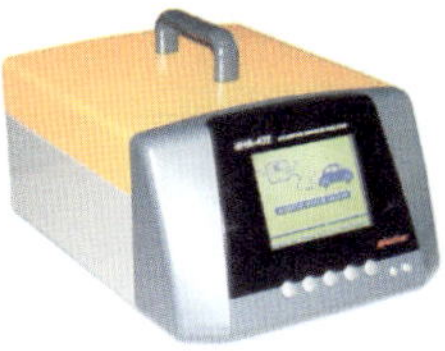	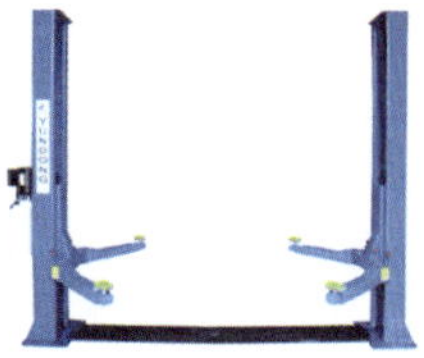	
示波器	尾气分析仪	举升机	实训车辆

维修手册	多楔传动带

二、防护措施

1. 进入车间应穿工鞋，戴工帽；工作服应整洁，无破损；操作时不可戴手表等金属饰品，以防划伤车辆表面。

2. 举升车辆时应严格按照举升机使用方法进行操作，并通知其他人员远离举升设备。

3. 更换油液或配件时应处理好油液或配件的回收清理工作，以免对工作环境造成污染。

观察下列车间操作图片，选出操作正确的图片。

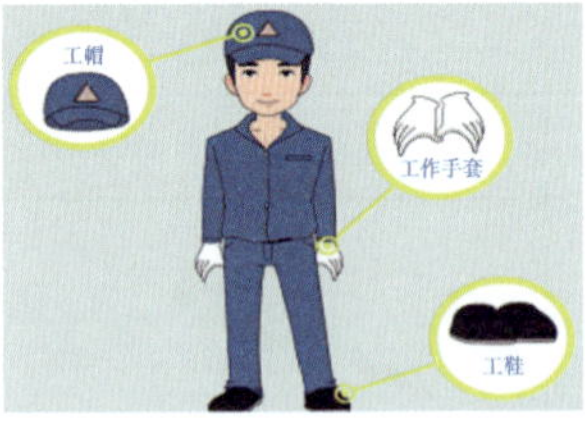		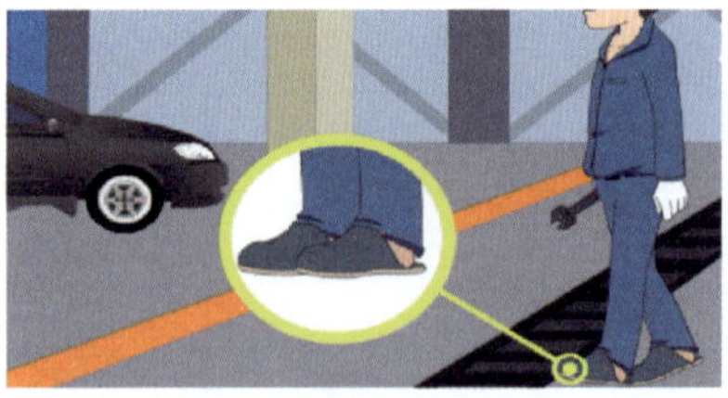

三、任务分配（见表 4-1）

表 4-1　任务分配表

职务	代码	姓名	工作内容
组长	A		监督、管理组员工作
组员	B		准备实训所需车辆及零配件
	C		
	D		准备实训所需工具及维修手册
	E		

四、任务实施

（一）操作流程

完成下面工作内容的排序并填写在表 4-2 中。

表 4-2 发动机无法启动故障诊断与维修操作步骤

操作流程	步骤	工作内容
故障验证		打开点火开关并启动发动机，检查发动机能否正常运转并着车。验证后关闭点火开关
发动机基础检查		检查启动时蓄电池电压是否正常
		铺好转向盘套、座椅套、脚垫，打开发动机舱盖，铺好翼子板布
		准备好常用工具、诊断仪、万用表、试灯
		检查发动机机油、冷却液、制动液液面是否正常
		将车辆停放在维修工位，拉起驻车制动器并将自动变速器置于空挡
发动机故障自诊断		检查发动机控制单元 J623 的 CAN 数据总线波形是否正常，如不正常，检查控制单元 J623 与数据总线诊断接口控制单元 J533 之间的 CAN 数据总线连接线路是否良好
		连接诊断仪，打开点火开关，进行发动机故障自诊断
		如果无法进入发动机故障自诊断，检查熔丝 SB13、SB14 是否损坏，检查发动机控制单元电源、搭铁是否良好
		如果所有电控系统自诊断都进不去，则检查熔丝 SC1、SC13 是否损坏，检查诊断插座 U31 的电源、搭铁是否良好；如正常，检查熔丝 SB15、SC7 是否损坏，数据总线诊断接口控制单元 J533 的电源、搭铁是否良好；如以上都正常，则数据总线诊断接口控制单元 J533 损坏，需更换
		如果无故障码，查阅相关维修手册（资料），根据发动机各系统工作原理进行故障分析、检测，排除故障
		读取故障码，按照故障码提示进行故障检测，排除故障
起动系统检查		打开点火开关，启动着车，检查起动机是否正常运转
		如果起动机 T1v 端子没电，检查熔丝 SB30、SC10 是否有电；若熔丝没电，检查熔丝和继电器 J329 是否损坏；若正常，检查继电器 J329 与控制单元 J519、熔丝、搭铁之间的连接导线是否有故障
		如果起动机不转，检查发动机是否处于防盗状态；若处于防盗状态，检查防盗系统是否有故障
		如果防盗系统正常，拆卸空气滤清器壳体，检查起动挡时起动机 T1v 端子是否有 12 V 电压；若有电，故障为起动机损坏或起动机搭铁不良
		如果熔丝 SB30、SC10 有电，检查继电器 J682 和 J710 是否损坏。若正常，检查继电器 J682 与熔丝 SC10、发动机控制单元 J623 之间的连接导线是否正常，检查继电器 J710 与熔丝 SC10、发动机控制单元 J623、起动机的 T1v 端子、车载电网控制单元 J519 之间的连接导线是否正常
		连接诊断仪，检查制动开关、变速器空挡启动开关是否正常
		如果以上检查正常，使用诊断仪检查曲轴位置传感器 G28 和凸轮轴位置传感器 G40 的信号电压是否正常；若传感器正常，检查熔丝 SB13、SB14 是否正常；若熔丝正常，检查发动机控制单元 J623 的电源、搭铁是否正常
		若以上检查均正常，则发动机控制单元 J623 损坏，需更换
点火系统检查		取下发动机装饰盖，断开点火控制器的插接器，取下点火控制器总成，插上火花塞，启动发动机，检查高压火花是否正常
		如果高压火花正常，检查各缸火花塞及燃油系统是否有故障
		如果有 12 V 工作电压，检查 3 号端子是否有点火信号电压

续表

操作流程	步骤	工作内容
点火系统检查		如果有点火信号电压，则点火控制器总成损坏，需更换
		如果无点火信号电压，检查曲轴、凸轮轴位置传感器是否损坏
		如果无高压火花，检查点火控制器插接器 1 号端子是否有 12 V 工作电压，2 号和 4 号端子搭铁是否良好
		如果无 12 V 工作电压，检查熔丝 SB10、SB13 是否损坏，主继电器 J271 是否损坏
		如果曲轴、凸轮轴位置传感器正常，检查发动机控制单元 J623 的电源、搭铁是否正常
		如果正常，则发动机控制单元 J623 损坏，需更换
燃油系统检查		连接诊断仪，检查 106 组高压燃油系统的压力值，观察燃油压力值是否符合规定
		拔下燃油压力调节阀 N276 的插接器，观察发动机是否熄火，如果熄火，则说明低压燃油系统压力过低，不能维持发动机正常启动及运转，应检查电动燃油泵、燃油滤清器是否正常；如果不熄火，则查看高压燃油系统的压力值，若数值在 650 kPa 左右，则证明低压燃油系统没有故障
		检查燃油泵控制单元 J538 端子 2 与发动机控制单元 J623、端子 7 与车载电网控制单元 J519 之间的连接导线是否正常
		拔下燃油泵插接器，检查燃油泵阻值是否符合规定
		若燃油压力值不符合规定，检查高压燃油压力传感器 G247 是否损坏；若无燃油压力，检查燃油泵熔丝 SC36 是否损坏
		拆卸后排座椅，检查燃油泵控制单元 J538 端子 1 电压是否正常，端子 6 搭铁是否正常
		检查燃油泵供油量是否符合规定
进气系统及传感器检查		检查进气软管、活性炭罐、涡轮增压进气管等是否有严重泄漏的地方
		检查空气滤清器是否堵塞，节气门体是否脏污、卡滞
		检查节气门位置传感器、空气流量计、冷却液温度传感器、氧传感器、进气压力传感器的电源、搭铁、信号电压、数据流是否正常
发动机机械系统检查		检查发动机正时传动带（链条）是否错位、断裂
		检查发动机缸压是否正常
		检查三元催化器、排气管、消声器是否堵塞
		检查发动机曲柄连杆机构和配气机构是否正常

（二）实施记录

结合实施过程，对照表 4-3 所列检查项目进行检查，并记录实际的检查结果。

表 4-3　发动机无法启动故障诊断与维修实施记录

序号	项目	故障检查	故障记录
1	故障验证	发动机运转慢 □　发动机运转不着车 □ 起动机发出“咔咔”声，不运转 □　起动机无任何反应 □	检查出的故障：
2	发动机基础检查	铺设三件套，安全防护工作 □　机油液面 □　冷却液液面 □ 制动液液面 □　蓄电池电压：________ V	检查出的故障：

续表

序号	项目	故障检查	故障记录
3	发动机故障自诊断	正确连接诊断仪 □ 不能进入自诊断 □ 可以进入自诊断 □ 诊断插座 U31 检查 □ 相关熔丝检查 □ 网关 J533 检查 □ 发动机 CAN 数据总线波形正常 □ 发动机 CAN 数据总线波形错误 □ 发动机控制单元 J623 电源、搭铁、熔丝检查 □ 网关 J533 电源、搭铁、熔丝检查 □ 检查发动机控制单元 J623 与网关 J533 之间的 CAN 数据总线连接是否正常 □ 检查诊断插座 U31 与网关 J533 之间的 CAN 数据总线连接是否正常 □ 读取故障码：有故障码 □ 无故障码 □ 故障码记录：____ ____	检查出的故障：
4	起动系统检查	起动机不运转 □ 起动机运转无力 □ 起动机正常运转 □ 起动机 T1v 端子电压检测：有 12 V 电压 □ 无 12 V 电压 □ 启动电路熔丝、继电器检查：熔丝损坏 □ 继电器损坏 □ 启动电路熔丝、继电器、控制单元连接线路检查： 断路 □ 短路 □ 搭铁 □ 正常 □ 曲轴位置传感器 G28 检查：电源、搭铁故障 □ 传感器正常 □ 传感器故障 □ 凸轮轴位置传感器 G40 检查：电源、搭铁故障 □ 传感器正常 □ 传感器故障 □ 制动开关、空挡启动开关检查：开关正常 □ 开关损坏 □ 发动机控制单元 J623 检查：电源、搭铁故障 □ J623 损坏 □	检查出的故障：
5	点火系统检查	高压火花检查：无高压火花 □ 高压火花弱 □ 高压火花正常 □ 火花塞检查：火花塞正常 □ 火花塞损坏 □ 点火控制器电路检查：电源、搭铁正常 □ 电源、搭铁故障 □ 熔丝正常 □ 熔丝损坏 □ 继电器正常 □ 继电器损坏 □ 点火信号检查：有点火信号 □ 无点火信号 □ 点火信号错误 □ 曲轴位置传感器 G28 检查：电源、搭铁故障 □ 传感器正常 □ 传感器故障 □ 凸轮轴位置传感器 G40 检查：电源、搭铁故障 □ 传感器正常 □ 传感器故障 □	检查出的故障：
6	燃油系统检查	高压燃油压力检查：油压正常 □ 油压过低 □ 无油压 □ 油压测量值：____________ kPa 燃油压力调节阀 N276 检查：电磁阀正常 □ 电磁阀损坏 □ 电源、搭铁故障 □ 高压燃油压力传感器 G247 检查：传感器正常 □ 传感器故障 □ 电源、搭铁故障 □ 燃油泵熔丝检查：熔丝正常 □ 熔丝损坏 □ 燃油泵控制单元 J538 检查：电源、搭铁故障 □ 连接导线故障 □ J538 故障 □ 燃油泵检查：燃油泵正常 □ 燃油泵损坏 □ 燃油泵性能不良 □	检查出的故障：

续表

序号	项目	故障检查	故障记录
7	进气系统及传感器检查	进气系统检查：空气滤清器脏污、堵塞 □　进气软管破裂、漏气 □ 各真空管脱落、破裂、泄漏 □ 活性炭罐电磁阀常开 □　废气再循环阀常开 □ 涡轮增压进气管破裂、泄漏 □　节气门体脏污 □ 各传感器检测：有故障码 □　无故障码 □　读取数据流（测量值）□ 连接导线故障 □　电源、搭铁故障 □ 传感器正常 □　传感器故障 □ 故障码记录：______	检查出的故障：
8	发动机机械系统检查	发动机缸压检测：缸压正常 □　缸压过低 □　个别缸压低 □ 缸压检测值：1 缸______　2 缸______　3 缸______　4 缸______ 配气正时检查：正时传动带磨损 □　正时传动带断裂 □ 排气装置检查：三元催化器堵塞 □　排气管、消声器堵塞 □ 发动机拆装及检查：曲柄连杆机构故障 □　配气机构故障 □	检查出的故障：
根据任务实施流程和故障排除过程，总结发动机无法启动故障排除思路，并填写在下面。 1. ______ 2. ______ 3. ______ 4. ______ 5. ______ 6. ______			

五、检查

（一）自检

结合本组任务操作过程，对任务执行过程中的操作规范性进行检查，检查操作过程中是否存在以下问题，分析讨论应如何避免并总结规范的操作方法（见表 4–4）。

表 4–4　自检

检查项目	结果
车辆停放位置是否合适，是否将变速器置于空挡并拉紧驻车制动器	是 □　否 □
是否使用三件套对车辆进行防护	是 □　否 □
使用举升机是否按规范操作，是否注意人身安全	是 □　否 □
发动机基础检查项目是否正常	是 □　否 □
发动机 CAN 数据总线波形是否正常	是 □　否 □
发动机故障自诊断能否进入	能 □　否 □
发动机无法启动故障是否排除	是 □　否 □
工作场地是否清洁，车辆是否复位	是 □　否 □

（二）互检

组与组之间相互进行任务操作过程及结果检查，并把检查结果填写在表 4-5 中。

表 4-5　互检

检查项目	结果
车辆停放位置是否合适，是否将变速器置于空挡并拉紧驻车制动器	是□　否□
是否使用三件套对车辆进行防护	是□　否□
使用举升机是否按规范操作，是否注意人身安全	是□　否□
发动机基础检查项目是否正常	是□　否□
发动机 CAN 数据总线波形是否正常	是□　否□
发动机故障自诊断能否进入	能□　否□
发动机无法启动故障是否排除	是□　否□
工作场地是否清洁，车辆是否复位	是□　否□

六、课堂小结

任务五　发动机无法启动故障诊断与维修（五）

发动机无法启动故障诊断与维修任务工单——发动机机械系统检查					
客户信息	姓名		职业		
车辆信息	车型		VIN 码		行驶里程
维修事项	发动机故障验证 □ 读取数据流（测量值）□ 点火系统故障检修 □	发动机基础检查 □ 基本设定 □ 燃油系统故障检修 □	发动机故障自诊断 □ CAN 数据总线检修 □ 进气系统故障检修 □	读取与清除故障码 □ 起动系统故障检修 □ 机械系统故障检修 □	
	客户描述：				

车辆外观检查		车辆内部检查	
凹凸 □ 划痕 □ 石击 □ 油漆 □	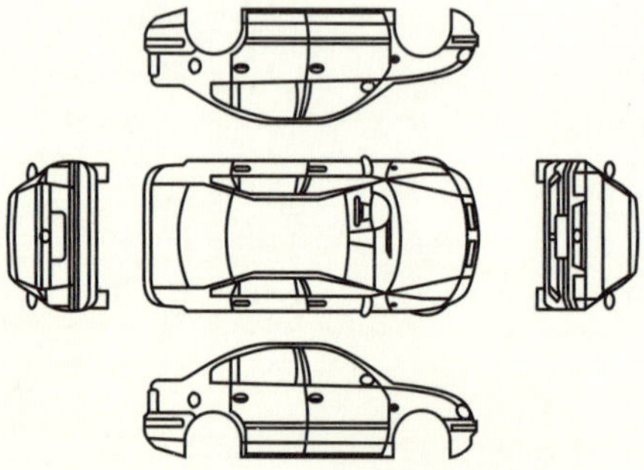	污渍 □ 破损 □ 色斑 □ 变形 □	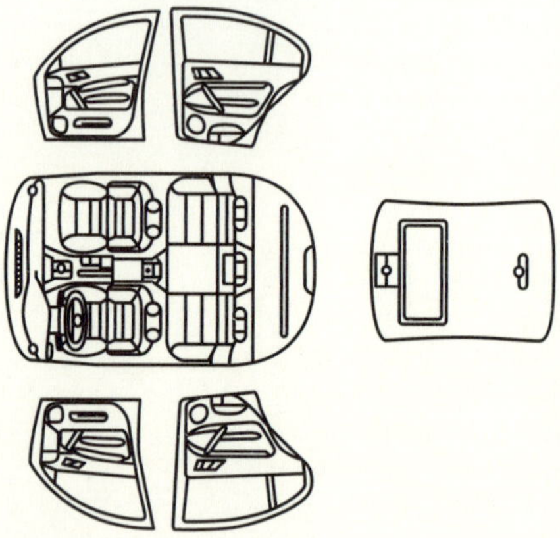

明确具体工作任务	

任务目标

- 掌握发动机无法启动故障诊断与维修的思路
- 能够正确使用检测设备和仪器进行故障检测
- 能够正确填写维修工单，进行质量检查

任务内容

- 发动机无法启动故障原因
- 发动机无法启动故障诊断树
- 发动机无法启动故障排除

续表

任务重点	● 发动机无法启动故障原因 ● 发动机无法启动故障诊断树 ● 发动机无法启动故障排除
任务难点	● 发动机无法启动故障排除

一、任务准备

选出完成本任务所需的工具、设备、资料等。

	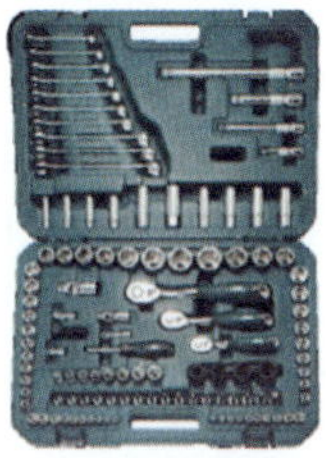		
工具车	工具套件	翼子板布	吹尘枪
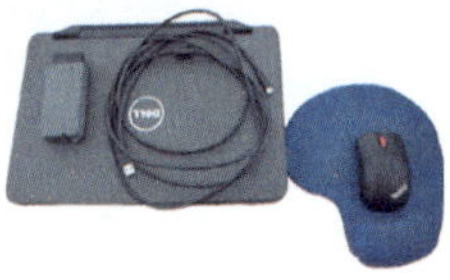	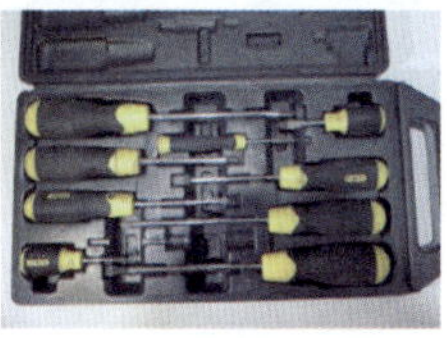	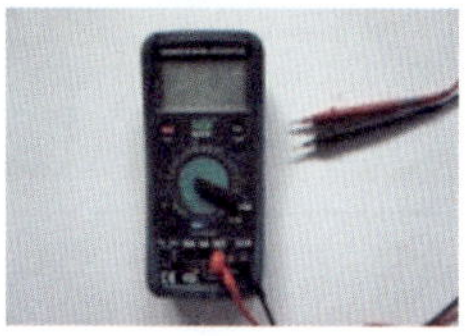	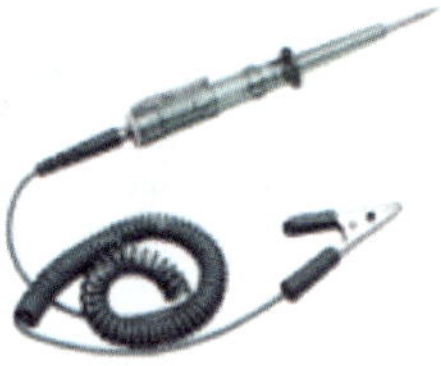
诊断仪	旋具套装	万用表	二极管试灯
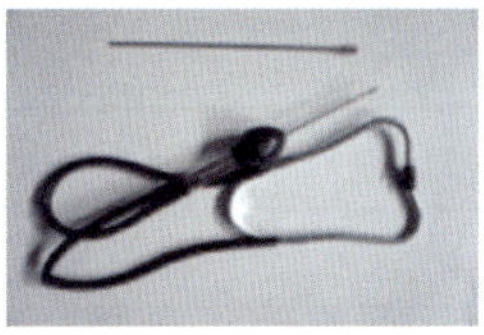		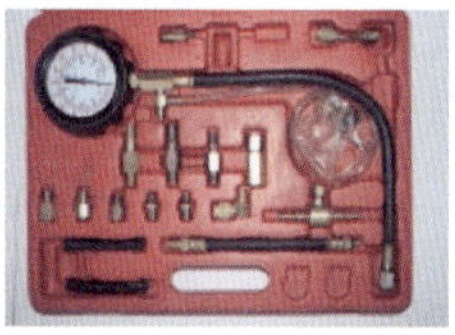	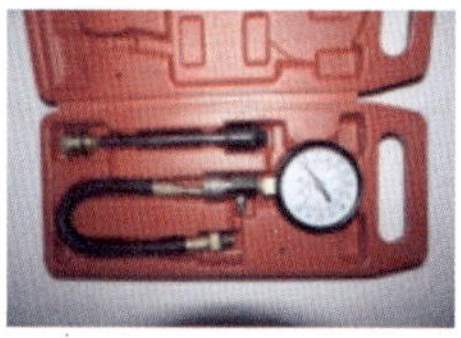
听诊器	抹布	燃油压力表	气缸压力表
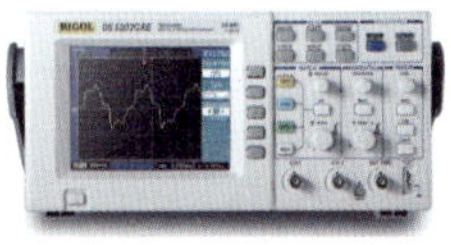	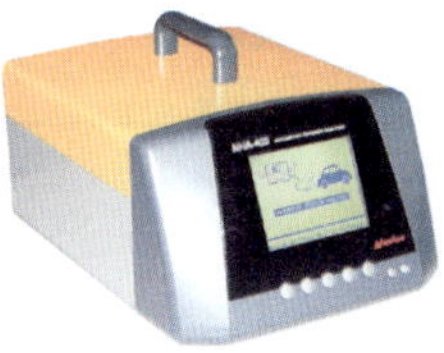	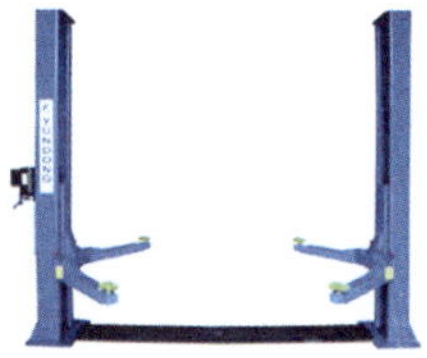	
示波器	尾气分析仪	举升机	实训车辆

维修手册	多楔传动带

二、防护措施

1. 进入车间应穿工鞋，戴工帽；工作服应整洁，无破损；操作时不可戴手表等金属饰品，以防划伤车辆表面。

2. 举升车辆时应严格按照举升机使用方法进行操作，并通知其他人员远离举升设备。

3. 更换油液或配件时应处理好油液或配件的回收清理工作，以免对工作环境造成污染。

观察下列车间操作图片，选出操作正确的图片。

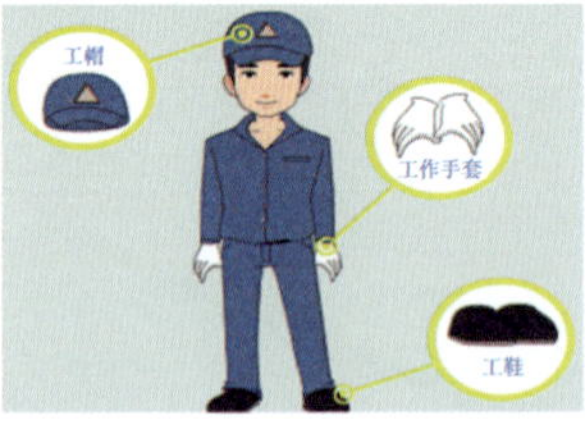		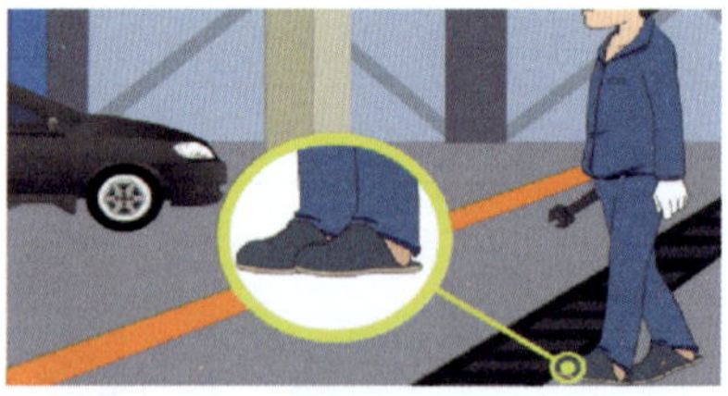

三、任务分配（见表 5-1）

表 5-1　任务分配表

职务	代码	姓名	工作内容
组长	A		监督、管理组员工作
组员	B		准备实训所需车辆及零配件
	C		
	D		准备实训所需工具及维修手册
	E		

四、任务实施

（一）操作流程

完成下面工作内容的排序并填写在表 5-2 中。

表 5-2 发动机无法启动故障诊断与维修操作步骤

操作流程	步骤	工作内容
故障验证		打开点火开关并启动发动机，检查发动机能否正常运转并着车。验证后关闭点火开关
发动机基础检查		将车辆停放在维修工位，拉起驻车制动器并将自动变速器置于空挡
		铺好转向盘套、座椅套、脚垫，打开发动机舱盖，铺好翼子板布
		准备好常用工具、诊断仪、万用表、试灯
		检查发动机机油、冷却液、制动液液面是否正常
		检查启动时蓄电池电压是否正常
发动机故障自诊断		连接诊断仪，打开点火开关，进行发动机故障自诊断
		如果所有电控系统自诊断都进不去，则检查熔丝 SC1、SC13 是否损坏，检查诊断插座 U31 的电源、搭铁是否良好；如正常，检查熔丝 SB15、SC7 是否损坏，数据总线诊断接口控制单元 J533 的电源、搭铁是否良好；如以上都正常，则数据总线诊断接口控制单元 J533 损坏，需更换
		如果无法进入发动机故障自诊断，检查熔丝 SB13、SB14 是否损坏，检查发动机控制单元电源、搭铁是否良好
		检查发动机控制单元 J623 的 CAN 数据总线波形是否正常，如不正常，检查控制单元 J623 与数据总线诊断接口控制单元 J533 之间的 CAN 数据总线连接线路是否良好
		读取故障码，按照故障码提示进行故障检测，排除故障
		如果无故障码，查阅相关维修手册（资料），根据发动机各系统工作原理进行故障分析、检测，排除故障
起动系统检查		打开点火开关，启动着车，检查起动机是否正常运转
		如果起动机不转，检查发动机是否处于防盗状态；若处于防盗状态，检查防盗系统是否有故障
		如果起动机 T1v 端子没电，检查熔丝 SB30、SC10 是否有电；若熔丝没电，检查熔丝和继电器 J329 是否损坏；若正常，检查继电器 J329 与控制单元 J519、熔丝、搭铁之间的连接导线是否有故障
		如果防盗系统正常，拆卸空气滤清器壳体，检查起动挡时起动机 T1v 端子是否有 12 V 电压；若有电，故障为起动机损坏或起动机搭铁不良
		如果熔丝 SB30、SC10 有电，检查继电器 J682 和 J710 是否损坏。若正常，检查继电器 J682 与熔丝 SC10、发动机控制单元 J623 之间的连接导线是否正常，检查继电器 J710 与熔丝 SC10、发动机控制单元 J623、起动机的 T1v 端子、车载电网控制单元 J519 之间的连接导线是否正常
		连接诊断仪，检查制动开关、变速器空挡启动开关是否正常
		如果以上检查正常，使用诊断仪检查曲轴位置传感器 G28 和凸轮轴位置传感器 G40 的信号电压是否正常；若传感器正常，检查熔丝 SB13、SB14 是否正常；若熔丝正常，检查发动机控制单元 J623 的电源、搭铁是否正常
		若以上检查均正常，则发动机控制单元 J623 损坏，需更换
点火系统检查		取下发动机装饰盖，断开点火控制器的插接器，取下点火控制器总成，插上火花塞，启动发动机，检查高压火花是否正常
		如果高压火花正常，检查各缸火花塞及燃油系统是否有故障
		如果无高压火花，检查点火控制器插接器 1 号端子是否有 12 V 工作电压，2 号和 4 号端子搭铁是否良好

续表

操作流程	步骤	工作内容
点火系统检查		如果有点火信号电压，则点火控制器总成损坏，需更换
		如果无点火信号电压，检查曲轴、凸轮轴位置传感器是否损坏
		如果曲轴、凸轮轴位置传感器正常，检查发动机控制单元 J623 的电源、搭铁是否正常
		如果无 12 V 工作电压，检查熔丝 SB10、SB13 是否损坏，主继电器 J271 是否损坏
		如果有 12 V 工作电压，检查 3 号端子是否有点火信号电压
		如果正常，则发动机控制单元 J623 损坏，需更换
燃油系统检查		连接诊断仪，检查 106 组高压燃油系统的压力值，观察燃油压力值是否符合规定
		拔下燃油压力调节阀 N276 的插接器，观察发动机是否熄火，如果熄火，则说明低压燃油系统压力过低，不能维持发动机正常启动及运转，应检查电动燃油泵、燃油滤清器是否正常；如果不熄火，则查看高压燃油系统的压力值，若数值在 650 kPa 左右，则证明低压燃油系统没有故障
		若燃油压力值不符合规定，检查高压燃油压力传感器 G247 是否损坏；若无燃油压力，检查燃油泵熔丝 SC36 是否损坏
		拔下燃油泵插接器，检查燃油泵阻值是否符合规定
		检查燃油泵供油量是否符合规定
		拆卸后排座椅，检查燃油泵控制单元 J538 端子 1 电压是否正常，端子 6 搭铁是否正常
		检查燃油泵控制单元 J538 端子 2 与发动机控制单元 J623、端子 7 与车载电网控制单元 J519 之间的连接导线是否正常
进气系统及传感器检查		检查进气软管、活性炭罐、涡轮增压进气管等是否有严重泄漏的地方
		检查空气滤清器是否堵塞，节气门体是否脏污、卡滞
		检查节气门位置传感器、空气流量计、冷却液温度传感器、氧传感器、进气压力传感器的电源、搭铁、信号电压、数据流是否正常
发动机机械系统检查		检查发动机正时传动带（链条）是否错位、断裂
		检查发动机缸压是否正常
		检查三元催化器、排气管、消声器是否堵塞
		检查发动机曲柄连杆机构和配气机构是否正常

（二）实施记录

结合实施过程，对照表 5-3 所列检查项目进行检查，并记录实际的检查结果。

表 5-3　发动机无法启动故障诊断与维修实施记录

序号	项目	故障检查	故障记录
1	故障验证	发动机运转慢 □　发动机运转不着车 □ 起动机发出“咔咔”声，不运转 □　起动机无任何反应 □	检查出的故障：
2	发动机基础检查	铺设三件套，安全防护工作 □　机油液面 □　冷却液液面 □ 制动液液面 □　蓄电池电压：________ V	检查出的故障：

续表

序号	项目	故障检查	故障记录
3	发动机故障自诊断	正确连接诊断仪 □ 不能进入自诊断 □ 可以进入自诊断 □ 诊断插座 U31 检查 □ 相关熔丝检查 □ 网关 J533 检查 □ 发动机 CAN 数据总线波形正常 □ 发动机 CAN 数据总线波形错误 □ 发动机控制单元 J623 电源、搭铁、熔丝检查 □ 网关 J533 电源、搭铁、熔丝检查 □ 检查发动机控制单元 J623 与网关 J533 之间的 CAN 数据总线连接是否正常 □ 检查诊断插座 U31 与网关 J533 之间的 CAN 数据总线连接是否正常 □ 读取故障码：有故障码 □ 无故障码 □ 故障码记录：________________	检查出的故障：
4	起动系统检查	起动机不运转 □ 起动机运转无力 □ 起动机正常运转 □ 起动机 T1v 端子电压检测：有 12 V 电压 □ 无 12 V 电压 □ 启动电路熔丝、继电器检查：熔丝损坏 □ 继电器损坏 □ 启动电路熔丝、继电器、控制单元连接线路检查： 断路 □ 短路 □ 搭铁 □ 正常 □ 曲轴位置传感器 G28 检查：电源、搭铁故障 □ 传感器正常 □ 传感器故障 □ 凸轮轴位置传感器 G40 检查：电源、搭铁故障 □ 传感器正常 □ 传感器故障 □ 制动开关、空挡启动开关检查：开关正常 □ 开关损坏 □ 发动机控制单元 J623 检查：电源、搭铁故障 □ J623 损坏 □	检查出的故障：
5	点火系统检查	高压火花检查：无高压火花 □ 高压火花弱 □ 高压火花正常 □ 火花塞检查：火花塞正常 □ 火花塞损坏 □ 点火控制器电路检查：电源、搭铁正常 □ 电源、搭铁故障 □ 熔丝正常 □ 熔丝损坏 □ 继电器正常 □ 继电器损坏 □ 点火信号检查：有点火信号 □ 无点火信号 □ 点火信号错误 □ 曲轴位置传感器 G28 检查：电源、搭铁故障 □ 传感器正常 □ 传感器故障 □ 凸轮轴位置传感器 G40 检查：电源、搭铁故障 □ 传感器正常 □ 传感器故障 □	检查出的故障：
6	燃油系统检查	高压燃油压力检查：油压正常 □ 油压过低 □ 无油压 □ 油压测量值：________ kPa 燃油压力调节阀 N276 检查：电磁阀正常 □ 电磁阀损坏 □ 电源、搭铁故障 □ 高压燃油压力传感器 G247 检查：传感器正常 □ 传感器故障 □ 电源、搭铁故障 □ 燃油泵熔丝检查：熔丝正常 □ 熔丝损坏 □ 燃油泵控制单元 J538 检查：电源、搭铁故障 □ 连接导线故障 □ J538 故障 □ 燃油泵检查：燃油泵正常 □ 燃油泵损坏 □ 燃油泵性能不良 □	检查出的故障：

续表

序号	项目	故障检查	故障记录
7	进气系统及传感器检查	进气系统检查：空气滤清器脏污、堵塞 □　进气软管破裂、漏气 □ 各真空管脱落、破裂、泄漏 □ 活性炭罐电磁阀常开 □　废气再循环阀常开 □ 涡轮增压进气管破裂、泄漏 □　节气门体脏污 □ 各传感器检测：有故障码 □　无故障码 □　读取数据流（测量值）□ 连接导线故障 □　电源、搭铁故障 □ 传感器正常 □　传感器故障 □ 故障码记录：________________	检查出的故障：
8	发动机机械系统检查	发动机缸压检测：缸压正常 □　缸压过低 □　个别缸压低 □ 缸压检测值：1 缸______　2 缸______　3 缸______　4 缸______ 配气正时检查：正时传动带磨损 □　正时传动带断裂 □ 排气装置检查：三元催化器堵塞 □　排气管、消声器堵塞 □ 发动机拆装及检查：曲柄连杆机构故障 □　配气机构故障 □	检查出的故障：
根据任务实施流程和故障排除过程，总结发动机无法启动故障排除思路，并填写在下面。 1. ________________ 2. ________________ 3. ________________ 4. ________________ 5. ________________ 6. ________________			

五、检查

（一）自检

结合本组任务操作过程，对任务执行过程中的操作规范性进行检查，检查操作过程中是否存在以下问题，分析讨论应如何避免并总结规范的操作方法（见表 5–4）。

表 5–4　自检

检查项目	结果
车辆停放位置是否合适，是否将变速器置于空挡并拉紧驻车制动器	是 □　否 □
是否使用三件套对车辆进行防护	是 □　否 □
使用举升机是否按规范操作，是否注意人身安全	是 □　否 □
发动机基础检查项目是否正常	是 □　否 □
发动机 CAN 数据总线波形是否正常	是 □　否 □
发动机故障自诊断能否进入	能 □　否 □
发动机无法启动故障是否排除	是 □　否 □
工作场地是否清洁，车辆是否复位	是 □　否 □

（二）互检

组与组之间相互进行任务操作过程及结果检查，并把检查结果填写在表 5-5 中。

表 5-5 互检

检查项目	结果
车辆停放位置是否合适，是否将变速器置于空挡并拉紧驻车制动器	是□ 否□
是否使用三件套对车辆进行防护	是□ 否□
使用举升机是否按规范操作，是否注意人身安全	是□ 否□
发动机基础检查项目是否正常	是□ 否□
发动机 CAN 数据总线波形是否正常	是□ 否□
发动机故障自诊断能否进入	能□ 否□
发动机无法启动故障是否排除	是□ 否□
工作场地是否清洁，车辆是否复位	是□ 否□

六、课堂小结

任务六　发动机怠速抖动故障诊断与维修（一）

<table>
<tr><td colspan="6">发动机怠速抖动故障诊断与维修任务工单——基础检查及故障诊断</td></tr>
<tr><td>客户信息</td><td>姓名</td><td colspan="2"></td><td>职业</td><td></td></tr>
<tr><td rowspan="2">车辆信息</td><td colspan="2">车型</td><td colspan="2">VIN 码</td><td>行驶里程</td></tr>
<tr><td colspan="2"></td><td colspan="2"></td><td></td></tr>
<tr><td>维修事项</td><td colspan="5">发动机故障验证 □　发动机基础检查 □　发动机故障自诊断 □　读取与清除故障码 □
读取数据流（测量值）□　基本设定 □　CAN 数据总线检修 □　起动系统故障检修 □
点火系统故障检修 □　燃油系统故障检修 □　进气系统故障检修 □　机械系统故障检修 □
客户描述：</td></tr>
<tr><td colspan="3">车辆外观检查</td><td colspan="3">车辆内部检查</td></tr>
<tr><td>凹凸 □
划痕 □
石击 □
油漆 □</td><td colspan="2">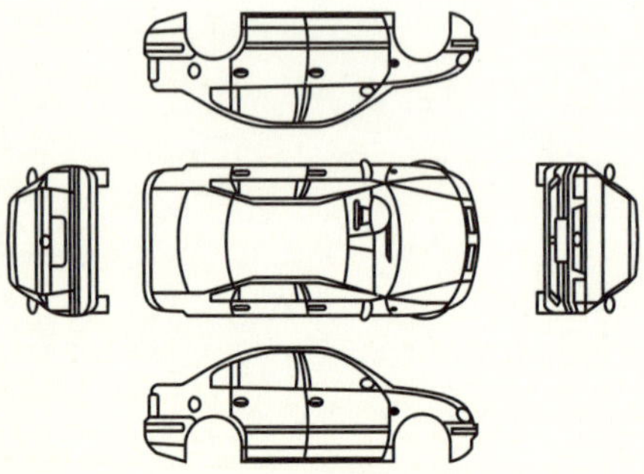</td><td>污渍 □
破损 □
色斑 □
变形 □</td><td colspan="2">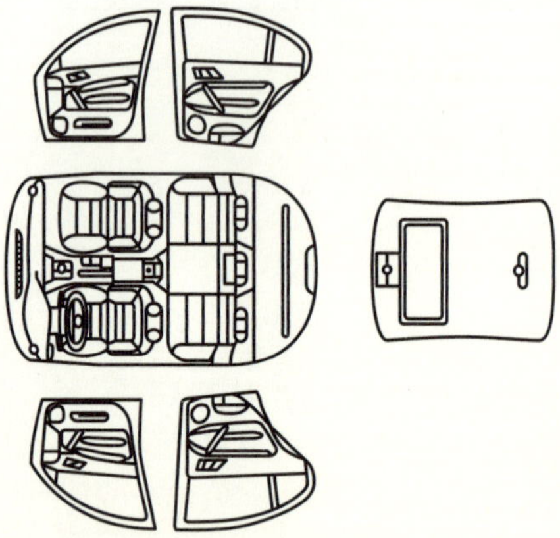</td></tr>
<tr><td>明确具体工作任务</td><td colspan="5"></td></tr>
</table>

任务目标

- 能够对发动机怠速抖动故障现象进行故障验证
- 能够根据发动机怠速抖动故障诊断树进行故障检测与维修
- 能够正确使用检测设备和仪器进行故障检测
- 能够完成故障部件的检查、更换和维修
- 能够正确填写维修工单，进行质量检查

任务内容

- 发动机怠速抖动故障原因
- 发动机怠速抖动故障诊断树
- 发动机怠速抖动故障排除

续表

任务重点	● 发动机怠速抖动故障诊断树 ● 发动机怠速抖动故障排除
任务难点	● 发动机怠速抖动故障排除

一、知识讲解

（一）发动机怠速抖动的原因

发动机工作时，气缸内气体作用力的变化会引起各气缸功率不平衡，使活塞在做功行程中所受水平方向分力不一致，从而导致发动机怠速抖动，工作不稳定。

（二）发动机怠速抖动故障判断方法

1. 观察发动机缸体抖动程度，怠速平稳时机油尺刻线很清晰，怠速抖动时机油尺看起来有重影。

2. 从发动机转速表观察，转速以怠速期望值为中心上下振动，或在期望值一侧剧烈振动。

3. 原地启动发动机，坐在座椅上感觉车身剧烈抖动。

（三）发动机怠速抖动故障类型及原因

1. 发动机怠速抖动故障类型（见表 6-1）

表 6-1　发动机怠速抖动故障类型

序号	分类标准	故障类型
1	按出现规律分类	（1）冷车（冷却液温度低于 50 ℃）怠速抖动 （2）热车（冷却液温度高于 50 ℃）怠速抖动 （3）无规律的怠速抖动，剧烈抖动一两下
2	按抖动程度分类	（1）正常怠速，以怠速期望值 ±10 r/min 抖动 （2）一般抖动，以怠速期望值 ±20 r/min 抖动 （3）严重抖动，超过怠速期望值 ±20 r/min 抖动 （4）在怠速期望值的一侧剧烈抖动
3	按原因关联分类	（1）直接原因：机械零部件脏污、磨损、安装不正确等，导致个别气缸功率的变化，从而造成各气缸功率不平衡，致使发动机出现怠速抖动 （2）间接原因：发动机电控系统异常，导致混合气燃烧不良，造成各气缸功率不平衡，使发动机出现怠速抖动

2. 发动机怠速抖动故障原因（见表 6-2）

表 6-2　发动机怠速抖动故障原因

故障部位	具体故障原因
进气系统	（1）进气总管卡子松动或胶管破裂，进气歧管衬垫漏气，进气歧管破损 （2）曲轴箱强制通风（PCV）阀开度大，活性炭罐阀常开，废气再循环（EGR）阀关闭不严，真空管插头脱落、破裂 （3）节气门和进气道脏污或积炭

续表

故障部位	具体故障原因
进气系统	（4）怠速空气执行元件故障，节气门电动机损坏或卡滞 （5）空气流量计或其线路故障，进气压力传感器或其线路故障，发动机控制单元插接器接触不良或 ECU 内部故障
燃油系统	（1）喷油器故障，喷油器 O 形密封圈漏气 （2）燃油滤清器堵塞，燃油泵滤网堵塞，燃油泵泵油压力异常，燃油压力调节阀故障 （3）进油管变形，回油管压瘪、堵塞
点火系统	（1）点火触发信号缺失，点火模块故障，一次线圈或二次线圈故障 （2）火花塞故障，高压导线损坏 （3）空气流量计或进气压力信号故障，霍尔传感器故障，冷却液温度传感器故障，进气温度传感器故障，爆震传感器故障，发动机控制单元损坏
机械结构	（1）正时传动带错位，气门工作面与气门座圈积炭过多，气门密封不严，凸轮轴的凸轮磨损，气门推杆磨损或弯曲，摇臂磨损，气门卡住或漏气，气门弹簧折断等 （2）气缸衬垫烧蚀或损坏，活塞环损坏，活塞环槽内积炭过多，活塞与气缸磨损，气缸圆度和圆柱度超差，连杆弯曲，燃烧室积炭严重 （3）曲轴、飞轮、曲轴传动带轮等转动部件动平衡不合格，发动机支脚垫断裂、损坏，发动机底护板因变形与曲轴箱底壳相撞击
其他	三元催化器堵塞，自动变速器、空调、转向助力器等有故障，发动机控制单元与空调、自动变速器控制单元之间的怠速提升信号中断，安装 CAN 数据总线的车辆存在总线系统故障

（四）发动机怠速抖动故障诊断流程

1. 故障验证

（1）启动着车，检查怠速抖动故障类型是发动机抖动还是车身底盘抖动。

（2）如果是车身底盘抖动，则检查车身和底盘系统的故障；如果是发动机怠速抖动，则进行下面的故障检查。

2. 发动机基础检查

（1）将车辆停放在维修工位，拉起驻车制动器并将自动变速器置于空挡，铺设三件套。

（2）准备好常用工具、诊断仪、万用表、试灯、气缸压力表。

（3）检查发动机机油、冷却液、制动液液面是否正常。

（4）检查蓄电池电压是否正常。

3. 发动机故障自诊断

（1）连接诊断仪，打开点火开关，进行发动机故障自诊断。

（2）如果无法进入发动机故障自诊断，则检查发动机控制单元 J623 的电源、熔丝、搭铁、CAN 数据总线以及控制单元本身是否有故障。

（3）如果所有电控系统自诊断都进不去，则检查诊断插座 U31 电源、搭铁，数据总线诊断接口控制单元 J533 电源、搭铁，CAN 数据总线是否有故障。

（4）读取故障码，按照故障码提示进行故障检测，排除故障。

（5）如果无故障码，查阅相关维修手册（资料），根据发动机各系统工作原理进行故障分析、检测，排除故障。

4. 进气系统检查

（1）检查空气滤清器是否脏污、堵塞，各进气软管、真空管是否破裂、泄漏，卡子是否松动。

（2）检查各导线及线束插接器有无松动，连接是否良好。

（3）检查活性炭罐电磁阀是否常开，真空管是否损坏、泄漏。

（4）检查节气门体是否脏污，若脏污，则清洗节气门体，重新对怠速进行基本设定。

5. 点火系统检查

（1）先取下发动机装饰盖，再取下点火控制器，检查各缸高压火花是否正常，有无缺缸、断火故障。

（2）拆卸并检查各缸火花塞是否有故障。

（3）连接诊断仪，读取各传感器数据流，检查氧传感器、冷却液温度传感器、进气温度传感器、节气门位置传感器、进气压力传感器、空气流量计、爆震传感器、加速踏板位置传感器等是否工作正常。

6. 燃油系统检查

（1）连接诊断仪，读取 106 组数据，检查燃油压力是否正常；拔下 N276 的插接器，观察发动机是否熄火，如果熄火，则说明低压燃油系统压力过低，不能维持发动机正常启动及运转，应检查电动燃油泵、燃油滤清器是否正常；如果不熄火，则查看数据流 01–08–106 组的 1 区数值（高压燃油系统的压力值），若数值在 650 kPa 左右，则说明低压燃油系统没有故障。

（2）读取燃油压力调节阀 N276、高压燃油压力传感器 G247 数据流，检查传感器是否有故障。

（3）拆卸后排座椅，拔下燃油泵插接器，检查燃油泵阻值是否正常；连接插接器，检测 1 号和 5 号燃油泵工作电压是否正常。

（4）拆下发动机装饰盖、进气歧管总成，拔下喷油器的插接器，检查各缸喷油器的阻值、喷油信号是否正常，喷油器是否堵塞。

7. 发动机机械系统检查

（1）检查各缸缸压是否正常。

（2）用举升机将车辆安全升起，检查发动机各悬置橡胶垫是否损坏、松动。

（3）拆卸并检查发动机三元催化器、消声器、排气管道是否堵塞。

（4）拆装及检修发动机，检查平衡轴装配是否正常。

（五）发动机怠速抖动故障诊断树

发动机怠速抖动故障诊断树如图 6–1 所示。

二、任务准备

选出完成本任务所需的工具、设备、资料等。

	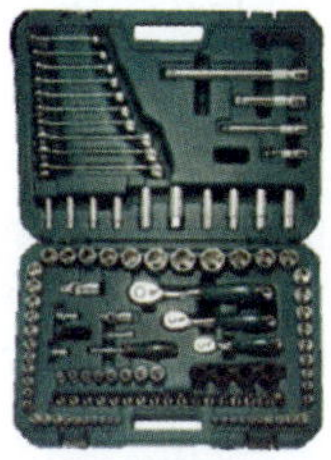		
工具车	工具套件	翼子板布	吹尘枪

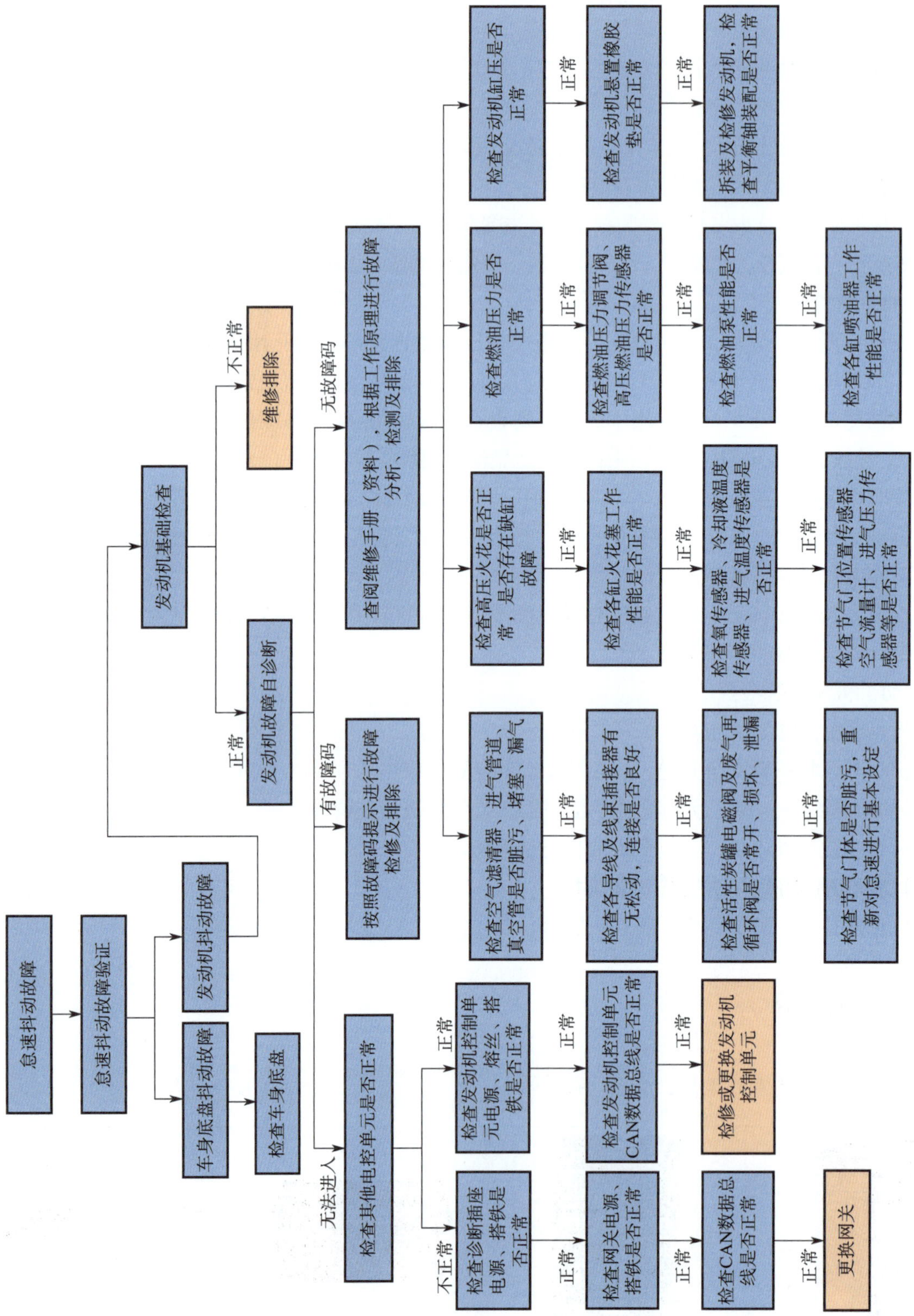

图6-1 发动机怠速抖动故障诊断树

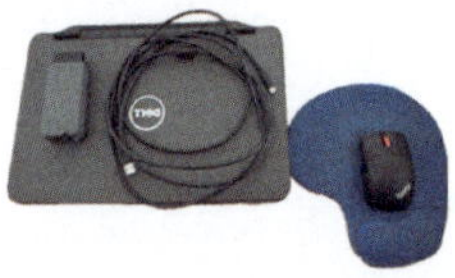	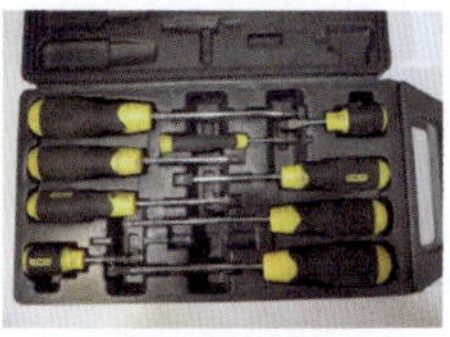	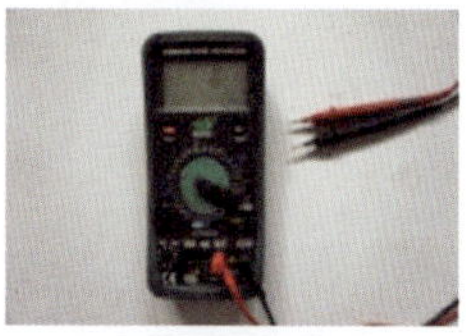	
诊断仪	旋具套装	万用表	二极管试灯
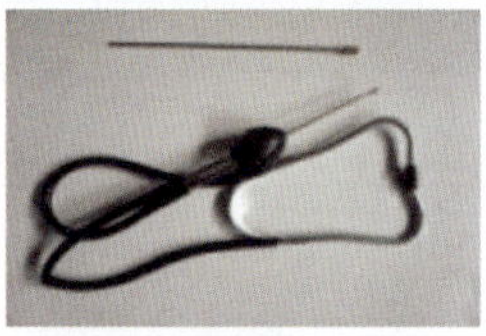		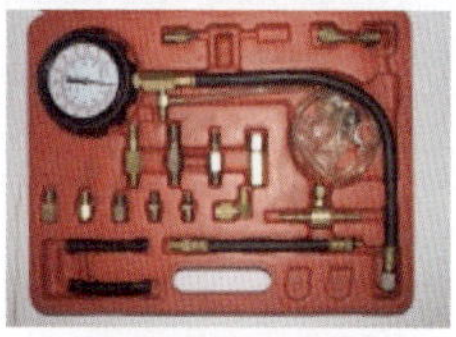	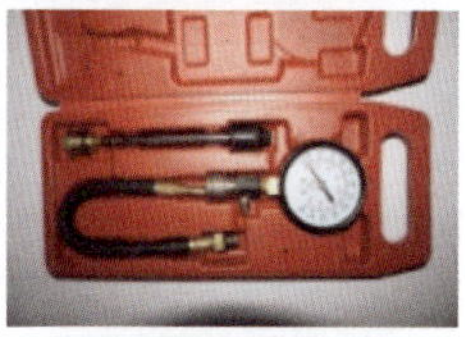
听诊器	抹布	燃油压力表	气缸压力表
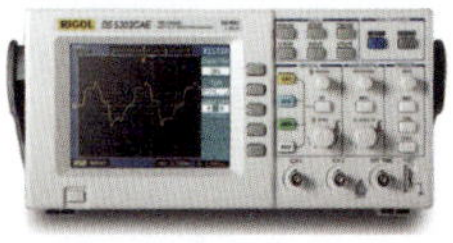	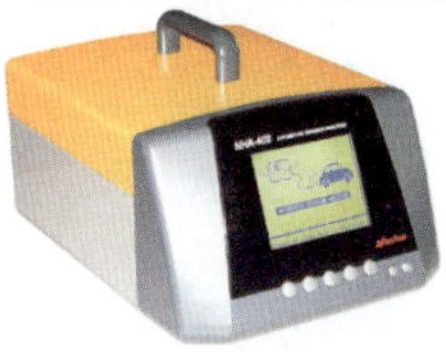	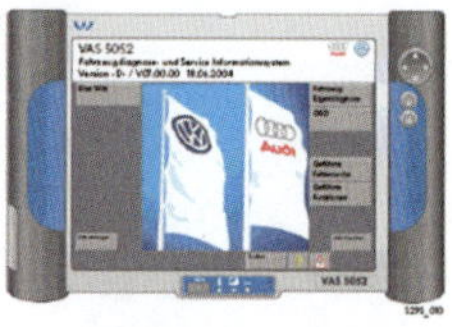	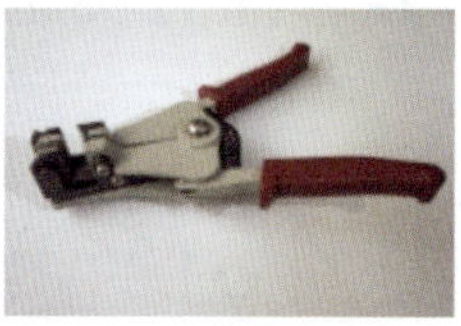
示波器	尾气分析仪	VAS5054	剥线钳

举升机	实训车辆	维修手册	多楔传动带

三、防护措施

1. 进入车间应穿工鞋，戴工帽；工作服应整洁，无破损；操作时不可戴手表等金属饰品，以防划伤车辆表面。

2. 举升车辆时应严格按照举升机使用方法进行操作，并通知其他人员远离举升设备。

3. 更换油液或配件时应处理好油液或配件的回收清理工作，以免对工作环境造成污染。

观察下列车间操作图片，选出操作正确的图片。

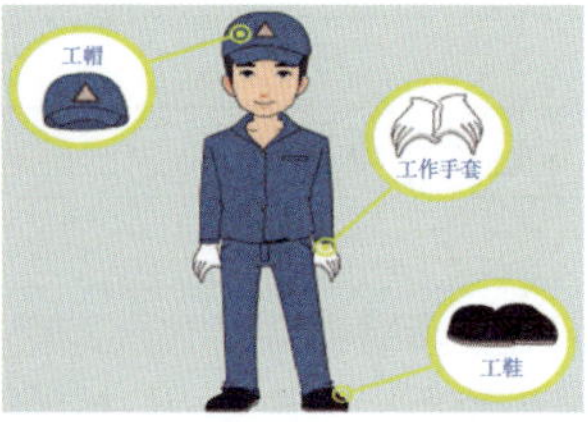		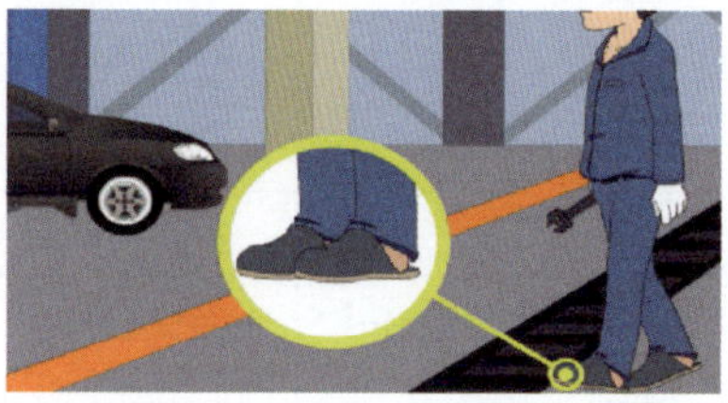

四、任务分配（见表 6-3）

表 6-3　任务分配表

职务	代码	姓名	工作内容
组长	A		监督、管理组员工作
组员	B		准备实训所需车辆及零配件
	C		
	D		准备实训所需工具及维修手册
	E		

五、任务实施

（一）操作流程

完成下面工作内容的排序并填写在表 6-4 中。

表 6-4　发动机怠速抖动故障诊断与维修操作步骤

操作流程	步骤	工作内容
故障验证		启动着车，检查怠速抖动故障类型是发动机抖动还是车身底盘抖动。如果是车身底盘抖动，则检查车身和底盘系统的故障；如果是发动机怠速抖动，则进行下面的故障检查
发动机基础检查		将车辆停放在维修工位，拉起驻车制动器并将自动变速器置于空挡，铺设三件套
		准备好常用工具、诊断仪、万用表、试灯、气缸压力表
		检查发动机机油、冷却液、制动液液面是否正常
		检查蓄电池电压是否正常
发动机故障自诊断		连接诊断仪，打开点火开关，进行发动机故障自诊断
		如果无法进入发动机故障自诊断，则检查发动机控制单元 J623 的电源、熔丝、搭铁、CAN 数据总线以及控制单元本身是否有故障
		读取故障码，按照故障码提示进行故障检测，排除故障
		如果无故障码，查阅相关维修手册（资料），根据发动机各系统工作原理进行故障分析、检测，排除故障
		如果所有电控系统自诊断都进不去，则检查诊断插座 U31 电源、搭铁，数据总线诊断接口控制单元 J533 电源、搭铁，CAN 数据总线是否有故障
进气系统检查		检查空气滤清器是否脏污、堵塞，各进气软管、真空管是否破裂、泄漏，卡子是否松动
		检查各导线及线束插接器有无松动，连接是否良好
		检查活性炭罐电磁阀是否常开，真空管是否损坏、泄漏
		检查节气门体是否脏污，若脏污，则清洗节气门体，重新对怠速进行基本设定
点火系统检查		拆卸并检查各缸火花塞是否有故障
		连接诊断仪，读取各传感器数据流，检查氧传感器、冷却液温度传感器、进气温度传感器、节气门位置传感器、进气压力传感器、空气流量计、爆震传感器、加速踏板位置传感器等是否工作正常

续表

操作流程	步骤	工作内容
点火系统检查		先取下发动机装饰盖，再取下点火控制器，检查各缸高压火花是否正常
		检查发动机有无缺缸、断火故障
燃油系统检查		连接诊断仪，读取 106 组数据，检查燃油压力是否正常
		拆卸后排座椅，拔下燃油泵插接器，检查燃油泵阻值是否正常；连接插接器，检测 1 号和 5 号燃油泵工作电压是否正常
		拔下 N276 的插接器，观察发动机是否熄火，如果熄火，则说明低压燃油系统压力过低，不能维持发动机正常启动及运转，应检查电动燃油泵、燃油滤清器是否正常；如果不熄火，则查看数据流 01–08–106 组的 1 区数值（高压燃油系统的压力值），若数值在 650 kPa 左右，则说明低压燃油系统没有故障
		拆下发动机装饰盖、进气歧管总成，拔下喷油器插接器，检查各缸喷油器阻值、喷油信号是否正常，喷油器是否堵塞
		读取燃油压力调节阀 N276、高压燃油压力传感器 G247 数据流，检查传感器是否有故障
发动机机械系统检查		用举升机将车辆安全升起，检查发动机各悬置橡胶垫是否损坏、松动
		拆卸并检查发动机三元催化器、消声器、排气管道是否堵塞
		检查各缸缸压是否正常
		拆装及检修发动机，检查平衡轴装配是否正常

（二）实施记录

结合实施过程，对照表 6–5 所列检查项目进行检查，并记录实际的检查结果。

表 6–5　发动机怠速抖动故障诊断与维修实施记录

序号	项目	故障检查	故障记录
1	故障验证	冷车怠速抖动 □　热车怠速抖动 □ 一般抖动 □　严重抖动 □	检查出的故障：
2	发动机基础检查	铺设三件套，安全防护工作 □　机油液面 □　冷却液液面 □ 制动液液面 □　蓄电池电压：________V	检查出的故障：
3	发动机故障自诊断	正确连接诊断仪 □　不能进入自诊断 □　可以进入自诊断 □ 诊断插座 U31 检查 □　相关熔丝检查 □　网关 J533 检查 □ 发动机 CAN 数据总线波形正常 □　发动机 CAN 数据总线波形错误 □ 发动机控制单元 J623 电源、搭铁、熔丝检查 □ 网关 J533 电源、搭铁、熔丝检查 □ 检查发动机控制单元 J623 与网关 J533 之间的 CAN 数据总线连接是否正常 □ 检查诊断插座 U31 与网关 J533 之间的 CAN 数据总线连接是否正常 □ 读取故障码：有故障码 □　无故障码 □ 故障码记录：________________________ ________________________________ ________________________________	检查出的故障：

续表

序号	项目	故障检查	故障记录
4	进气系统检查	进气系统检查：空气滤清器脏污、堵塞 □ 进气软管破裂、漏气 □ 各真空管脱落、破裂、泄漏 □ 节气门体脏污、卡滞 □ 活性炭罐电磁阀常开 □ 涡轮增压进气管破裂、泄漏 □ 节气门设定正常 □ 节气门无法设定 □ 各传感器检测：有故障码 □ 无故障码 □ 读取数据流（测量值）□ 连接导线故障 □ 电源、搭铁故障 □ 传感器正常 □ 传感器故障 □ 故障码记录：________________________ ________________________ ________________________ ________________________	检查出的故障：
5	点火系统检查	高压火花检查：无高压火花 □ 高压火花弱 □ 高压火花正常 □ 不缺缸 □ 缺缸 □ 火花塞检查：火花塞正常 □ 火花塞损坏 □ 点火信号检查：有点火信号 □ 无点火信号 □ 点火信号错误 □ 传感器数据流检查：传感器正常 □ 传感器故障 □ 故障传感器：________________________ ________________________ ________________________	检查出的故障：
6	燃油系统检查	高压燃油压力检查：油压正常 □ 油压过低 □ 无油压 □ 油压测量值：____________ kPa 燃油压力调节阀 N276 检查：电磁阀正常 □ 电磁阀损坏 □ 电源、搭铁故障 □ 高压燃油压力传感器 G247 检查：传感器正常 □ 传感器故障 □ 电源、搭铁故障 □ 燃油泵检查：燃油泵正常 □ 燃油泵损坏 □ 燃油泵性能不良 □ 喷油器检查：喷油器阻值正常 □ 喷油器损坏 □ 喷油信号正常 □ 喷油信号故障 □ 喷油器阻值测量值：______ Ω	检查出的故障：
7	发动机机械系统检查	发动机缸压检测：缸压正常 □ 缸压过低 □ 个别缸压低 □ 缸压检测值：1 缸______ 2 缸______ 3 缸______ 4 缸______ 检查发动机各悬置橡胶垫是否松动：松动 □ 不松动 □ 配气正时检查：正时传动带磨损 □ 正时传动带断裂 □ 排气装置检查：三元催化器堵塞 □ 排气管、消声器堵塞 □ 发动机拆装及检查：配气机构故障 □ 平衡轴装配故障 □	检查出的故障：
根据任务实施流程和故障排除过程，总结发动机怠速抖动故障排除思路，并填写在下面。 1. ________________________ 2. ________________________ 3. ________________________ 4. ________________________ 5. ________________________ 6. ________________________			

六、检查

（一）自检

结合本组任务操作过程，对任务执行过程中的操作规范性进行检查，检查操作过程中是否存在以下问题，分析讨论应如何避免并总结规范的操作方法（见表 6–6）。

表 6–6　自检

检查项目	结果
车辆停放位置是否合适，是否将变速器置于空挡并拉紧驻车制动器	是 □　否 □
是否使用三件套对车辆进行防护	是 □　否 □
使用举升机是否按规范操作，是否注意人身安全	是 □　否 □
发动机基础检查项目是否正常	是 □　否 □
发动机 CAN 数据总线波形是否正常	是 □　否 □
发动机故障自诊断能否进入	能 □　否 □
传感器数据流（测量值）分析是否正确	是 □　否 □
发动机怠速抖动故障是否排除	是 □　否 □
工作场地是否清洁，车辆是否复位	是 □　否 □

（二）互检

组与组之间相互进行任务操作过程及结果检查，并把检查结果填写在表 6–7 中。

表 6–7　互检

检查项目	结果
车辆停放位置是否合适，是否将变速器置于空挡并拉紧驻车制动器	是 □　否 □
是否使用三件套对车辆进行防护	是 □　否 □
使用举升机是否按规范操作，是否注意人身安全	是 □　否 □
发动机基础检查项目是否正常	是 □　否 □
发动机 CAN 数据总线波形是否正常	是 □　否 □
发动机故障自诊断能否进入	能 □　否 □
传感器数据流（测量值）分析是否正确	是 □　否 □
发动机怠速抖动故障是否排除	是 □　否 □
工作场地是否清洁，车辆是否复位	是 □　否 □

七、课堂小结

任务七　发动机怠速抖动故障诊断与维修（二）

发动机怠速抖动故障诊断与维修任务工单——进气系统与燃油系统检查				
客户信息	姓名		职业	
车辆信息	车型	VIN 码	行驶里程	
维修事项	发动机故障验证 □ 读取数据流（测量值）□ 点火系统故障检修 □	发动机基础检查 □ 基本设定 □ 燃油系统故障检修 □	发动机故障自诊断 □ CAN 数据总线检修 □ 进气系统故障检修 □	读取与清除故障码 □ 起动系统故障检修 □ 机械系统故障检修 □
	客户描述：			

车辆外观检查		车辆内部检查	
凹凸 □	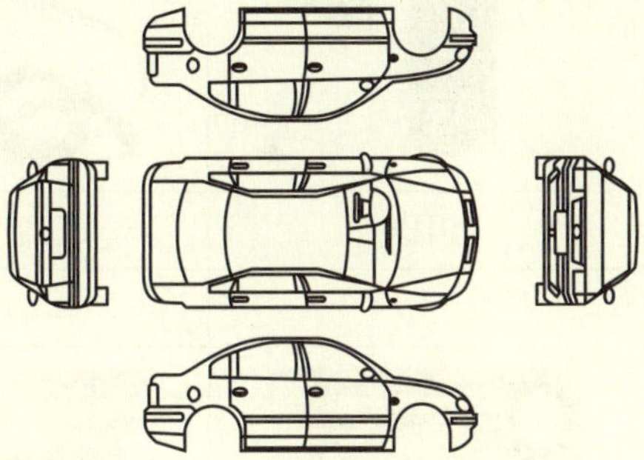	污渍 □	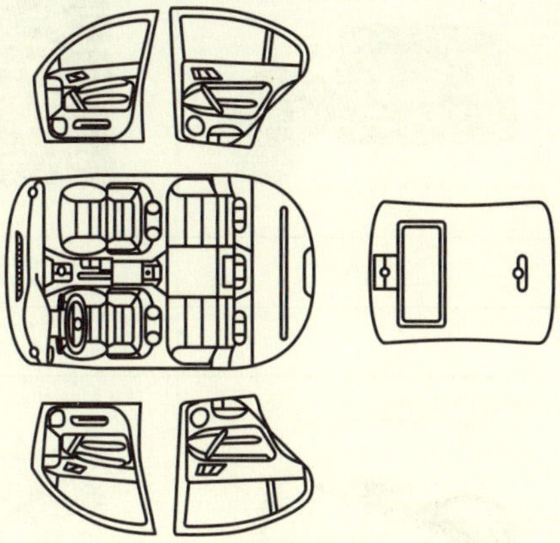
划痕 □		破损 □	
石击 □		色斑 □	
油漆 □		变形 □	
明确具体工作任务			

任务目标

- 能够对发动机怠速抖动故障现象进行故障验证
- 能够根据发动机怠速抖动故障诊断树进行故障检测与维修
- 能够正确使用检测设备和仪器进行故障检测
- 能够完成故障部件的检查、更换和维修
- 能够正确填写维修工单，进行质量检查

任务内容

- 发动机怠速抖动故障原因
- 发动机怠速抖动故障诊断树
- 发动机怠速抖动故障排除

续表

任务重点	● 发动机怠速抖动故障诊断树 ● 发动机怠速抖动故障排除
任务难点	● 发动机怠速抖动故障排除

一、任务准备

选出完成本任务所需的工具、设备、资料等。

	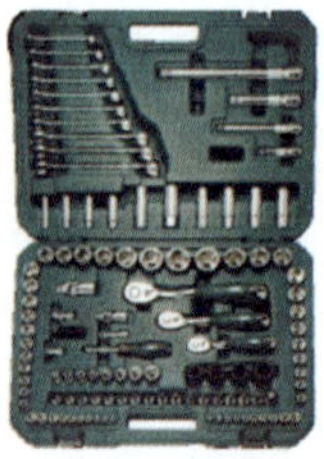		
工具车	工具套件	翼子板布	吹尘枪
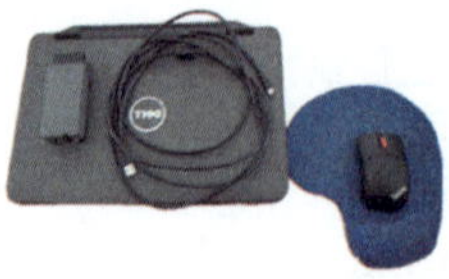	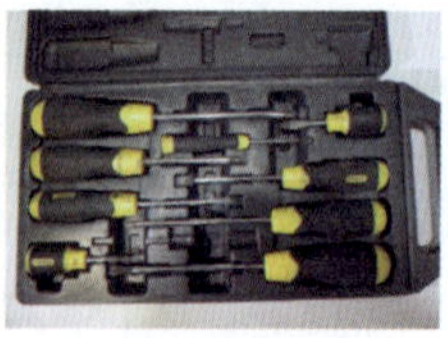	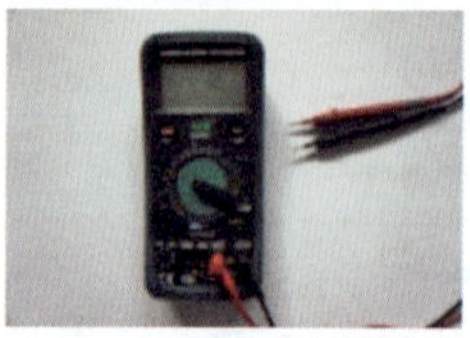	
诊断仪	旋具套装	万用表	二极管试灯
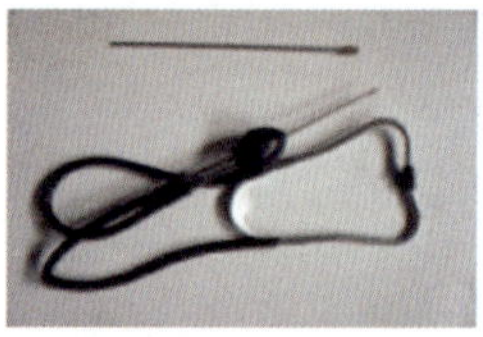		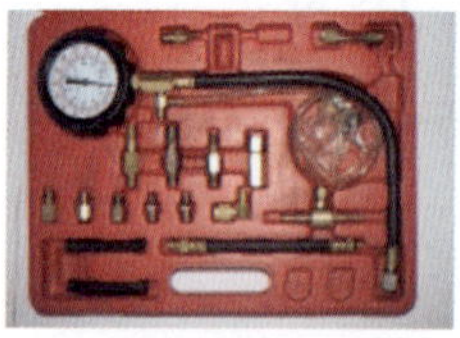	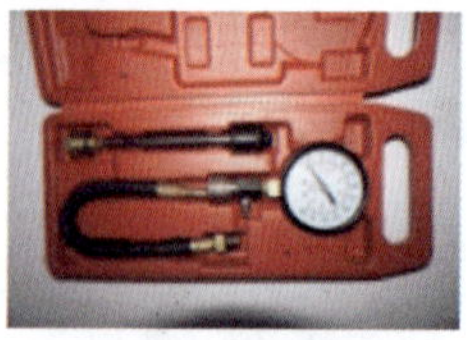
听诊器	抹布	燃油压力表	气缸压力表
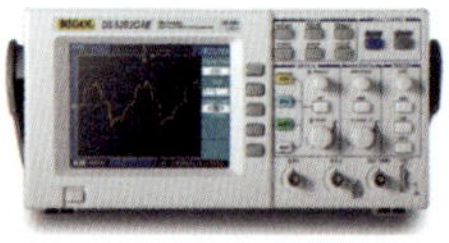	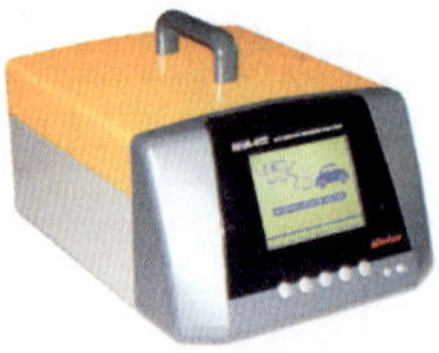	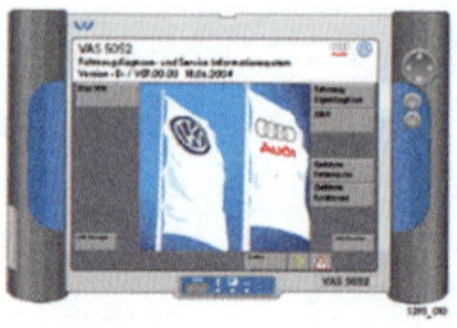	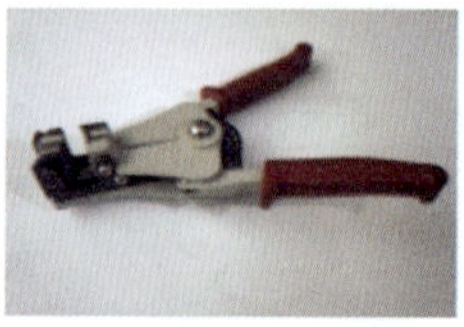
示波器	尾气分析仪	VAS5054	剥线钳

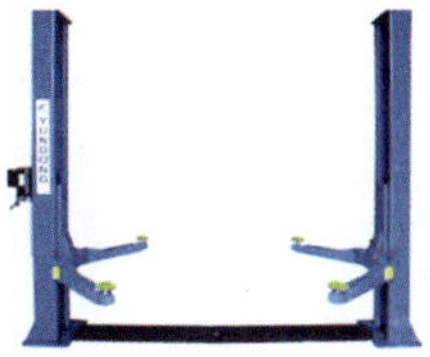			
举升机	实训车辆	维修手册	多楔传动带

二、防护措施

1. 进入车间应穿工鞋，戴工帽；工作服应整洁，无破损；操作时不可戴手表等金属饰品，以防划伤车辆表面。

2. 举升车辆时应严格按照举升机使用方法进行操作，并通知其他人员远离举升设备。

3. 更换油液或配件时应处理好油液或配件的回收清理工作，以免对工作环境造成污染。

观察下列车间操作图片，选出操作正确的图片。

		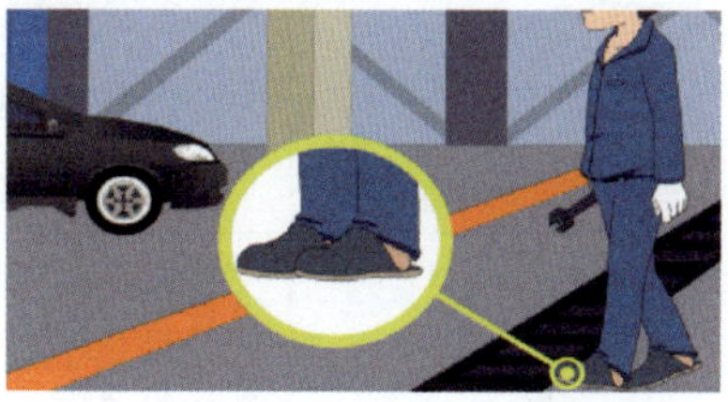

三、任务分配（见表 7-1）

表 7-1　任务分配表

职务	代码	姓名	工作内容
组长	A		监督、管理组员工作
组员	B		准备实训所需车辆及零配件
	C		
	D		准备实训所需工具及维修手册
	E		

四、任务实施

（一）操作流程

完成下面工作内容的排序并填写在表 7-2 中。

表 7-2　发动机怠速抖动故障诊断与维修操作步骤

操作流程	步骤	工作内容
故障验证		起动着车，检查怠速抖动故障类型是发动机抖动还是车身底盘抖动。如果是车身底盘抖动，则检查车身和底盘系统的故障；如果是发动机怠速抖动，则进行下面的故障检查
发动机基础检查		将车辆停放在维修工位，拉起驻车制动器并将自动变速器置于空挡，铺设三件套
		准备好常用工具、诊断仪、万用表、试灯、气缸压力表
		检查发动机机油、冷却液、制动液液面是否正常
		检查蓄电池电压是否正常
发动机故障自诊断		连接诊断仪，打开点火开关，进行发动机故障自诊断
		读取故障码，按照故障码提示进行故障检测，排除故障
		如果无故障码，查阅相关维修手册（资料），根据发动机各系统工作原理进行故障分析、检测，排除故障
		如果无法进入发动机故障自诊断，则检查发动机控制单元 J623 的电源、熔丝、搭铁、CAN 数据总线以及控制单元本身是否有故障
		如果所有电控系统自诊断都进不去，则检查诊断插座 U31 电源、搭铁，数据总线诊断接口控制单元 J533 电源、搭铁，CAN 数据总线是否有故障
进气系统检查		检查各导线及线束插接器有无松动，连接是否良好
		检查空气滤清器是否脏污、堵塞，各进气软管、真空管是否破裂、泄漏，卡子是否松动
		检查活性炭罐电磁阀是否常开，真空管是否损坏、泄漏
		检查节气门体是否脏污，若脏污，则清洗节气门体，重新对怠速进行基本设定
点火系统检查		连接诊断仪，读取各传感器数据流，检查氧传感器、冷却液温度传感器、进气温度传感器、节气门位置传感器、进气压力传感器、空气流量计、爆震传感器、加速踏板位置传感器等是否工作正常
		拆卸并检查各缸火花塞是否有故障
		先取下发动机装饰盖，再取下点火控制器，检查各缸高压火花是否正常
		检查发动机有无缺缸、断火故障
燃油系统检查		连接诊断仪，读取 106 组数据，检查燃油压力是否正常
		拆卸后排座椅，拔下燃油泵插接器，检查燃油泵阻值是否正常；连接插接器，检测 1 号和 5 号燃油泵工作电压是否正常
		拆下发动机装饰盖、进气歧管总成，拔下喷油器插接器，检查各缸喷油器阻值、喷油信号是否正常，喷油器是否堵塞
		拔下 N276 的插接器，观察发动机是否熄火，如果熄火，则说明低压燃油系统压力过低，不能维持发动机正常启动及运转，应检查电动燃油泵、燃油滤清器是否正常；如果不熄火，则查看数据流 01-08-106 组的 1 区数值（高压燃油系统的压力值），若数值在 650 kPa 左右，则说明低压燃油系统没有故障
		读取燃油压力调节阀 N276、高压燃油压力传感器 G247 数据流，检查传感器是否有故障
发动机机械系统检查		拆卸并检查发动机三元催化器、消声器、排气管道是否堵塞
		拆卸各缸火花塞，检查各缸缸压是否正常
		拆装及检修发动机，检查平衡轴装配是否正常
		用举升机将车辆安全升起，检查发动机各悬置橡胶垫是否损坏、松动

（二）实施记录

结合实施过程，对照表 7-3 所列检查项目进行检查，并记录实际的检查结果。

表 7-3　发动机怠速抖动故障诊断与维修实施记录

序号	项目	故障检查	故障记录
1	故障验证	冷车怠速抖动 □　热车怠速抖动 □ 一般抖动　□　严重抖动　□	检查出的故障：
2	发动机基础检查	铺设三件套，安全防护工作 □　机油液面 □　冷却液液面 □ 制动液液面 □　蓄电池电压：________V	检查出的故障：
3	发动机故障自诊断	正确连接诊断仪　□　不能进入自诊断 □　可以进入自诊断 □ 诊断插座 U31 检查 □　相关熔丝检查　□　网关 J533 检查 □ 发动机 CAN 数据总线波形正常 □　发动机 CAN 数据总线波形错误 □ 发动机控制单元 J623 电源、搭铁、熔丝检查 □ 网关 J533 电源、搭铁、熔丝检查 □ 检查发动机控制单元 J623 与网关 J533 之间的 CAN 数据总线连接是否正常 □ 检查诊断插座 U31 与网关 J533 之间的 CAN 数据总线连接是否正常 □ 读取故障码：有故障码 □　无故障码 □ 故障码记录：____ ____ ____	检查出的故障：
4	进气系统检查	进气系统检查：空气滤清器脏污、堵塞 □　进气软管破裂、漏气 □ 各真空管脱落、破裂、泄漏 □ 节气门体脏污、卡滞 □　活性炭罐电磁阀常开 □ 涡轮增压进气管破裂、泄漏 □　节气门设定正常 □ 节气门无法设定 □ 各传感器检测：有故障码 □　无故障码 □　读取数据流（测量值）□ 连接导线故障 □　电源、搭铁故障 □　传感器正常 □ 传感器故障 □ 故障码记录：____ ____ ____ ____	检查出的故障：
5	点火系统检查	高压火花检查：无高压火花 □　高压火花弱 □　高压火花正常 □ 不缺缸 □　缺缸 □ 火花塞检查：火花塞正常 □　火花塞损坏 □ 点火信号检查：有点火信号 □　无点火信号 □　点火信号错误 □ 传感器数据流检查：传感器正常 □　传感器故障 □ 故障传感器：____ ____ ____	检查出的故障：

续表

序号	项目	故障检查	故障记录
6	燃油系统检查	高压燃油压力检查：油压正常 □　油压过低 □　无油压 □ 油压测量值：________________ kPa 燃油压力调节阀 N276 检查：电磁阀正常 □　电磁阀损坏 □ 电源、搭铁故障 □ 高压燃油压力传感器 G247 检查：传感器正常 □　传感器故障 □ 电源、搭铁故障 □ 燃油泵检查：燃油泵正常 □　燃油泵损坏 □　燃油泵性能不良 □ 喷油器检查：喷油器阻值正常 □　喷油器损坏 □ 喷油信号正常 □　喷油信号故障 □ 喷油器阻值测量值：________ Ω	检查出的故障：
7	发动机机械系统检查	发动机缸压检测：缸压正常 □　缸压过低 □　个别缸压低 □ 缸压检测值：1 缸______　2 缸______　3 缸______　4 缸______ 检查发动机各悬置橡胶垫是否松动：松动 □　不松动 □ 配气正时检查：正时传动带磨损 □　正时传动带断裂 □ 排气装置检查：三元催化器堵塞 □　排气管、消声器堵塞 □ 发动机拆装及检查：配气机构故障 □　平衡轴装配故障 □	检查出的故障：
根据任务实施流程和故障排除过程，总结发动机怠速抖动故障排除思路，并填写在下面。 1. ________________ 2. ________________ 3. ________________ 4. ________________ 5. ________________ 6. ________________			

五、检查

（一）自检

结合本组任务操作过程，对任务执行过程中的操作规范性进行检查，检查操作过程中是否存在以下问题，分析讨论应如何避免并总结规范的操作方法（见表 7–4）。

表 7–4　自检

检查项目	结果
车辆停放位置是否合适，是否将变速器置于空挡并拉紧驻车制动器	是 □　否 □
是否使用三件套对车辆进行防护	是 □　否 □
使用举升机是否按规范操作，是否注意人身安全	是 □　否 □
发动机基础检查项目是否正常	是 □　否 □
发动机 CAN 数据总线波形是否正常	是 □　否 □

续表

检查项目	结果
发动机故障自诊断能否进入	能□ 否□
传感器数据流（测量值）分析是否正确	是□ 否□
发动机怠速抖动故障是否排除	是□ 否□
工作场地是否清洁，车辆是否复位	是□ 否□

（二）互检

组与组之间相互进行任务操作过程及结果检查，并把检查结果填写在表 7-5 中。

表 7-5 互检

检查项目	结果
车辆停放位置是否合适，是否将变速器置于空挡并拉紧驻车制动器	是□ 否□
是否使用三件套对车辆进行防护	是□ 否□
使用举升机是否按规范操作，是否注意人身安全	是□ 否□
发动机基础检查项目是否正常	是□ 否□
发动机 CAN 数据总线波形是否正常	是□ 否□
发动机故障自诊断能否进入	能□ 否□
传感器数据流（测量值）分析是否正确	是□ 否□
发动机怠速抖动故障是否排除	是□ 否□
工作场地是否清洁，车辆是否复位	是□ 否□

六、课堂小结

____

____

____

任务八　发动机怠速抖动故障诊断与维修（三）

<table>
<tr><th colspan="6">发动机怠速抖动故障诊断与维修任务工单——点火系统与机械系统检查</th></tr>
<tr><td>客户信息</td><td>姓名</td><td colspan="2"></td><td>职业</td><td></td></tr>
<tr><td rowspan="2">车辆信息</td><td colspan="2">车型</td><td colspan="2">VIN 码</td><td>行驶里程</td></tr>
<tr><td colspan="2"></td><td colspan="2"></td><td></td></tr>
<tr><td>维修事项</td><td colspan="5">发动机故障验证 □　发动机基础检查 □　发动机故障自诊断 □　读取与清除故障码 □
读取数据流（测量值）□　基本设定 □　CAN 数据总线检修 □　起动系统故障检修 □
点火系统故障检修 □　燃油系统故障检修 □　进气系统故障检修 □　机械系统故障检修 □
客户描述：</td></tr>
<tr><th colspan="3">车辆外观检查</th><th colspan="3">车辆内部检查</th></tr>
<tr><td>凹凸 □
划痕 □
石击 □
油漆 □</td><td colspan="2">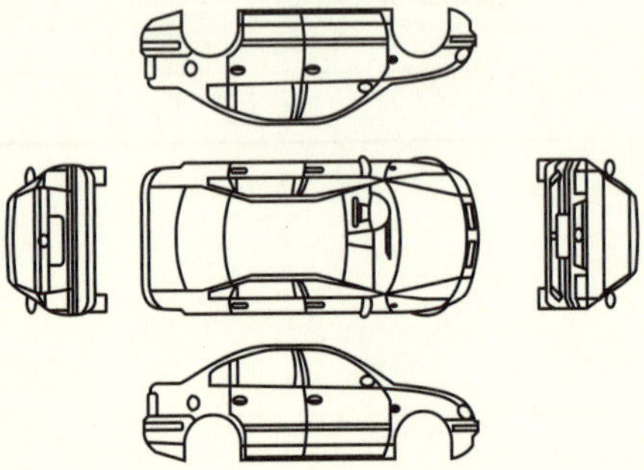</td><td>污渍 □
破损 □
色斑 □
变形 □</td><td colspan="2">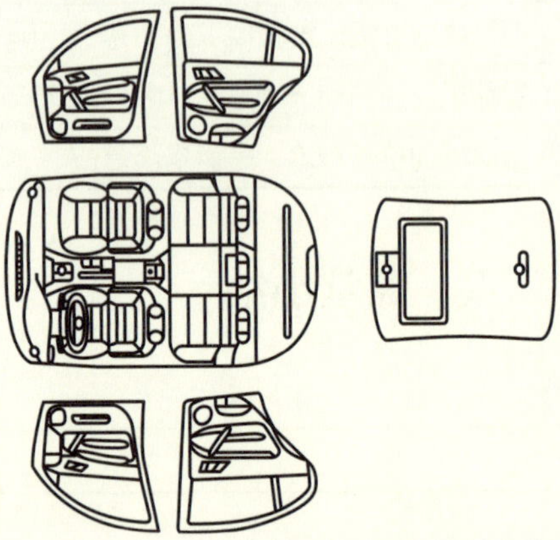</td></tr>
<tr><td>明确具体工作任务</td><td colspan="5"></td></tr>
</table>

任务目标

- 能够对发动机怠速抖动故障现象进行故障验证
- 能够根据发动机怠速抖动故障诊断树进行故障检测与维修
- 能够正确使用检测设备和仪器进行故障检测
- 能够完成故障部件的检查、更换和维修
- 能够正确填写维修工单，进行质量检查

任务内容

- 发动机怠速抖动故障原因
- 发动机怠速抖动故障诊断树
- 发动机怠速抖动故障排除

续表

任务重点	● 发动机怠速抖动故障诊断树 ● 发动机怠速抖动故障排除
任务难点	● 发动机怠速抖动故障排除

一、任务准备

选出完成本任务所需的工具、设备、资料等。

	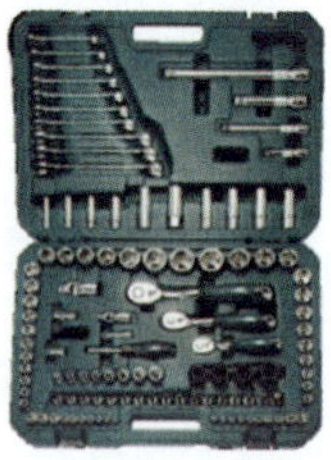		
工具车	工具套件	翼子板布	吹尘枪
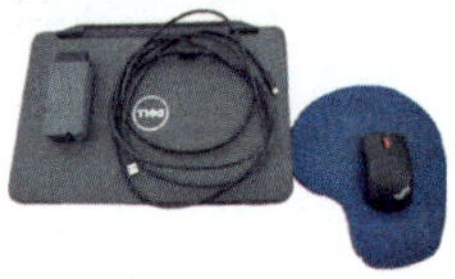	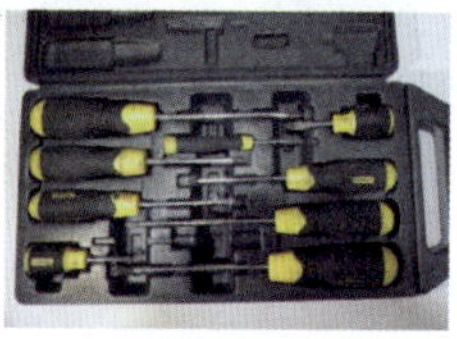	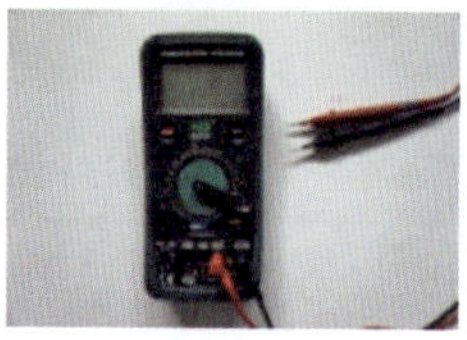	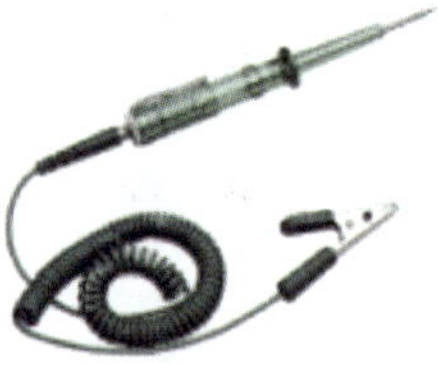
诊断仪	旋具套装	万用表	二极管试灯
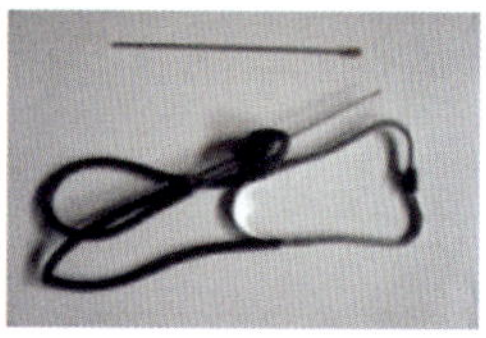		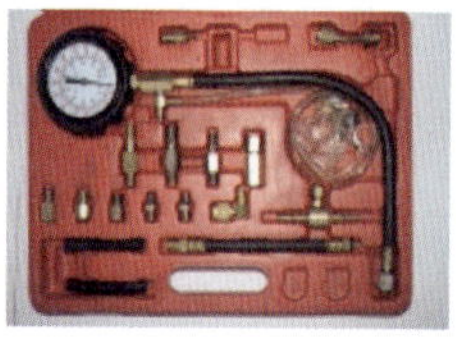	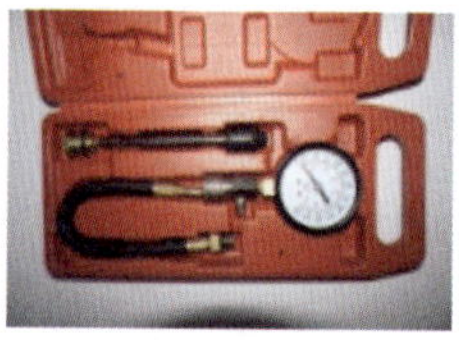
听诊器	抹布	燃油压力表	气缸压力表
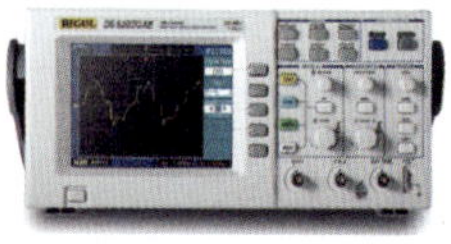	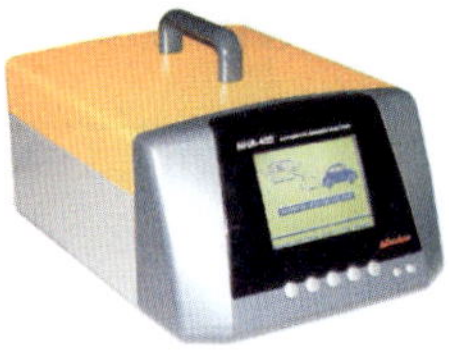	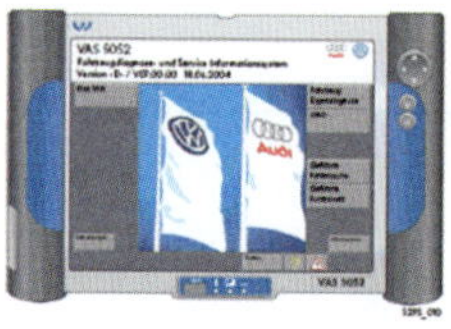	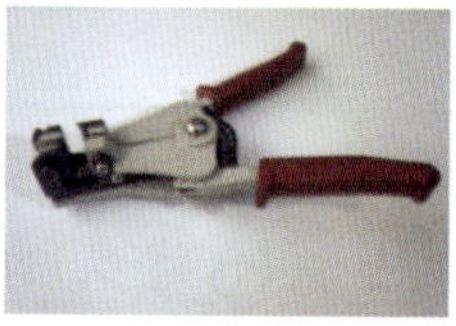
示波器	尾气分析仪	VAS5054	剥线钳

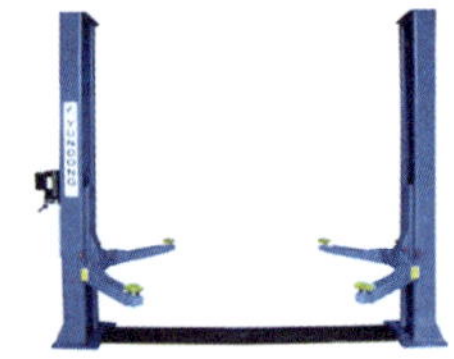			
举升机	实训车辆	维修手册	多楔传动带

二、防护措施

1. 进入车间应穿工鞋，戴工帽；工作服应整洁，无破损；操作时不可戴手表等金属饰品，以防划伤车辆表面。

2. 举升车辆时应严格按照举升机使用方法进行操作，并通知其他人员远离举升设备。

3. 更换油液或配件时应处理好油液或配件的回收清理工作，以免对工作环境造成污染。

观察下列车间操作图片，选出操作正确的图片。

		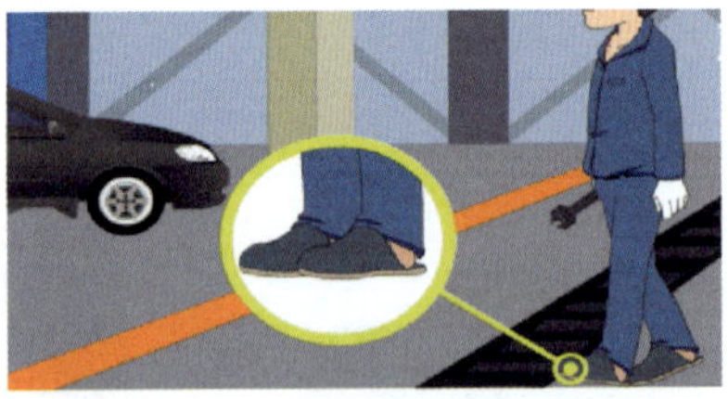

三、任务分配（见表 8-1）

表 8-1　任务分配表

职务	代码	姓名	工作内容
组长	A		监督、管理组员工作
组员	B		准备实训所需车辆及零配件
	C		
	D		准备实训所需工具及维修手册
	E		

四、任务实施

（一）操作流程

完成下面工作内容的排序并填写在表 8-2 中。

表 8-2 发动机怠速抖动故障诊断与维修操作步骤

操作流程	步骤	工作内容
故障验证		起动着车，检查怠速抖动故障类型是发动机抖动还是车身底盘抖动。如果是车身底盘抖动，则检查车身和底盘系统的故障；如果是发动机怠速抖动，则进行下面的故障检查
发动机基础检查		将车辆停放在维修工位，拉起驻车制动器并将自动变速器置于空挡，铺设三件套
		准备好常用工具、诊断仪、万用表、试灯、气缸压力表
		检查发动机机油、冷却液、制动液液面是否正常
		检查蓄电池电压是否正常
发动机故障自诊断		如果无故障码，查阅相关维修手册（资料），根据发动机各系统工作原理进行故障分析、检测，排除故障
		如果无法进入发动机故障自诊断，则检查发动机控制单元 J623 的电源、熔丝、搭铁、CAN 数据总线以及控制单元本身是否有故障
		连接诊断仪，打开点火开关，进行发动机故障自诊断
		读取故障码，按照故障码提示进行故障检测，排除故障
		如果所有电控系统自诊断都进不去，则检查诊断插座 U31 电源、搭铁，数据总线诊断接口控制单元 J533 电源、搭铁，CAN 数据总线是否有故障
进气系统检查		检查空气滤清器是否脏污、堵塞，各进气软管、真空管是否破裂、泄漏，卡子是否松动
		检查活性炭罐电磁阀是否常开，真空管是否损坏、泄漏
		检查各导线及线束插接器有无松动，连接是否良好
		检查节气门体是否脏污，若脏污，则清洗节气门体，重新对怠速进行基本设定
点火系统检查		检查发动机有无缺缸、断火故障
		拆卸并检查各缸火花塞是否有故障
		连接诊断仪，读取各传感器数据流，检查氧传感器、冷却液温度传感器、进气温度传感器、节气门位置传感器、进气压力传感器、空气流量计、爆震传感器、加速踏板位置传感器等是否工作正常
		先取下发动机装饰盖，再取下点火控制器，检查各缸高压火花是否正常
燃油系统检查		连接诊断仪，读取 106 组数据，检查燃油压力是否正常
		拆卸后排座椅，拔下燃油泵插接器，检查燃油泵阻值是否正常；连接插接器，检测 1 号和 5 号燃油泵工作电压是否正常
		拔下 N276 的插接器，观察发动机是否熄火，如果熄火，则说明低压燃油系统压力过低，不能维持发动机正常启动及运转，应检查电动燃油泵、燃油滤清器是否正常；如果不熄火，则查看数据流 01–08–106 组的 1 区数值（高压燃油系统的压力值），若数值在 650 kPa 左右，则说明低压燃油系统没有故障
		拆下发动机装饰盖、进气歧管总成，拔下喷油器插接器，检查各缸喷油器阻值、喷油信号是否正常，喷油器是否堵塞
		读取燃油压力调节阀 N276、高压燃油压力传感器 G247 数据流，检查传感器是否有故障
发动机机械系统检查		用举升机将车辆安全升起，检查发动机各悬置橡胶垫是否损坏、松动
		拆卸各缸火花塞，检查各缸缸压是否正常
		拆卸并检查发动机三元催化器、消声器、排气管道是否堵塞
		拆装及检修发动机，检查平衡轴装配是否正常

（二）实施记录

结合实施过程，对照表 8-3 所列检查项目进行检查，并记录实际的检查结果。

表 8-3　发动机怠速抖动故障诊断与维修实施记录

序号	项目	故障检查	故障记录
1	故障验证	冷车怠速抖动 □　热车怠速抖动 □ 一般抖动　□　严重抖动　□	检查出的故障：
2	发动机基础检查	铺设三件套，安全防护工作 □　机油液面 □　冷却液液面 □ 制动液液面 □　蓄电池电压：________V	检查出的故障：
3	发动机故障自诊断	正确连接诊断仪　□　不能进入自诊断 □　可以进入自诊断 □ 诊断插座 U31 检查 □　相关熔丝检查　□　网关 J533 检查 □ 发动机 CAN 数据总线波形正常 □　发动机 CAN 数据总线波形错误 □ 发动机控制单元 J623 电源、搭铁、熔丝检查 □ 网关 J533 电源、搭铁、熔丝检查 □ 检查发动机控制单元 J623 与网关 J533 之间的 CAN 数据总线连接是否正常 □ 检查诊断插座 U31 与网关 J533 之间的 CAN 数据总线连接是否正常 □ 读取故障码：有故障码 □　无故障码 □ 故障码记录：________________ ________________ ________________	检查出的故障：
4	进气系统检查	进气系统检查：空气滤清器脏污、堵塞 □　进气软管破裂、漏气 □ 各真空管脱落、破裂、泄漏 □ 节气门体脏污、卡滞 □　活性炭罐电磁阀常开 □ 涡轮增压进气管破裂、泄漏 □　节气门设定正常 □ 节气门无法设定 □ 各传感器检测：有故障码 □　无故障码 □　读取数据流（测量值）□ 连接导线故障 □　电源、搭铁故障 □　传感器正常 □ 传感器故障 □ 故障码记录：________________ ________________ ________________ ________________	检查出的故障：
5	点火系统检查	高压火花检查：无高压火花 □　高压火花弱 □　高压火花正常 □ 不缺缸 □　缺缸 □ 火花塞检查：火花塞正常 □　火花塞损坏 □ 点火信号检查：有点火信号 □　无点火信号 □　点火信号错误 □ 传感器数据流检查：传感器正常 □　传感器故障 □ 故障传感器：________________ ________________ ________________	检查出的故障：

续表

序号	项目	故障检查	故障记录
6	燃油系统检查	高压燃油压力检查：油压正常 □ 油压过低 □ 无油压 □ 油压测量值：__________ kPa 燃油压力调节阀 N276 检查：电磁阀正常 □ 电磁阀损坏 □ 电源、搭铁故障 □ 高压燃油压力传感器 G247 检查：传感器正常 □ 传感器故障 □ 电源、搭铁故障 □ 燃油泵检查：燃油泵正常 □ 燃油泵损坏 □ 燃油泵性能不良 □ 喷油器检查：喷油器阻值正常 □ 喷油器损坏 □ 喷油信号正常 □ 喷油信号故障 □ 喷油器阻值测量值：______ Ω	检查出的故障：
7	发动机机械系统检查	发动机缸压检测：缸压正常 □ 缸压过低 □ 个别缸压低 □ 缸压检测值：1 缸______ 2 缸______ 3 缸______ 4 缸______ 检查发动机各悬置橡胶垫是否松动：松动 □ 不松动 □ 配气正时检查：正时传动带磨损 □ 正时传动带断裂 □ 排气装置检查：三元催化器堵塞 □ 排气管、消声器堵塞 □ 发动机拆装及检查：配气机构故障 □ 平衡轴装配故障 □	检查出的故障：
根据任务实施流程和故障排除过程，总结发动机怠速抖动故障排除思路，并填写在下面。 1. ______ 2. ______ 3. ______ 4. ______ 5. ______ 6. ______			

五、检查

（一）自检

结合本组任务操作过程，对任务执行过程中的操作规范性进行检查，检查操作过程中是否存在以下问题，分析讨论应如何避免并总结规范的操作方法（见表 8–4）。

表 8–4 自检

检查项目	结果
车辆停放位置是否合适，是否将变速器置于空挡并拉紧驻车制动器	是 □ 否 □
是否使用三件套对车辆进行防护	是 □ 否 □
使用举升机是否按规范操作，是否注意人身安全	是 □ 否 □
发动机基础检查项目是否正常	是 □ 否 □
发动机 CAN 数据总线波形是否正常	是 □ 否 □
发动机故障自诊断能否进入	能 □ 否 □

续表

检查项目	结果
传感器数据流（测量值）分析是否正确	是☐ 否☐
发动机怠速抖动故障是否排除	是☐ 否☐
工作场地是否清洁，车辆是否复位	是☐ 否☐

（二）互检

组与组之间相互进行任务操作过程及结果检查，并把检查结果填写在表 8-5 中。

表 8-5　互检

检查项目	结果
车辆停放位置是否合适，是否将变速器置于空挡并拉紧驻车制动器	是☐ 否☐
是否使用三件套对车辆进行防护	是☐ 否☐
使用举升机是否按规范操作，是否注意人身安全	是☐ 否☐
发动机基础检查项目是否正常	是☐ 否☐
发动机 CAN 数据总线波形是否正常	是☐ 否☐
发动机故障自诊断能否进入	能☐ 否☐
传感器数据流（测量值）分析是否正确	是☐ 否☐
发动机怠速抖动故障是否排除	是☐ 否☐
工作场地是否清洁，车辆是否复位	是☐ 否☐

六、课堂小结

任务九　发动机加速无力故障诊断与维修（一）

发动机加速无力故障诊断与维修任务工单——故障诊断				
客户信息	姓名		职业	
车辆信息	车型	VIN 码	行驶里程	
维修事项	发动机故障验证 □ 读取数据流（测量值）□ 点火系统故障检修 □	发动机基础检查 □ 基本设定 □ 燃油系统故障检修 □	发动机故障自诊断 □ CAN 数据总线检修 □ 进气系统故障检修 □	读取与清除故障码 □ 起动系统故障检修 □ 机械系统故障检修 □
	客户描述：			

车辆外观检查		车辆内部检查	
凹凸 □	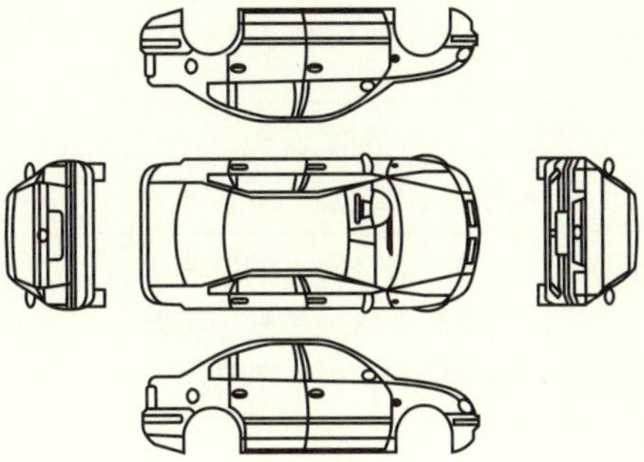	污渍 □	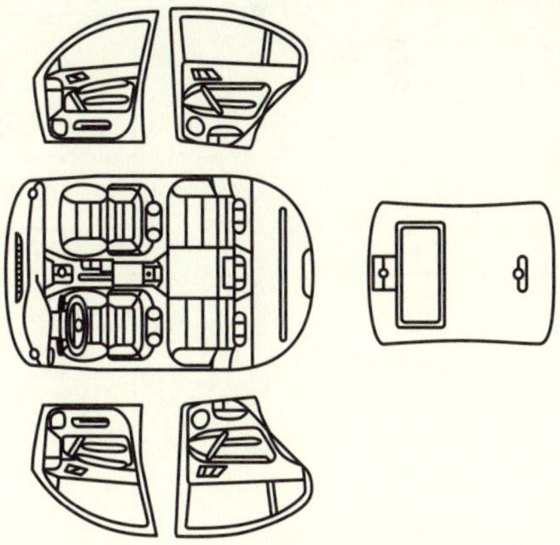
划痕 □		破损 □	
石击 □		色斑 □	
油漆 □		变形 □	

明确具体工作任务	

任务目标

- 能够对发动机加速无力故障现象进行故障验证
- 能够根据发动机加速无力故障诊断流程进行故障检测与维修
- 能够使用检测设备和仪器对车辆故障进行检测
- 能够完成故障部件的检查、更换和维修
- 能够正确填写维修工单，进行质量检查

任务内容

- 发动机加速无力故障原因
- 发动机加速无力故障诊断流程
- 发动机加速无力故障排除

续表

任务重点	● 发动机加速无力故障诊断流程 ● 发动机加速无力故障排除
任务难点	● 发动机加速无力故障排除

一、知识讲解

（一）发动机加速无力现象

发动机加速无力是指发动机转速无法跟上加速踏板的反应，即急踩加速踏板时，发动机转速提升缓慢，甚至熄火。

（二）发动机加速无力的故障原因

发动机加速无力的主要原因是混合气过稀、点火太晚或火花较弱。具体可从发动机进气系统、点火系统和燃油系统等几个方面考虑，见表 9–1。

表 9–1　发动机加速无力常见故障原因

发动机系统	故障原因
进气系统	进气管漏气导致混合气过稀 空气流量计、进气歧管压力传感器、节气门位置传感器信号失常 节气门体脏污 涡轮增压系统故障
点火系统	正时传感器失常导致点火正时失准，点火时间较晚 火花塞、点火线圈或缸线不良导致点火火花弱
燃油系统	喷油器、燃油滤清器堵塞导致喷油量少或油量增加迟缓 燃油管路泄漏导致燃油压力低、喷油量少或油量增加缓慢 燃油管路中产生气阻，导致燃油流动性差，供给不及时
机械或其他系统	气缸压力低 废气再循环阀卡滞 排气管堵塞

（三）发动机加速无力故障诊断流程

一旦出现发动机加速无力，则应按照由简到繁、从易到难的诊断顺序对发动机加速无力的故障进行诊断，如图 9–1 所示。

1. 故障验证

（1）启动发动机，检查发动机怠速运转是否正常。

（2）将加速踏板迅速踩到底，注意观察仪表上发动机转速变化响应是否及时，有无滞后或缓慢加速现象。

（3）若发动机空载急加速正常，则对车辆进行路试，观察发动机在负载状态下的急加速是否正常。

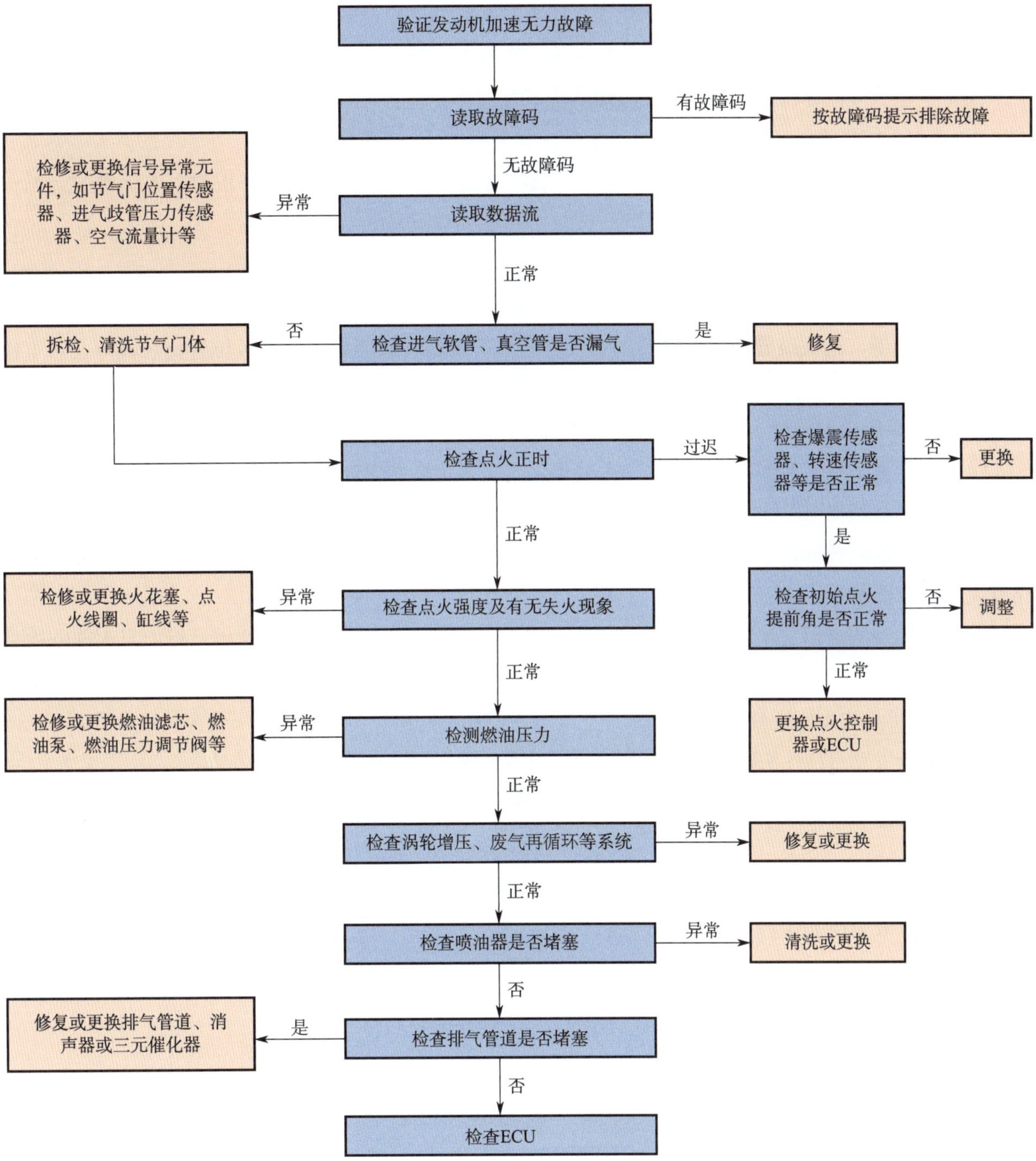

图 9-1 发动机加速无力故障诊断流程

2. 发动机故障自诊断

（1）连接诊断仪，打开点火开关，进行发动机故障自诊断。

（2）读取故障码，按照故障码提示进行故障检测，排除故障。

（3）如果无故障码，查阅相关维修手册（资料），根据发动机各系统工作原理进行故障分析、检测与排除。

3. 进气系统检查

（1）检查空气滤清器是否脏污、堵塞，各进气软管、真空管是否破裂、泄漏，卡子是否松动。

（2）检查各导线及线束插接器有无松动，连接是否良好。

（3）检查活性炭罐电磁阀是否常开，真空管是否损坏、泄漏。

（4）检查节气门体是否脏污，若脏污则清洗节气门体，重新对怠速进行基本设定。

4. 点火系统检查

（1）先取下发动机装饰盖，再取下点火控制器，检查各缸高压火花是否正常，有无缺缸、断火故障。

（2）拆卸并检查各缸火花塞是否有故障。

（3）连接诊断仪读取各传感器数据流，检查氧传感器、冷却液温度传感器、进气温度传感器、节气门位置传感器、进气歧管压力传感器、空气流量计、爆震传感器、加速踏板位置传感器等是否工作正常。

5. 燃油系统压力检查

（1）断开发动机燃油供给管路接头，并将燃油压力表串联到燃油供给管路中。

（2）使用诊断仪对燃油泵进行元件测试，检查燃油系统供油压力及保持压力是否正常。

（3）若燃油系统的供油压力或保持压力低于正常值，则应检查燃油滤清器有无堵塞，燃油供给管路有无弯折或泄漏。

（4）若燃油滤清器无堵塞、燃油供给管路无异常，则重点检查燃油泵电动机、燃油泵内部结构是否损坏。

6. 发动机其他系统检查

（1）检查发动机活性炭罐电磁阀、曲轴箱强制通风阀等是否卡滞、损坏。

（2）若发动机带有废气再循环系统或涡轮增压系统，还应检查废气再循环阀或增压控制阀是否正常。

（3）拆检排气管路，检查排气系统有无堵塞。

（4）检查或更换 ECU。

二、任务准备

选出完成本任务所需的工具、设备、资料等。

	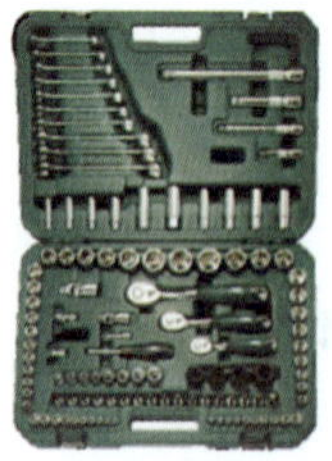		
工具车	工具套件	翼子板布	吹尘枪

	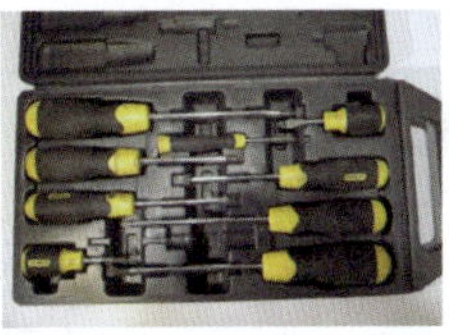	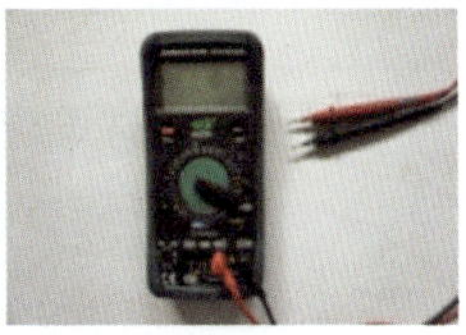	
诊断仪	旋具套装	万用表	二极管试灯
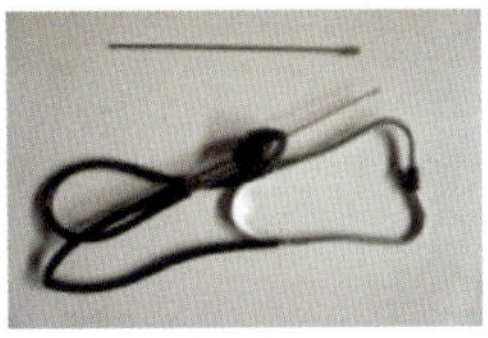		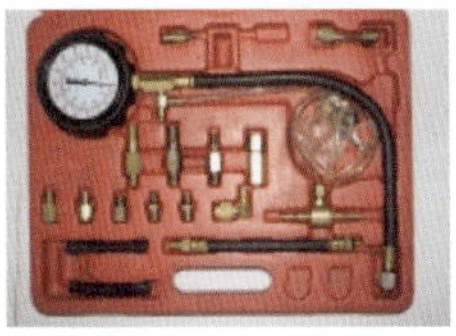	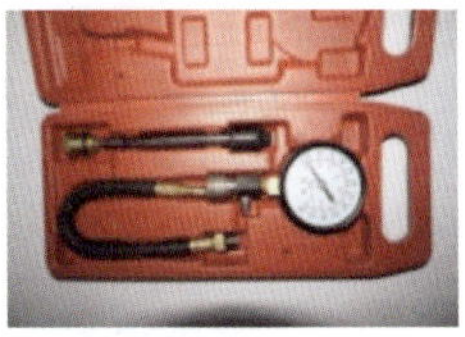
听诊器	抹布	燃油压力表	气缸压力表
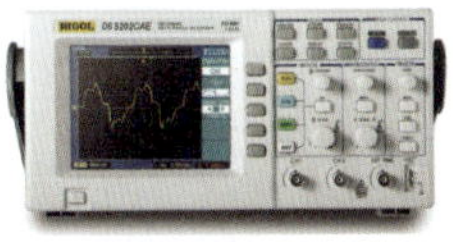	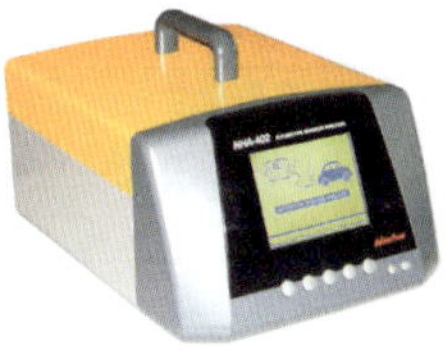	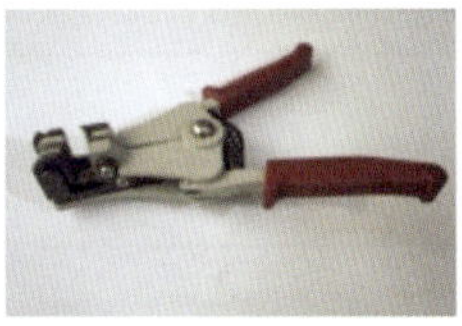	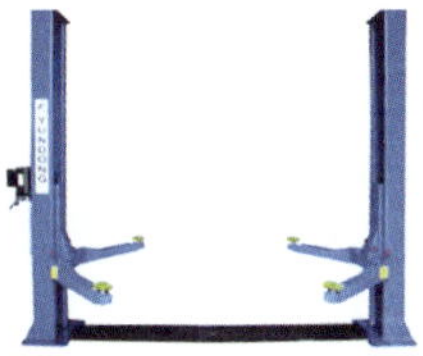
示波器	尾气分析仪	剥线钳	举升机

实训车辆	维修手册	多楔传动带

三、防护措施

1. 进入车间应穿工鞋，戴工帽；工作服应整洁，无破损；操作时不可戴手表等金属饰品，以防划伤车辆表面。

2. 举升车辆时应严格按照举升机使用方法进行操作，并通知其他人员远离举升设备。

3. 更换油液或配件时应处理好油液或配件的回收清理工作，以免对工作环境造成污染。

观察下列车间操作图片，选出操作正确的图片。

		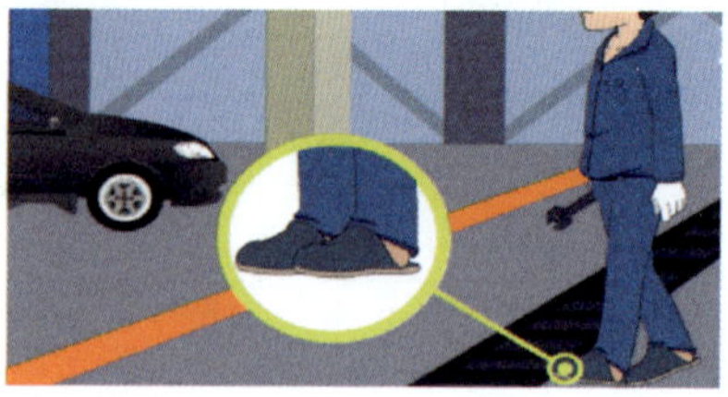

四、任务分配（见表 9-2）

表 9-2　任务分配表

职务	代码	姓名	工作内容
组长	A		监督、管理组员工作
组员	B		准备实训所需车辆及零配件
	C		
	D		准备实训所需工具及维修手册
	E		

五、任务实施

（一）操作流程

完成下面工作内容的排序并填写在表 9-3 中。

表 9-3　发动机加速无力故障（燃油供给及涡轮增压故障）诊断与维修操作步骤

操作流程	步骤	工作内容
故障验证		打开发动机舱盖并铺设翼子板布
		踩动加速踏板，观察发动机转速能否及时响应
		连接室内尾气排放装置并启动发动机，检查发动机转速是否正常，查看 EPC 及发动机故障指示灯是否熄灭
故障自诊断		连接诊断仪，进行故障自诊断，如果无法进入故障自诊断系统，检查诊断插座 U31 熔丝（SC1、SC13）、电源、搭铁是否正常，检查网关 J533 熔丝（SB15、SC7）、电源、搭铁是否正常
		进入发动机控制单元后，读取发动机控制单元故障码。如有故障码，按照故障码提示对相应传感器和执行元件的电路进行检查
		若无故障码，则应读取发动机燃油系统、进气系统相关数据流，通过对数据流的分析，判断可能的故障原因
高压燃油压力传感器检查		拆下发动机装饰盖，拔下高压油轨上高压燃油压力传感器的插接器，检查其接线端子有无锈蚀和松动，并使用万用表检查其 1 号端子与搭铁之间的电阻值，应不大于 0.5 Ω
		使用万用表最大电阻挡测量高压燃油压力传感器上的三个端子之间的电阻值，应为无穷大

续表

操作流程	步骤	工作内容
高压燃油压力传感器检查		拔下发动机控制单元插接器，使用万用表分别检查高压燃油压力传感器的 2 号端子与发动机控制单元的 40 号端子、高压燃油压力传感器的 3 号端子与发动机控制单元的 29 号端子之间的电阻值，应不大于 0.5 Ω
燃油压力调节阀检查		检查燃油压力调节阀的熔丝 SB17 是否正常，若正常，则应拔下燃油压力调节阀插接器，检查熔丝至燃油压力调节阀 1 号端子之间的电阻值，应不大于 0.5 Ω
		使用万用表最大电阻挡，检查燃油压力调节阀 1 号与 2 号端子之间的电阻，应为无穷大；分别检查 1 号和 2 号端子与搭铁之间的电阻值，也应为无穷大
		拔下发动机控制单元插接器，检查燃油压力调节阀 2 号端子与发动机控制单元 19 号端子之间的电阻值，应不大于 0.5 Ω
燃油系统低压压力检测		断开发动机燃油供给管路接头，并将燃油压力表串联到燃油供给管路中
		若燃油系统的供油压力或保持压力低于正常值，则应检查燃油滤清器有无堵塞，燃油供给管路有无弯折或泄漏
		若燃油滤清器无堵塞、燃油供给管路无异常，则重点检查燃油泵电动机、燃油泵内部结构是否损坏
		使用诊断仪对燃油泵进行元件测试，检查燃油系统的供油压力及保持压力是否正常
涡轮增压进气系统检查		拆下涡轮增压压力传感器插接器，松开节气门与中冷器上的卡箍并拆下节气门至中冷器之间的增压管路
		检查完毕后，将各段增压管路装回
		拆下涡轮增压器至中冷器之间的增压管路
		检查各段增压管路有无裂缝、破损，硬管与软管之间的连接卡箍是否牢固

（二）实施记录

结合实施过程，对照表 9-4 所列检查项目进行检查，并记录实际的检查结果。

表 9-4 发动机加速无力故障（燃油供给及涡轮增压故障）诊断与维修实施记录

序号	项目	故障检查	故障记录
1	故障验证	加速无力 □ 急加速时，转速上升缓慢 □ 带负荷加速无力 □ 急加速时，转速反应滞后 □	检查出的故障：
2	发动机故障自诊断	正确连接诊断仪 □ 不能进入自诊断 □ 可以进入自诊断 □ 诊断插座 U31 检查 □ 相关熔丝检查 □ 网关 J533 检查 □ 发动机 CAN 数据总线波形正常 □ 发动机 CAN 数据总线波形错误 □ 发动机控制单元 J623 电源、搭铁、熔丝检查 □ 网关 J533 电源、搭铁、熔丝检查 □ 检查发动机控制单元 J623 与网关 J533 之间的 CAN 数据总线连接是否正常 □ 检查诊断插座 U31 与网关 J533 之间的 CAN 数据总线连接是否正常 □ 读取故障码：有故障码 □ 无故障码 □ 故障码记录：______________________________ ______________________________ ______________________________	检查出的故障：

续表

序号	项目	故障检查	故障记录
3	燃油供给故障检查	高压燃油压力检查：油压正常 □ 油压过低 □ 无油压 □ 油压测量值：__________ kPa 低压燃油压力检查：油压正常 □ 油压过低 □ 无油压 □ 油压测量值：__________ kPa 燃油压力调节阀 N276 检查：电磁阀正常 □ 电磁阀损坏 □ 电源、搭铁故障 □ 高压燃油压力传感器 G247 检查：传感器正常 □ 传感器故障 □ 电源、搭铁故障 □ 燃油泵检查：燃油泵正常 □ 燃油泵损坏 □ 燃油泵性能不良 □ 喷油器检查：喷油器电阻正常 □ 喷油器损坏 □ 喷油信号正常 □ 喷油信号异常 □ 喷油器电阻测量值：__________	检查出的故障：
4	涡轮增压及其他进气系统部件检查	涡轮增压泄漏 □ 活性炭罐电磁阀损坏 □ 二次空气泵损坏或漏气 □ PCV 阀损坏 □ EGR 阀卡滞或损坏 □	检查出的故障：
根据任务实施流程和故障排除过程，总结发动机加速无力故障排除思路，并填写在下面。 1. __________ 2. __________ 3. __________ 4. __________ 5. __________ 6. __________			

六、检查

（一）自检

结合本组任务操作过程，对任务执行过程中的操作规范性进行检查，检查操作过程中是否存在以下问题，分析讨论应如何避免并总结规范的操作方法（见表 9–5）。

表 9–5 自检

检查项目	结果
车辆停放位置是否合适，是否将变速器置于空挡并拉紧驻车制动器	是 □ 否 □
是否使用三件套对车辆进行防护	是 □ 否 □
使用举升机是否按规范操作，是否注意人身安全	是 □ 否 □
燃油系统是否正常	是 □ 否 □
发动机进气系统是否正常	是 □ 否 □
发动机加速无力故障是否排除	是 □ 否 □
工作场地是否清洁，车辆是否复位	是 □ 否 □

（二）互检

组与组之间相互进行任务操作过程及结果检查，并把检查结果填写在表 9-6 中。

表 9-6 互检

检查项目	结果
车辆停放位置是否合适，是否将变速器置于空挡并拉紧驻车制动器	是□ 否□
是否使用三件套对车辆进行防护	是□ 否□
使用举升机是否按规范操作，是否注意人身安全	是□ 否□
燃油系统是否正常	是□ 否□
发动机进气系统是否正常	是□ 否□
发动机加速无力故障是否排除	是□ 否□
工作场地是否清洁，车辆是否复位	是□ 否□

七、课堂小结

任务十　发动机加速无力故障诊断与维修（二）

发动机加速无力故障诊断与维修任务工单——进气系统与点火系统检查					
客户信息	姓名		职业		
车辆信息	车型		VIN 码		行驶里程

维修事项	
	发动机故障验证 □　发动机基础检查 □　发动机故障自诊断 □　读取与清除故障码 □ 读取数据流（测量值）□　基本设定 □　CAN 数据总线检修 □　起动系统故障检修 □ 点火系统故障检修 □　燃油系统故障检修 □　进气系统故障检修 □　机械系统故障检修 □ 客户描述：

车辆外观检查		车辆内部检查	
凹凸 □	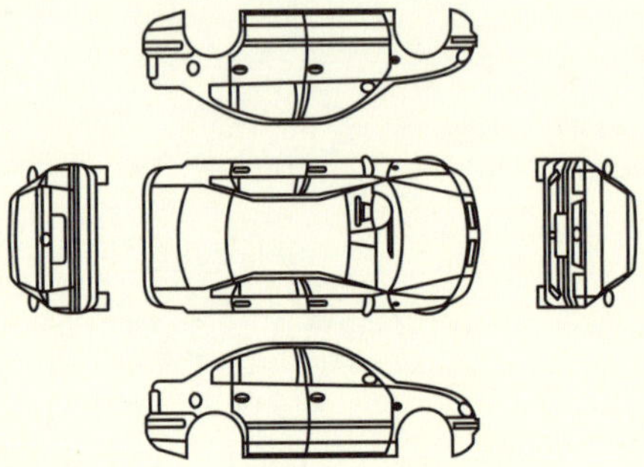	污渍 □	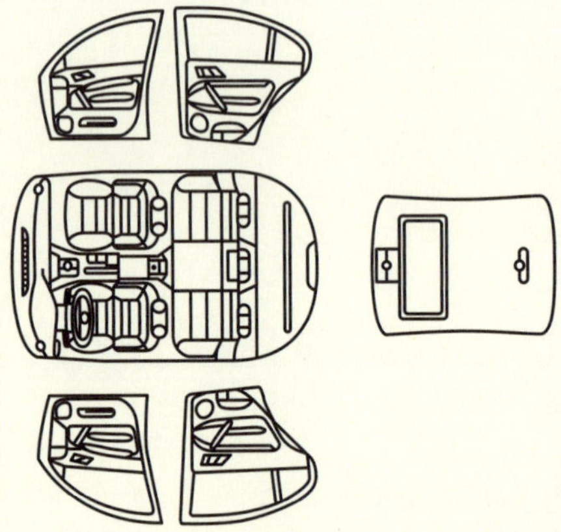
划痕 □		破损 □	
石击 □		色斑 □	
油漆 □		变形 □	

明确具体工作任务	

任务目标

- 能够对发动机加速无力故障现象进行故障验证
- 能够根据发动机加速无力故障诊断流程进行故障检测与维修
- 能够使用检测设备和仪器对车辆故障进行检测
- 能够完成故障部件的检查、更换和维修
- 能够正确填写维修工单，进行质量检查

任务内容

- 发动机加速无力故障原因
- 发动机加速无力故障诊断流程
- 发动机加速无力故障排除

续表

任务重点	● 发动机加速无力故障诊断流程 ● 发动机加速无力故障排除
任务难点	● 发动机加速无力故障排除

一、任务准备

选出完成本任务所需的工具、设备、资料等。

	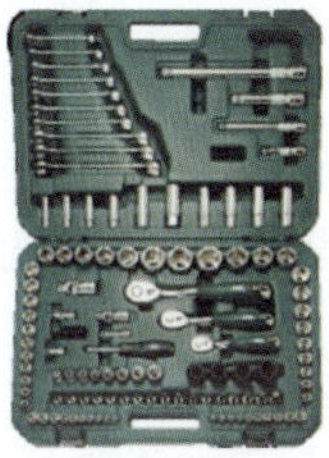	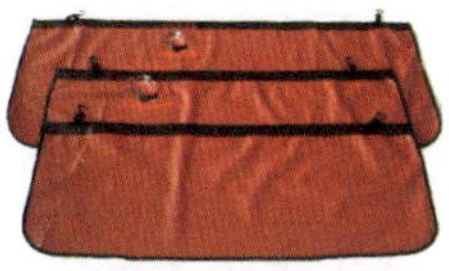	
工具车	工具套件	翼子板布	吹尘枪
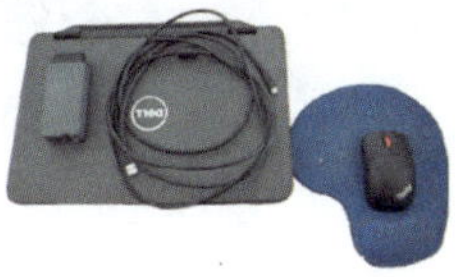	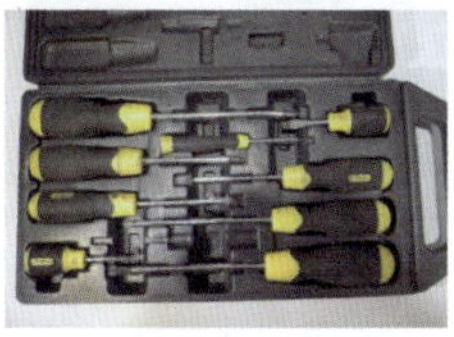	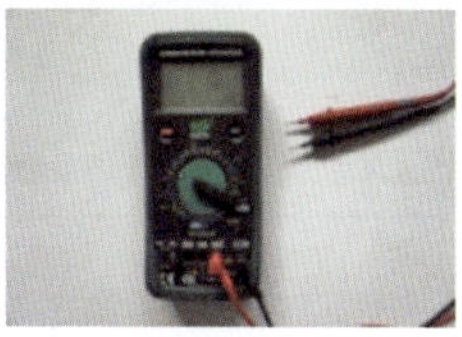	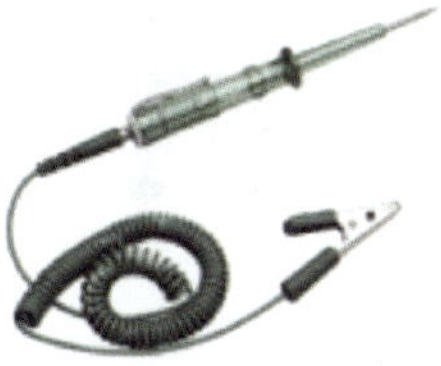
诊断仪	旋具套装	万用表	二极管试灯
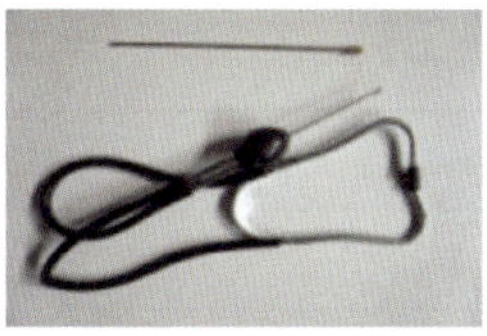		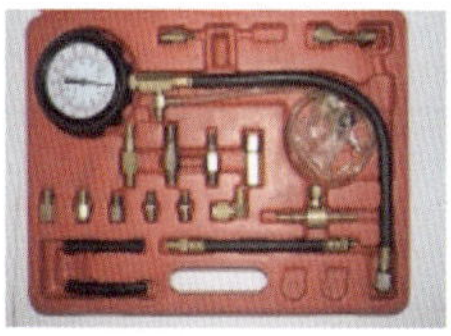	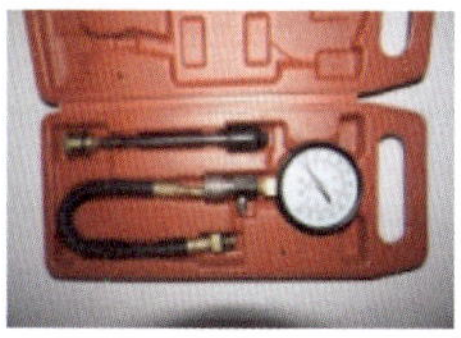
听诊器	抹布	燃油压力表	气缸压力表
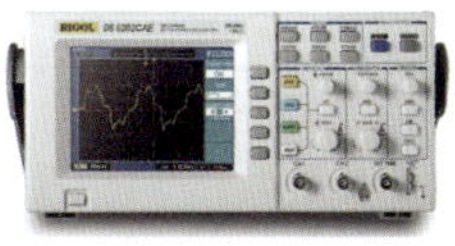	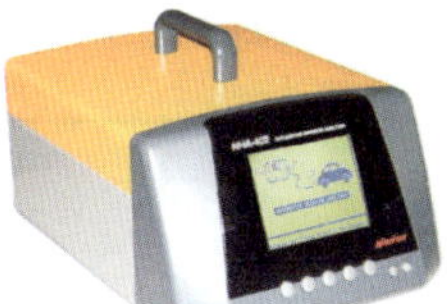	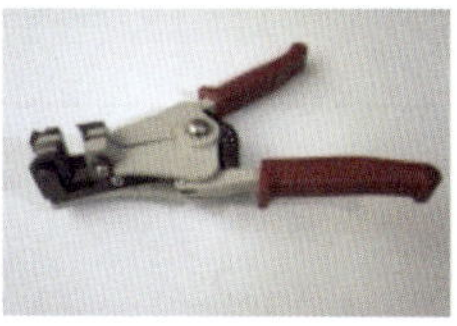	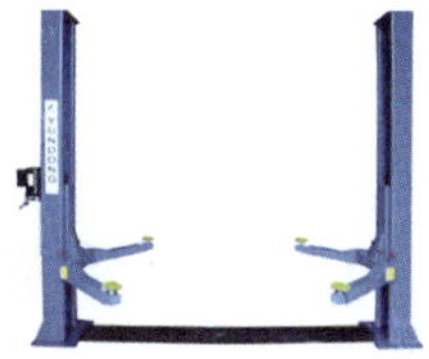
示波器	尾气分析仪	剥线钳	举升机

实训车辆	维修手册	多楔传动带

二、防护措施

1. 进入车间应穿工鞋，戴工帽；工作服应整洁，无破损；操作时不可戴手表等金属饰品，以防划伤车辆表面。

2. 举升车辆时应严格按照举升机使用方法进行操作，并通知其他人员远离举升设备。

3. 更换油液或配件时应处理好油液或配件的回收清理工作，以免对工作环境造成污染。

观察下列车间操作图片，选出操作正确的图片。

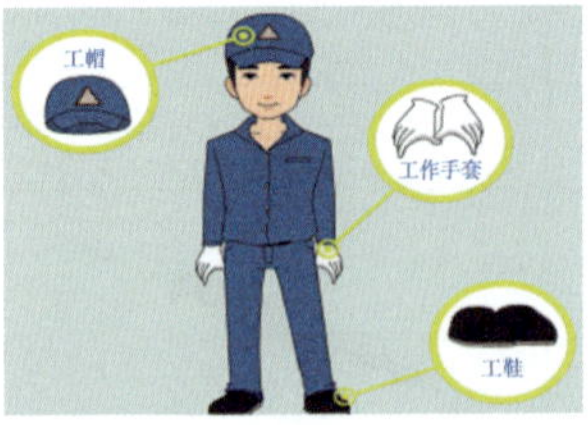		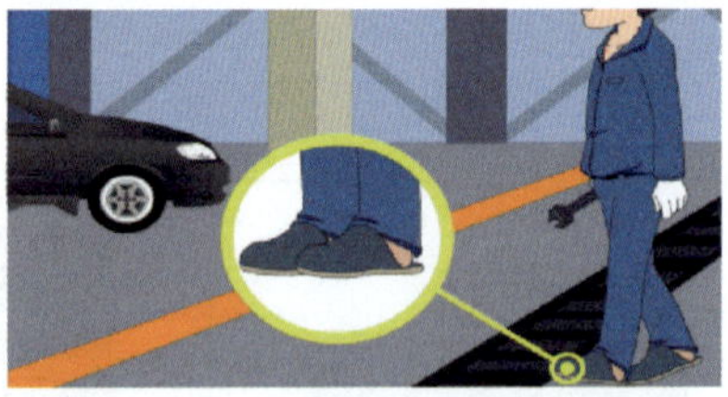

三、任务分配（见表 10-1）

表 10-1　任务分配表

职务	代码	姓名	工作内容
组长	A		监督、管理组员工作
组员	B		准备实训所需车辆及零配件
	C		
	D		准备实训所需工具及维修手册
	E		

四、任务实施

（一）操作流程

完成下面工作内容的排序并填写在表 10-2 中。

表 10-2 发动机加速无力故障（燃油供给及涡轮增压故障）诊断与维修操作步骤

操作流程	步骤	工作内容
故障验证		打开发动机舱盖并铺设翼子板布
		连接室内尾气排放装置并启动发动机，检查发动机转速是否正常，查看 EPC 及发动机故障指示灯有无熄灭
		踩动加速踏板，观察发动机转速能否及时响应
故障自诊断		若无故障码，则应读取发动机燃油系统、进气系统相关数据流，通过对数据流的分析，判断可能的故障原因
		进入发动机控制单元后，读取发动机控制单元故障码。如有故障码，按照故障码提示对相应传感器和执行元件的电路进行检查
		连接诊断仪，进行故障自诊断，如果无法进入故障自诊断系统，检查诊断插座 U31 熔丝（SC1、SC13）、电源、搭铁是否正常，检查网关 J533 熔丝（SB15、SC7）、电源、搭铁是否正常
高压燃油压力传感器检查		拔下发动机控制单元插接器，使用万用表分别检查高压燃油压力传感器的 2 号端子与发动机控制单元的 40 号端子、高压燃油压力传感器的 3 号端子与发动机控制单元的 29 号端子之间的电阻值，应不大于 0.5 Ω
		使用万用表最大电阻挡测量高压燃油压力传感器上的三个端子之间的电阻值，应为无穷大
		拆下发动机装饰盖，拔下高压油轨上高压燃油压力传感器的插接器，检查其接线端子有无锈蚀和松动，并使用万用表检查其 1 号端子与搭铁之间的电阻值，应不大于 0.5 Ω
燃油压力调节阀检查		拔下发动机控制单元插接器，检查燃油压力调节阀 2 号端子与发动机控制单元 19 号端子之间的电阻值，应不大于 0.5 Ω
		使用万用表最大电阻挡，检查燃油压力调节阀 1 号与 2 号端子之间的电阻，应为无穷大；分别检查 1 号和 2 号端子与搭铁之间的电阻值，也应为无穷大
		检查燃油压力调节阀的熔丝 SB17 是否正常，若正常，则应拔下燃油压力调节阀插接器，检查熔丝至燃油压力调节阀 1 号端子之间的电阻值，应不大于 0.5 Ω
燃油系统低压压力检测		使用诊断仪对燃油泵进行元件测试，检查燃油系统的供油压力及保持压力是否正常
		若燃油滤清器无堵塞、燃油供给管路无异常，则重点检查燃油泵电动机、燃油泵内部结构是否损坏
		若燃油系统的供油压力或保持压力低于正常值，则应检查燃油滤清器有无堵塞，燃油供给管路有无弯折或泄漏
		断开发动机燃油供给管路接头，并将燃油压力表串联到燃油供给管路中
涡轮增压进气系统检查		拆下涡轮增压压力传感器插接器，松开节气门与中冷器上的卡箍并拆下节气门至中冷器之间的增压管路
		检查完毕后，将各段增压管路装回
		拆下涡轮增压器至中冷器之间的增压管路
		检查各段增压管路有无裂缝、破损，硬管与软管之间的连接卡箍是否牢固

（二）实施记录

结合实施过程，对照表 10-3 所列检查项目进行检查，并记录实际的检查结果。

表 10-3　发动机加速无力故障（燃油供给及涡轮增压故障）诊断与维修实施记录

序号	项目	故障检查	故障记录
1	故障验证	加速无力 □　急加速时，转速上升缓慢 □ 带负荷加速无力 □　急加速时，转速反应滞后 □	检查出的故障：
2	发动机故障自诊断	正确连接诊断仪 □　不能进入自诊断 □　可以进入自诊断 □ 诊断插座 U31 检查 □　相关熔丝检查 □　网关 J533 检查 □ 发动机 CAN 数据总线波形正常 □　发动机 CAN 数据总线波形错误 □ 发动机控制单元 J623 电源、搭铁、熔丝检查 □ 网关 J533 电源、搭铁、熔丝检查 □ 检查发动机控制单元 J623 与网关 J533 之间的 CAN 数据总线连接是否正常 □ 检查诊断插座 U31 与网关 J533 之间的 CAN 数据总线连接是否正常 □ 读取故障码：有故障码 □　无故障码 □ 故障码记录：______________________ ______________________ ______________________	检查出的故障：
3	燃油供给故障检查	高压燃油压力检查：油压正常 □　油压过低 □　无油压 □ 油压测量值：__________ kPa 低压燃油压力检查：油压正常 □　油压过低 □　无油压 □ 油压测量值：__________ kPa 燃油压力调节阀 N276 检查：电磁阀正常 □　电磁阀损坏 □ 电源、搭铁故障 □ 高压燃油压力传感器 G247 检查：传感器正常 □　传感器故障 □ 电源、搭铁故障 □ 燃油泵检查：燃油泵正常 □　燃油泵损坏 □　燃油泵性能不良 □ 喷油器检查：喷油器电阻正常 □　喷油器损坏 □ 喷油信号正常 □　喷油信号异常 □ 喷油器电阻测量值：__________	检查出的故障：
4	涡轮增压及其他进气系统部件检查	涡轮增压泄漏 □　活性炭罐电磁阀损坏 □ 二次空气泵损坏或漏气 □　PCV 阀损坏 □ EGR 阀卡滞或损坏 □	检查出的故障：

根据任务实施流程和故障排除过程，总结发动机加速无力故障排除思路，并填写在下面。

1. ______________________
2. ______________________
3. ______________________
4. ______________________
5. ______________________
6. ______________________

五、检查

（一）自检

结合本组任务操作过程，对任务执行过程中的操作规范性进行检查，检查操作过程中是否存在以下问题，分析讨论应如何避免并总结规范的操作方法（见表 10-4）。

表 10-4 自检

检查项目	结果
车辆停放位置是否合适，是否将变速器置于空挡并拉紧驻车制动器	是 □ 否 □
是否使用三件套对车辆进行防护	是 □ 否 □
使用举升机是否按规范操作，是否注意人身安全	是 □ 否 □
燃油系统是否正常	是 □ 否 □
发动机进气系统是否正常	是 □ 否 □
发动机加速无力故障是否排除	是 □ 否 □
工作场地是否清洁，车辆是否复位	是 □ 否 □

（二）互检

组与组之间相互进行任务操作过程及结果检查，并把检查结果填写在表 10-5 中。

表 10-5 互检

检查项目	结果
车辆停放位置是否合适，是否将变速器置于空挡并拉紧驻车制动器	是 □ 否 □
是否使用三件套对车辆进行防护	是 □ 否 □
使用举升机是否按规范操作，是否注意人身安全	是 □ 否 □
燃油系统是否正常	是 □ 否 □
发动机进气系统是否正常	是 □ 否 □
发动机加速无力故障是否排除	是 □ 否 □
工作场地是否清洁，车辆是否复位	是 □ 否 □

六、课堂小结

任务十一　发动机加速无力故障诊断与维修（三）

发动机加速无力故障诊断与维修任务工单——燃油系统压力检查					
客户信息	姓名		职业		
车辆信息	车型	VIN 码		行驶里程	
维修事项	发动机故障验证 □　发动机基础检查 □　发动机故障自诊断 □　读取与清除故障码 □ 读取数据流（测量值）□　基本设定 □　CAN 数据总线检修 □　起动系统故障检修 □ 点火系统故障检修 □　燃油系统故障检修 □　进气系统故障检修 □　机械系统故障检修 □ 客户描述：				

车辆外观检查		车辆内部检查	
凹凸 □	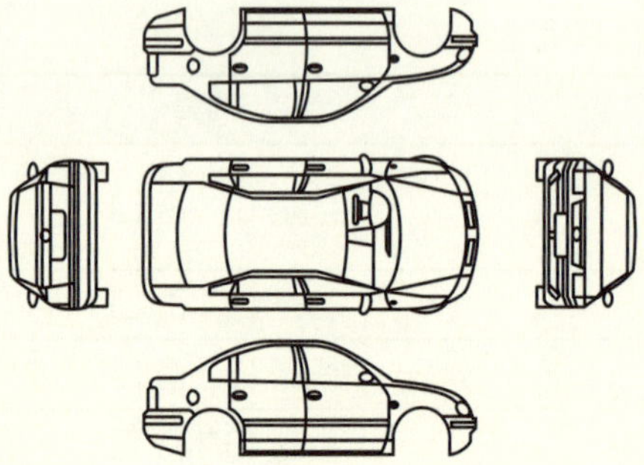	污渍 □	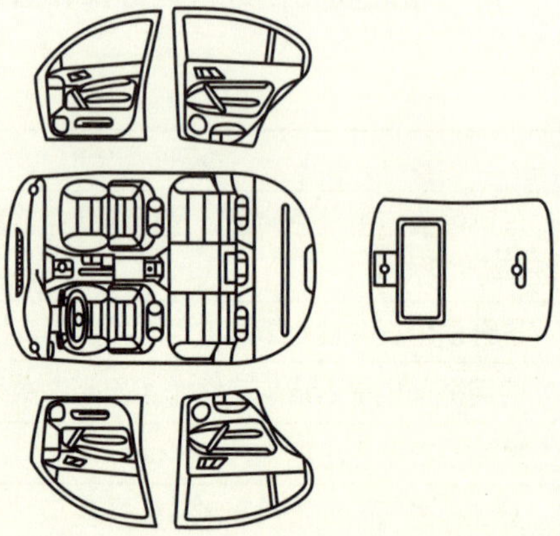
划痕 □		破损 □	
石击 □		色斑 □	
油漆 □		变形 □	

明确具体工作任务	

任务目标

- 能够对发动机加速无力故障现象进行故障验证
- 能够根据发动机加速无力故障诊断流程进行故障检测与维修
- 能够使用检测设备和仪器对车辆故障进行检测
- 能够完成故障部件的检查、更换和维修
- 能够正确填写维修工单，进行质量检查

任务内容

- 发动机加速无力故障原因
- 发动机加速无力故障诊断流程
- 发动机加速无力故障排除

续表

任务重点	● 发动机加速无力故障诊断流程 ● 发动机加速无力故障排除
任务难点	● 发动机加速无力故障排除

一、任务准备

选出完成本任务所需的工具、设备、资料等。

	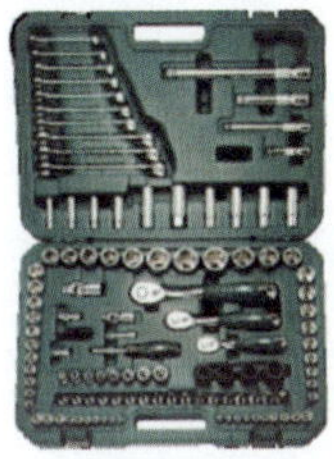	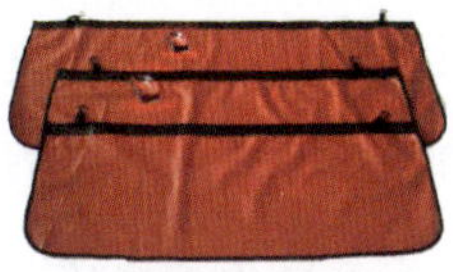	
工具车	工具套件	翼子板布	吹尘枪
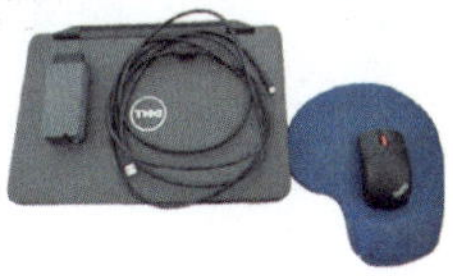	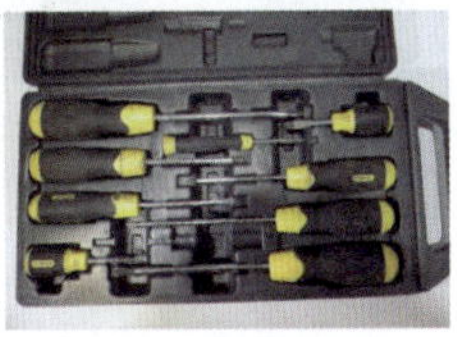	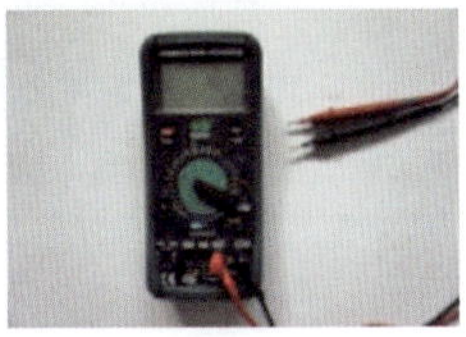	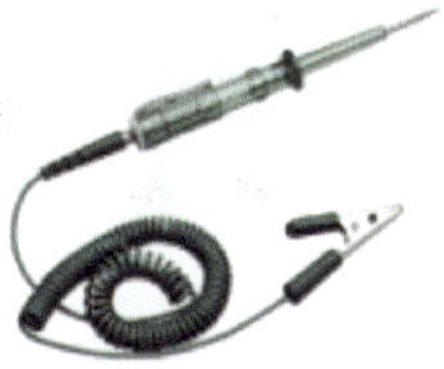
诊断仪	旋具套装	万用表	二极管试灯
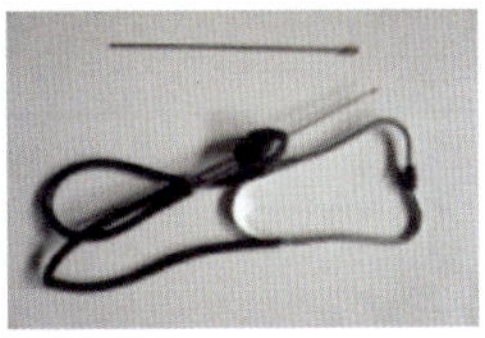		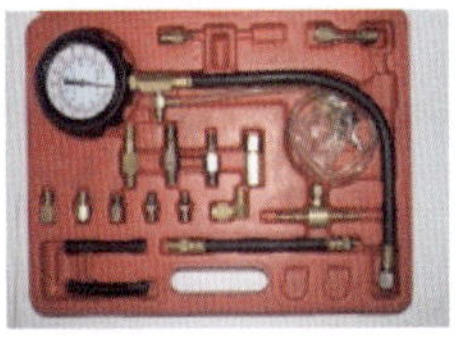	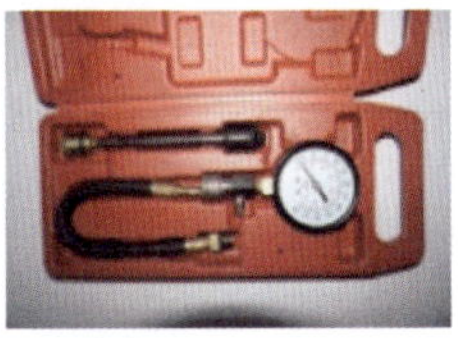
听诊器	抹布	燃油压力表	气缸压力表
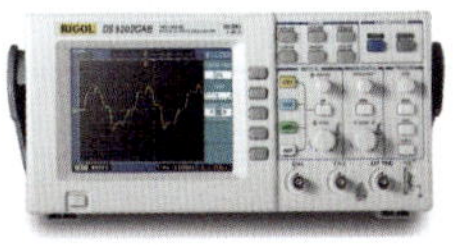	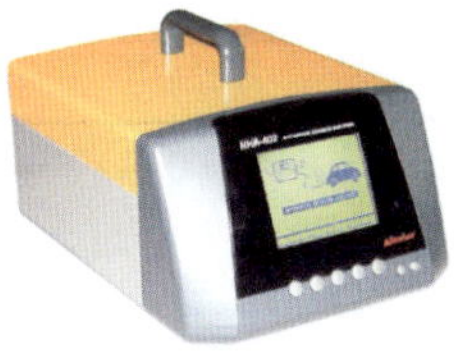	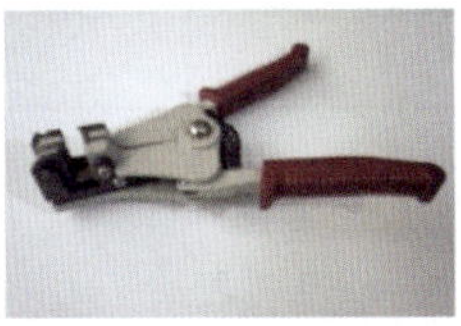	
示波器	尾气分析仪	剥线钳	举升机

实训车辆	维修手册	多楔传动带

二、防护措施

1. 进入车间应穿工鞋，戴工帽；工作服应整洁，无破损；操作时不可戴手表等金属饰品，以防划伤车辆表面。

2. 举升车辆时应严格按照举升机使用方法进行操作，并通知其他人员远离举升设备。

3. 更换油液或配件时应处理好油液或配件的回收清理工作，以免对工作环境造成污染。

观察下列车间操作图片，选出操作正确的图片。

		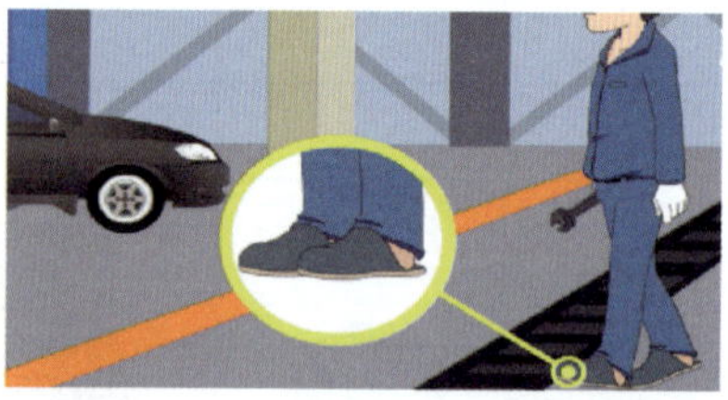

三、任务分配（见表 11-1）

表 11-1　任务分配表

职务	代码	姓名	工作内容
组长	A		监督、管理组员工作
组员	B		准备实训所需车辆及零配件
	C		
	D		准备实训所需工具及维修手册
	E		

四、任务实施

（一）操作流程

完成下面工作内容的排序并填写在表 11-2 中。

表 11-2 发动机加速无力故障（燃油供给及涡轮增压故障）诊断与维修操作步骤

操作流程	步骤	工作内容
故障验证		打开发动机舱盖并铺设翼子板布
		踩动加速踏板，观察发动机转速能否及时响应
		连接室内尾气排放装置并启动发动机，检查发动机转速是否正常，查看 EPC 及发动机故障指示灯有无熄灭
故障自诊断		进入发动机控制单元后，读取发动机控制单元故障码。如有故障码，按照故障码提示对相应传感器和执行元件的电路进行检查
		连接诊断仪，进行故障自诊断，如果无法进入故障自诊断系统，检查诊断插座 U31 熔丝（SC1、SC13）、电源、搭铁是否正常，检查网关 J533 熔丝（SB15、SC7）、电源、搭铁是否正常
		若无故障码，则应读取发动机燃油系统、进气系统相关数据流，通过对数据流的分析，判断可能的故障原因
高压燃油压力传感器检查		使用万用表最大电阻挡测量高压燃油压力传感器上的三个端子之间的电阻值，应为无穷大
		拆下发动机装饰盖，拔下高压油轨上高压燃油压力传感器的插接器，检查其接线端子有无锈蚀和松动，并使用万用表检查其 1 号端子与搭铁之间的电阻值，应不大于 0.5 Ω
		拔下发动机控制单元插接器，使用万用表分别检查高压燃油压力传感器的 2 号端子与发动机控制单元的 40 号端子、高压燃油压力传感器的 3 号端子与发动机控制单元的 29 号端子之间的电阻值，应不大于 0.5 Ω
燃油压力调节阀检查		检查燃油压力调节阀的熔丝 SB17 是否正常，若正常，则应拔下燃油压力调节阀插接器，检查熔丝至燃油压力调节阀 1 号端子之间的电阻值，应不大于 0.5 Ω
		拔下发动机控制单元插接器，检查燃油压力调节阀 2 号端子与发动机控制单元 19 号端子之间的电阻值，应不大于 0.5 Ω
		使用万用表最大电阻挡，检查燃油压力调节阀 1 号与 2 号端子之间的电阻，应为无穷大；分别检查 1 号和 2 号端子与搭铁之间的电阻值，也应为无穷大
燃油系统低压压力检测		断开发动机燃油供给管路接头，并将燃油压力表串联到燃油供给管路中
		若燃油滤清器无堵塞、燃油供给管路无异常，则重点检查燃油泵电动机、燃油泵内部结构是否损坏
		使用诊断仪对燃油泵进行元件测试，检查燃油系统的供油压力及保持压力是否正常
		若燃油系统的供油压力或保持压力低于正常值，则应检查燃油滤清器有无堵塞，燃油供给管路有无弯折或泄漏
涡轮增压进气系统检查		拆下涡轮增压压力传感器插接器，松开节气门与中冷器上的卡箍并拆下节气门至中冷器之间的增压管路
		拆下涡轮增压器至中冷器之间的增压管路
		检查各段增压管路有无裂缝、破损，硬管与软管之间的连接卡箍是否牢固
		检查完毕后，将各段增压管路装回

（二）实施记录

结合实施过程，对照表 11-3 所列检查项目进行检查，并记录实际的检查结果。

表 11-3 发动机加速无力故障（燃油供给及涡轮增压故障）诊断与维修实施记录

序号	项目	故障检查	故障记录
1	故障验证	加速无力 □ 急加速时，转速上升缓慢 □ 带负荷加速无力 □ 急加速时，转速反应滞后 □	检查出的故障：
2	发动机故障自诊断	正确连接诊断仪 □ 不能进入自诊断 □ 可以进入自诊断 □ 诊断插座 U31 检查 □ 相关熔丝检查 □ 网关 J533 检查 □ 发动机 CAN 数据总线波形正常 □ 发动机 CAN 数据总线波形错误 □ 发动机控制单元 J623 电源、搭铁、熔丝检查 □ 网关 J533 电源、搭铁、熔丝检查 □ 检查发动机控制单元 J623 与网关 J533 之间的 CAN 数据总线连接是否正常 □ 检查诊断插座 U31 与网关 J533 之间的 CAN 数据总线连接是否正常 □ 读取故障码：有故障码 □ 无故障码 □ 故障码记录：________________________________ ________________________________ ________________________________	检查出的故障：
3	燃油供给故障检查	高压燃油压力检查：油压正常 □ 油压过低 □ 无油压 □ 油压测量值：__________ kPa 低压燃油压力检查：油压正常 □ 油压过低 □ 无油压 □ 油压测量值：__________ kPa 燃油压力调节阀 N276 检查：电磁阀正常 □ 电磁阀损坏 □ 电源、搭铁故障 □ 高压燃油压力传感器 G247 检查：传感器正常 □ 传感器故障 □ 电源、搭铁故障 □ 燃油泵检查：燃油泵正常 □ 燃油泵损坏 □ 燃油泵性能不良 □ 喷油器检查：喷油器电阻正常 □ 喷油器损坏 □ 喷油信号正常 □ 喷油信号异常 □ 喷油器电阻测量值：__________	检查出的故障：
4	涡轮增压及其他进气系统部件检查	涡轮增压泄漏 □ 活性炭罐电磁阀损坏 □ 二次空气泵损坏或漏气 □ PCV 阀损坏 □ EGR 阀卡滞或损坏 □	检查出的故障：

根据任务实施流程和故障排除过程，总结发动机加速无力故障排除思路，并填写在下面。

1. ________________________________
2. ________________________________
3. ________________________________
4. ________________________________
5. ________________________________
6. ________________________________

五、检查

（一）自检

结合本组任务操作过程，对任务执行过程中的操作规范性进行检查，检查操作过程中是否存在以下问题，分析讨论应如何避免并总结规范的操作方法（见表 11–4）。

表 11–4　自检

检查项目	结果
车辆停放位置是否合适，是否将变速器置于空挡并拉紧驻车制动器	是□　否□
是否使用三件套对车辆进行防护	是□　否□
使用举升机是否按规范操作，是否注意人身安全	是□　否□
燃油系统是否正常	是□　否□
发动机进气系统是否正常	是□　否□
发动机加速无力故障是否排除	是□　否□
工作场地是否清洁，车辆是否复位	是□　否□

（二）互检

组与组之间相互进行任务操作过程及结果检查，并把检查结果填写在表 11–5 中。

表 11–5　互检

检查项目	结果
车辆停放位置是否合适，是否将变速器置于空挡并拉紧驻车制动器	是□　否□
是否使用三件套对车辆进行防护	是□　否□
使用举升机是否按规范操作，是否注意人身安全	是□　否□
燃油系统是否正常	是□　否□
发动机进气系统是否正常	是□　否□
发动机加速无力故障是否排除	是□　否□
工作场地是否清洁，车辆是否复位	是□　否□

六、课堂小结

任务十二　发动机加速无力故障诊断与维修（四）

发动机加速无力故障诊断与维修任务工单——发动机其他系统检查				
客户信息	姓名		职业	
车辆信息	车型	VIN 码	行驶里程	
维修事项	发动机故障验证 □　发动机基础检查 □　发动机故障自诊断 □　读取与清除故障码 □ 读取数据流（测量值）□　基本设定 □　CAN 数据总线检修 □　起动系统故障检修 □ 点火系统故障检修 □　燃油系统故障检修 □　进气系统故障检修 □　机械系统故障检修 □ 客户描述：			

车辆外观检查		车辆内部检查	
凹凸 □	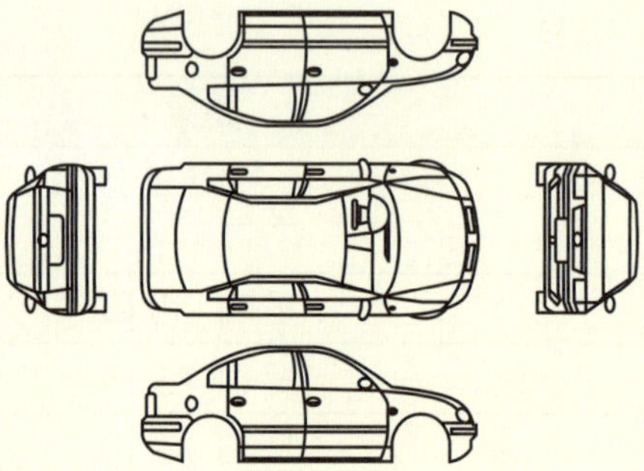	污渍 □	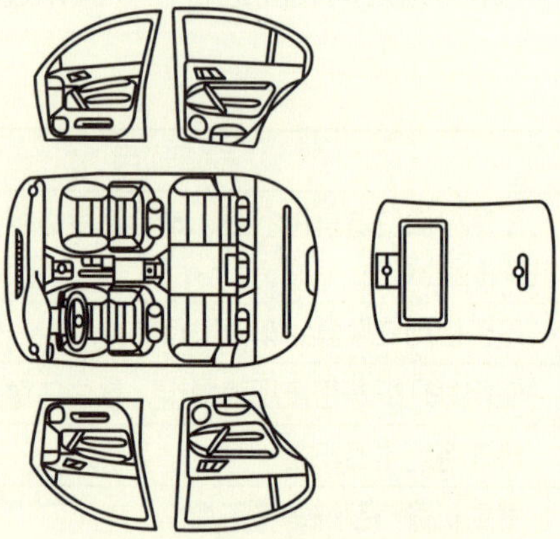
划痕 □		破损 □	
石击 □		色斑 □	
油漆 □		变形 □	

明确具体工作任务	

任务目标

- 能够对发动机加速无力故障现象进行故障验证
- 能够根据发动机加速无力故障诊断流程进行故障检测与维修
- 能够使用检测设备和仪器对车辆故障进行检测
- 能够完成故障部件的检查、更换和维修
- 能够正确填写维修工单，进行质量检查

任务内容

- 发动机加速无力故障原因
- 发动机加速无力故障诊断流程
- 发动机加速无力故障排除

续表

任务重点	● 发动机加速无力故障诊断流程 ● 发动机加速无力故障排除
任务难点	● 发动机加速无力故障排除

一、任务准备

选出完成本任务所需的工具、设备、资料等。

	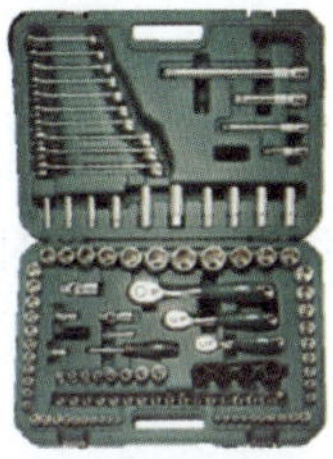	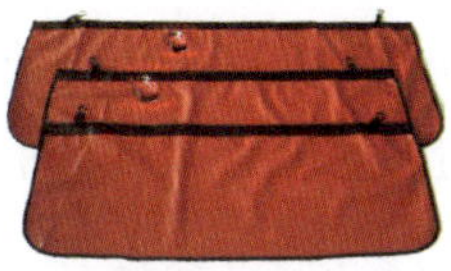	
工具车	工具套件	翼子板布	吹尘枪
	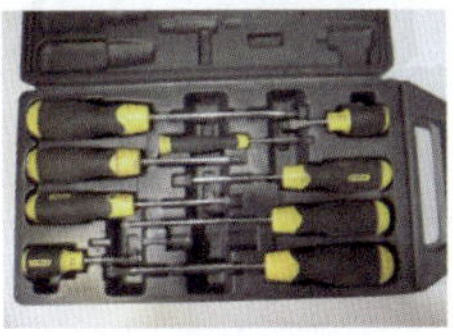	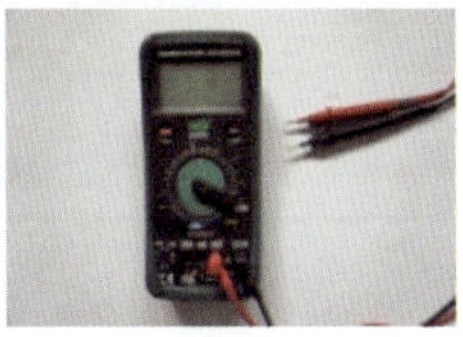	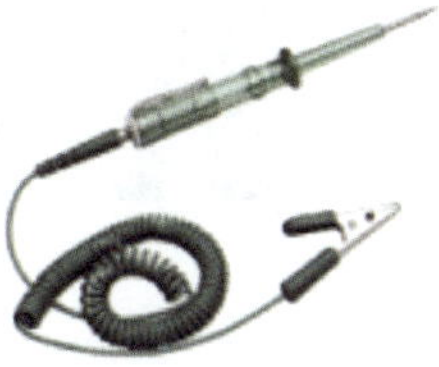
诊断仪	旋具套装	万用表	二极管试灯
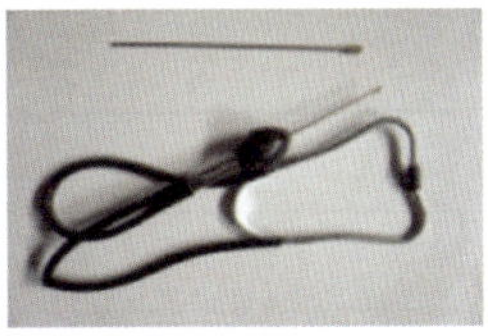		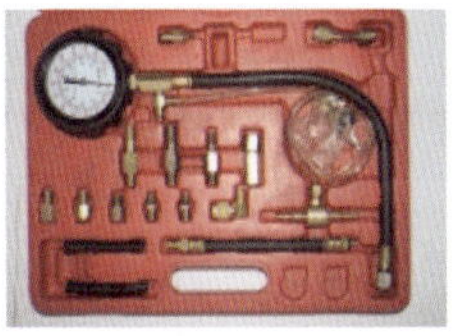	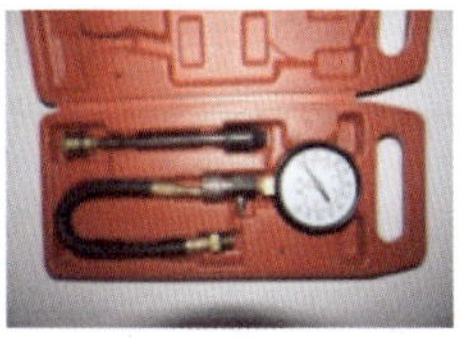
听诊器	抹布	燃油压力表	气缸压力表
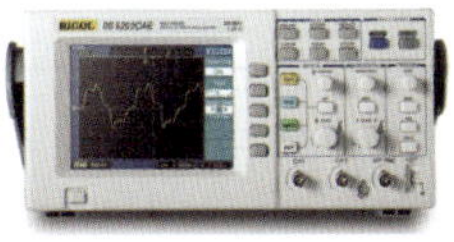	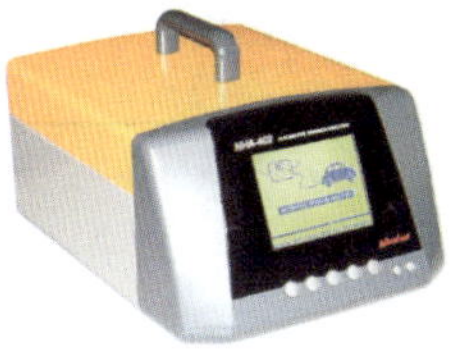	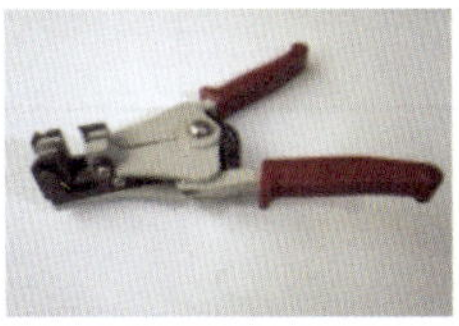	
示波器	尾气分析仪	剥线钳	举升机

实训车辆	维修手册	多楔传动带

二、防护措施

1. 进入车间应穿工鞋，戴工帽；工作服应整洁，无破损；操作时不可戴手表等金属饰品，以防划伤车辆表面。

2. 举升车辆时应严格按照举升机使用方法进行操作，并通知其他人员远离举升设备。

3. 更换油液或配件时应处理好油液或配件的回收清理工作，以免对工作环境造成污染。

观察下列车间操作图片，选出操作正确的图片。

		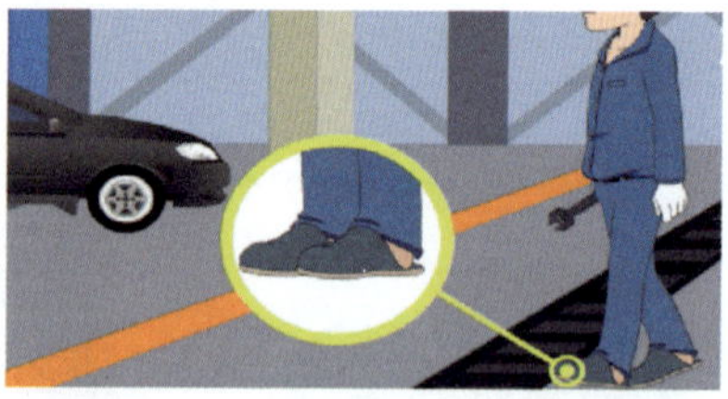

三、任务分配（见表 12-1）

表 12-1　任务分配表

职务	代码	姓名	工作内容
组长	A		监督、管理组员工作
组员	B		准备实训所需车辆及零配件
	C		
	D		准备实训所需工具及维修手册
	E		

四、任务实施

（一）操作流程

完成下面工作内容的排序并填写在表 12-2 中。

表 12-2　发动机加速无力故障（燃油供给及涡轮增压故障）诊断与维修操作步骤

操作流程	步骤	工作内容
故障验证		打开发动机舱盖并铺设翼子板布
		连接室内尾气排放装置并启动发动机，检查发动机转速是否正常，查看 EPC 及发动机故障指示灯有无熄灭
		踩动加速踏板，观察发动机转速能否及时响应
故障自诊断		进入发动机控制单元后，读取发动机控制单元故障码。如有故障码，按照故障码提示对相应传感器和执行元件的电路进行检查
		若无故障码，则应读取发动机燃油系统、进气系统相关数据流，通过对数据流的分析，判断可能的故障原因
		连接诊断仪，进行故障自诊断，如果无法进入故障自诊断系统，检查诊断插座 U31 熔丝（SC1、SC13）、电源、搭铁是否正常，检查网关 J533 熔丝（SB15、SC7）、电源、搭铁是否正常
高压燃油压力传感器检查		拆下发动机装饰盖，拔下高压油轨上高压燃油压力传感器的插接器，检查其接线端子有无锈蚀和松动，并使用万用表检查其 1 号端子与搭铁之间的电阻值，应不大于 0.5 Ω
		使用万用表最大电阻挡测量高压燃油压力传感器上的三个端子之间的电阻值，应为无穷大
		拔下发动机控制单元插接器，使用万用表分别检查高压燃油压力传感器的 2 号端子与发动机控制单元的 40 号端子、高压燃油压力传感器的 3 号端子与发动机控制单元的 29 号端子之间的电阻值，应不大于 0.5 Ω
燃油压力调节阀检查		使用万用表最大电阻挡，检查燃油压力调节阀 1 号与 2 号端子之间的电阻，应为无穷大；分别检查 1 号和 2 号端子与搭铁之间的电阻值，也应为无穷大
		拔下发动机控制单元插接器，检查燃油压力调节阀 2 号端子与发动机控制单元 19 号端子之间的电阻值，应不大于 0.5 Ω
		检查燃油压力调节阀的熔丝 SB17 是否正常，若正常，则应拔下燃油压力调节阀插接器，检查熔丝至燃油压力调节阀 1 号端子之间的导线电阻值，应不大于 0.5 Ω
燃油系统低压压力检测		断开发动机燃油供给管路接头，并将燃油压力表串联到燃油供给管路中
		若燃油系统的供油压力或保持压力低于正常值，则应检查燃油滤清器有无堵塞，燃油供给管路有无弯折或泄漏
		使用诊断仪对燃油泵进行元件测试，检查燃油系统的供油压力及保持压力是否正常
		若燃油滤清器无堵塞、燃油供给管路无异常，则重点检查燃油泵电动机、燃油泵内部结构是否损坏
涡轮增压进气系统检查		拆下涡轮增压压力传感器插接器，松开节气门与中冷器上的卡箍并拆下节气门至中冷器之间的增压管路
		检查各段增压管路有无裂缝、破损，硬管与软管之间的连接卡箍是否牢固
		拆下涡轮增压器至中冷器之间的增压管路
		检查完毕后，将各段增压管路装回

（二）实施记录

结合实施过程，对照表 12–3 所列检查项目进行检查，并记录实际的检查结果。

表 12-3　发动机加速无力故障（燃油供给及涡轮增压故障）诊断与维修实施记录

序号	项目	故障检查	故障记录
1	故障验证	加速无力 □　急加速时，转速上升缓慢 □ 带负荷加速无力 □　急加速时，转速反应滞后 □	检查出的故障：
2	发动机故障自诊断	正确连接诊断仪 □　不能进入自诊断 □　可以进入自诊断 □ 诊断插座 U31 检查 □　相关熔丝检查 □　网关 J533 检查 □ 发动机 CAN 数据总线波形正常 □　发动机 CAN 数据总线波形错误 □ 发动机控制单元 J623 电源、搭铁、熔丝检查 □ 网关 J533 电源、搭铁、熔丝检查 □ 检查发动机控制单元 J623 与网关 J533 之间的 CAN 数据总线连接是否正常 □ 检查诊断插座 U31 与网关 J533 之间的 CAN 数据总线连接是否正常 □ 读取故障码：有故障码 □　无故障码 □ 故障码记录：____________________ ____________________ ____________________	检查出的故障：
3	燃油供给故障检查	高压燃油压力检查：油压正常 □　油压过低 □　无油压 □ 油压测量值：________ kPa 低压燃油压力检查：油压正常 □　油压过低 □　无油压 □ 油压测量值：________ kPa 燃油压力调节阀 N276 检查：电磁阀正常 □　电磁阀损坏 □ 电源、搭铁故障 □ 高压燃油压力传感器 G247 检查：传感器正常 □　传感器故障 □ 电源、搭铁故障 □ 燃油泵检查：燃油泵正常 □　燃油泵损坏 □　燃油泵性能不良 □ 喷油器检查：喷油器电阻正常 □　喷油器损坏 □ 喷油信号正常 □　喷油信号异常 □ 喷油器电阻测量值：________	检查出的故障：
4	涡轮增压及其他进气系统部件检查	涡轮增压泄漏 □　活性炭罐电磁阀损坏 □ 二次空气泵损坏或漏气 □　PCV 阀损坏 □ EGR 阀卡滞或损坏 □	检查出的故障：

根据任务实施流程和故障排除过程，总结发动机加速无力故障排除思路，并填写在下面。

1. ____________________
2. ____________________
3. ____________________
4. ____________________
5. ____________________
6. ____________________

五、检查

（一）自检

结合本组任务操作过程，对任务执行过程中的操作规范性进行检查，检查操作过程中是否存在以下问题，分析讨论应如何避免并总结规范的操作方法（见表 12–4）。

表 12–4 自检

检查项目	结果
车辆停放位置是否合适，是否将变速器置于空挡并拉紧驻车制动器	是 □ 否 □
是否使用三件套对车辆进行防护	是 □ 否 □
使用举升机是否按规范操作，是否注意人身安全	是 □ 否 □
燃油系统是否正常	是 □ 否 □
发动机进气系统是否正常	是 □ 否 □
发动机加速无力故障是否排除	是 □ 否 □
工作场地是否清洁，车辆是否复位	是 □ 否 □

（二）互检

组与组之间相互进行任务操作过程及结果检查，并把检查结果填写在表 12–5 中。

表 12–5 互检

检查项目	结果
车辆停放位置是否合适，是否将变速器置于空挡并拉紧驻车制动器	是 □ 否 □
是否使用三件套对车辆进行防护	是 □ 否 □
使用举升机是否按规范操作，是否注意人身安全	是 □ 否 □
燃油系统是否正常	是 □ 否 □
发动机进气系统是否正常	是 □ 否 □
发动机加速无力故障是否排除	是 □ 否 □
工作场地是否清洁，车辆是否复位	是 □ 否 □

六、课堂小结

情境二

电气系统故障检修

任务十三　前照灯电路故障诊断与维修（一）

前照灯电路故障诊断与维修任务工单——故障验证及基础检查			
客户信息	姓名		职业	

车辆信息	车型	VIN 码	行驶里程

维修事项			
车辆近光灯不亮 □	发动机基础检查 □	发动机故障自诊断 □	车辆远光灯不亮 □
车辆转向灯不亮 □	仪表故障灯点亮 □	CAN 数据总线检修 □	近光灯照明距离异常 □
车辆制动灯不亮 □	倒车雷达故障 □	转向辅助灯故障 □	日间行车灯故障 □

客户描述：

车辆外观检查		车辆内部检查	
凹凸 □	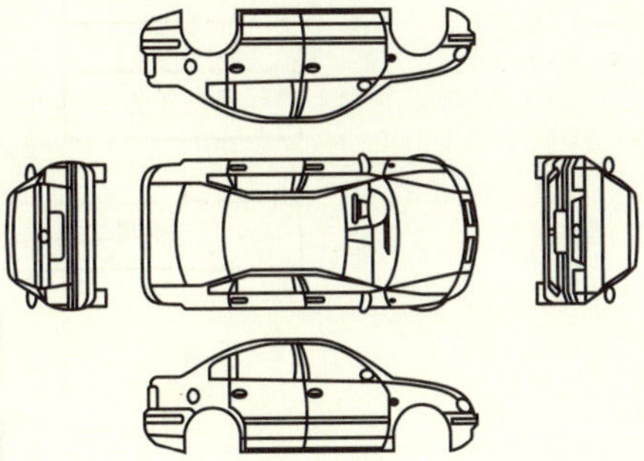	污渍 □	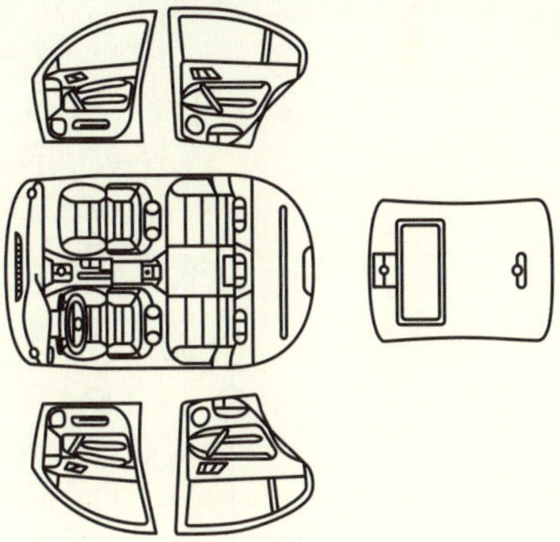
划痕 □		破损 □	
石击 □		色斑 □	
油漆 □		变形 □	

明确具体工作任务	

任务目标

- 掌握汽车前照灯电路故障诊断与维修的思路
- 能够正确使用检测设备和仪器进行故障检测
- 能够正确填写维修工单，进行质量检查

任务内容

- 前照灯系统的控制原理
- 车载电网模式下前照灯系统组成及故障检修
- 前照灯随动转向系统故障检修

续表

任务重点	● 车载电网模式下前照灯系统组成及故障检修 ● 前照灯随动转向系统故障检修
任务难点	● 车载电网模式下前照灯系统组成及故障检修 ● 前照灯随动转向系统故障检修

一、知识讲解

（一）捷达轿车前照灯系统的控制原理

传统捷达轿车的前照灯系统控制原理如图 13–1 所示。按照电流走向，电流从蓄电池，经点火开关、前照灯开关、变光开关、前照灯继电器、熔丝到达灯泡，然后从灯泡另一端直接搭铁。

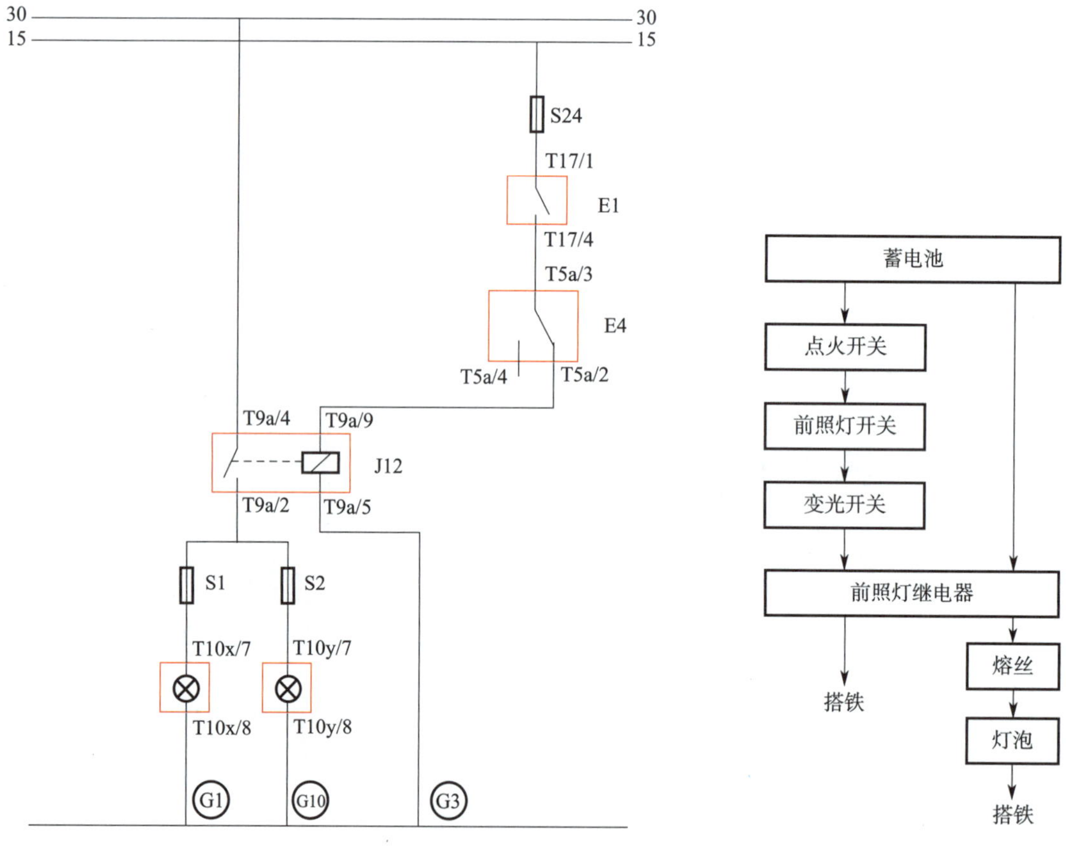

图 13–1　传统捷达轿车的前照灯系统控制原理

（二）新型车载电网系统特征

相对于传统电路系统的线路和开关控制，车载电网控制单元 J519（中央电气电子设备）直接接收各种开关信号和传感器信号，然后对车辆上的灯光、雨刮等用电设备进行直接或间接控制。

车载电网系统能对全车用电设备和电源系统进行集中控制管理，优化车辆用电设备的用电消耗，并实现全车用电设备的智能化和自动化功能。另外，当车辆电源系统或某用电设备损坏时，车载电网系统还会进行自诊断，并储存相关故障码。车载电网模式下的灯光控制原理如图 13–2 所示。

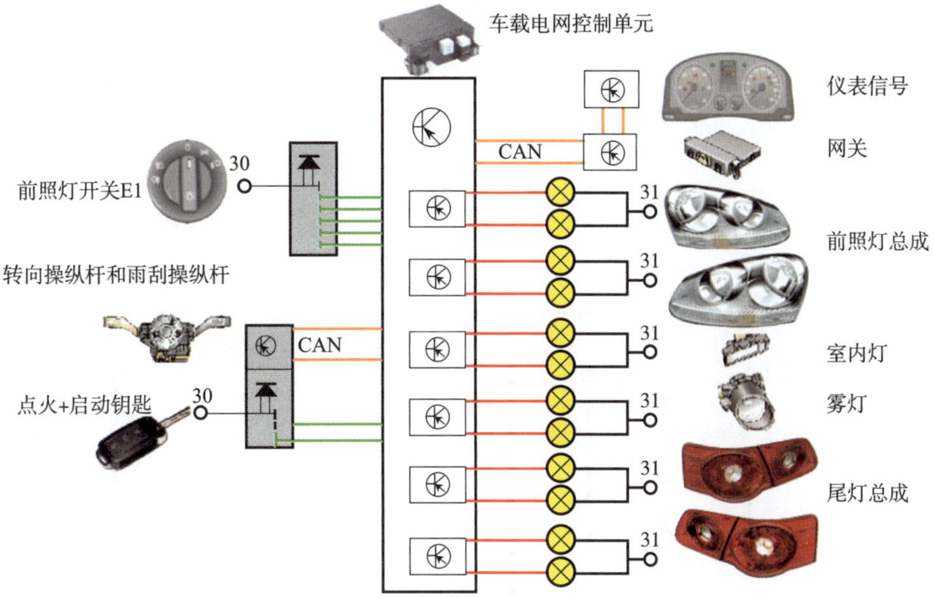

图 13-2　车载电网模式下的灯光控制原理

（三）车载电网模式下的前照灯系统

车载电网模式下的前照灯系统主要由车载电网控制单元 J519、进入及启动许可开关 E415、前照灯开关 E1、前照灯总成等主要部件组成，如图 13–3 所示。

当打开前照灯开关至近光灯位置时，前照灯开关接通 12 V 电源到车载电网控制单元 J519，此时若车载电网控制单元 J519 收到进入及启动许可开关 E415 的“点火开关打开”信号，就分别向车辆的两个前照灯总成供电，如图 13–3 所示。

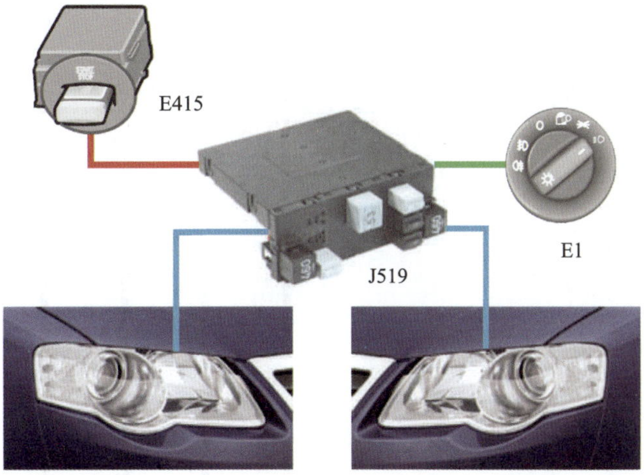

图 13-3　车载电网模式下的前照灯系统组成

（四）车载电网模式下前照灯系统的检查方法

当车载电网系统中某个元件出现问题而无法工作时，可先对车载电网系统进行故障码查询，根据故障码的提示，检查相关故障线路或故障部位。另外，为了保证车载电网系统中所有的电气元件工作正常，应首先保证车载电网控制单元的相关供电端子及搭铁端子正常。

1. 灯光故障维修案例

故障案例：仪表上灯光故障指示灯点亮（针对大众迈腾配置氙气灯车型，其车载电网前照灯系统电路如图 13-4 所示）。

检查步骤：

（1）打开点火开关，确认仪表上灯光故障指示灯是否点亮，然后检查车辆各项灯光是否有异常。

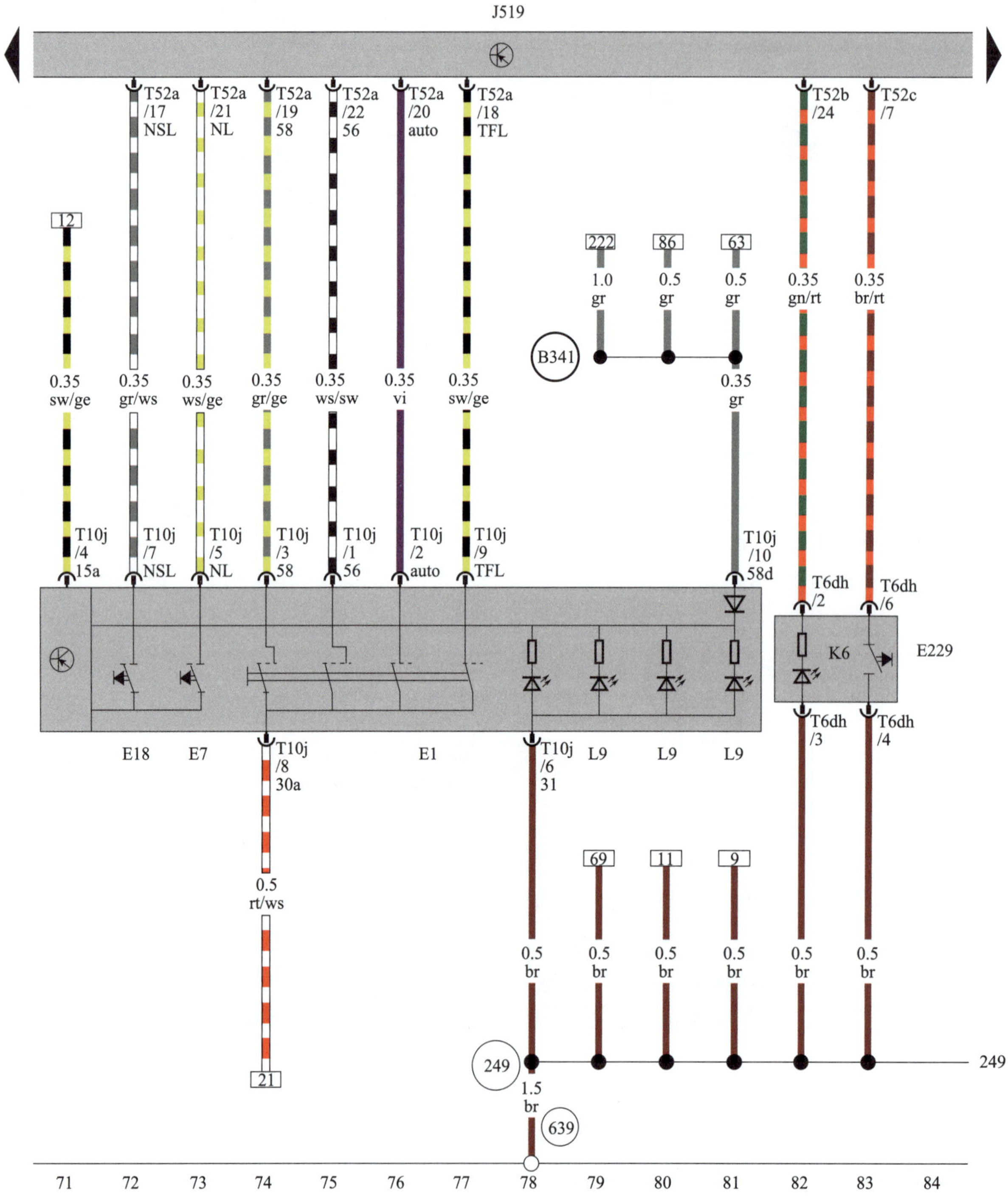

a）

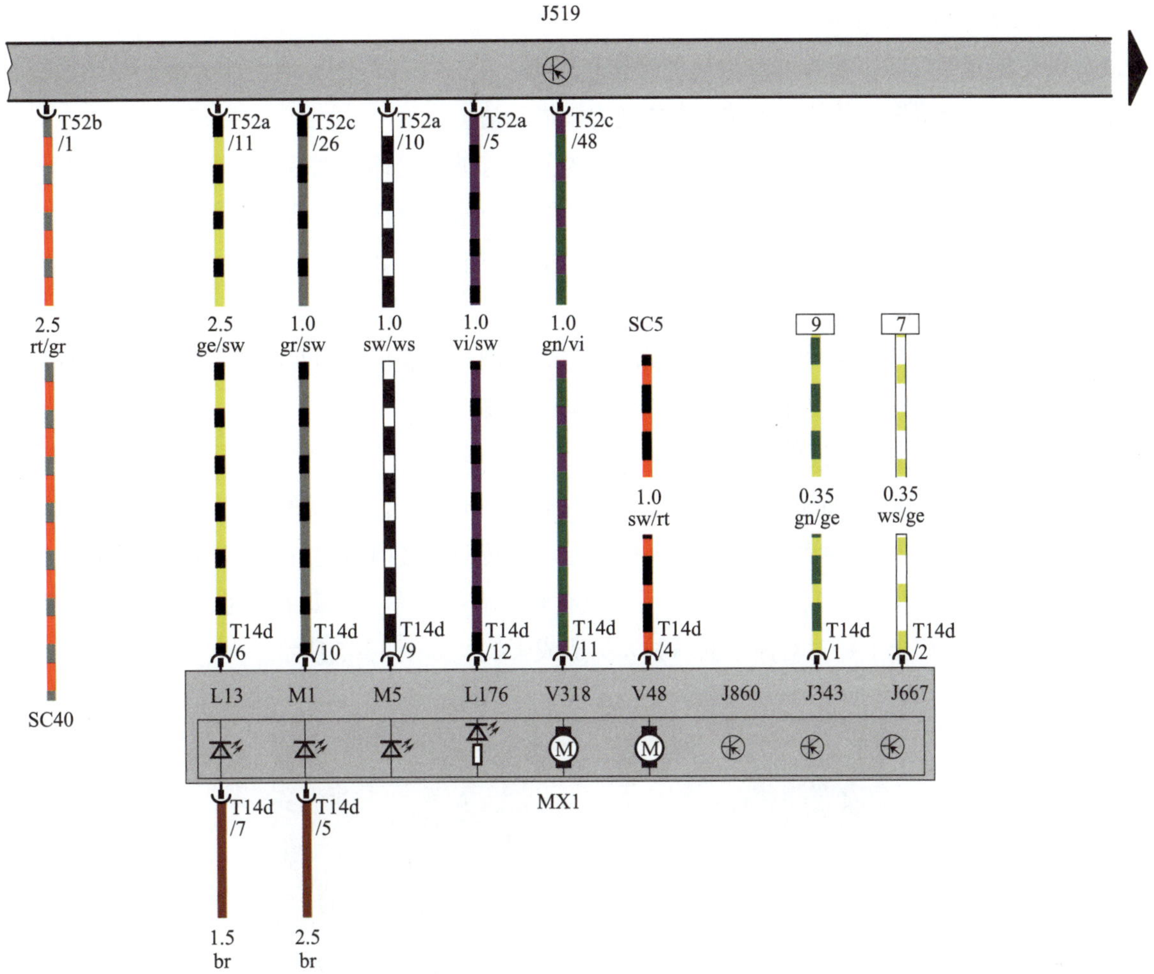

b）

图 13-4 车载电网前照灯系统电路

（2）连接诊断仪，进入“中央电气电子设备”系统读取故障码，然后根据检查出的灯光异常现象和读取的故障码确定诊断思路。

（3）如果是转向灯、示廓灯、近光灯类故障，则检查灯光开关各挡位是否正常、灯光开关插接器和线束插接器针脚是否正常、线束供电和搭铁是否正常。

（4）检查灯光开关至车载电网控制单元 J519 线束是否正常，测量灯光开关各挡位信号是否顺利到达 J519 线束插接器，然后检查 J519 控制单元插接器针脚是否正常。

（5）连接诊断仪，进入“中央电气电子设备”系统读取灯光开关相关状态数据块，查看开关信号是否正确。

（6）使用执行元件动作测试功能对发生故障的灯进行动作测试，看能否成功点亮。如果不能成功点亮，检查前照灯 14 芯线束插接器处 J519 的动作测试信号是否正常到达。如果有控制信号，但是灯没有点亮，检查灯泡和前照灯内线路；如果没有控制信号，检查 J519 到前照灯的 14 芯线束。

（7）如果线束正常且在满足基本条件的情况下，诊断仪执行动作测试后 J519 没有发出相应电压信号，则更换 J519。

2. 氙气灯的维修注意事项

（1）在安装氙气灯时不要接触灯泡玻璃壳体；否则，手指会在灯泡玻璃壳体上留下油脂痕迹，在打开氙气灯时油脂会蒸发，并使灯泡玻璃壳体变得模糊不清。

（2）严禁使氙气灯玻璃壳体承受机械负荷，因为氙气灯玻璃壳体特别敏感，且处在高电压下。

（3）不要直接看平行的光束，因为氙气灯的紫外线辐射量约比普通卤素灯高 2.5 倍。

（4）在安装盖罩时应注意确认密封件的安装位置是否正确，如果有水渗入前照灯，则会导致其损坏。

（5）如果要拆下带自动照明距离调节功能的前照灯，则在安装后必须对前照灯进行基本设置。

（6）在安装新的氙气灯时要注意，切勿弯折其定位卡箍。

（五）前照灯随动转向系统

前照灯随动转向系统（adaptive front-lighting system，AFS）包含前照灯智能随动系统和前照灯照明距离动态调节系统。在夜间转弯时，AFS 能根据车速以及转向盘转向角度自动调整近光灯的照射中心，自动指向入弯，确保弯道中的高能见度。在后排负载较重而导致车身角度上扬时，AFS 能自动调整前照灯照明距离，避免灯光上扬对对面车辆驾驶人员造成干扰，如图 13-5 所示。

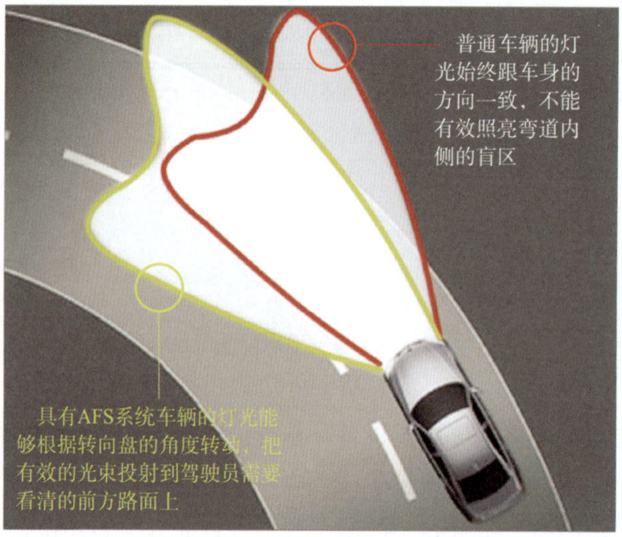

图 13-5 前照灯随动转向系统

前照灯随动转向系统由前照灯照明距离调节控制单元 J745、左后车身高度传感器 G76、前照灯开关 E1、转向柱电子装置控制单元 J527、前照灯总成、车载电网控制单元 J519 等组成，如图 13-6 所示。

前照灯总成分为左前照灯总成 J667 和右前照灯总成 J668，其主要由氙气灯、氙气灯控制单元、电源模块、前照灯随动伺服电动机、照明距离调节伺服电动机等组成。

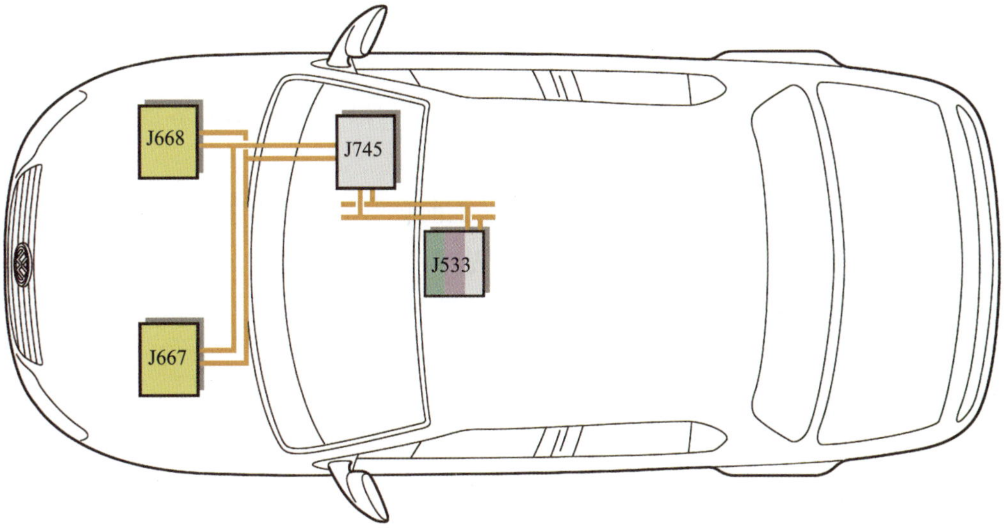

a）

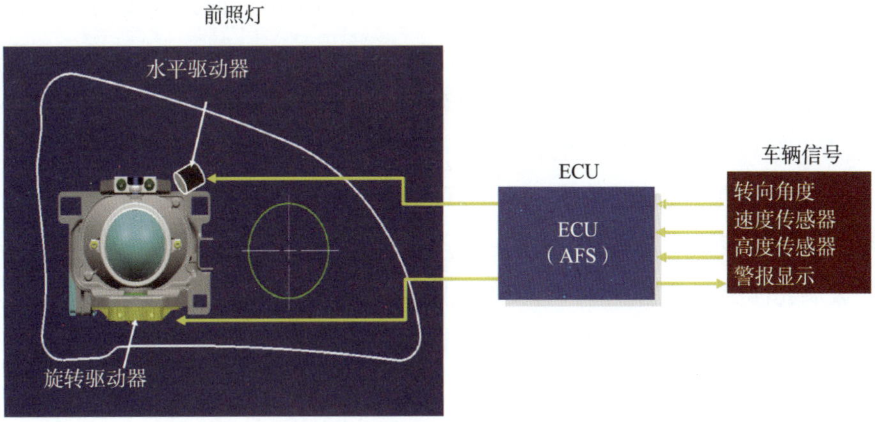

b）

图 13-6　前照灯随动转向系统组成

（六）前照灯随动转向系统检查方法

1. 连接诊断仪，进入“前照灯照明距离调节装置”系统读取故障码，然后根据检查出的灯光异常现象和读取的故障码，确定诊断思路。

2. 如果是“前照灯无基本设置”故障码，则先使用诊断仪进入“基本设置”，对前照灯随动转向系统进行基本设置，然后再读取故障码，看故障码是否清除。正常情况下，完成基本设置后该故障码不会再次出现。

3. 如果是有关前照灯照明距离和前照灯随动的故障码，则打开近光灯，使用诊断仪进入“作动器诊断”，通过前照灯照明距离调节控制单元 J745 分别驱动照明距离调节伺服电动机和前照灯随动伺服电动机，检查伺服电动机是否正常转动。如果正常转动，则 J745 到前照灯总成的线束及相应伺服电动机均正常；如果无法驱动伺服电动机，则检查 J745 到前照灯总成之间的线束、前照灯插接器和线束插接器针脚是否正常，线束供电和搭铁是否正常，前照灯内部照明距离调节伺服电动机和前照灯随动伺服电动机是否正常。

4. 测量 J745 到前照灯总成之间 CAN 数据总线的波形。

5. 如果是“车身高度传感器”类故障码，则检查左后车身高度传感器 G76 插接器针脚是否正常，传感器是否正常。

6. 拆装、更换前照灯照明距离调节控制单元 J745 之前必须先读取控制单元内的编码并记录，更换新控制单元后再输入原编码进行匹配，并进行前照灯基本设置。

（七）氙气灯维修注意事项

1. 维修时的防护要求

维修氙气灯时需要戴专业护目镜和手套。

2. 要注意高电压或电流危险

（1）灯座区域内照明系统的控制单元、插接器或部件带有致命的高电压，只有在灯泡已安装的情况下方可使控制单元工作。

（2）维修前要关闭点火开关和所有用电器并拔出点火钥匙。

（3）在对前照灯系统进行操作时，必须确保所有部件不带电，而且关闭前照灯后必须消除剩余电压。

（4）在对前照灯系统进行操作时，必须保证车灯处于关闭状态。

3. 要注意防爆、防烫和防止辐射 / 灼目

（1）灯泡只可以在前照灯壳体内使用。由于灯泡工作电压较高，容易产生火花，应做好爆炸防护措施，因此必须配备防护装置。

（2）灯泡的玻璃壳体温度可能很高，有烫伤危险。

（3）因为氙气灯的紫外线辐射量约比普通卤素灯高 2.5 倍，所以不要直接看光束，否则会造成视力长期损害。

二、任务准备

选出完成本任务所需的工具、设备、资料等。

	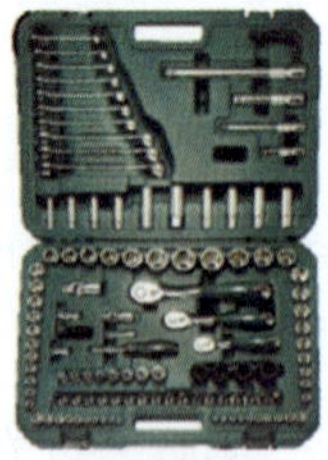		
工具车	工具套件	翼子板布	吹尘枪

	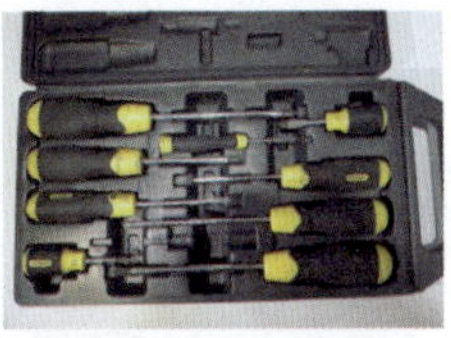	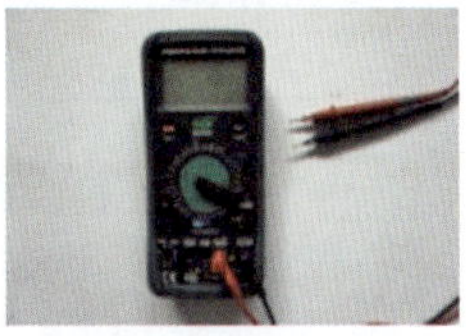	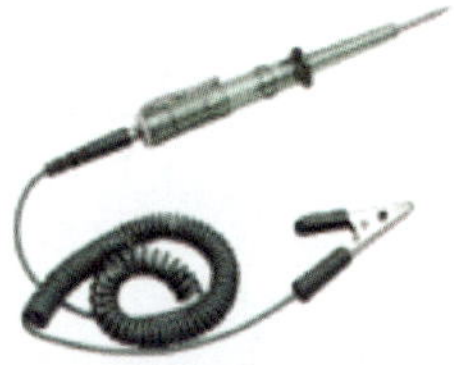
诊断仪	旋具套装	万用表	二极管试灯
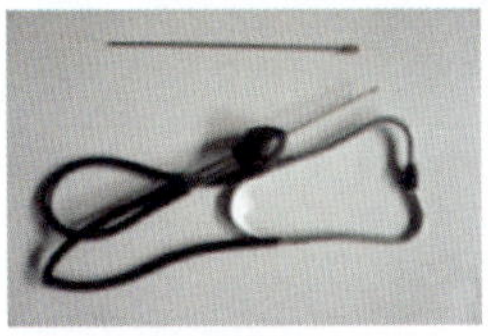		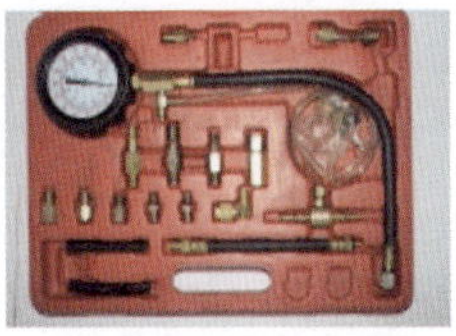	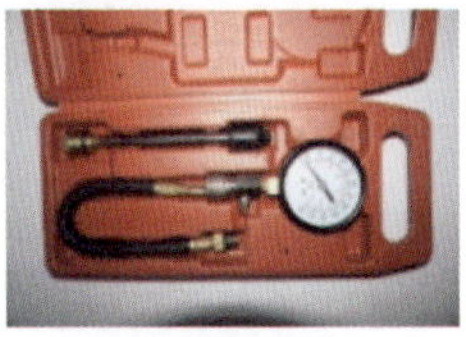
听诊器	抹布	燃油压力表	气缸压力表
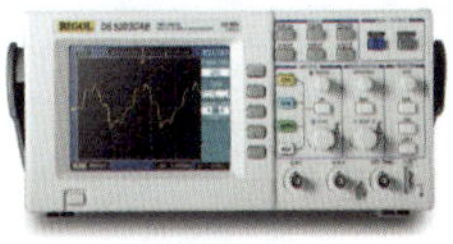	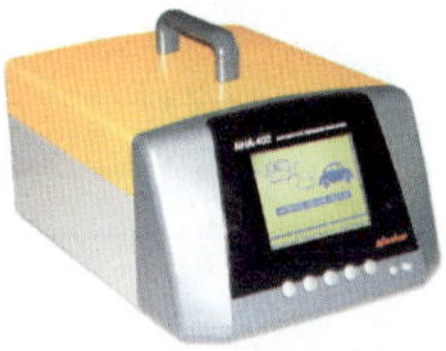		
示波器	尾气分析仪	举升机	实训车辆

维修手册		多楔传动带	

三、防护措施

1. 进入车间应穿工鞋，戴工帽；工作服应整洁，无破损；操作时不可戴手表等金属饰品，以防划伤车辆表面。
2. 举升车辆时应严格按照举升机使用方法进行操作，并通知其他人员远离举升设备。
3. 更换油液或配件时应处理好油液和配件的回收清理工作，以免对工作环境造成污染。

观察下列车间操作图片，选出操作正确的图片。

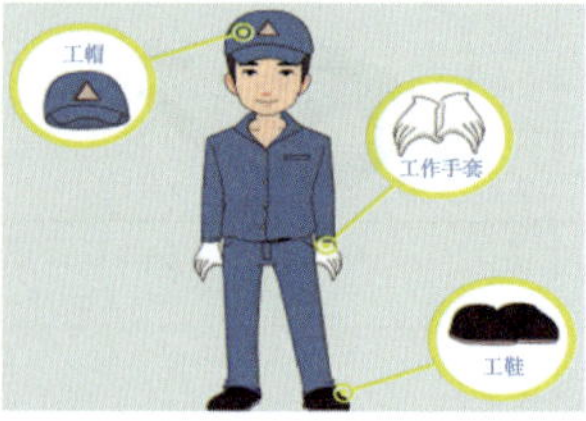		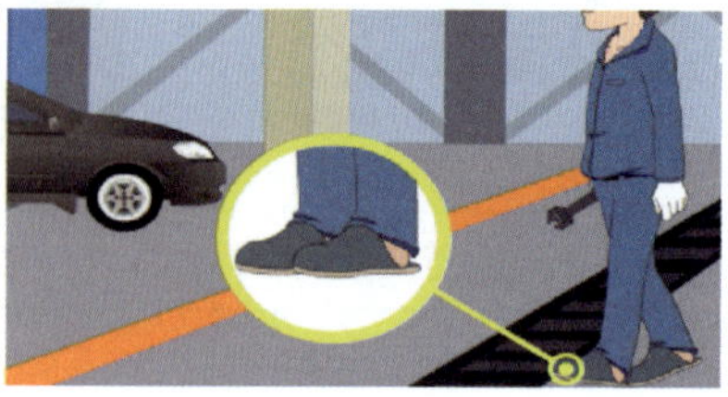

四、任务分配（见表 13-1）

表 13-1　任务分配表

职务	代码	姓名	工作内容
组长	A		监督、管理组员工作
组员	B		准备实训所需车辆及零配件
	C		
	D		准备实训所需工具及维修手册
	E		

五、任务实施

（一）操作流程

完成下面工作内容的排序并填写在表 13-2 中。

表 13-2　前照灯电路故障诊断与维修操作步骤

操作流程	步骤	工作内容
故障验证及基础检查		将车辆停放在维修工位，拉起驻车制动器并将自动变速器置于空挡
		铺好转向盘套、座椅套、脚垫，打开发动机舱盖，铺好翼子板布
		准备好常用工具、诊断仪、万用表、试灯
		打开点火开关，查看仪表上灯光故障指示灯情况
		逐项检查近光灯、远光灯、雾灯、转向灯，查看有无异常

续表

操作流程	步骤	工作内容
车载电网系统中前照灯故障检查		连接诊断仪，打开点火开关，使用诊断仪进入“中央电气电子设备”系统读取故障码
		连接诊断仪，进入“中央电气电子设备”系统读取灯光开关相关状态数据块，查看开关信号是否正确
		连接诊断仪，进入“中央电气电子设备”系统，使用执行元件动作测试功能对发生故障的灯进行动作测试，看能否成功点亮。如果不能点亮，检查前照灯 14 芯线束插接器处 J519 的动作测试信号是否正常到达。如果有控制信号，但是灯没有点亮，检查灯泡和前照灯内线路；如果没有控制信号，检查 J519 到前照灯的 14 芯线束
		如果是转向灯、示廓灯、近光灯类故障，则检查灯光开关各挡位是否正常、灯光开关插接器和线束插接器针脚是否正常、线束供电和搭铁是否正常
		检查灯光开关至车载电网控制单元 J519 线束是否正常，测量灯光开关各挡位信号是否顺利到达 J519 线束插接器端，然后检查 J519 控制单元插接器针脚是否正常
		如果线束正常且在满足基本条件的情况下，诊断仪执行动作测试后 J519 没有发出相应电压信号，则更换 J519
前照灯随动转向系统检查		连接诊断仪，进入“前照灯照明距离调节装置”系统读取故障码，然后根据检查出的灯光异常现象和读取的故障码确定诊断思路
		如果是有关前照灯照明距离和前照灯随动的故障码，则打开近光灯，使用诊断仪进入“作动器诊断”，通过前照灯照明距离调节控制单元 J745 分别驱动照明距离调节伺服电动机和前照灯随动伺服电动机，检查伺服电动机是否正常转动。如果正常转动，则 J745 到前照灯总成的线束及相应伺服电动机均正常；如果无法驱动伺服电动机，则检查 J745 到前照灯总成之间的线束、前照灯插接器和线束插接器针脚是否正常，线束供电和搭铁是否正常，前照灯内部照明距离调节伺服电动机和前照灯随动伺服电动机是否正常
		如果是“前照灯无基本设置”故障码，则先使用诊断仪进入“基本设置”，对前照灯随动转向系统进行基本设置，然后再读取故障码，看故障码是否清除。正常情况下，完成基本设置后该故障码不会再次出现
		测量 J745 到前照灯总成之间 CAN 数据总线的波形
		如果是“车身高度传感器”类故障码，则检查左后车身高度传感器 G76 插接器针脚是否正常，传感器是否正常
		拆装、更换前照灯照明距离调节控制单元 J745 之前必须先读取控制单元内的编码并记录，更换新控制单元后再输入原编码进行匹配，并进行前照灯基本设置

（二）实施记录

结合实施过程，对照表 13-3 所列检查项目进行检查，并记录实际的检查结果。

表 13-3　前照灯电路故障诊断与维修实施记录

序号	项目	故障检查	故障记录
1	故障验证及基础检查	铺设三件套，安全防护工作 □　近光灯 □　远光灯 □ 雾灯 □　转向灯 □ 故障现象验证：________	检查出的故障：
2	车载电网系统中前照灯故障检查	正确连接诊断仪 □　不能进入自诊断 □　可以进入自诊断 □ 诊断插座 U31 检查 □　相关熔丝检查 □　网关 J533 检查 □ 前照灯开关 □　动作测试情况 □ 前照灯总成电源、搭铁、熔丝检查 □ 车载电网控制单元 J519 电源、搭铁、熔丝检查 □ 检查车载电网控制单元 J519 与前照灯总成之间的连接是否正常 □ 故障记录：________ ________	检查出的故障：
3	前照灯随动转向系统检查	正确连接诊断仪 □　不能进入自诊断 □　可以进入自诊断 □ 诊断插座 U31 检查 □　相关熔丝检查 □　网关 J533 检查 □ “前照灯无基本设置”故障码 □　作动器诊断情况 □ J745 电源、搭铁、熔丝检查 □ 检查 J745 到前照灯总成的线束连接是否正常 □ 检查 J745 能否驱动照明距离调节伺服电动机和前照灯随动伺服电动机 □ 故障记录：________ ________	检查出的故障：
4	其他		检查出的故障：
根据任务实施流程和故障排除过程，总结前照灯电路故障排除思路，并填写在下面。 1. ________ 2. ________ 3. ________ 4. ________ 5. ________ 6. ________			

六、检查

（一）自检

结合本组任务操作过程，对任务执行过程中的操作规范性进行检查，检查操作过程中是否存在以下问题，分析讨论应如何避免并总结规范的操作方法（见表 13-4）。

表 13-4 自检

检查项目	结果
车辆停放位置是否合适，是否将变速器置于空挡并拉紧驻车制动器	是 □ 否 □
是否使用三件套对车辆进行防护	是 □ 否 □
故障是否确认	是 □ 否 □
“中央电气电子设备”系统是否读取故障码	是 □ 否 □
“中央电气电子设备”系统故障是否排除	是 □ 否 □
前照灯随动转向系统故障码是否清除	是 □ 否 □
前照灯随动转向系统故障是否排除	是 □ 否 □
工作场地是否清洁，车辆是否复位	是 □ 否 □

（二）互检

组与组之间相互进行任务操作过程及结果检查，并把检查结果填写在表 13-5 中。

表 13-5 互检

检查项目	结果
车辆停放位置是否合适，是否将变速器置于空挡并拉紧驻车制动器	是 □ 否 □
是否使用三件套对车辆进行防护	是 □ 否 □
故障是否确认	是 □ 否 □
“中央电气电子设备”系统是否读取故障码	是 □ 否 □
“中央电气电子设备”系统故障是否排除	是 □ 否 □
前照灯随动转向系统故障码是否清除	是 □ 否 □
前照灯随动转向系统故障是否排除	是 □ 否 □
工作场地是否清洁，车辆是否复位	是 □ 否 □

七、课堂小结

____

____

____

任务十四　前照灯电路故障诊断与维修（二）

前照灯电路故障诊断与维修任务工单——车载电网模式下前照灯检查				
客户信息	姓名		职业	
车辆信息	车型	VIN 码	行驶里程	
维修事项	车辆近光灯不亮 □ 车辆转向灯不亮 □ 车辆制动灯不亮 □	发动机基础检查 □ 仪表故障灯点亮 □ 倒车雷达故障 □	发动机故障自诊断 □ CAN 数据总线检修 □ 转向辅助灯故障 □	车辆远光灯不亮 □ 近光灯照明距离异常 □ 日间行车灯故障 □
	客户描述：			

车辆外观检查		车辆内部检查	
凹凸 □	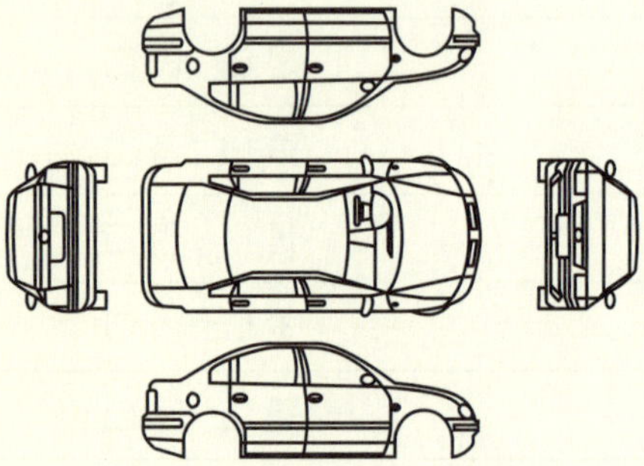	污渍 □	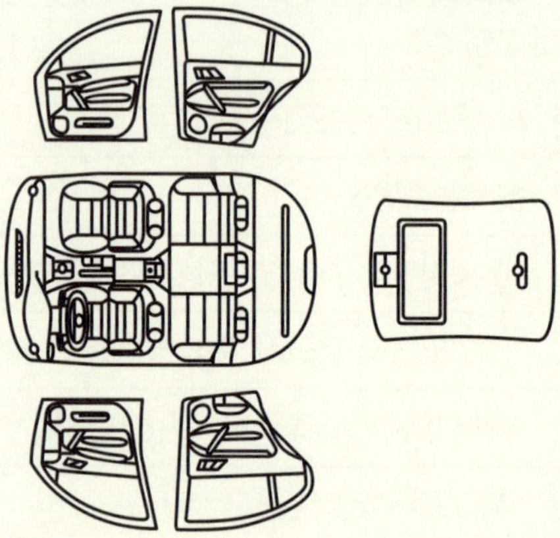
划痕 □		破损 □	
石击 □		色斑 □	
油漆 □		变形 □	

明确具体工作任务	

任务目标

- 掌握汽车前照灯电路故障诊断与维修的思路
- 能够正确使用检测设备和仪器进行故障检测
- 能够正确填写维修工单，进行质量检查

任务内容

- 前照灯系统的控制原理
- 车载电网模式下前照灯系统组成及故障检修
- 前照灯随动转向系统故障检修

续表

任务重点	● 车载电网模式下前照灯系统组成及故障检修 ● 前照灯随动转向系统故障检修
任务难点	● 车载电网模式下前照灯系统组成及故障检修 ● 前照灯随动转向系统故障检修

一、任务准备

选出完成本任务所需的工具、设备、资料等。

	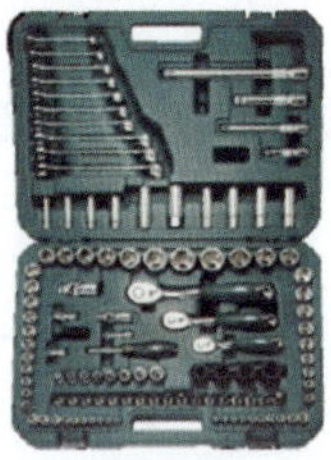	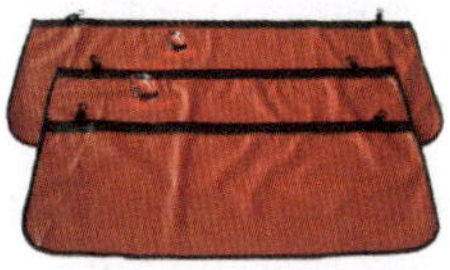	
工具车	工具套件	翼子板布	吹尘枪
	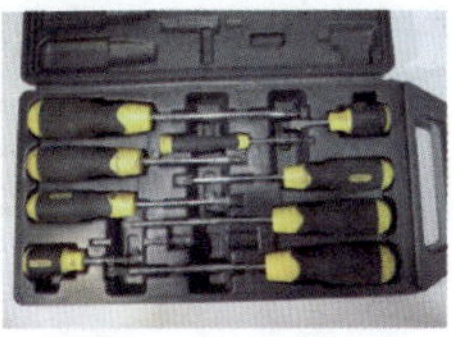	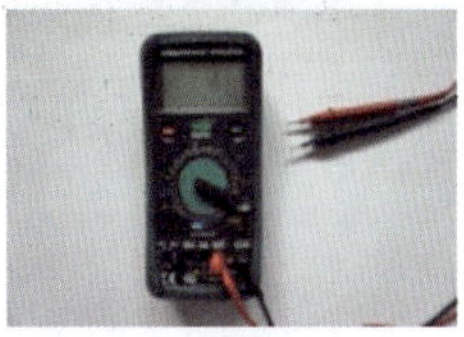	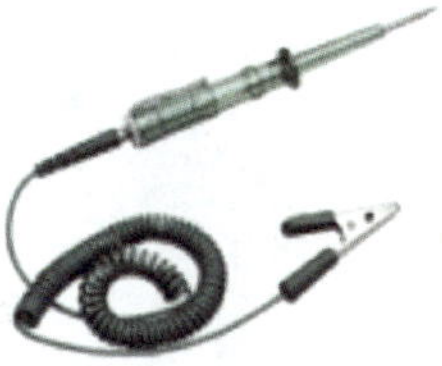
诊断仪	旋具套装	万用表	二极管试灯
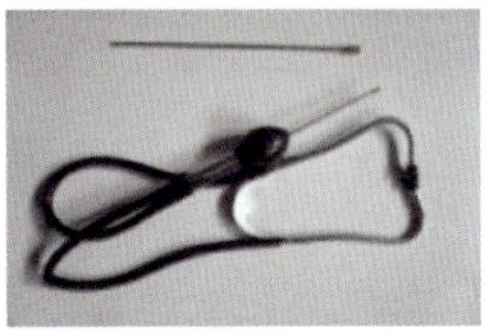		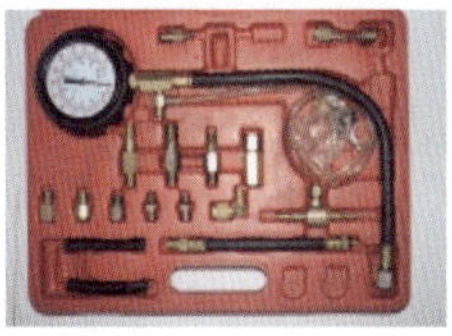	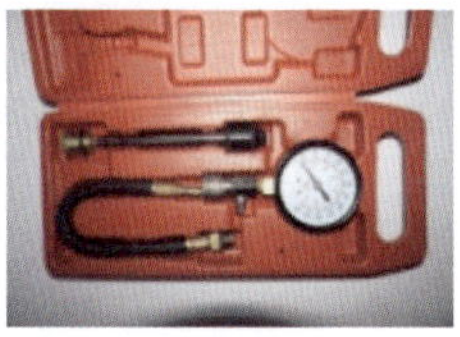
听诊器	抹布	燃油压力表	气缸压力表
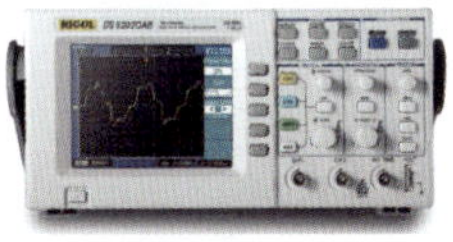	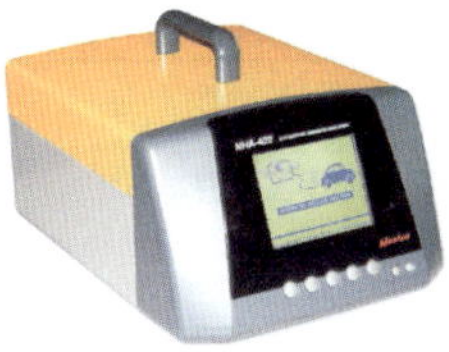		
示波器	尾气分析仪	举升机	实训车辆

维修手册	多楔传动带

二、防护措施

1. 进入车间应穿工鞋，戴工帽；工作服应整洁，无破损；操作时不可戴手表等金属饰品，以防划伤车辆表面。

2. 举升车辆时应严格按照举升机使用方法进行操作，并通知其他人员远离举升设备。

3. 更换油液或配件时应处理好油液和配件的回收清理工作，以免对工作环境造成污染。

观察下列车间操作图片，选出操作正确的图片。

		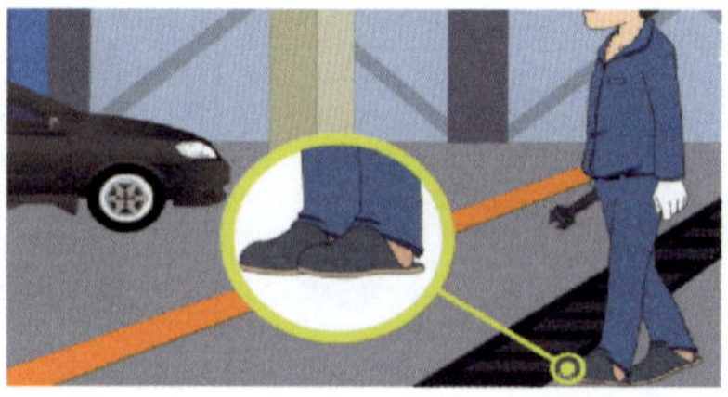

三、任务分配（见表 14-1）

表 14-1　任务分配表

职务	代码	姓名	工作内容
组长	A		监督、管理组员工作
组员	B		准备实训所需车辆及零配件
	C		
	D		准备实训所需工具及维修手册
	E		

四、任务实施

（一）操作流程

完成下面工作内容的排序并填写在表 14–2 中。

表 14–2 前照灯电路故障诊断与维修操作步骤

操作流程	步骤	工作内容
故障验证及基础检查		准备好常用工具、诊断仪、万用表、试灯
		打开点火开关，查看仪表上灯光故障指示灯情况
		将车辆停放在维修工位，拉起驻车制动器并将自动变速器置于空挡
		铺好转向盘套、座椅套、脚垫，打开发动机舱盖，铺好翼子板布
		逐项检查近光灯、远光灯、雾灯、转向灯，查看有无异常
车载电网系统中前照灯故障检查		连接诊断仪，打开点火开关，使用诊断仪进入“中央电气电子设备”系统读取故障码
		检查灯光开关至车载电网控制单元 J519 线束是否正常，测量灯光开关各挡位信号是否顺利到达 J519 线束插接器端，然后检查 J519 控制单元插接器针脚是否正常
		如果是转向灯、示廓灯、近光灯类故障，则检查灯光开关各挡位是否正常、灯光开关插接器和线束插接器针脚是否正常、线束供电和搭铁是否正常
		连接诊断仪，进入“中央电气电子设备”系统读取灯光开关相关状态数据块，查看开关信号是否正确
		连接诊断仪，进入“中央电气电子设备”系统，使用执行元件动作测试功能对发生故障的灯进行动作测试，看能否成功点亮。如果不能点亮，检查前照灯 14 芯线束插接器处 J519 的动作测试信号是否正常到达。如果有控制信号，但是灯没有点亮，检查灯泡和前照灯内线路；如果没有控制信号，检查 J519 到前照灯的 14 芯线束
		如果线束正常且在满足基本条件的情况下，诊断仪执行动作测试后 J519 没有发出相应电压信号，则更换 J519
前照灯随动转向系统检查		连接诊断仪，进入“前照灯照明距离调节装置”系统读取故障码，然后根据检查出的灯光异常现象和读取的故障码确定诊断思路
		如果是有关前照灯照明距离和前照灯随动的故障码，则打开近光灯，使用诊断仪进入“作动器诊断”，通过前照灯照明距离调节控制单元 J745 分别驱动照明距离调节伺服电动机和前照灯随动伺服电动机，检查伺服电动机是否正常转动。如果正常转动，则 J745 到前照灯总成的线束及相应伺服电动机均正常；如果无法驱动伺服电动机，则检查 J745 到前照灯总成之间的线束、前照灯插接器和线束插接器针脚是否正常，线束供电和搭铁是否正常，前照灯内部照明距离调节伺服电动机和前照灯随动伺服电动机是否正常
		如果是“前照灯无基本设置”故障码，则先使用诊断仪进入“基本设置”，对前照灯随动转向系统进行基本设置，然后再读取故障码，看故障码是否清除。正常情况下，完成基本设置后该故障码不会再次出现

续表

操作流程	步骤	工作内容
前照灯随动转向系统检查		如果是"车身高度传感器"类故障码，则检查左后车身高度传感器 G76 插接器针脚是否正常，传感器是否正常
		测量 J745 到前照灯总成之间 CAN 数据总线的波形
		拆装、更换前照灯照明距离调节控制单元 J745 之前必须先读取控制单元内的编码并记录，更换新控制单元后再输入原编码进行匹配，并进行前照灯基本设置

（二）实施记录

结合实施过程，对照表 14-3 所列检查项目进行检查，并记录实际的检查结果。

表 14-3　前照灯电路故障诊断与维修实施记录

序号	项目	故障检查	故障记录
1	故障验证及基础检查	铺设三件套，安全防护工作 □　近光灯 □　远光灯 □ 雾灯 □　转向灯 □ 故障现象验证：________	检查出的故障：
2	车载电网系统中前照灯故障检查	正确连接诊断仪 □　不能进入自诊断 □　可以进入自诊断 □ 诊断插座 U31 检查 □　相关熔丝检查 □　网关 J533 检查 □ 前照灯开关 □　动作测试情况 □ 前照灯总成电源、搭铁、熔丝检查 □ 车载电网控制单元 J519 电源、搭铁、熔丝检查 □ 检查车载电网控制单元 J519 与前照灯总成之间的连接是否正常 □ 故障记录：________ ________	检查出的故障：
3	前照灯随动转向系统检查	正确连接诊断仪 □　不能进入自诊断 □　可以进入自诊断 □ 诊断插座 U31 检查 □　相关熔丝检查 □　网关 J533 检查 □ "前照灯无基本设置"故障码 □　作动器诊断情况 □ J745 电源、搭铁、熔丝检查 □ 检查 J745 到前照灯总成的线束连接是否正常 □ 检查 J745 能否驱动照明距离调节伺服电动机和前照灯随动伺服电动机 □ 故障记录：________ ________	检查出的故障：
4	其他		检查出的故障：
根据任务实施流程和故障排除过程，总结前照灯电路故障排除思路，并填写在下面。 1. ________ 2. ________ 3. ________ 4. ________ 5. ________ 6. ________			

五、检查

（一）自检

结合本组任务操作过程，对任务执行过程中的操作规范性进行检查，检查操作过程中是否存在以下问题，分析讨论应如何避免并总结规范的操作方法（见表 14–4）。

表 14–4 自检

检查项目	结果
车辆停放位置是否合适，是否将变速器置于空挡并拉紧驻车制动器	是 □ 否 □
是否使用三件套对车辆进行防护	是 □ 否 □
故障是否确认	是 □ 否 □
“中央电气电子设备”系统是否读取故障码	是 □ 否 □
“中央电气电子设备”系统故障是否排除	是 □ 否 □
前照灯随动转向系统故障码是否清除	是 □ 否 □
前照灯随动转向系统故障是否排除	是 □ 否 □
工作场地是否清洁，车辆是否复位	是 □ 否 □

（二）互检

组与组之间相互进行任务操作过程及结果检查，并把检查结果填写在表 14–5 中。

表 14–5 互检

检查项目	结果
车辆停放位置是否合适，是否将变速器置于空挡并拉紧驻车制动器	是 □ 否 □
是否使用三件套对车辆进行防护	是 □ 否 □
故障是否确认	是 □ 否 □
“中央电气电子设备”系统是否读取故障码	是 □ 否 □
“中央电气电子设备”系统故障是否排除	是 □ 否 □
前照灯随动转向系统故障码是否清除	是 □ 否 □
前照灯随动转向系统故障是否排除	是 □ 否 □
工作场地是否清洁，车辆是否复位	是 □ 否 □

六、课堂小结

任务十五　前照灯电路故障诊断与维修（三）

<table>
<tr><th colspan="5">前照灯电路故障诊断与维修任务工单——前照灯随动转向系统检查</th></tr>
<tr><td>客户信息</td><td>姓名</td><td></td><td>职业</td><td></td></tr>
<tr><td rowspan="2">车辆信息</td><td colspan="2">车型</td><td>VIN 码</td><td>行驶里程</td></tr>
<tr><td colspan="2"></td><td></td><td></td></tr>
<tr><td>维修事项</td><td colspan="4">车辆近光灯不亮 □　发动机基础检查 □　发动机故障自诊断 □　车辆远光灯不亮 □
车辆转向灯不亮 □　仪表故障灯点亮 □　CAN 数据总线检修 □　近光灯照明距离异常 □
车辆制动灯不亮 □　倒车雷达故障 □　转向辅助灯故障 □　日间行车灯故障 □
客户描述：</td></tr>
<tr><td colspan="2">车辆外观检查</td><td colspan="3">车辆内部检查</td></tr>
<tr><td>凹凸 □
划痕 □
石击 □
油漆 □</td><td>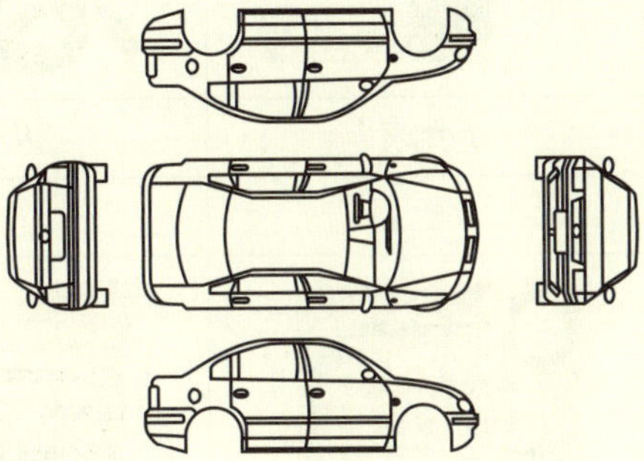</td><td>污渍 □
破损 □
色斑 □
变形 □</td><td colspan="2">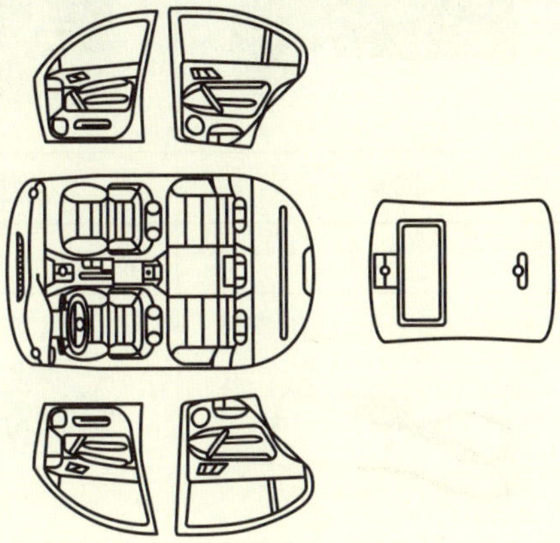</td></tr>
<tr><td>明确具体工作任务</td><td colspan="4"></td></tr>
<tr><td>任务目标</td><td colspan="4">● 掌握汽车前照灯电路故障诊断与维修的思路
● 能够正确使用检测设备和仪器进行故障检测
● 能够正确填写维修工单，进行质量检查</td></tr>
<tr><td>任务内容</td><td colspan="4">● 前照灯系统的控制原理
● 车载电网模式下前照灯系统组成及故障检修
● 前照灯随动转向系统故障检修</td></tr>
</table>

续表

任务重点	● 车载电网模式下前照灯系统组成及故障检修 ● 前照灯随动转向系统故障检修
任务难点	● 车载电网模式下前照灯系统组成及故障检修 ● 前照灯随动转向系统故障检修

一、任务准备

选出完成本任务所需的工具、设备、资料等。

	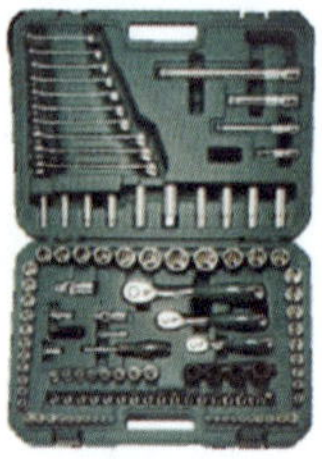	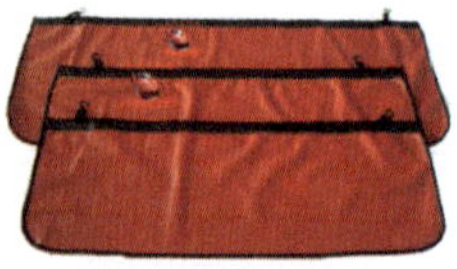	
工具车	工具套件	翼子板布	吹尘枪
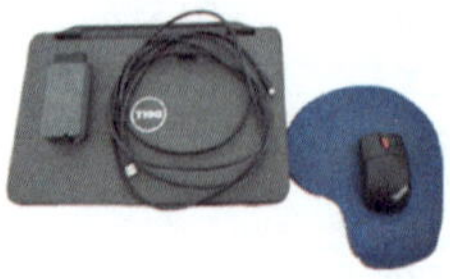	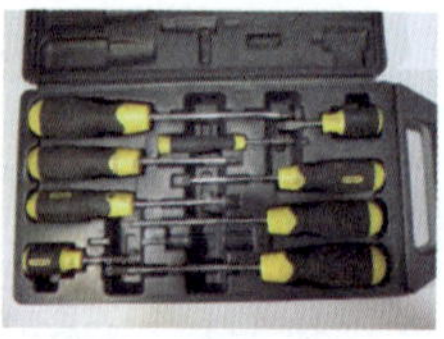	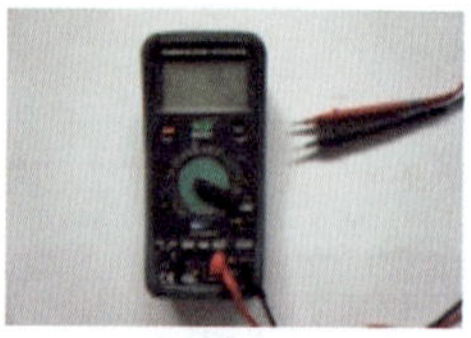	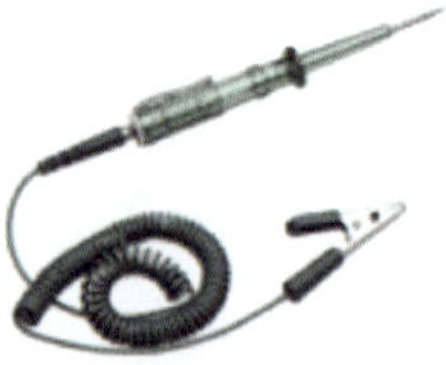
诊断仪	旋具套装	万用表	二极管试灯
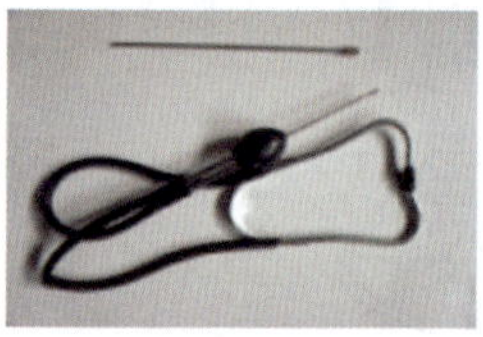		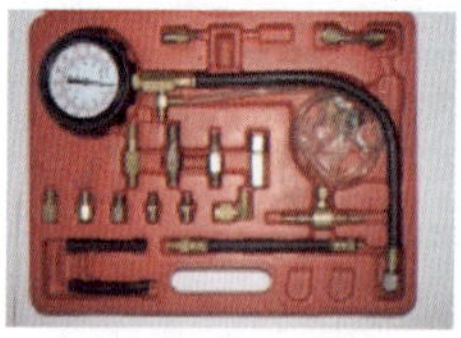	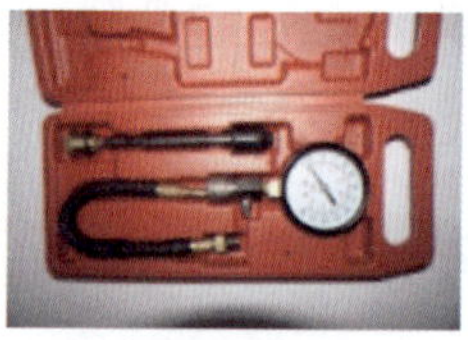
听诊器	抹布	燃油压力表	气缸压力表
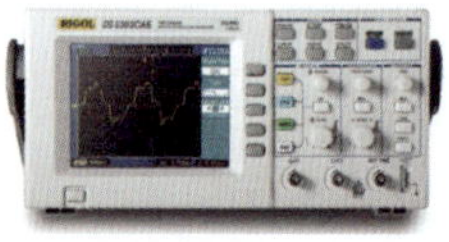	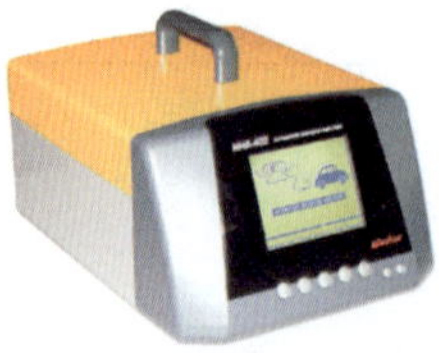		
示波器	尾气分析仪	举升机	实训车辆

维修手册	多楔传动带

二、防护措施

1. 进入车间应穿工鞋，戴工帽；工作服应整洁，无破损；操作时不可戴手表等金属饰品，以防划伤车辆表面。

2. 举升车辆时应严格按照举升机使用方法进行操作，并通知其他人员远离举升设备。

3. 更换油液或配件时应处理好油液和配件的回收清理工作，以免对工作环境造成污染。

观察下列车间操作图片，选出操作正确的图片。

		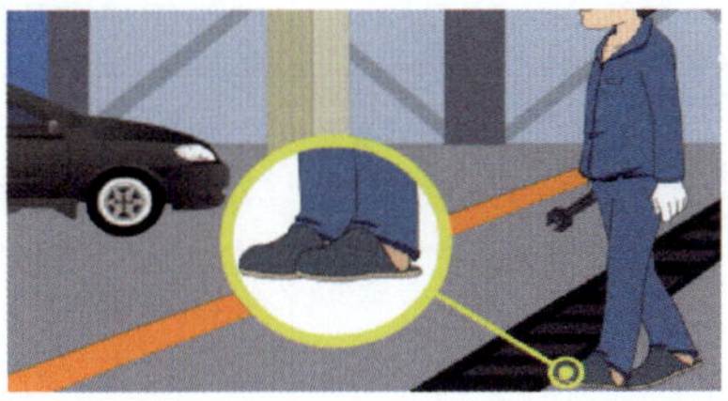

三、任务分配（见表 15-1）

表 15-1　任务分配表

职务	代码	姓名	工作内容
组长	A		监督、管理组员工作
组员	B		准备实训所需车辆及零配件
	C		
	D		准备实训所需工具及维修手册
	E		

四、任务实施

（一）操作流程

完成下面工作内容的排序并填写在表 15-2 中。

表 15-2　前照灯电路故障诊断与维修操作步骤

操作流程	步骤	工作内容
故障验证及基础检查		将车辆停放在维修工位，拉起驻车制动器并将自动变速器置于空挡
		铺好转向盘套、座椅套、脚垫，打开发动机舱盖，铺好翼子板布
		准备好常用工具、诊断仪、万用表、试灯
		打开点火开关，查看仪表上灯光故障指示灯情况
		逐项检查近光灯、远光灯、雾灯、转向灯，查看有无异常
车载电网系统中前照灯故障检查		连接诊断仪，打开点火开关，使用诊断仪进入“中央电气电子设备”系统读取故障码
		连接诊断仪，进入“中央电气电子设备”系统读取灯光开关相关状态数据块，查看开关信号是否正确
		如果是转向灯、示廓灯、近光灯类故障，则检查灯光开关各挡位是否正常、灯光开关插接器和线束插接器针脚是否正常、线束供电和搭铁是否正常
		检查灯光开关至车载电网控制单元 J519 线束是否正常，测量灯光开关各挡位信号是否顺利到达 J519 线束插接器端，然后检查 J519 控制单元插接器针脚是否正常
		连接诊断仪，进入“中央电气电子设备”系统，使用执行元件动作测试功能对发生故障的灯进行动作测试，看能否成功点亮。如果不能点亮，检查前照灯 14 芯线束插接器处 J519 的动作测试信号是否正常到达。如果有控制信号，但是灯没有点亮，检查灯泡和前照灯内线路；如果没有控制信号，检查 J519 到前照灯的 14 芯线束
		如果线束正常且在满足基本条件的情况下，诊断仪执行动作测试后 J519 没有发出相应电压信号，则更换 J519
前照灯随动转向系统检查		如果是“前照灯无基本设置”故障码，首先使用诊断仪进入“基本设置”，对前照灯随动转向系统进行基本设置，然后再读取故障码，看故障码是否清除。正常情况下，完成基本设置后该故障码不会再次出现
		如果是有关前照灯照明距离和前照灯随动的故障码，则打开近光灯，使用诊断仪进入“作动器诊断”，通过前照灯照明距离调节控制单元 J745 分别驱动照明距离调节伺服电动机和前照灯随动伺服电动机，检查伺服电动机是否正常转动，如果正常转动，则 J745 到前照灯总成的线束及相应伺服电动机均正常；如果无法驱动伺服电动机，则检查 J745 到前照灯总成之间的线束、前照灯插接器和线束插接器针脚是否正常，线束供电和搭铁是否正常，前照灯内部照明距离调节伺服电动机和前照灯随动伺服电动机是否正常
		连接诊断仪，进入“前照灯照明距离调节装置”系统读取故障码，然后根据检查出的灯光异常现象和读取的故障码确定诊断思路
		测量 J745 到前照灯总成之间 CAN 数据总线的波形

续表

操作流程	步骤	工作内容
前照灯随动转向系统检查		如果是“车身高度传感器”类故障码，则检查左后车身高度传感器 G76 插接器针脚是否正常，传感器是否正常
		拆装、更换前照灯照明距离调节控制单元 J745 之前必须先读取控制单元内的编码并记录，更换新控制单元后再输入原编码进行匹配，并进行前照灯基本设置

（二）实施记录

结合实施过程，对照表 15-3 所列检查项目进行检查，并记录实际的检查结果。

表 15-3　前照灯电路故障诊断与维修实施记录

序号	项目	故障检查	故障记录
1	故障验证及基础检查	铺设三件套，安全防护工作 □　近光灯 □　远光灯 □ 雾灯 □　转向灯 □ 故障现象验证：________	检查出的故障：
2	车载电网系统中前照灯故障检查	正确连接诊断仪　□　不能进入自诊断 □　可以进入自诊断 □ 诊断插座 U31 检查 □　相关熔丝检查　□　网关 J533 检查　□ 前照灯开关　□　动作测试情况　□ 前照灯总成电源、搭铁、熔丝检查 □ 车载电网控制单元 J519 电源、搭铁、熔丝检查 □ 检查车载电网控制单元 J519 与前照灯总成之间的连接是否正常 □ 故障记录：________ ________	检查出的故障：
3	前照灯随动转向系统检查	正确连接诊断仪　□　不能进入自诊断 □　可以进入自诊断 □ 诊断插座 U31 检查 □　相关熔丝检查　□　网关 J533 检查　□ “前照灯无基本设置”故障码 □　作动器诊断情况 □ J745 电源、搭铁、熔丝检查 □ 检查 J745 到前照灯总成的线束连接是否正常 □ 检查 J745 能否驱动照明距离调节伺服电动机和前照灯随动伺服电动机 □ 故障记录：________ ________	检查出的故障：
4	其他		检查出的故障：
根据任务实施流程和故障排除过程，总结前照灯电路故障排除思路，并填写在下面。 1. ________ 2. ________ 3. ________ 4. ________ 5. ________ 6. ________			

五、检查

（一）自检

结合本组任务操作过程，对任务执行过程中的操作规范性进行检查，检查操作过程中是否存在以下问题，分析讨论应如何避免并总结规范的操作方法（见表 15-4）。

表 15-4　自检

检查项目	结果
车辆停放位置是否合适，是否将变速器置于空挡并拉紧驻车制动器	是□　否□
是否使用三件套对车辆进行防护	是□　否□
故障是否确认	是□　否□
“中央电气电子设备”系统是否读取故障码	是□　否□
“中央电气电子设备”系统故障是否排除	是□　否□
前照灯随动转向系统故障码是否清除	是□　否□
前照灯随动转向系统故障是否排除	是□　否□
工作场地是否清洁，车辆是否复位	是□　否□

（二）互检

组与组之间相互进行任务操作过程及结果检查，并把检查结果填写在表 15-5 中。

表 15-5　互检

检查项目	结果
车辆停放位置是否合适，是否将变速器置于空挡并拉紧驻车制动器	是□　否□
是否使用三件套对车辆进行防护	是□　否□
故障是否确认	是□　否□
“中央电气电子设备”系统是否读取故障码	是□　否□
“中央电气电子设备”系统故障是否排除	是□　否□
前照灯随动转向系统故障码是否清除	是□　否□
前照灯随动转向系统故障是否排除	是□　否□
工作场地是否清洁，车辆是否复位	是□　否□

六、课堂小结

任务十六　雨刮不工作故障诊断与维修（一）

雨刮不工作故障诊断与维修任务工单——有故障码检查					
客户信息	姓名		职业		
车辆信息	车型	VIN 码		行驶里程	
维修事项	雨刮不刮水 □　风窗清洗功能失效 □　自动雨刮挡位失灵 □　雨刮刮水速度过慢 □　雨刮不喷水 □　雨刮刮不干净 □ 客户描述：				

车辆外观检查		车辆内部检查	
凹凸 □	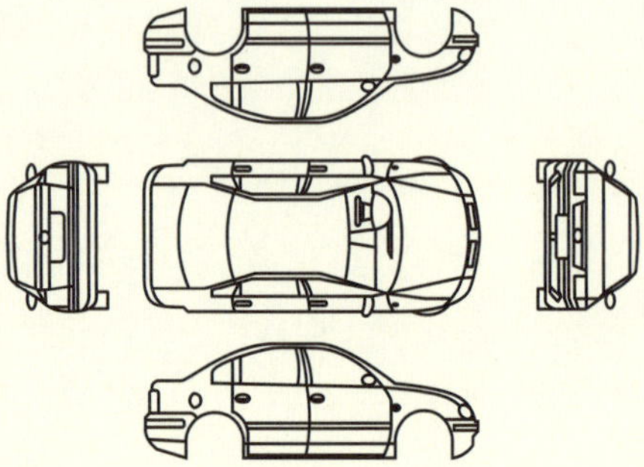	污渍 □	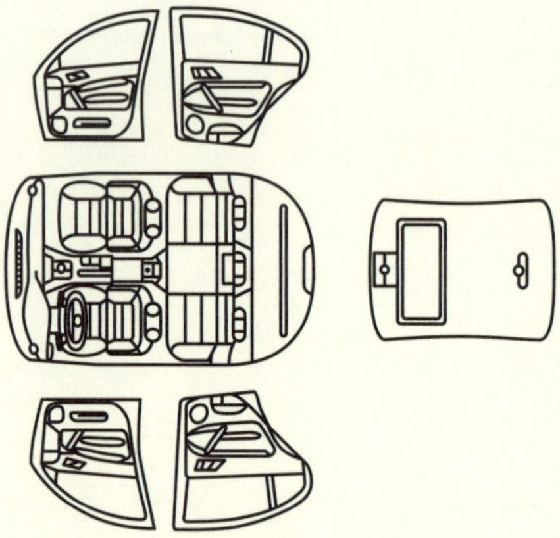
划痕 □		破损 □	
石击 □		色斑 □	
油漆 □		变形 □	

明确具体工作任务	

任务目标

- 能够与客户进行沟通并验证故障现象
- 能够根据故障现象分析可能的故障原因，并制订相关检查计划
- 能够依照计划内容对车辆进行检查，并根据检查结果明确故障点
- 能够对故障进行修复或根据故障点给出故障修复建议
- 能够正确填写维修工单，进行质量检查

任务内容

- 雨刮电路组成与控制原理
- 雨刮不工作的诊断流程

续表

任务重点	● 雨刮电路组成与控制原理 ● 雨刮不工作的诊断流程
任务难点	● 雨刮不工作的诊断流程

一、知识讲解

（一）雨刮电路组成与控制原理

1. 带车载电网控制单元的雨刮电路组成

在带车载电网控制单元的车辆上，雨刮电路主要由雨刮电动机控制单元 J400、车载电网控制单元 J519、转向柱电子装置控制单元 J527、雨量和光照识别传感器 G397、发动机舱盖接触开关 F266 等组成，如图 16-1 所示。

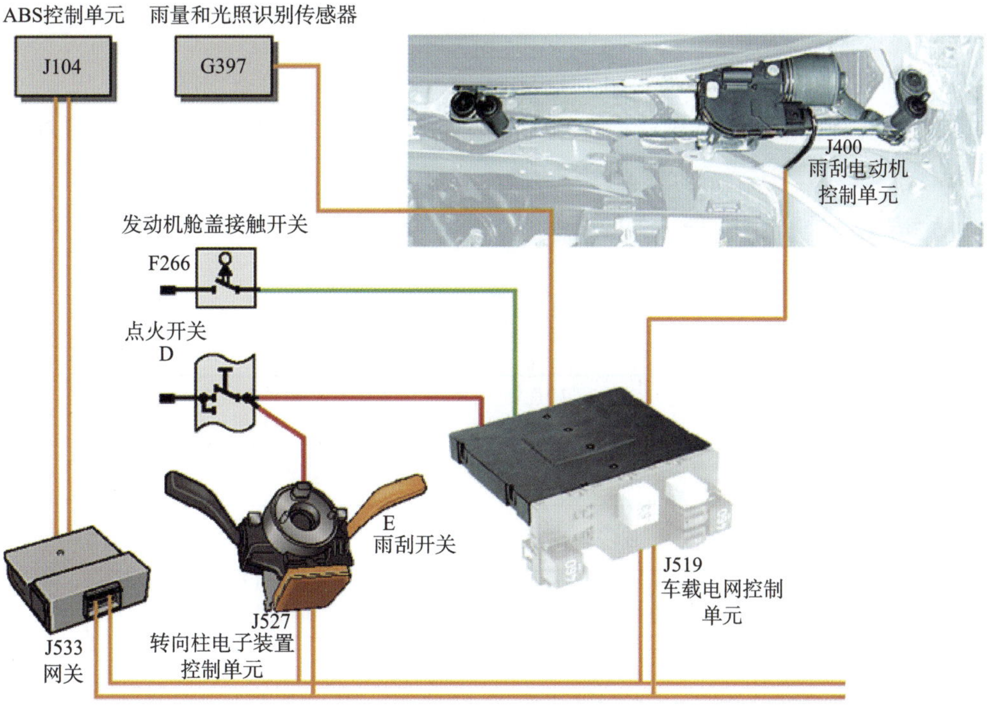

图 16-1 雨刮电路组成

2. 雨刮电路控制原理

（1）雨刮开关对雨刮的控制

打开点火开关后，雨刮开关通过转向柱电子装置控制单元 J527 上的 CAN 数据总线，向车载电网控制单元 J519 传输雨刮开关状态信号。车载电网控制单元 J519 识别到雨刮开关的状态信号后，通过 LIN 总线向雨刮电动机控制单元 J400 发送操作指令，使其完成相应的间歇、低速、快速刮水动作。

（2）雨刮的自动控制

当打开点火开关，且将雨刮开关放在“间歇”位置时，激活自动雨刮系统的雨量和光照识别传感器 G397；此时，车载电网控制单元 J519 根据来自雨量和光照识别传感器 G397 的信号，判断雨量大小，并根据车速信号控制雨刮电动机的运转速度。车速信号主要由 ABS 控制单元 J104，通过车辆数据总线诊断接口 J533 与 CAN 数据总线向车载电网系统提供。

（3）雨刮风窗清洗控制

当沿转向盘轴线方向向上拨动雨刮开关时，雨刮喷水开关闭合，转向柱电子装置控制单元 J527 将此信号通过 CAN 数据总线传递至车载电网控制单元 J519。车载电网控制单元 J519 向风窗清洗泵供电，使其运转，同时向雨刮电动机控制单元 J400 发送刮水指令，雨刮运转两三次。

（4）雨刮控制系统的保护控制

当发动机舱盖打开时，接触开关将发动机舱盖打开的信号传递给车载电网控制单元 J519，此时，车载电网控制单元 J519 将会终止雨刮电动机的动作。即无论雨刮开关处于什么位置，雨刮都不工作。

（二）雨刮故障的诊断流程

1. 具体流程

（1）验证故障现象，并使用诊断仪分别查询转向柱电子装置控制单元 J527 与车载电网控制单元 J519 内有无相关故障码。

（2）若查询到故障码，应根据故障码内容对相关电气元件进行检查或检修。

（3）若系统中无任何故障码，则应检查相应机械装置有无损坏，或检查发动机舱盖锁线路有无故障等。

2. 雨刮系统故障诊断树（见图 16-2）

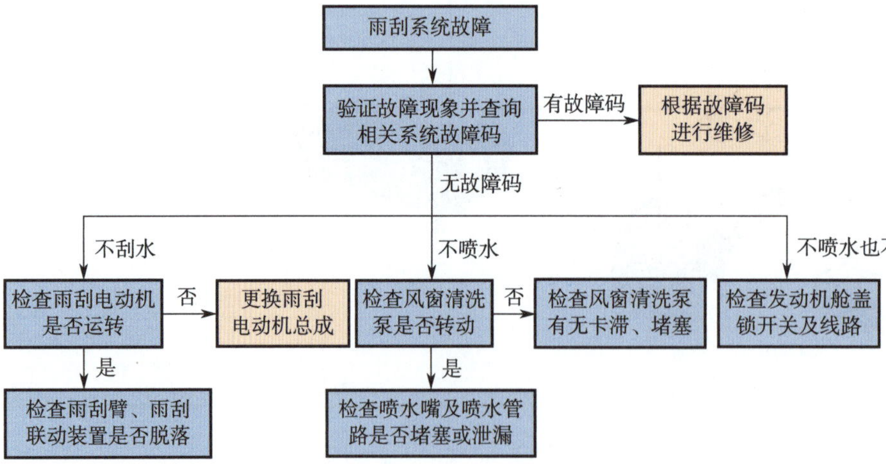

图 16-2 雨刮系统故障诊断树

二、任务准备

选出完成本任务所需的工具、设备、资料等。

	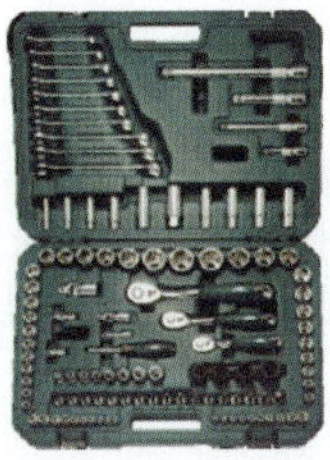	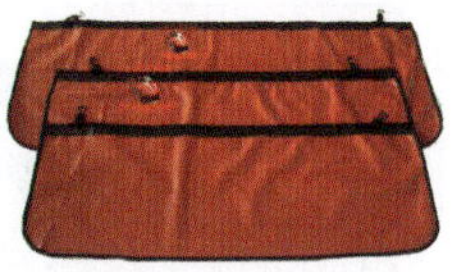	
工具车	工具套件	翼子板布	吹尘枪
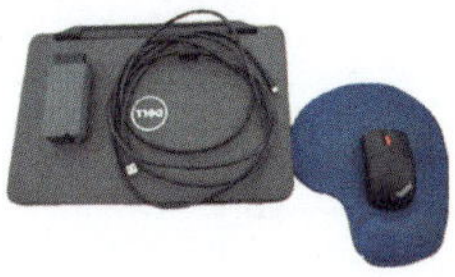	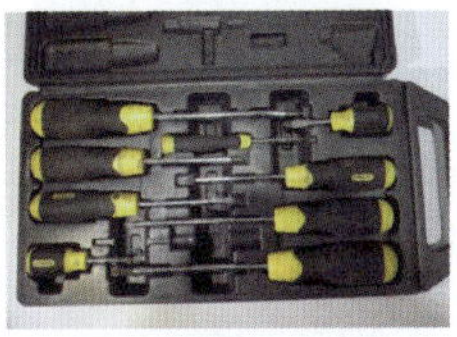		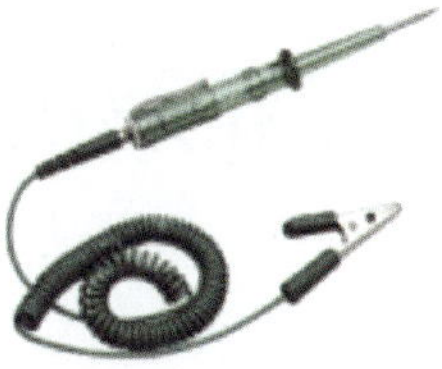
诊断仪	旋具套装	万用表	二极管试灯
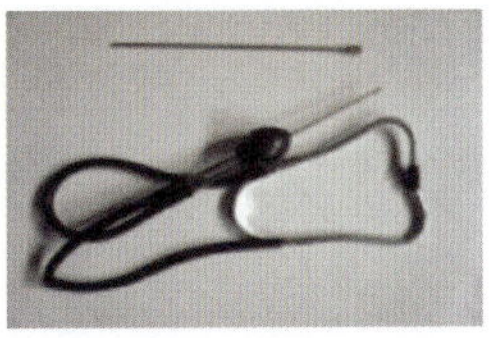			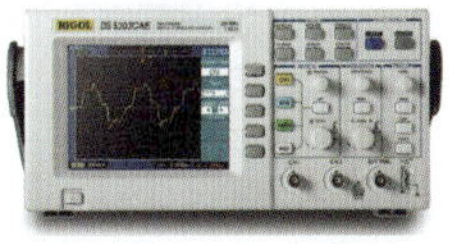
听诊器	抹布	接油盆	示波器
			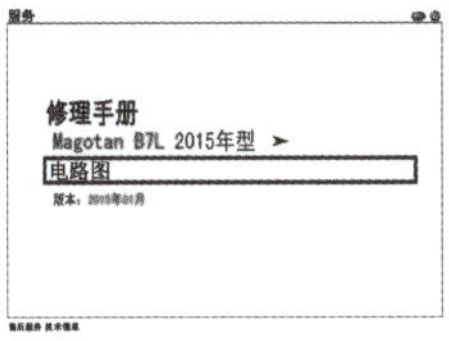
举升机	实训车辆	维修手册	电路图

三、防护措施

1. 进入车间应穿工鞋，戴工帽；工作服应整洁，无破损；操作时不可戴手表等金属饰品，以防划伤车辆表面。

2. 举升车辆时应严格按照举升机使用方法进行操作，并通知其他人员远离举升设备。

3. 取下风窗清洗泵电动机时，必须将风窗清洗液储液壶中的清洗液抽取干净，或在下方用接油盆接住。

观察下列车间操作图片，选出操作正确的图片。

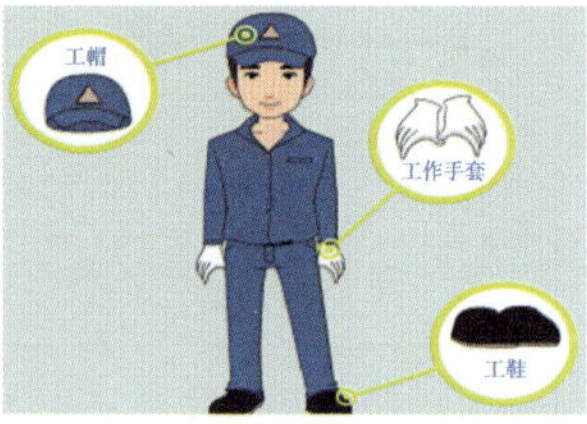		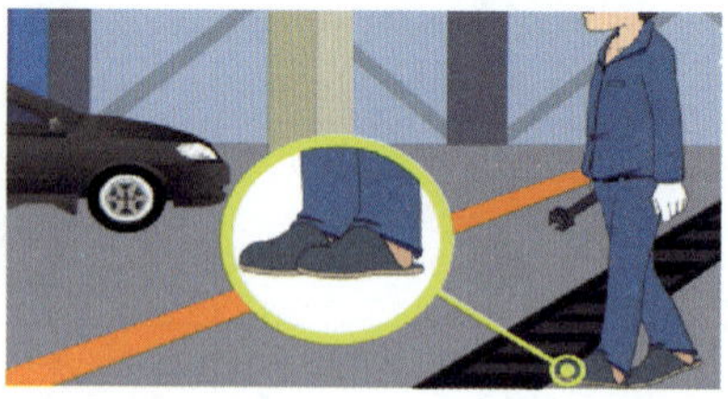

四、任务分配（见表 16-1）

表 16-1　任务分配表

职务	代码	姓名	工作内容
组长	A		监督、管理组员工作
组员	B		准备实训所需车辆及零配件
	C		
	D		准备实训所需工具及维修手册
	E		

五、任务实施

（一）操作流程

完成下面工作内容的排序并填写在表 16-2 中。

表 16-2　雨刮不工作故障诊断与维修操作步骤

<table>
<tr><th colspan="2">操作流程</th><th>步骤</th><th>工作内容</th></tr>
<tr><td colspan="2" rowspan="2">故障验证及基础检查</td><td></td><td>打开点火开关，分别将雨刮挡位开关在各挡位运行一次，检查雨刮工作是否正常</td></tr>
<tr><td></td><td>连接诊断仪到车辆诊断接口，读取车载电网控制单元 J519 与转向柱电子装置控制单元 J527 故障码</td></tr>
<tr><td rowspan="3">有故障码的检查</td><td rowspan="3">失去与转向柱电子装置控制单元的通信</td><td></td><td>分别拆下转向柱电子装置控制单元的 16 针插接器和车载电网控制单元的棕色插接器，检查其端子有无锈蚀，插接器针脚有无折断现象</td></tr>
<tr><td></td><td>检查转向柱电子装置控制单元熔丝 SB9 有无熔断、烧蚀等现象</td></tr>
<tr><td></td><td>分别检查转向柱电子装置控制单元的 T16o/3 和 T16o/4 号端子与车载电网控制单元的 T52c/16 和 T52c/12 号端子之间的线路是否断路，并检查两根导线有无对地短路或对正极短路</td></tr>
</table>

续表

操作流程		步骤	工作内容
有故障码的检查	驾驶员侧车窗玻璃雨刮电动机无信号 / 通信		检查雨刮电动机插接器 1 号端子有无电源电压，2 号端子与搭铁之间是否导通，若无电压或不导通，应检查相关线路连接并修复
			检查雨刮电动机控制单元熔丝 SB22 有无熔断、烧蚀等现象
			分别拔下雨刮电动机总成与车载电网控制单元的白色插接器，检查其端子有无锈蚀，插接器针脚有无弯折、折断现象
			检查雨刮电动机插接器 4 号端子与车载电网控制单元白色插接器的 T52b/33 号端子之间通信线路是否导通，并检查通信线路是否对正极或对地短路
	风窗清洗泵电路电气故障——风窗清洗泵断路		若显示故障码为静态故障，则应关闭点火开关，拆下蓄电池负极，重新连接后，清除故障码并检查故障是否排除
			分别拔下车载电网控制单元的黑色和白色插接器，并分别检查风窗清洗泵 1 号端子和 2 号端子与车载电网控制单元白色插接器的 T52b/2 号端子和黑色插接器的 T52a/3 号端子之间的线路是否导通，若不导通，则对相关线路进行检修；若导通，则说明控制单元内部损坏
			若拔下蓄电池负极仍无法排除故障，则应拔下风窗清洗泵插接器，并检查其内部针脚有无折断、弯折，插接器有无锈蚀
	雨量和光照识别传感器无信号 / 通信		拔下雨量和光照识别传感器熔丝 SC15，检查其有无熔断、烧蚀等现象
			拆下雨量和光照识别传感器罩壳，并取下室内后视镜，拔下雨量和光照识别传感器插接器，检查其 1 号端子有无电源电压，2 号端子对地是否导通；若无电压或不导通，则应对传感器电源或搭铁线路进行检查
			拔下车载电网控制单元白色插接器，检查其 T52b/33 号端子与雨量和光照识别传感器 3 号端子之间通信线路是否导通，并检查通信线路是否对正极或对地短路
雨刮不喷水也不刮水的检查			拔下车载电网控制单元的黑色插接器和发动机舱内右前照灯旁的四针插接器，分别检查其内部端子有无烧蚀、松旷，针脚有无弯曲现象
			使用万用表检查四针插接器 2 号端子是否对地短路，若短路，则应找出短路部位进行修复
			使用旋具按下发动机舱盖锁，检查四针插接器的 1 号端子和 2 号端子是否导通，若导通则说明发动机舱盖锁开关损坏，内部短路，应更换
雨刮不喷水的检查			打开点火开关，操纵雨刮风窗清洗开关，听雨刮风窗清洗泵有无运转声音
			若风窗清洗泵不运转，则应查询故障码，并对其电路进行检查
			观察清洗液管路有无泄漏或弯折部位，并检查发动机舱盖上的喷水嘴有无堵塞
			拆下风窗清洗泵，检查风窗清洗泵进口是否堵塞
			将风窗清洗泵装回
雨刮不刮水的检查			打开点火开关，操纵雨刮开关，检查雨刮电动机是否运转
			若雨刮电动机运转正常，则应检查雨刮臂花键轴是否磨损、雨刮联动装置是否卡滞或脱落
			若雨刮电动机不运转，则应读取中央电气电子设备控制单元有无相关故障码，并对其线路进行检查，必要时更换雨刮电动机控制单元

（二）实施记录

结合实施过程，对照表 16–3 所列检查项目进行检查，并记录实际的检查结果。

表 16–3　雨刮不工作故障诊断与维修实施记录

序号	项目	故障检查	故障记录
1	故障验证及基础检查	铺设三件套，安全防护工作 □　雨刮不刮水 □ 雨刮不喷水 □　雨刮既不喷水也不刮水 □ 故障现象验证：________	检查出的故障：
2	自诊断及针对故障码的检查	自诊断不能进入 □　控制单元电源故障 □　线路连接故障 □ 检测出的故障码：________ 针对故障码的检修过程：________ ________ ________ ________ ________ ________ ________ ________ ________ ________	检查出的故障：
3	无故障码的检查	雨刮不刮水 □　雨刮不喷水 □　雨刮既不喷水也不刮水 □ 发动机舱盖锁损坏 □　发动机舱盖锁电路损坏 □ 风窗清洗泵堵塞 □　风窗清洗液管路断裂或弯折 □ 风窗清洗喷嘴堵塞 □　雨刮联动装置损坏 □ 雨刮联动装置脱落 □　雨刮臂花键或花键轴磨损 □	检查出的故障：
4	其他		检查出的故障：
根据任务实施流程和故障排除过程，总结雨刮不工作故障排除思路，并填写在下面。 1. ________ 2. ________ 3. ________ 4. ________ 5. ________ 6. ________			

六、检查

（一）自检

结合本组任务操作过程，对任务执行过程中的操作规范性进行检查，检查操作过程中是否存在以下问题，分析讨论应如何避免并总结规范的操作方法（见表 16–4）。

表 16-4 自检

检查项目	结果
故障点是否找到	是□ 否□
故障是否排除	是□ 否□
工具是否整理归位	是□ 否□
现场是否打扫干净	是□ 否□

（二）互检

组与组之间相互进行任务操作过程及结果检查，并把检查结果填写在表 16-5 中。

表 16-5 互检

检查项目	结果
故障点是否找到	是□ 否□
故障是否排除	是□ 否□
工具是否整理归位	是□ 否□
现场是否打扫干净	是□ 否□

七、课堂小结

____

____

____

任务十七　雨刮不工作故障诊断与维修（二）

雨刮不工作故障诊断与维修任务工单——无故障码检查				
客户信息	姓名		职业	
车辆信息	车型	VIN 码	行驶里程	
维修事项	雨刮不刮水 □　自动雨刮挡位失灵 □　雨刮不喷水 □ 风窗清洗功能失效 □　雨刮刮水速度过慢 □　雨刮刮不干净 □ 客户描述：			

车辆外观检查		车辆内部检查	
凹凸 □	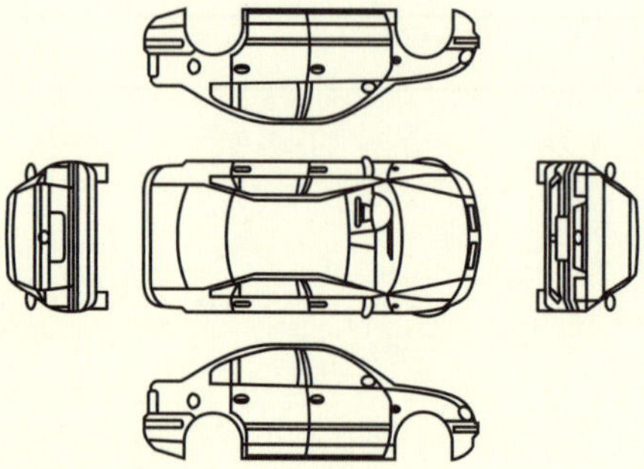	污渍 □	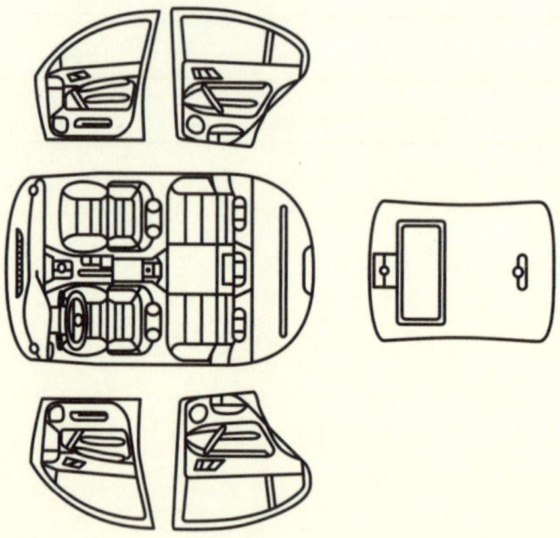
划痕 □		破损 □	
石击 □		色斑 □	
油漆 □		变形 □	

明确具体工作任务	

任务目标

- 能够与客户进行沟通并验证故障现象
- 能够根据故障现象分析可能的故障原因，并制订相关检查计划
- 能够依照计划内容对车辆进行检查，并根据检查结果明确故障点
- 能够对故障进行修复或根据故障点给出故障修复建议
- 能够正确填写维修工单，进行质量检查

任务内容

- 雨刮电路组成与控制原理
- 雨刮不工作的诊断流程

续表

任务重点	● 雨刮电路组成与控制原理 ● 雨刮不工作的诊断流程
任务难点	● 雨刮不工作的诊断流程

一、任务准备

选出完成本任务所需的工具、设备、资料等。

	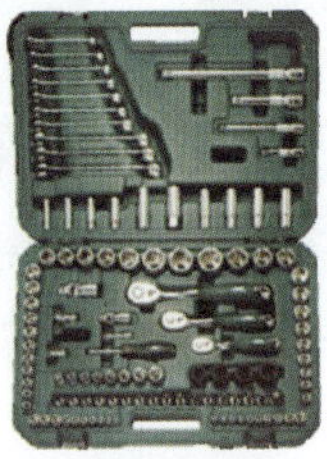		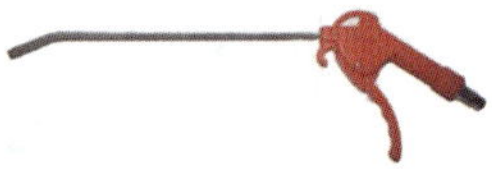
工具车	工具套件	翼子板布	吹尘枪
	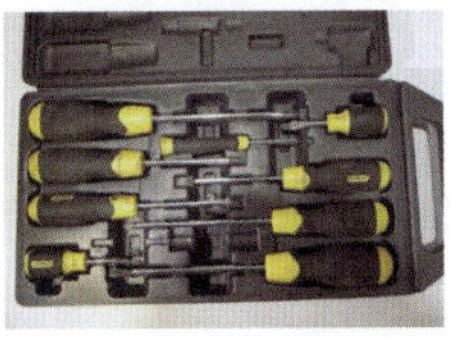	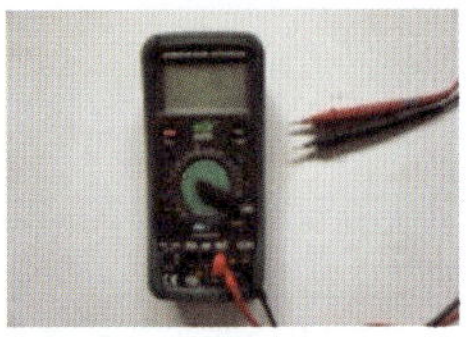	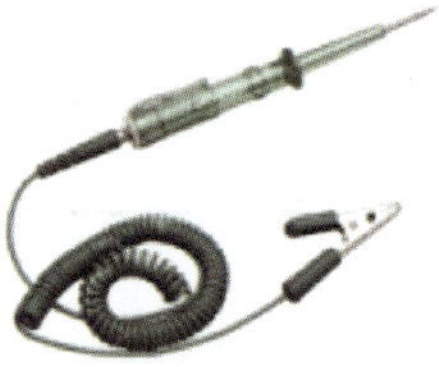
诊断仪	旋具套装	万用表	二极管试灯
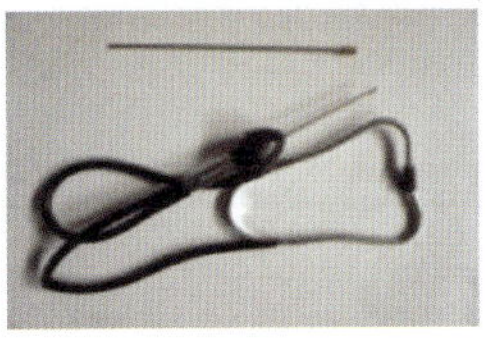			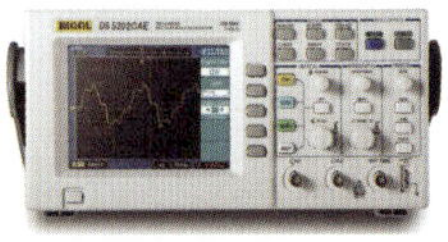
听诊器	抹布	接油盆	示波器
			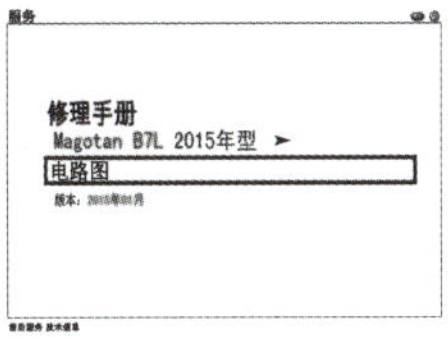
举升机	实训车辆	维修手册	电路图

二、防护措施

1. 进入车间应穿工鞋，戴工帽；工作服应整洁，无破损；操作时不可戴手表等金属饰品，以防划伤车辆表面。

2. 举升车辆时应严格按照举升机使用方法进行操作，并通知其他人员远离举升设备。

3. 取下风窗清洗泵电动机时，必须将风窗清洗液储液壶中的清洗液抽取干净，或在下方使用接油盆接住。

观察下列车间操作图片，选出操作正确的图片。

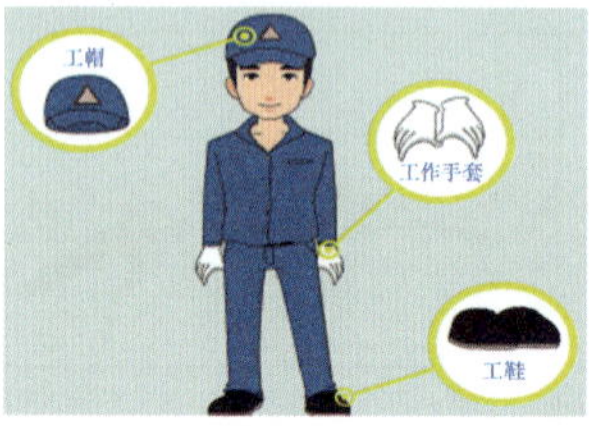		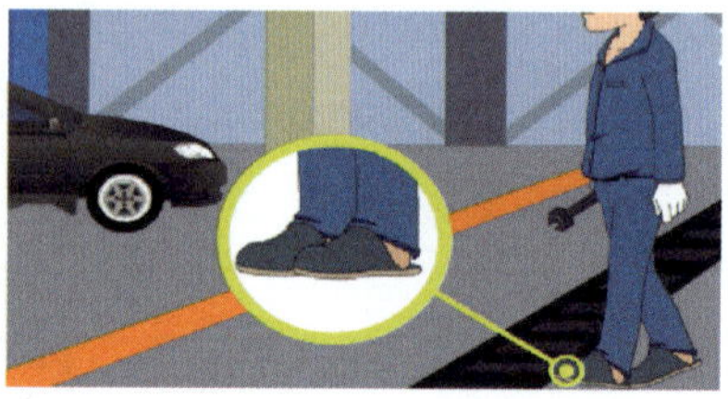

三、任务分配（见表 17-1）

表 17-1　任务分配表

职务	代码	姓名	工作内容
组长	A		监督、管理组员工作
组员	B		准备实训所需车辆及零配件
	C		
	D		准备实训所需工具及维修手册
	E		

四、任务实施

（一）操作流程

完成下面工作内容的排序并填写在表 17–2 中。

表 17–2　雨刮不工作故障诊断与维修操作步骤

操作流程	步骤	工作内容
故障验证及基础检查		打开点火开关，分别将雨刮挡位开关在各挡位运行一次，检查雨刮工作是否正常
		连接诊断仪到车辆诊断接口，读取车载电网控制单元 J519 与转向柱电子装置控制单元 J527 故障码

续表

操作流程		步骤	工作内容
有故障码的检测	失去与转向柱电子装置控制单元的通信		分别拆下转向柱电子装置控制单元的 16 针插接器和车载电网控制单元的棕色插接器，检查其端子有无锈蚀，插接器针脚有无折断现象
			分别检查转向柱电子装置控制单元的 T16o/3 和 T16o/4 号端子与车载电网控制单元的 T52c/16 和 T52c/12 号端子之间的线路是否断路，并检查两根导线有无对地短路或对正极短路
			检查转向柱电子装置控制单元熔丝 SB9 有无熔断、烧蚀等现象
	驾驶员侧车窗玻璃雨刮电动机无信号 / 通信		检查雨刮电动机控制单元熔丝 SB22 有无熔断、烧蚀等现象
			检查雨刮电动机插接器 1 号端子有无电源电压，2 号端子与搭铁之间是否导通，若无电压或不导通，应检查相关线路连接并修复
			检查雨刮电动机插接器 4 号端子与车载电网控制单元白色插接器的 T52b/33 号端子之间通信线路是否导通，并检查通信线路是否对正极或对地短路
			分别拔下雨刮电动机总成与车载电网控制单元的白色插接器，检查其端子有无锈蚀，插接器针脚有无弯折、折断现象
	风窗清洗泵电路电气故障——风窗清洗泵断路		若显示故障码为静态故障，则应关闭点火开关，拆下蓄电池负极，重新连接后，清除故障码并检查故障是否排除
			若拔下蓄电池负极仍无法排除故障，则应拔下风窗清洗泵插接器，并检查其内部针脚有无折断、弯折，插接器有无锈蚀
			分别拔下车载电网控制单元的黑色和白色插接器，并分别检查风窗清洗泵 1 号端子和 2 号端子与车载电网控制单元白色插接器的 T52b/2 号端子和黑色插接器的 T52a/3 号端子之间的线路是否导通，若不导通，则对相关线路进行检修；若导通，则说明控制单元内部损坏
	雨量和光照识别传感器无信号 / 通信		拔下车载电网控制单元白色插接器，检查其 T52b/33 号端子与雨量和光照识别传感器 3 号端子之间通信线路是否导通，并检查通信线路是否对正极或对地短路
			拔下雨量和光照识别传感器熔丝 SC15，检查其有无熔断、烧蚀等现象
			拆下雨量和光照识别传感器罩壳，并取下室内后视镜，拔下雨量和光照识别传感器插接器，检查其 1 号端子有无电源电压，2 号端子对地是否导通；若无电压或不导通，则应对传感器电源或搭铁线路进行检查
雨刮不喷水也不刮水的检查			拔下车载电网控制单元的黑色插接器和发动机舱内右前照灯旁的四针插接器，分别检查其内部端子有无烧蚀、松旷，针脚有无弯曲现象
			使用万用表检查四针插接器 2 号端子是否对地短路，若短路，则应找出短路部位进行修复
			使用旋具按下发动机舱盖锁，检查四针插接器的 1 号端子和 2 号端子是否导通，若导通则说明发动机舱盖锁开关损坏，内部短路，应更换
雨刮不喷水的检查			打开点火开关，操纵雨刮风窗清洗开关，听雨刮风窗清洗泵有无运转声音
			拆下风窗清洗泵，检查风窗清洗泵进口是否堵塞
			将风窗清洗泵装回

续表

操作流程	步骤	工作内容
雨刮不喷水的检查		若风窗清洗泵不运转，则应查询故障码，并对其电路进行检查
		观察清洗液管路有无泄漏或弯折部位，并检查发动机舱盖上的喷水嘴有无堵塞
雨刮不刮水的检查		打开点火开关，操纵雨刮开关，检查雨刮电动机是否运转
		若雨刮电动机运转正常，则应检查雨刮臂花键轴是否磨损、雨刮联动装置是否卡滞或脱落
		若雨刮电动机不运转，则应读取中央电气电子设备控制单元有无相关故障码，并对其线路进行检查，必要时更换雨刮电动机控制单元

（二）实施记录

结合实施过程，对照表 17-3 所列检查项目进行检查，并记录实际的检查结果。

表 17-3　雨刮不工作故障诊断与维修实施记录

序号	项目	故障检查	故障记录
1	故障验证及基础检查	铺设三件套，安全防护工作 □　雨刮不刮水 □ 雨刮不喷水 □　雨刮既不喷水也不刮水 □ 故障现象验证：________________	检查出的故障：
2	自诊断及针对故障码的检查	自诊断不能进入 □　控制单元电源故障 □　线路连接故障 □ 检测出的故障码：________________ 针对故障码的检修过程：________________ ________________ ________________ ________________ ________________ ________________ ________________ ________________ ________________ ________________ ________________ ________________ ________________	检查出的故障：
3	无故障码的检查	雨刮不刮水 □　雨刮不喷水 □　雨刮既不喷水也不刮水 □ 发动机舱盖锁损坏 □　发动机舱盖锁电路损坏 □ 风窗清洗泵堵塞 □　风窗清洗液管路断裂或弯折 □ 风窗清洗喷嘴堵塞 □　雨刮联动装置损坏 □ 雨刮联动装置脱落 □　雨刮臂花键或花键轴磨损 □	检查出的故障：

续表

序号	项目	故障检查	故障记录
4	其他		检查出的故障：
根据任务实施流程和故障排除过程，总结雨刮不工作故障排除思路，并填写在下面。 1. ________ 2. ________ 3. ________ 4. ________ 5. ________ 6. ________			

五、检查

（一）自检

结合本组任务操作过程，对任务执行过程中的操作规范性进行检查，检查操作过程中是否存在以下问题，分析讨论应如何避免并总结规范的操作方法（见表 17–4）。

表 17–4　自检

检查项目	结果
故障点是否找到	是 □　否 □
故障是否排除	是 □　否 □
工具是否整理归位	是 □　否 □
现场是否打扫干净	是 □　否 □

（二）互检

组与组之间相互进行任务操作过程及结果检查，并把检查结果填写在表 17–5 中。

表 17–5　互检

检查项目	结果
故障点是否找到	是 □　否 □
故障是否排除	是 □　否 □
工具是否整理归位	是 □　否 □
现场是否打扫干净	是 □　否 □

六、课堂小结

情境三

舒适与安全系统故障检修

任务十八　电动车窗故障诊断与维修（一）

电动车窗故障诊断与维修任务工单——基础检查及故障诊断				
客户信息	姓名		职业	
车辆信息	车型	VIN 码	行驶里程	

维修事项

故障验证 □	机油液面检查 □	冷却液液面检查 □	故障自诊断 □
读取与清除故障码 □	车窗玻璃检查 □	玻璃水液面检查 □	读取数据流 □
基本设定 □	舒适 CAN 数据总线波形检测 □	LIN 数据总线波形检测 □	控制单元检查 □
电动车窗熔丝检查 □	控制电路检查 □	车窗玻璃升降器检查 □	

客户描述：

车辆外观检查

凹凸 □

划痕 □

石击 □

油漆 □

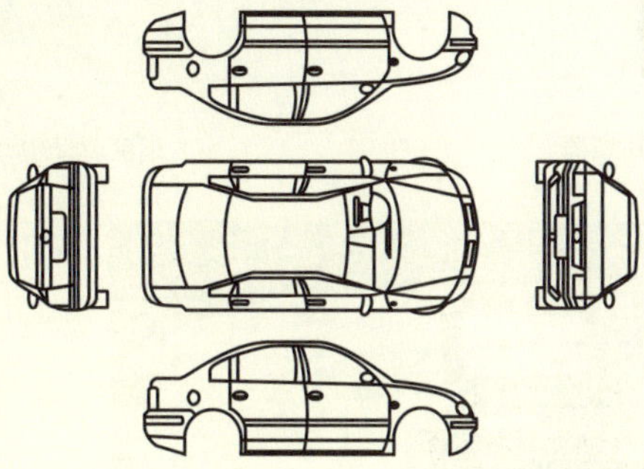

车辆内部检查

污渍 □

破损 □

色斑 □

变形 □

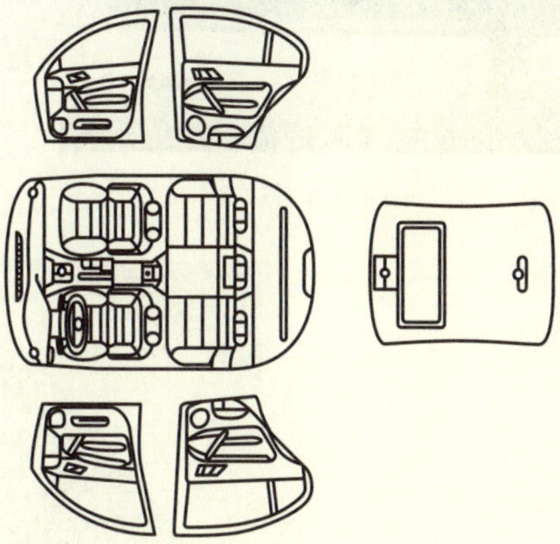

明确具体工作任务

任务目标

- 能够对电动车窗故障进行故障分析
- 能够根据故障诊断树进行故障检测、维修及排除
- 能够正确使用检测设备和仪器进行故障检测
- 能够完成故障部件的检查、更换和维修
- 能够正确填写维修工单，进行质量检查

任务内容

- 电动车窗的组成、作用和控制功能
- 电动车窗常见故障及故障原因
- 电动车窗故障诊断及排除思路

续表

任务重点	● 电动车窗常见故障及故障原因 ● 电动车窗无法升降故障检修
任务难点	● 电动车窗故障的排除

一、知识讲解

（一）电动车窗的组成与作用

电动车窗是驾驶员或乘客利用开关控制车窗玻璃自动升降的一种装置，其使用简便且利于行车安全。

电动车窗主要由车窗玻璃、车窗玻璃升降器、车窗驱动电动机、驾驶员侧控制开关、乘客侧控制开关、控制单元等组成，如图 18-1 所示。

a）车窗玻璃

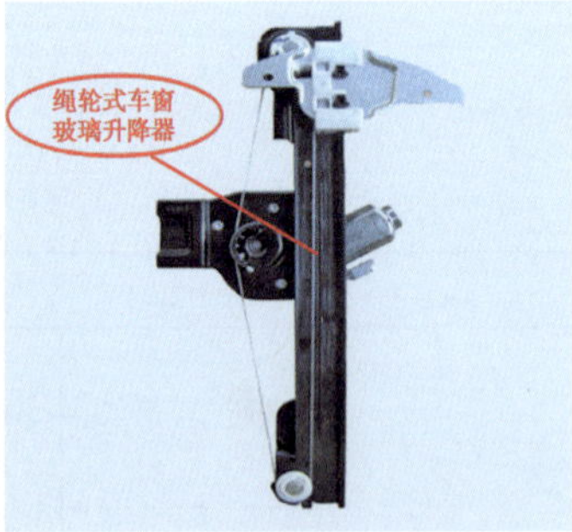

b）车窗玻璃升降器

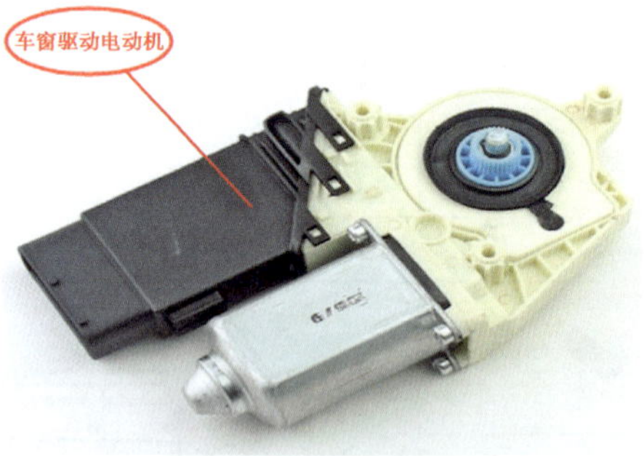

c）车窗驱动电动机

d）控制开关

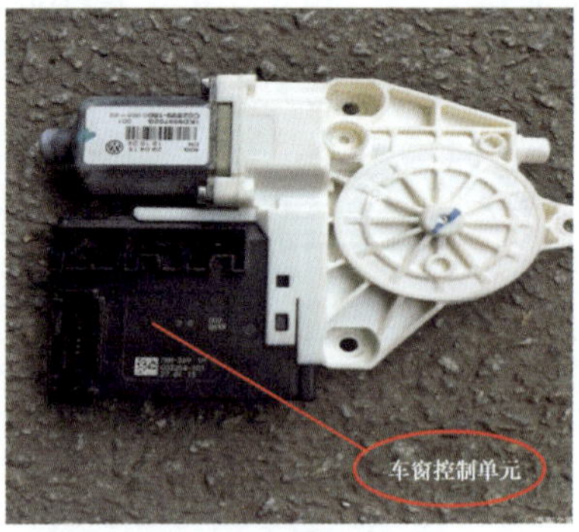

e）控制单元

图 18-1　电动车窗组成

1. 车窗驱动电动机

电动车窗的驱动电动机是双向旋转的，有永磁式和双绕组串联式两种。每个车门各有一个电动机，通过控制电动机中的电流方向实现正转或反转，从而控制车窗玻璃的升降。为了防止电动机过载，在电路或电动机内装有一个或多个热敏开关，用来控制电流，当车窗玻璃上升到极限位置或由于结冰而使车窗玻璃不能自由移动时，热敏开关会自动断开电路，避免电动机通电时间过长而烧坏。大众车系的车窗驱动电动机和车门控制单元集成在一起，如图 18-2 所示。

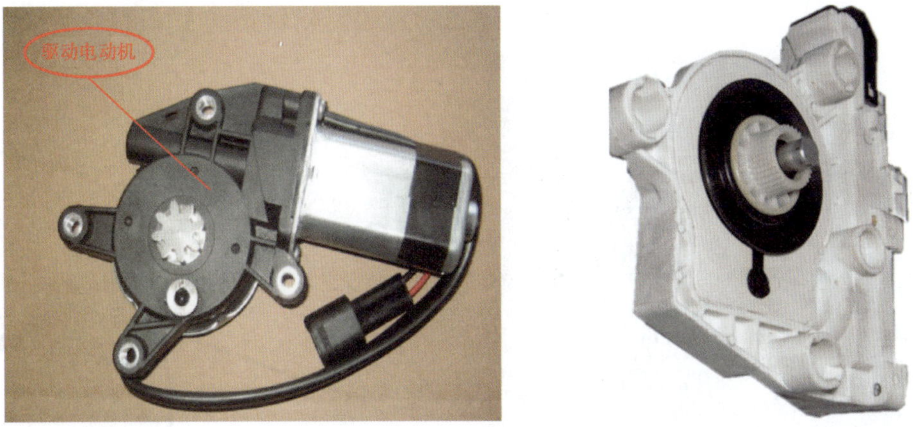

图 18-2　车窗驱动电动机

2. 车窗控制开关

电动车窗的控制开关主要有驾驶员侧车窗总开关和乘客侧车窗分开关。

（1）驾驶员侧车窗总开关（见图 18-3）

车窗总开关控制整个电动车窗系统，在车窗总开关上的锁止开关锁止时，车窗分开关就不起作用。

（2）乘客侧车窗分开关（见图 18-4）

车窗分开关安装在每个车门上，控制各自车窗玻璃。部分汽车只有当点火开关在“ON”或“ACC”位置时，分开关才起作用且大多无自动升降功能。

图 18-3　驾驶员侧车窗总开关

图 18-4　乘客侧车窗分开关

3. 车窗玻璃升降器

电动车窗玻璃升降器有交臂式、绳轮式和齿条式等几种。

（1）交臂式车窗玻璃升降器

其电动机的输出部分是一个小齿轮，驱动啮合的扇形齿轮旋转，通过交臂式升降机构带动玻璃沿导轨上下运动，如图 18-5 所示。

（2）绳轮式车窗玻璃升降器

其电动机的输出部分是一个塑料绳轮，绳轮上绕有钢丝绳，钢丝绳上装有滑块。电动机驱动绳轮，带动钢丝绳卷绕，通过钢丝绳上的滑块带动玻璃沿导轨上下运动，如图 18–6 所示。

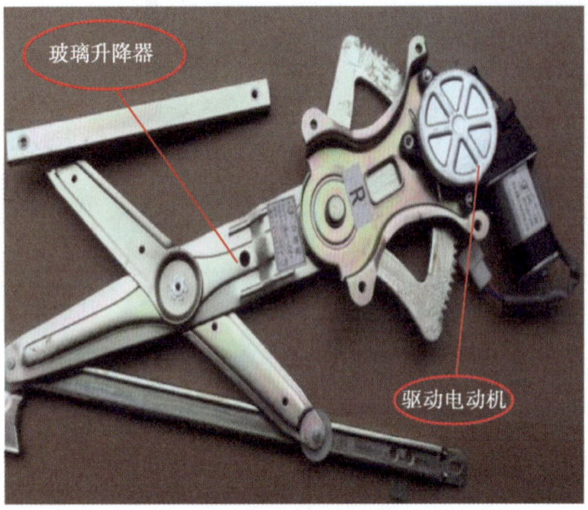

图 18–5　交臂式车窗玻璃升降器

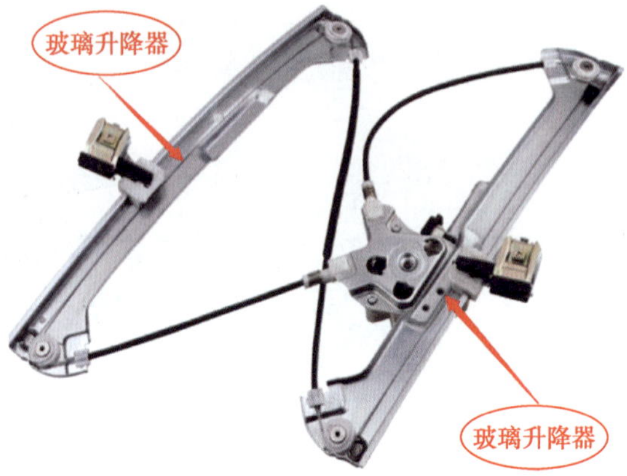

图 18–6　绳轮式车窗玻璃升降器

（3）齿条式车窗玻璃升降器

其电动机的输出部分也是一个小齿轮，通过与软轴上的齿（近似于齿条）相啮合，驱动软轴卷绕，带动玻璃沿导轨上下运动，如图 18–7 所示。

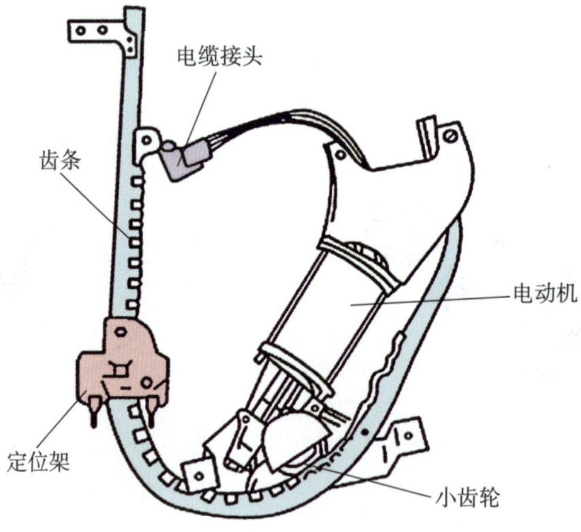

图 18–7　齿条式车窗玻璃升降器

（二）电动车窗的控制功能

电动车窗的控制功能包括手动升 / 降、一键升 / 降、车窗锁止、防夹保护、延时操作升 / 降、门锁联动关闭等，见表 18–1。

表 18-1 电动车窗的控制功能

序号	控制功能	功能说明
1	手动升 / 降	当轻按车窗开关时，车窗玻璃会升 / 降；松开车窗开关时，车窗玻璃会自动停止
2	一键升 / 降	当电动车窗开关处于一键位置（极限位置）时，按一下，车窗玻璃会自动升 / 降到极限位置
3	车窗锁止	执行“车窗锁止”功能后，除驾驶员侧车窗总开关外，其他车窗分开关均失效
4	防夹保护	当车窗上升遇到障碍时，能自动检测出由障碍所引起的阻力，自动将车窗玻璃向下移动 50 mm，避免出现伤害人体的可能
5	延时操作升 / 降	有的车上装有延时开关，在点火开关断开约 1 min 内（不同汽车时间不同）且车门打开以前，仍有电流供给，使驾驶员和乘客能有时间关闭车窗及操纵其他辅助设备
6	门锁联动关闭	如果驾驶员自车内走出而忘记关闭车窗，不需再进入车内关窗，可以在车外通过中控门锁系统自动关闭车窗

（三）电动车窗常见故障及故障原因（见表 18-2）

表 18-2 电动车窗常见故障及故障原因

序号	常见故障	故障原因分析
1	全部车窗玻璃升降器不工作	供电熔丝损坏 搭铁线虚接、锈蚀、断路 连接导线断路或相关插接器松脱 车载供电控制模块损坏 数据总线网络故障
2	单独车窗玻璃升降功能失效	车门电气设备供电熔丝损坏 搭铁线虚接、锈蚀、断路 车门控制单元损坏 车窗开关、驱动电动机损坏 数据总线网络故障
3	车窗玻璃升降异响	车窗玻璃升降器调整不当 卷丝筒内钢丝卡涩、锈蚀 玻璃升降传动滑轮卡涩 车窗外框变形 玻璃升降机构导轨变形

（四）大众迈腾 B7L 电动车窗控制原理图（见图 18-8）

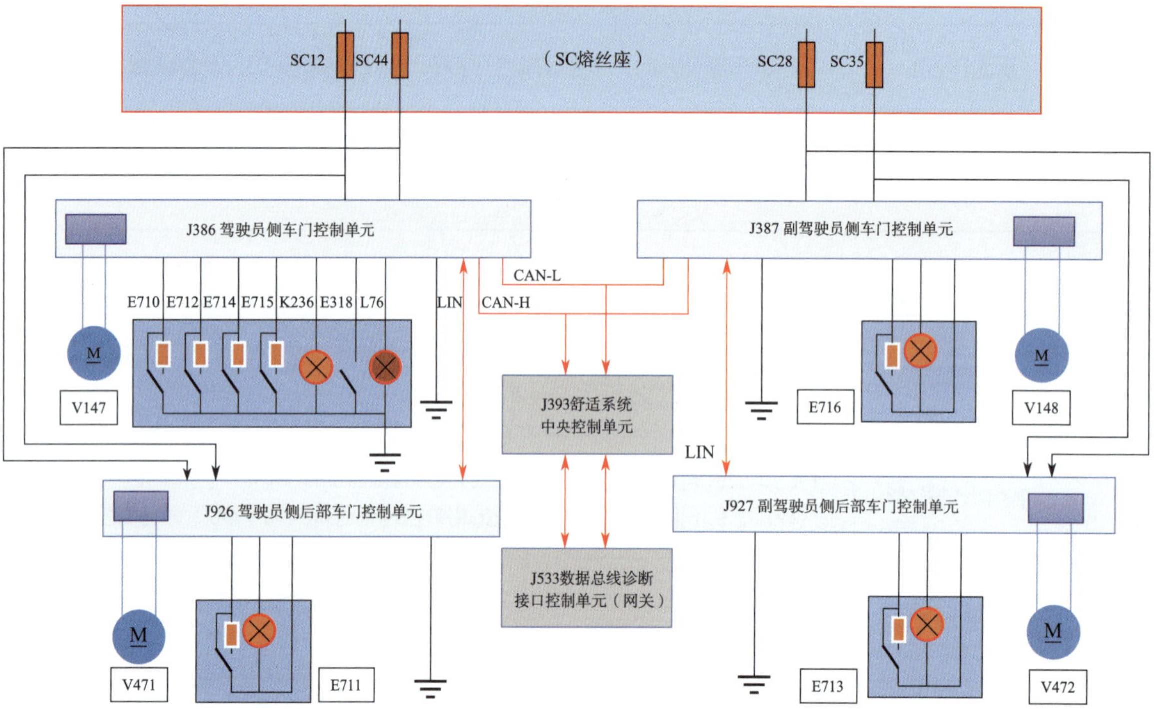

图 18-8 电动车窗控制原理图

E710—左前车窗开关 E712—左后车窗开关 E714—右后车窗开关 E715—右前车窗开关
K236—安全锁止指示灯 E318—安全锁止开关 L76—电动车窗按钮照明灯 V147—左前车窗电动机
V148—右前车窗电动机 V471—左后车窗电动机 V472—右后车窗电动机 E711—左后车窗开关
E713—右后车窗开关 E716—右前车窗开关

（五）电动车窗无法升降故障诊断流程及故障诊断树

1. 电动车窗无法升降故障诊断流程

（1）将车辆安全停放在维修工位，铺好三件套，拉起驻车制动器并将自动变速器置于空挡。

（2）打开点火开关，操纵驾驶员侧车窗控制开关，检查是全部车窗不能升降，还是个别车窗不能升降。

（3）检查蓄电池电压是否正常。

（4）操纵驾驶员侧各车窗开关，检查车窗电动机是否正常运转，如果正常，则拆卸各车门装饰板，检查车窗玻璃升降器和机械传动机构是否有故障。

（5）如果车窗电动机不工作，检查熔丝 SC12、SC44、SC28、SC35 是否损坏，如损坏则更换故障熔丝。

（6）如果熔丝正常，连接诊断仪，进行故障诊断，如果无法进入自诊断系统，检查诊断插座 U31 的熔丝 SC1、SC13 是否损坏，U31 的电源、搭铁是否正常；检查网关 J533 的熔丝 SB15、SC7 是否损坏，电源、搭铁是否正常；检查控制单元 J386、J387 的 CAN 数据总线是否正常。

（7）读取车门控制单元故障码，如有故障码，按照故障码提示进行故障检查，排除故障。

（8）如无故障码，操纵各车窗开关，读取车门控制单元数据流，检查各车窗开关信号是否正常。

（9）如果无车窗开关信号，则按维修手册操作步骤拆卸车门装饰板，检查开关端子和控制单元 J386 端子之间的连接导线是否正常，若线路故障则需进行维修。

（10）如果线路良好，检查控制单元 J386 端子和控制单元 J533 端子之间的 CAN 数据总线是否有故障，若 CAN 数据总线良好，则车窗开关损坏，需更换。

（11）如果车窗开关信号正常，则检查控制单元 J386 端子 T20g/18、T20g/20 电压是否正常，端子 T20g/19、T32a/21 搭铁是否正常。如正常，则控制单元 J386 损坏，需更换。

2. 电动车窗无法升降故障诊断树（见图 18-9）

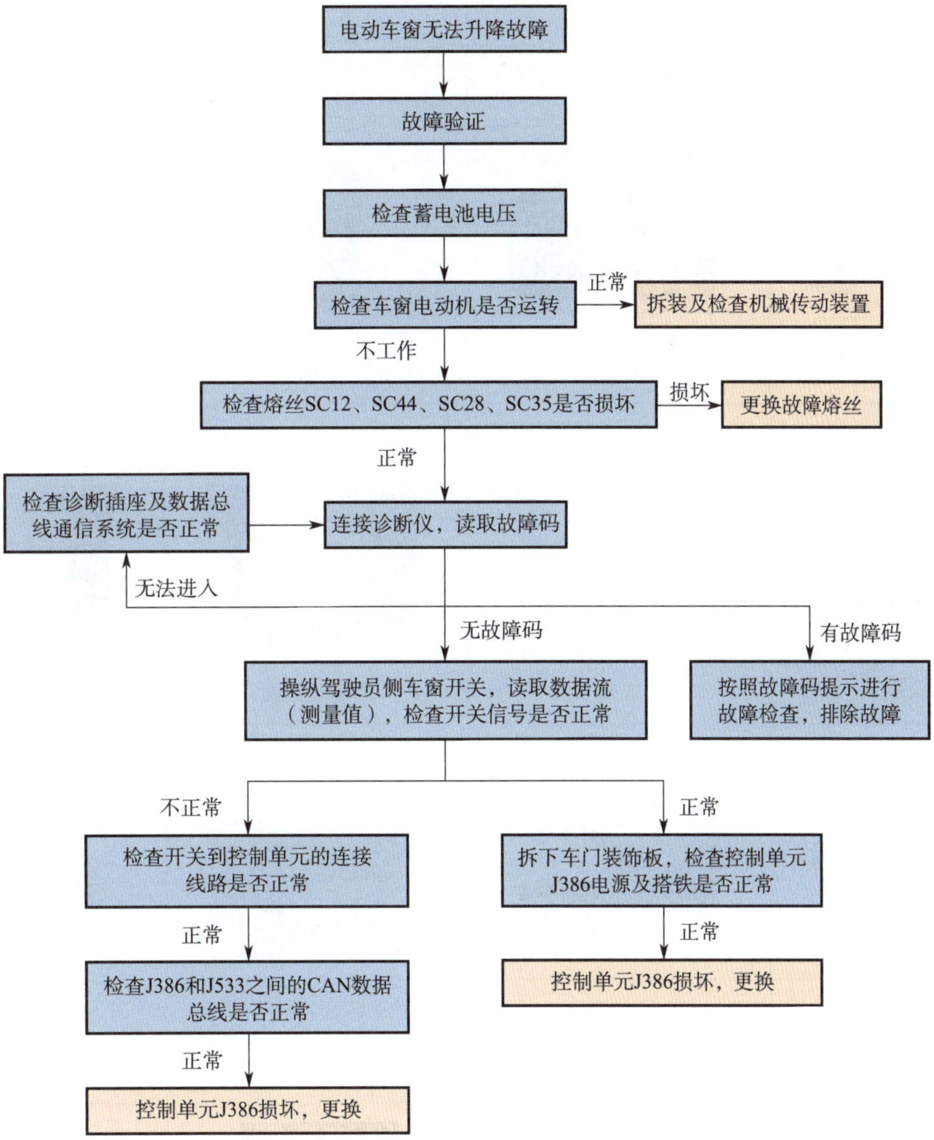

图 18-9　电动车窗无法升降故障诊断树

二、任务准备

选出完成本任务所需的工具、设备、资料等。

	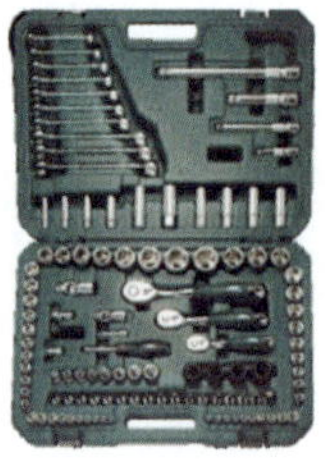		
工具车	工具套件	翼子板布	吹尘枪
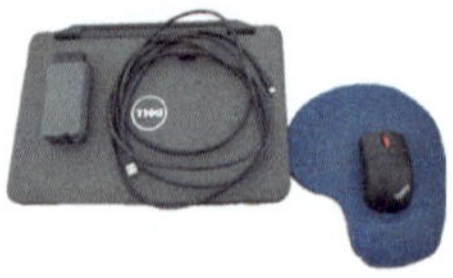	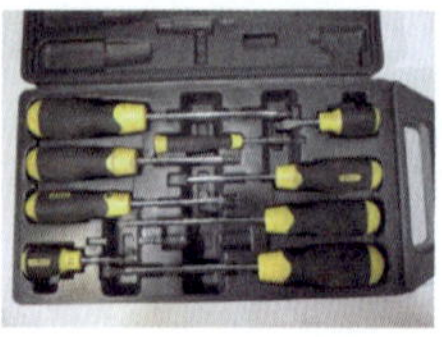	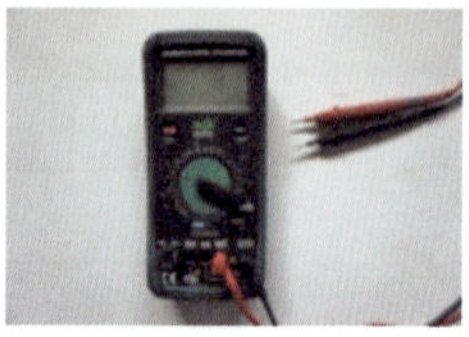	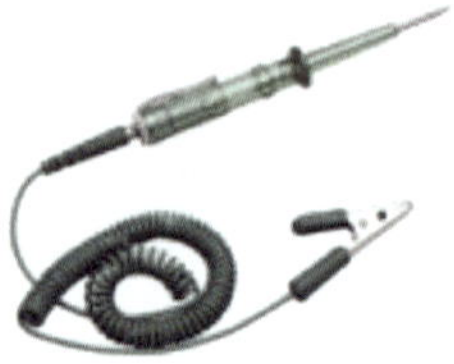
诊断仪	旋具套装	万用表	二极管试灯
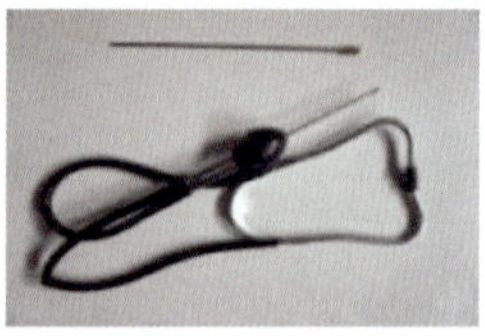		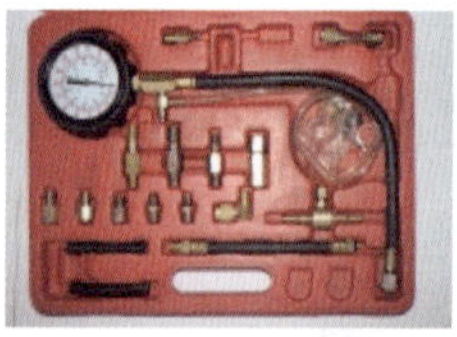	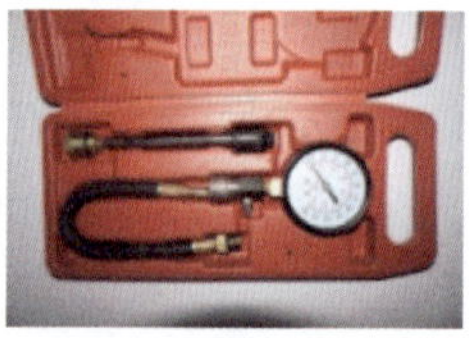
听诊器	抹布	燃油压力表	气缸压力表
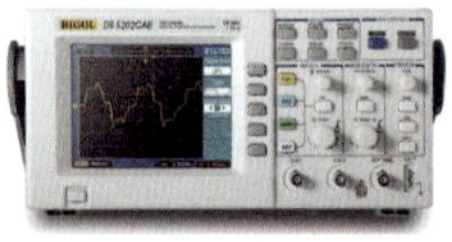	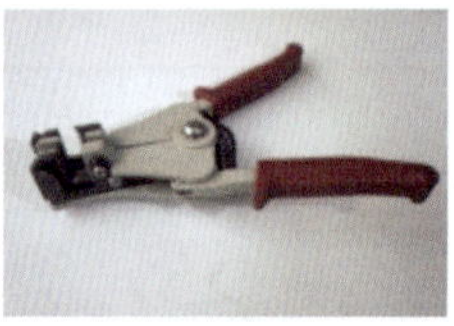	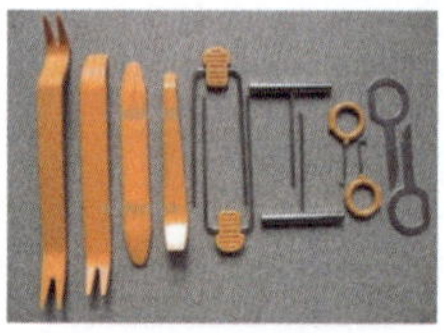	
示波器	剥线钳	汽车内饰拆装工具	防水胶布

举升机	实训车辆	维修手册	多楔传动带

三、防护措施

1. 进入车间应穿工鞋，戴工帽；工作服应整洁，无破损；操作时不可戴手表等金属饰品，以防划伤车辆表面。

2. 举升车辆时应严格按照举升机使用方法进行操作，并通知其他人员远离举升设备。

3. 更换油液或配件时应处理好油液或配件的回收清理工作，以免对工作环境造成污染。

观察下列车间操作图片，选出操作正确的图片。

		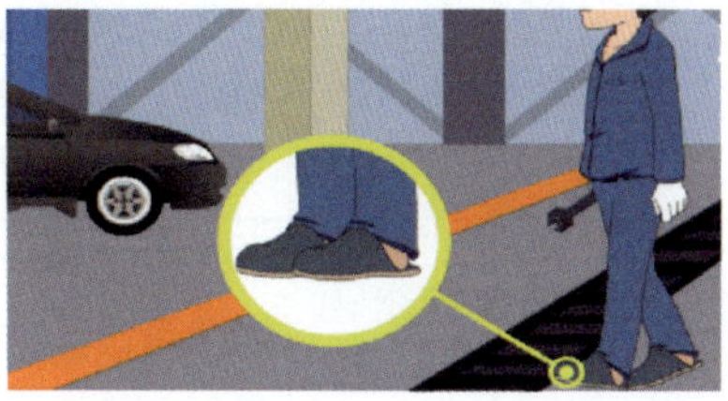

四、任务分配（见表 18-3）

表 18-3　任务分配表

职务	代码	姓名	工作内容
组长	A		监督、管理组员工作
组员	B		准备实训所需车辆及零配件
	C		
	D		准备实训所需工具及维修手册
	E		

五、任务实施

（一）操作流程

完成下面工作内容的排序并填写在表 18-4 中。

表 18-4　电动车窗无法升降故障诊断与维修操作步骤

操作流程	步骤	工作内容
故障验证及基础检查		将车辆停放在维修工位，拉起驻车制动器并将自动变速器置于空挡，铺设三件套
		打开点火开关，操纵驾驶员侧车窗控制开关，检查是全部车窗不能升降，还是个别车窗不能升降
		检查蓄电池电压是否正常

续表

操作流程	步骤	工作内容
故障验证及基础检查		操纵驾驶员侧各车窗开关，检查车窗电动机是否正常运转，如果正常，则拆卸各车门装饰板，检查车窗玻璃升降器和机械传动机构是否有故障
		如果车窗电动机不工作，检查熔丝 SC12、SC44、SC28、SC35 是否损坏，如损坏则更换故障熔丝
电动车窗故障自诊断		读取车门控制单元故障码，如有故障码，按照故障码提示进行故障检查，排除故障
		如无故障码，操纵各车窗开关，读取车门控制单元数据流，检查各车窗开关信号是否正常
		如果熔丝正常，连接诊断仪，进行故障诊断，如果无法进入自诊断系统，检查诊断插座 U31 的熔丝 SC1、SC13 是否损坏，U31 的电源、搭铁是否正常；检查网关 J533 的熔丝 SB15、SC7 是否损坏，电源、搭铁是否正常；检查控制单元 J386、J387 的 CAN 数据总线是否正常
电动车窗控制电路检查		如果线路良好，检查控制单元 J386 端子和控制单元 J533 端子之间的 CAN 数据总线是否有故障，若 CAN 数据总线良好，则车窗开关损坏，需更换
		如果无车窗开关信号，按维修手册操作步骤拆卸车门装饰板，检查开关端子和控制单元 J386 端子之间的连接导线是否正常，若线路故障则进行维修
		如果车窗开关信号正常，则检查控制单元 J386 端子 T20g/18、T20g/20 电压是否正常，端子 T20g/19、T32a/21 搭铁是否正常。如正常，则控制单元 J386 损坏，需更换

（二）实施记录

结合实施过程，对照表 18-5 所列检查项目进行检查，并记录实际的检查结果。

表 18-5　电动车窗无法升降故障诊断与维修实施记录

序号	项目	故障检查	故障记录
1	故障验证及基础检查	铺设三件套，安全防护工作 □　蓄电池电压：________ V 全部车窗不能升降 □　个别车窗不能升降 □ 电动机正常，玻璃不能升降 □　车窗升降有异响 □ 车窗电动机不工作 □　车窗玻璃升降器损坏 □　机械传动机构故障 □ 车窗控制电路熔丝正常 □　车窗控制电路熔丝损坏 □ 损坏的熔丝：SC12 □　SC44 □　SC28 □　SC35 □	检查出的故障：
2	电动车窗故障自诊断	正确连接诊断仪 □　不能进入自诊断 □　可以进入自诊断 □ 诊断插座 U31 检查 □　相关熔丝检查 □　网关 J533 检查 □ 舒适系统中央控制单元 J393 电源、搭铁、熔丝检查 □ 网关 J533 电源、搭铁、熔丝检查 □ 检查诊断插座 U31 与网关 J533 之间的 CAN 数据总线连接是否正常 □ 电动车窗 CAN 数据总线波形正常 □ 电动车窗 CAN 数据总线波形错误 □ 读取故障码：有故障码 □　无故障码 □ 读取各车窗开关数据流：有车窗开关信号 □　无车窗开关信号 □ 故障码记录：________________________________ ____	检查出的故障：

续表

<table>
<tr><th>序号</th><th>项目</th><th>故障检查</th><th>故障记录</th></tr>
<tr><td>3</td><td>电动车窗控制电路检查</td><td>检查控制单元 J386：工作电源正常 □ 工作电源不正常 □
搭铁良好 □ 搭铁故障 □
检查控制单元 J386 与车窗开关之间的导线：线路良好 □ 线路故障 □
检查控制单元 J386 与舒适系统中央控制单元 J393 之间的 CAN 数据总线：线路良好 □ 线路故障 □
左前车窗开关检查： 正常 □ 故障 □
左后车窗开关检查： 正常 □ 故障 □
右前车窗开关检查： 正常 □ 故障 □
右后车窗开关检查： 正常 □ 故障 □
控制单元 J386 检查：良好 □ 损坏 □</td><td>检查出的故障：</td></tr>
<tr><td colspan="4">根据任务实施流程和故障排除过程，总结电动车窗无法升降故障排除思路，并填写在下面。
1. ____
2. ____
3. ____
4. ____
5. ____
6. ____</td></tr>
</table>

六、检查

（一）自检

结合本组任务操作过程，对任务执行过程中的操作规范性进行检查，检查操作过程中是否存在以下问题，分析讨论应如何避免并总结规范的操作方法（见表 18–6）。

表 18–6 自检

检查项目	结果
车辆停放位置是否合适，是否将变速器置于空挡并拉紧驻车制动器	是 □ 否 □
是否使用三件套对车辆进行防护	是 □ 否 □
使用举升机是否按规范操作，是否注意人身安全	是 □ 否 □
故障自诊断步骤是否正确	是 □ 否 □
电动车窗 CAN 数据总线波形是否正常	是 □ 否 □
电动车窗开关信号是否正常	是 □ 否 □
车窗不能升降故障是否排除	是 □ 否 □
工作场地是否清洁，车辆是否复位	是 □ 否 □

（二）互检

组与组之间相互进行任务操作过程及结果检查，并把检查结果填写在表 18–7 中。

表 18-7　互检

检查项目	结果
车辆停放位置是否合适，是否将变速器置于空挡并拉紧驻车制动器	是□　否□
是否使用三件套对车辆进行防护	是□　否□
使用举升机是否按规范操作，是否注意人身安全	是□　否□
故障自诊断步骤是否正确	是□　否□
电动车窗 CAN 数据总线波形是否正常	是□　否□
电动车窗开关信号是否正常	是□　否□
车窗不能升降故障是否排除	是□　否□
工作场地是否清洁，车辆是否复位	是□　否□

七、课堂小结

任务十九　电动车窗故障诊断与维修（二）

电动车窗故障诊断与维修任务工单——电动车窗控制电路检查					
客户信息	姓名		职业		
车辆信息	车型		VIN 码		行驶里程

维修事项

故障验证	□	机油液面检查	□	冷却液液面检查	□	故障自诊断	□
读取与清除故障码	□	车窗玻璃检查	□	玻璃水液面检查	□	读取数据流	□
基本设定	□	舒适 CAN 数据总线波形检测	□	LIN 数据总线波形检测	□	控制单元检查	□
电动车窗熔丝检查	□	控制电路检查	□	车窗玻璃升降器检查	□		

客户描述：

车辆外观检查

凹凸 □
划痕 □
石击 □
油漆 □

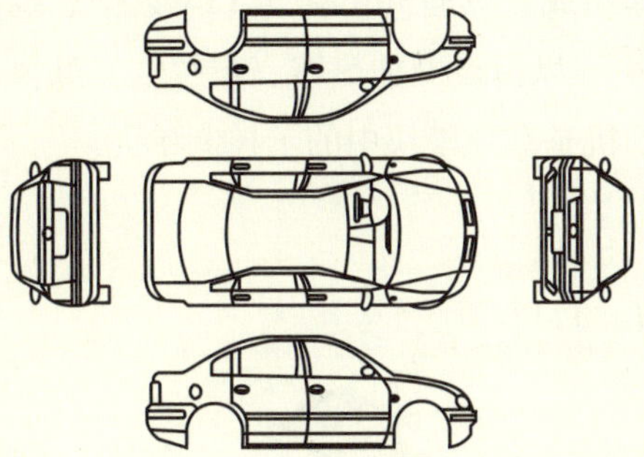

车辆内部检查

污渍 □
破损 □
色斑 □
变形 □

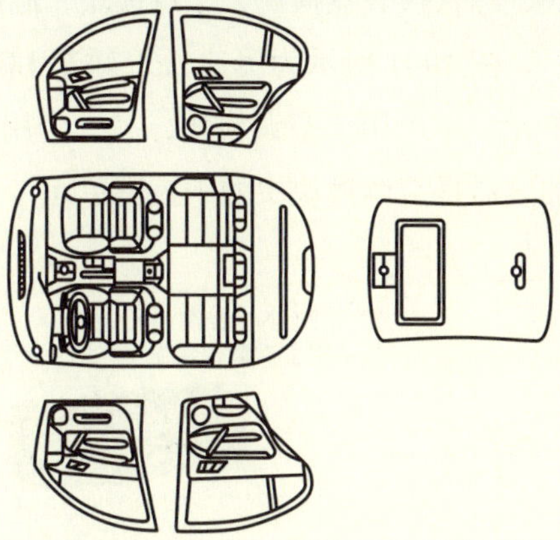

明确具体工作任务

任务目标

- 能够对电动车窗故障进行故障分析
- 能够根据故障诊断树进行故障检测、维修及排除
- 能够正确使用检测设备和仪器进行故障检测
- 能够完成故障部件的检查、更换和维修
- 能够正确填写维修工单，进行质量检查

任务内容

- LIN 数据总线系统的组成及应用
- LIN 数据总线系统的数据传递与波形分析
- 电动车窗故障诊断及排除思路

续表

任务重点	● LIN 数据总线系统的数据传递与波形分析 ● 电动车窗无法升降故障检修
任务难点	● 电动车窗故障的排除

一、知识讲解

（一）LIN 数据总线的定义

LIN 是 local interconnect network 的缩写，即内联局域网，又称本地互联网络。

LIN 数据总线是一种辅助的总线网络，是将开关、控制单元、传感器及执行器等连接起来的廉价、单线、串行通信网络协议。与 CAN 数据总线相比，使用 LIN 数据总线可大大节省成本。

汽车中的内联局域网有主控制单元和子控制单元之分，整个总成内（主控制单元和子控制单元之间，子控制单元和子控制单元之间）的信息都由 LIN 数据总线相连，然后由主控制单元通过 CAN 数据总线与外界相连。LIN 数据总线是 CAN 数据总线的子网，但它只有一根数据线，其横截面积为 0.35 mm^2，并且没有屏蔽措施。

（二）LIN 数据总线系统的组成及应用

LIN 数据总线应用于连接分布式车身控制电子系统，如车门模块、车顶模块、座椅模块、空调模块、综合仪表盘模块、车灯模块、温度传感器、交流发电机及雨刮传感器等。

图 19-1 所示为奥迪 A6L 轿车 LIN 数据总线内部组成。奥迪 A6L 轿车 LIN 数据总线有两个主控制单元，一个用于空调模块，另一个用于前部车顶模块。风窗玻璃加热器、新鲜空气鼓风机和两个辅助加热器是空调模块中的子控制单元，太阳能车顶电动机是车顶模块中的子控制单元。

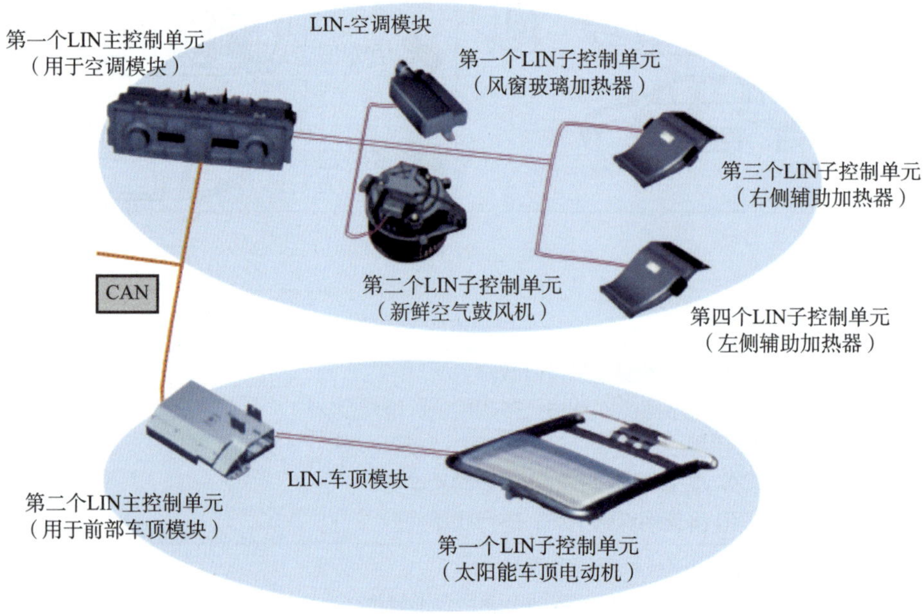

图 19-1　奥迪 A6L 轿车 LIN 数据总线内部组成

LIN 主控制单元连接在 CAN 数据总线上，它是 LIN 数据总线系统中唯一与 CAN 数据总线相连的控制单元，执行 LIN 数据总线的主功能。每个 LIN 数据总线最多可以连接 16 个子控制单元。

图 19–2 所示为奥迪 A6L 轿车 CAN 数据总线、LIN 主控制单元与子控制单元的连接。

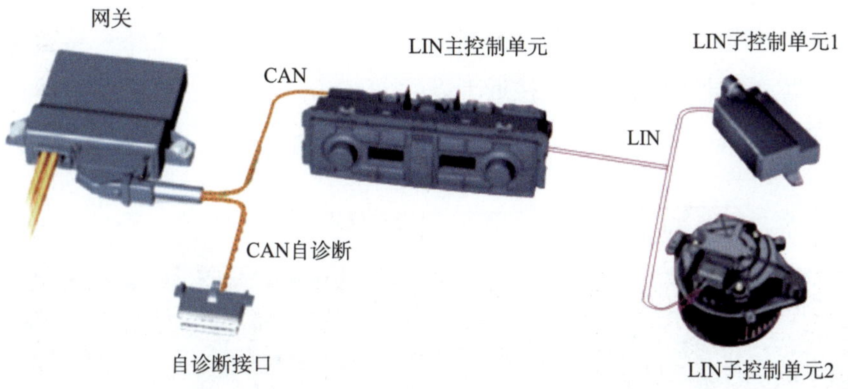

图 19–2 奥迪 A6L 轿车 CAN 数据总线、LIN 主控制单元与子控制单元的连接

LIN 子控制单元在 LIN 数据总线系统内，子控制单元主要是接收或传送与主控制单元的查询或指定有关的数据，单个的控制单元、传感器或执行元件都可视为 LIN 子控制单元，如图 19–3 所示。

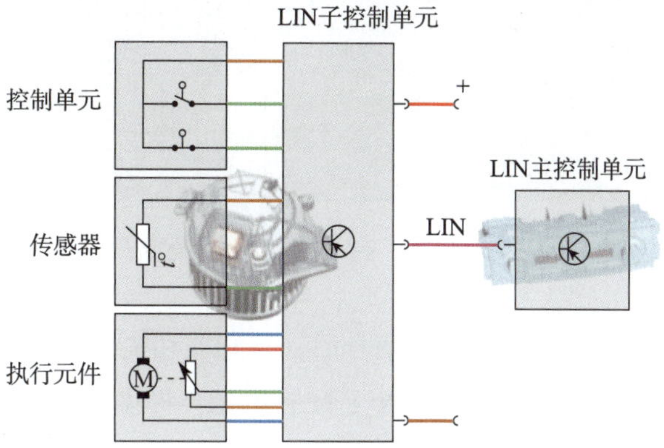

图 19–3 LIN 数据总线子控制单元

传感器内集成有一个电子装置，该装置对测量值进行分析，并将测量值转换为数字信号后通过 LIN 数据总线传递出去。有些传感器和执行元件只使用 LIN 控制单元插口上的一个针脚。

LIN 执行元件都是智能型的电子或机电部件，这些部件通过 LIN 控制单元的 LIN 数字信号接收任务。LIN 控制单元通过集成的传感器来获知执行元件的实际状态，可以进行规定状态和实际状态的对比。

（三）LIN 数据总线系统的数据传递与波形分析

LIN 数据总线的数据传递速率为 1 ~ 20 Kbit/s，一般在 LIN 控制单元的软件内已设定完毕，该速率最大能达到舒适 CAN 数据总线数据传递速率的五分之一。LIN 数据总线系统的数据传递如图 19–4 所示。

LIN 数据总线信号波形如图 19–5 所示。如果无信息发送到 LIN 数据总线上或者发送到 LIN 数据总线上的是一个隐性位，那么数据总线导线上的电压就是蓄电池电压 12 V，称为隐性电平。为了将显性位传到 LIN 数据总线上，发送控制单元内的收发器数据总线导线接地，电压接近于 0 V，称为显性电平。

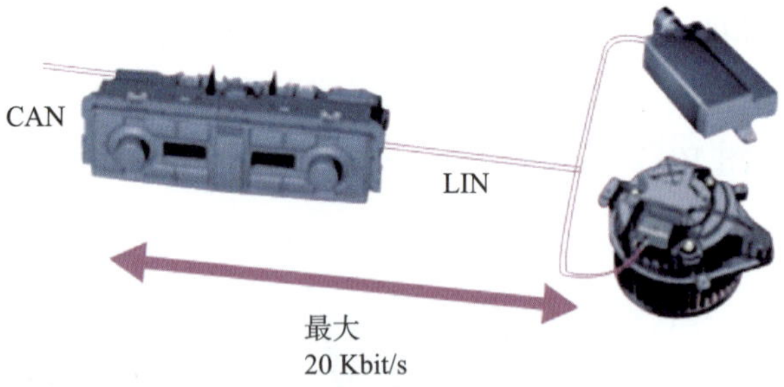

图 19–4　LIN 数据总线系统的数据传递

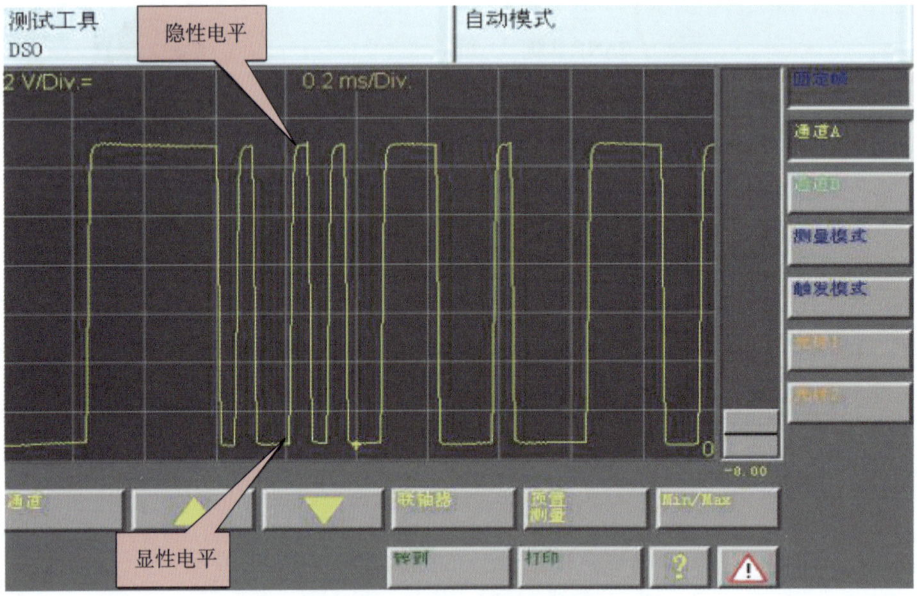

图 19–5　LIN 数据总线信号波形

注意：只有当 LIN 主控制单元发送出控制信号后，传感器和执行元件才会反应。

对于子控制单元带有数据请求的信息，LIN 主控制单元会提供回应。根据识别码的情况，相应的 LIN 子控制单元会使用这些数据去执行各种功能，如图 19–6 所示。

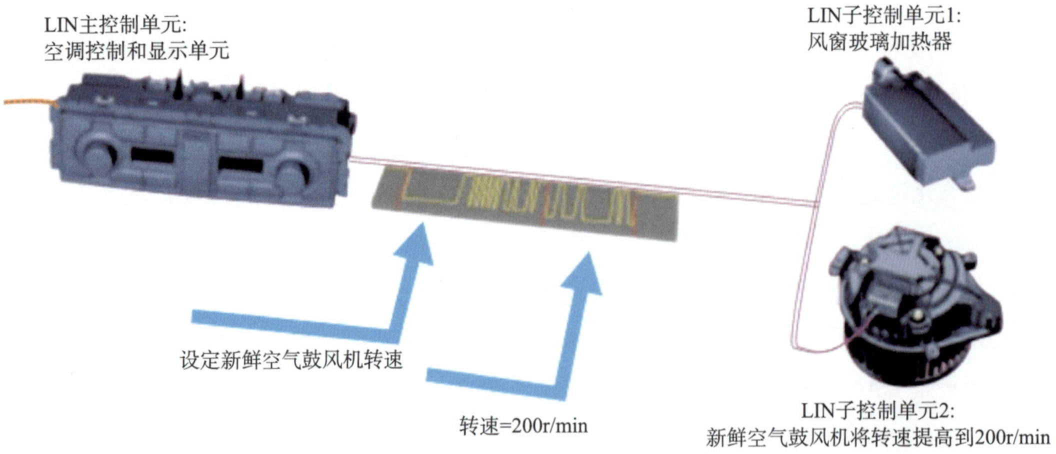

图 19–6　子控制单元使用数据执行各种功能

（四）大众迈腾 B7L 右后车窗控制电路图（见图 19-7）

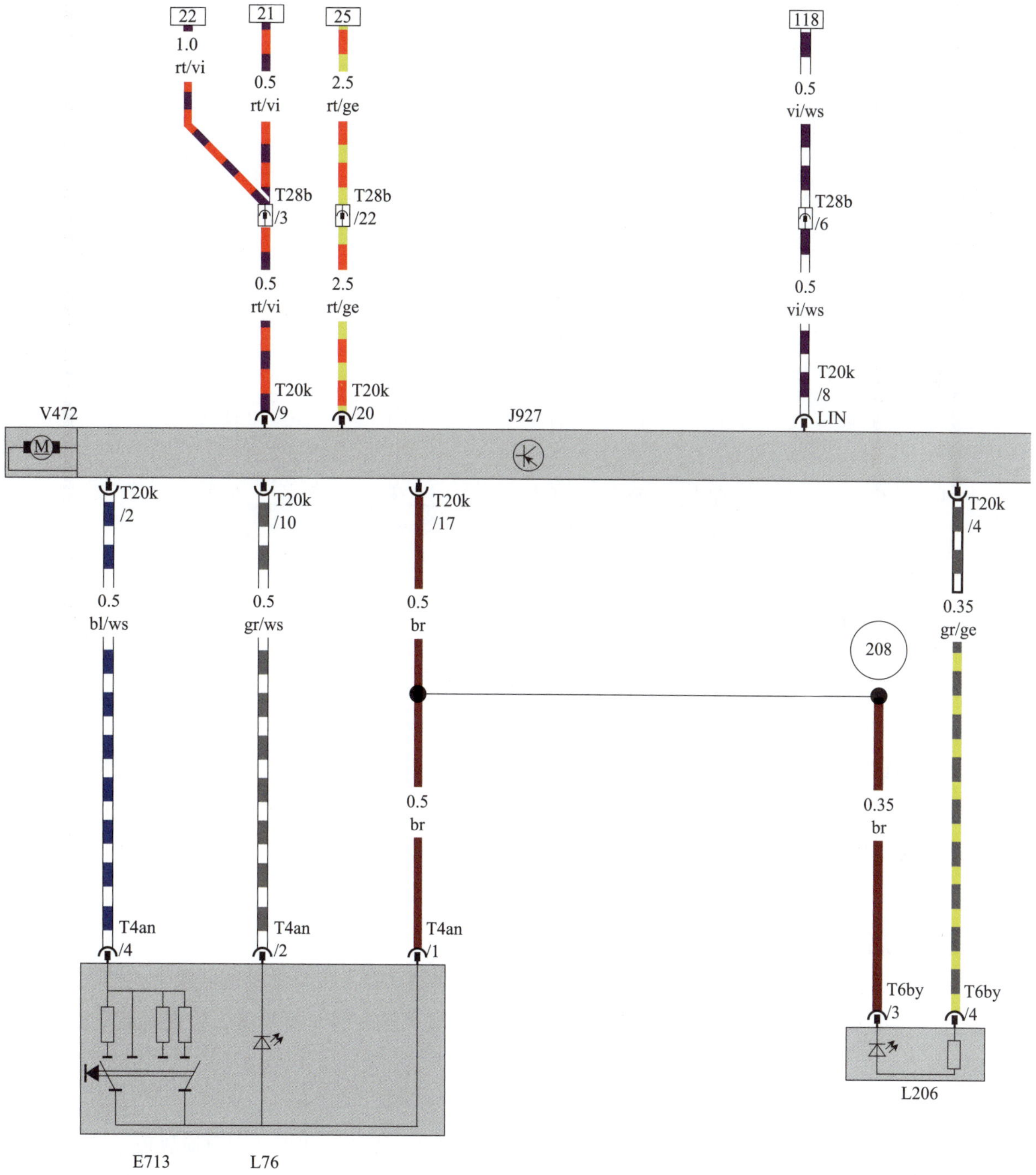

a）

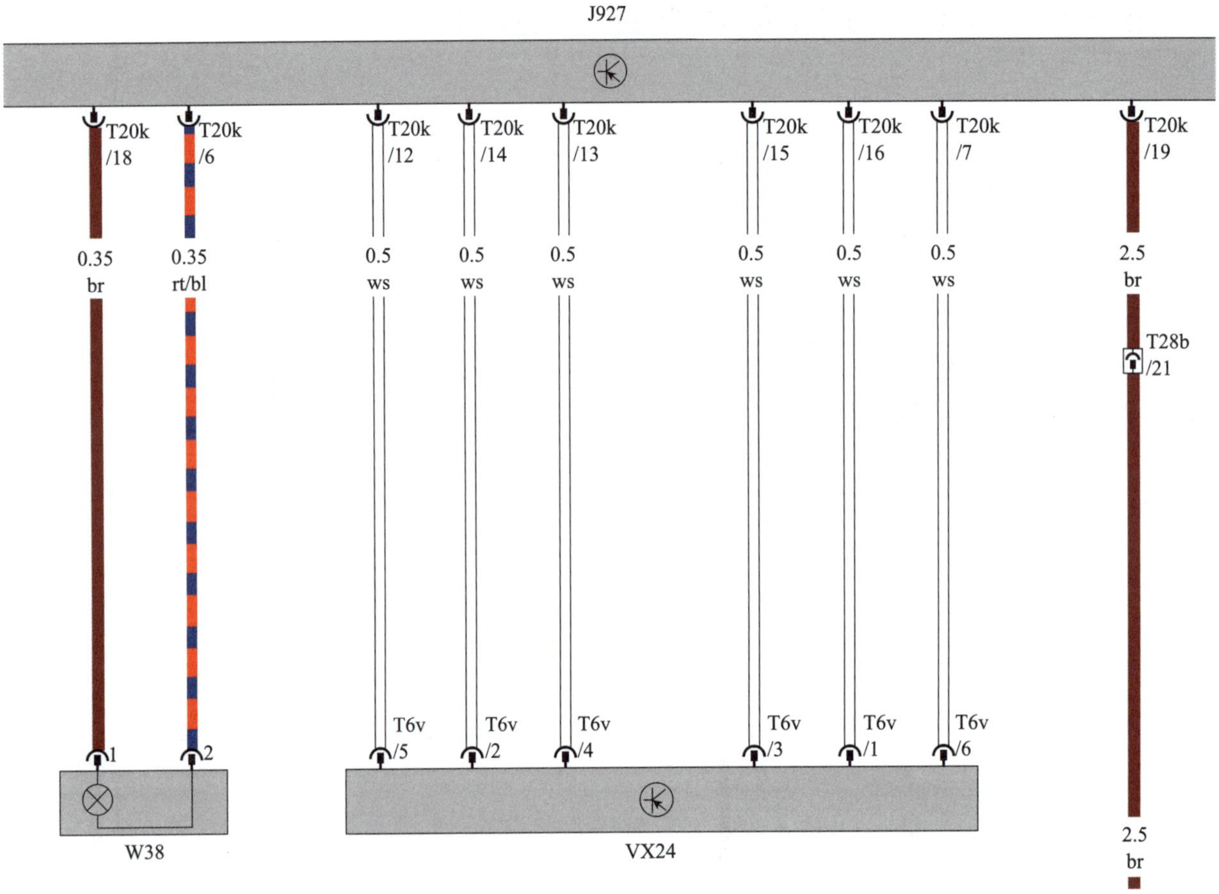

b）

图 19-7　大众迈腾 B7L 右后车窗控制电路图

E713—右后车窗开关　J927—右后车门控制单元　L76—电动车窗按钮照明灯
L206—右后车门背景照明灯　T4an—4 芯插接器　T6by、T6v—6 芯插接器　T20k—20 芯插接器
T28b—28 芯插接器，右侧 B 柱上　V472—右后车窗电动机
208—右后车门电缆导线束中的接地连接　VX24—右后车门关闭单元　W38—右后车门警告灯

（五）右后车窗无法自动升降故障诊断流程

1. 将车辆安全停放在维修工位，铺好三件套，拉起驻车制动器并将自动变速器置于空挡。

2. 打开点火开关，操作驾驶员侧右后车窗开关和副驾驶员侧右后车窗开关，检查右后车窗是否正常升降。

3. 检查蓄电池电压是否正常。

4. 如果右后车窗电动机不工作，检查熔丝 SC28、SC35 是否损坏，如损坏则更换故障熔丝。

5. 如果熔丝正常，连接诊断仪，进行故障诊断，如果无法进入自诊断系统，检查诊断插座 U31 的熔丝 SC1、SC13 是否损坏，U31 的电源、搭铁是否正常；检查网关 J533 的熔丝 SB15、SC7 是否损坏，电源、搭铁是否正常；检查控制单元 J387 的 CAN 数据总线是否正常。

6. 读取车门控制单元故障码，如有故障码，按照故障码提示进行故障检查，排除故障。

7. 如无故障码，操作右后车窗开关 E713，读取数据流，检查右后车窗开关信号是否正常。

8. 如果无车窗开关信号，则按维修手册操作步骤拆卸右后车门装饰板，检查开关端子和控制单元 J927 端子之间的连接导线是否有故障，若线路故障则需进行维修。

9. 如果线路良好，检查控制单元 J387 端子和控制单元 J533 端子之间的 CAN 数据总线是否有故障，检查控制单元 J927 端子和控制单元 J387 端子之间的 LIN 数据总线是否有故障。若 LIN 数据总线良好，则右后车窗开关损坏，需更换。

10. 如果车窗开关信号正常，则检查控制单元 J927 的工作电压是否正常，搭铁是否正常。如正常，则控制单元 J927 损坏，需更换。

二、任务准备

选出完成本任务所需的工具、设备、资料等。

	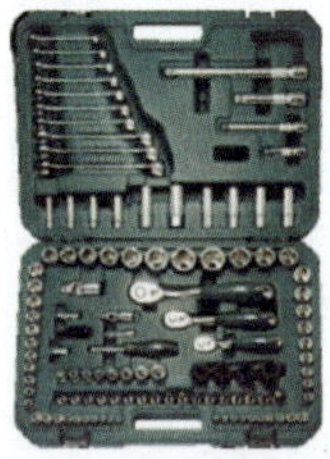	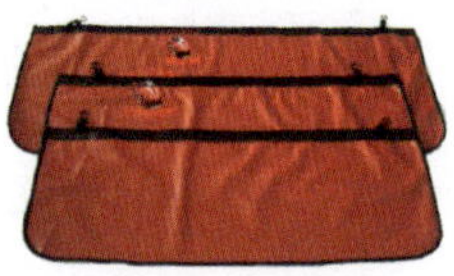	
工具车	工具套件	翼子板布	吹尘枪
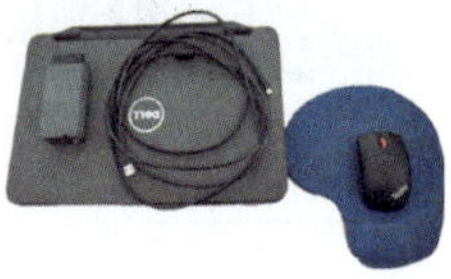	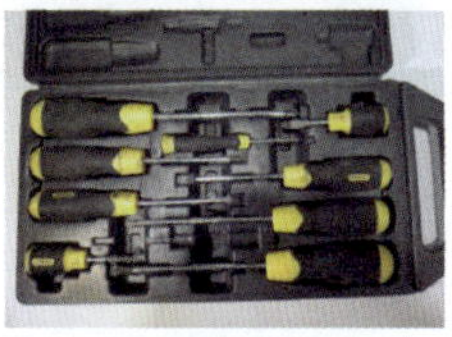		
诊断仪	旋具套装	万用表	二极管试灯
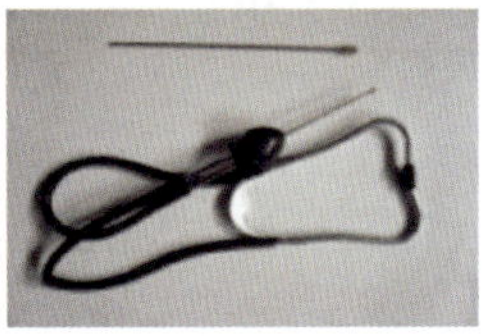		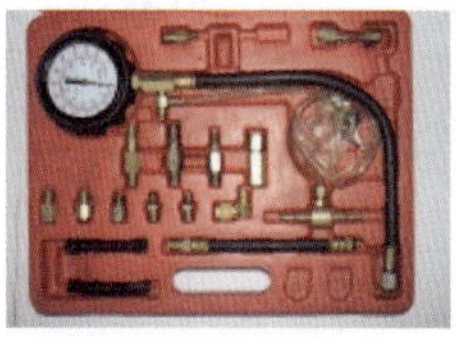	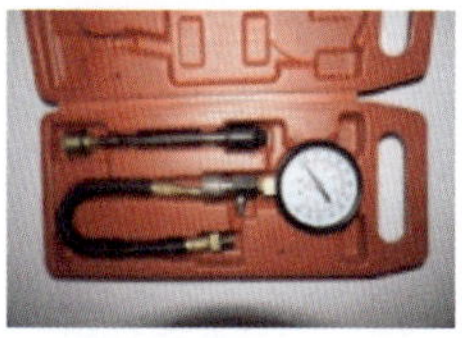
听诊器	抹布	燃油压力表	气缸压力表
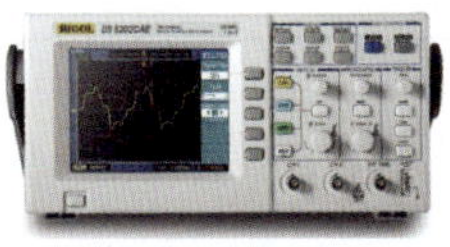	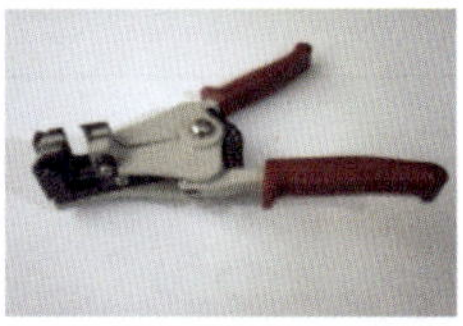	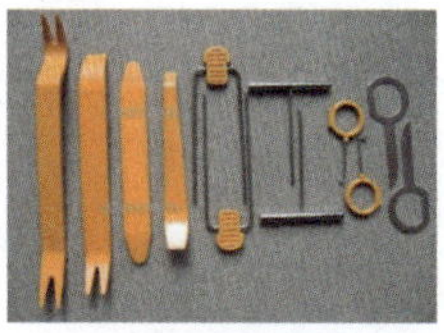	
示波器	剥线钳	汽车内饰拆装工具	防水胶布

举升机	实训车辆	维修手册	多楔传动带

三、防护措施

1. 进入车间应穿工鞋，戴工帽；工作服应整洁，无破损；操作时不可戴手表等金属饰品，以防划伤车辆表面。

2. 举升车辆时应严格按照举升机使用方法进行操作，并通知其他人员远离举升设备。

3. 更换油液或配件时应处理好油液或配件的回收清理工作，以免对工作环境造成污染。

观察下列车间操作图片，选出操作正确的图片。

		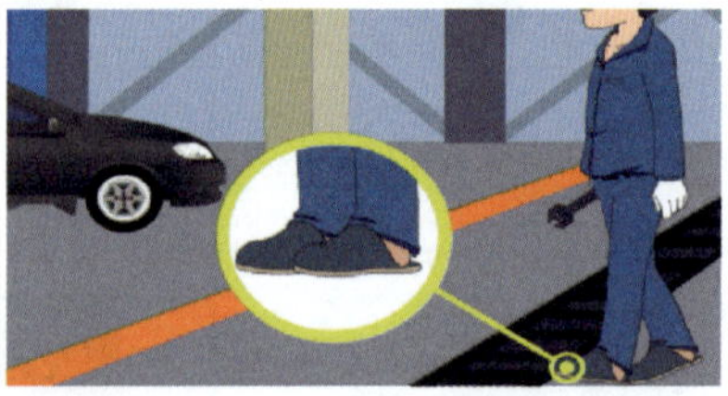

四、任务分配（见表 19-1）

表 19-1　任务分配表

职务	代码	姓名	工作内容
组长	A		监督、管理组员工作
组员	B		准备实训所需车辆及零配件
	C		
	D		准备实训所需工具及维修手册
	E		

五、任务实施

（一）操作流程

完成下面工作内容的排序并填写在表 19-2 中。

表 19-2　电动车窗无法升降故障诊断与维修操作步骤

操作流程	步骤	工作内容
故障验证及基础检查		将车辆停放在维修工位，拉起驻车制动器并将自动变速器置于空挡，铺设三件套
		检查蓄电池电压是否正常
		打开点火开关，操纵驾驶员侧车窗控制开关，检查是全部车窗不能升降，还是个别车窗不能升降
		操纵驾驶员侧各车窗开关，检查车窗电动机是否正常运转，如果正常，则拆卸各车门装饰板，检查车窗玻璃升降器和机械传动机构是否有故障
		如果车窗电动机不工作，检查熔丝 SC12、SC44、SC28、SC35 是否损坏，如损坏则更换故障熔丝
电动车窗故障自诊断		如果熔丝正常，连接诊断仪，进行故障诊断，如果无法进入自诊断系统，检查诊断插座 U31 的熔丝 SC1、SC13 是否损坏，U31 的电源、搭铁是否正常；检查网关 J533 的熔丝 SB15、SC7 是否损坏，电源、搭铁是否正常；检查控制单元 J386、J387 的 CAN 数据总线是否正常
		如无故障码，操纵各车窗开关，读取车门控制单元数据流，检查各车窗开关信号是否正常
		读取车门控制单元故障码，如有故障码，按照故障码提示进行故障检查，排除故障
电动车窗控制电路检查		如果车窗开关信号正常，则检查控制单元 J386 端子 T20g/18、T20g/20 电压是否正常，端子 T20g/19、T32a/21 搭铁是否正常。如正常，则控制单元 J386 损坏，需更换
		如果无车窗开关信号，则按维修手册操作步骤拆卸车门装饰板，检查开关端子和控制单元 J386 端子之间的连接导线是否正常，若线路故障则进行维修
		如果线路良好，检查控制单元 J386 端子和控制单元 J533 端子之间的 CAN 数据总线是否有故障，若 CAN 数据总线良好，则车窗开关损坏，需更换

（二）实施记录

结合实施过程，对照表 19-3 所列检查项目进行检查，并记录实际的检查结果。

表 19-3　电动车窗无法升降故障诊断与维修实施记录

序号	项目	故障检查	故障记录
1	故障验证及基础检查	铺设三件套，安全防护工作 □　蓄电池电压：________V 全部车窗不能升降　□　个别车窗不能升降 □ 电动机正常，玻璃不能升降 □　车窗升降有异响 □ 车窗电动机不工作 □　车窗玻璃升降器损坏 □　机械传动机构故障 □ 车窗控制电路熔丝正常 □　车窗控制电路熔丝损坏 □ 损坏的熔丝：SC12 □　SC44 □　SC28 □　SC35 □	检查出的故障：
2	电动车窗故障自诊断	正确连接诊断仪　□　不能进入自诊断 □　可以进入自诊断 □ 诊断插座 U31 检查 □　相关熔丝检查　□　网关 J533 检查　□ 舒适系统中央控制单元 J393 电源、搭铁、熔丝检查 □ 网关 J533 电源、搭铁、熔丝检查 □ 检查诊断插座 U31 与网关 J533 之间的 CAN 数据总线连接是否正常 □ 电动车窗 CAN 数据总线波形正常 □ 电动车窗 CAN 数据总线波形错误 □ 读取故障码：有故障码 □　无故障码 □ 读取各车窗开关数据流：有车窗开关信号 □　无车窗开关信号 □ 故障码记录：________________________________ ____	检查出的故障：

续表

序号	项目	故障检查	故障记录
3	电动车窗控制电路检查	检查控制单元 J386：工作电源正常 □　工作电源不正常 □ 搭铁良好　□　搭铁故障　□ 检查控制单元 J386 与车窗开关之间的导线：线路良好 □　线路故障 □ 检查控制单元 J386 与舒适系统中央控制单元 J393 之间的 CAN 数据总线：线路良好 □　线路故障 □ 左前车窗开关检查：　正常 □　故障 □ 左后车窗开关检查：　正常 □　故障 □ 右前车窗开关检查：　正常 □　故障 □ 右后车窗开关检查：　正常 □　故障 □ 控制单元 J386 检查：良好 □　损坏 □	检查出的故障：
根据任务实施流程和故障排除过程，总结电动车窗无法升降故障排除思路，并填写在下面。 1. ____________ 2. ____________ 3. ____________ 4. ____________ 5. ____________ 6. ____________			

六、检查

（一）自检

结合本组任务操作过程，对任务执行过程中的操作规范性进行检查，检查操作过程中是否存在以下问题，分析讨论应如何避免并总结规范的操作方法（见表 19–4）。

表 19–4　自检

检查项目	结果
车辆停放位置是否合适，是否将变速器置于空挡并拉紧驻车制动器	是 □　否 □
是否使用三件套对车辆进行防护	是 □　否 □
使用举升机是否按规范操作，是否注意人身安全	是 □　否 □
故障自诊断步骤是否正确	是 □　否 □
电动车窗 CAN 数据总线波形是否正常	是 □　否 □
电动车窗开关信号是否正常	是 □　否 □
车窗不能升降故障是否排除	是 □　否 □
工作场地是否清洁，车辆是否复位	是 □　否 □

（二）互检

组与组之间相互进行任务操作过程及结果检查，并把检查结果填写在表 19–5 中。

表 19-5 互检

检查项目	结果
车辆停放位置是否合适，是否将变速器置于空挡并拉紧驻车制动器	是☐ 否☐
是否使用三件套对车辆进行防护	是☐ 否☐
使用举升机是否按规范操作，是否注意人身安全	是☐ 否☐
故障自诊断步骤是否正确	是☐ 否☐
电动车窗 CAN 数据总线波形是否正常	是☐ 否☐
电动车窗开关信号是否正常	是☐ 否☐
车窗不能升降故障是否排除	是☐ 否☐
工作场地是否清洁，车辆是否复位	是☐ 否☐

七、课堂小结

____

____

____

任务二十　空调系统故障诊断与维修（一）

<table>
<tr><td colspan="6">空调系统故障诊断与维修任务工单——有故障码检查</td></tr>
<tr><td>客户信息</td><td>姓名</td><td></td><td>职业</td><td colspan="2"></td></tr>
<tr><td rowspan="2">车辆信息</td><td colspan="2">车型</td><td colspan="2">VIN 码</td><td>行驶里程</td></tr>
<tr><td colspan="2"></td><td colspan="2"></td><td></td></tr>
<tr><td>维修事项</td><td colspan="5">空调系统不制冷或制冷效果差 □　出风口风量太小 □　温度调节失效 □
双区温度调节失灵 □　空调出风模式异常 □　其他问题 □
客户描述：</td></tr>
</table>

车辆外观检查		车辆内部检查	
凹凸 □ 划痕 □ 石击 □ 油漆 □	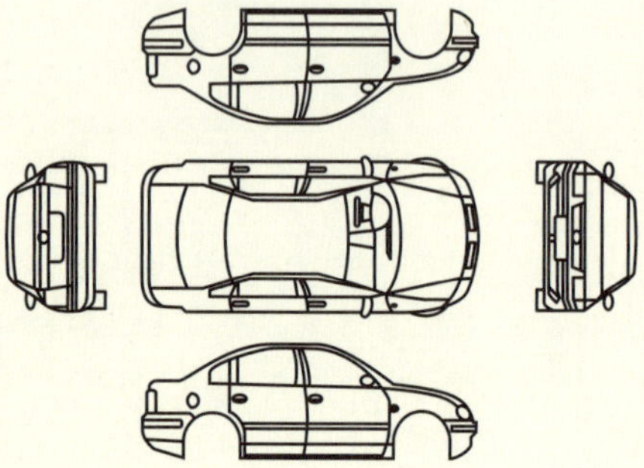	污渍 □ 破损 □ 色斑 □ 变形 □	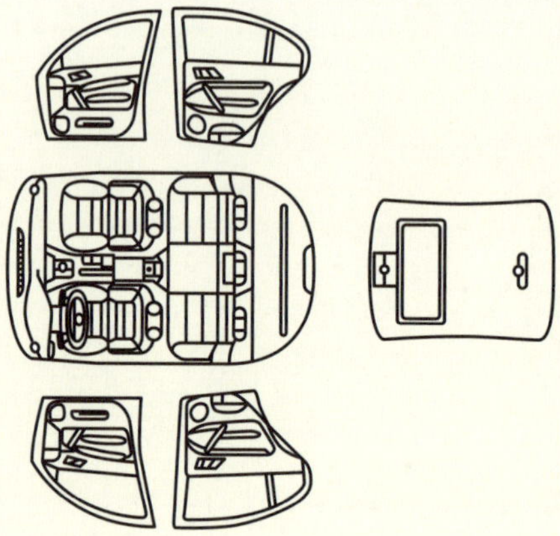

明确具体工作任务	

任务目标

- 能够与客户进行沟通并验证故障现象
- 能够根据故障现象分析可能的故障原因，并制订相关检查计划
- 能够依照计划内容对车辆进行检查，并根据检查结果明确故障点
- 能够对故障进行修复或根据故障点给出故障修复建议
- 能够正确填写维修工单，进行质量检查

任务内容

- 空调系统组成与控制原理
- 空调系统工作异常的诊断流程

续表

任务重点	● 空调系统组成与控制原理 ● 空调系统工作异常的诊断流程
任务难点	● 空调系统故障排除

一、知识讲解

（一）空调系统组成与控制原理

对于带车载电网控制系统的车辆来说，无论是手动空调控制系统还是自动空调控制系统，都采用空调控制单元与各电器执行元件来实现对整个系统的控制。不同的是，自动空调控制系统需要更复杂的控制程序，采集更多的传感器信息以实现对系统的精确控制，从而满足驾乘人员的舒适度要求。

1. 手动空调的控制方法

带控制单元的手动空调系统与机械式手动空调系统的控制方法基本类似，鼓风机的转速依然采用鼓风机开关和鼓风机电阻进行控制，而温度调节、室内外空气循环和出风口分配，则通过空调控制单元分别对相应的伺服电动机进行控制。另外，控制单元还会根据制冷系统压力和蒸发器温度对制冷系统的压缩机调节电磁阀进行控制，通过调节压缩机的排量来控制制冷系统的工作，取消了电磁离合器。

2. 自动空调的控制方法

（1）自动空调制冷系统的控制

自动空调制冷系统根据制冷系统的压力与蒸发器温度对空调压缩机上的调节电磁阀进行控制，调节压缩机的压缩排量在 2%～98% 之间变化。由于压缩机 2% 的输出排量接近空载，因此，压缩机取消了原先的电磁离合器，当关闭空调制冷系统时，压缩机调节电磁阀使压缩机保持最小 2% 的输出。

（2）自动空调通风系统的控制

自动空调通风系统采用的是带控制模块的鼓风机，为了提高空调的舒适度，在通风系统上加装了鼓风机进风口温度传感器和脚部出风口温度传感器等，在空调控制面板上还安装了室内温度传感器。当空调控制单元收到驾乘人员设置的温度信号后，根据室内外温度、蒸发器温度和通风系统上各个进出风口的温度传感器对鼓风机的转速进行调节。自动空调通风系统构造如图 20–1 所示。

（二）空调系统故障诊断流程

1. 具体流程

（1）验证故障现象，并使用诊断仪查询空调控制单元内有无相关故障码。

（2）若查询到故障码，应根据故障码内容对相关电气元件进行检查或检修。

（3）若系统中无任何故障码，则应通过压力检测或执行元件测试，检查有无机械损坏故障。

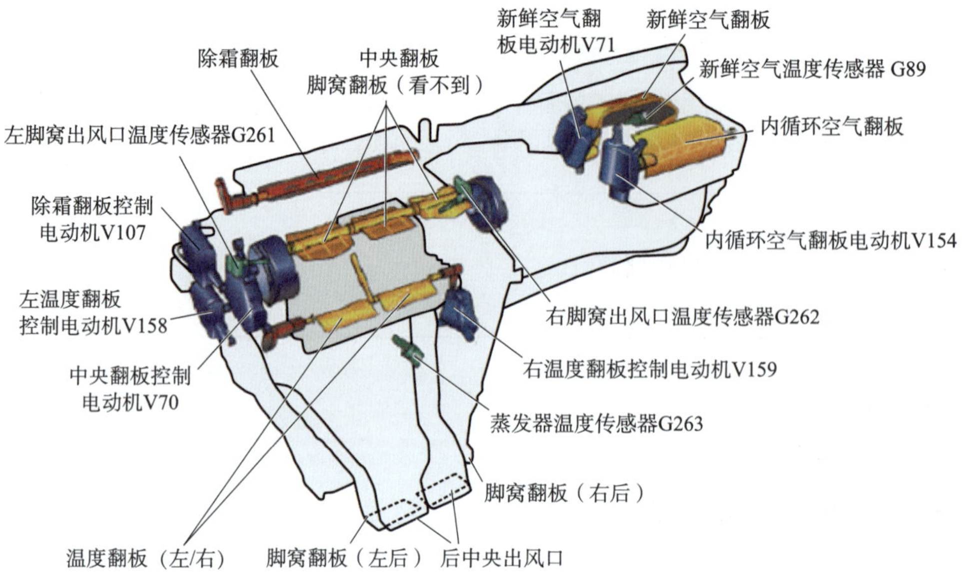

图 20-1　自动空调通风系统构造

2. 空调系统故障诊断树（见图 20-2）

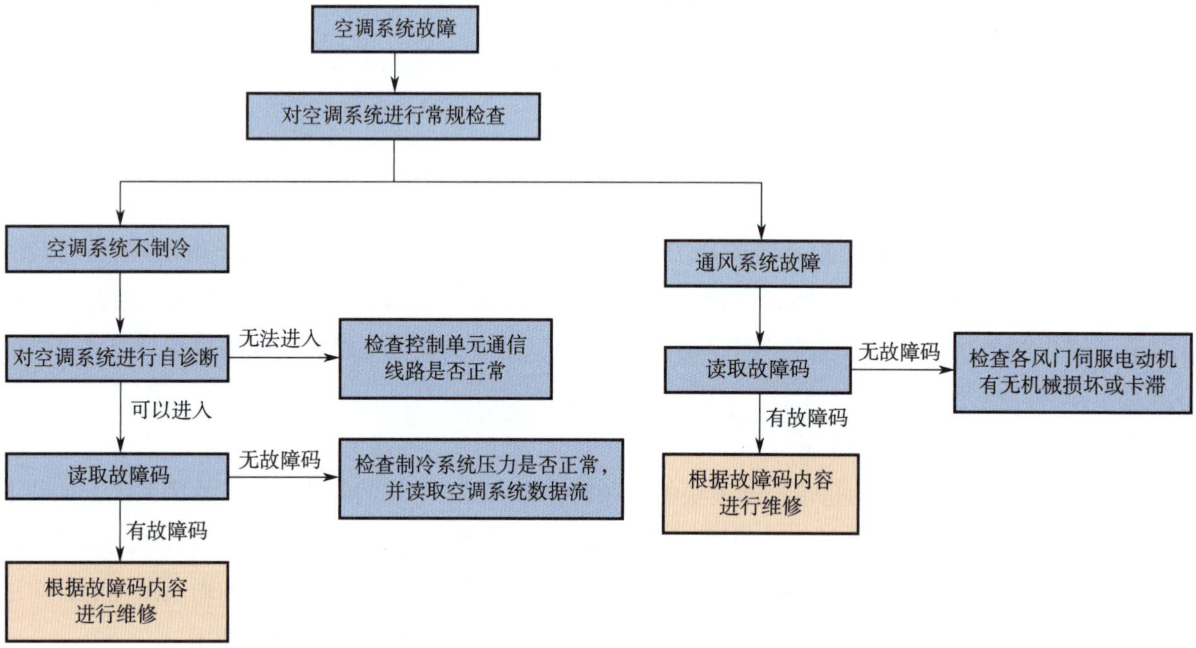

图 20-2　空调系统故障诊断树

二、任务准备

选出完成本任务所需的工具、设备、资料等。

	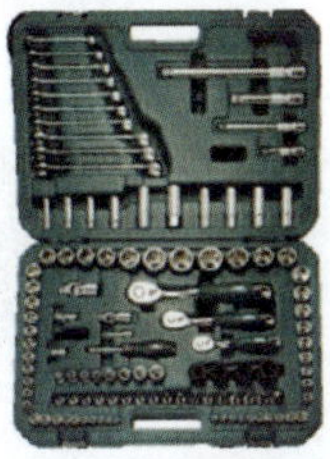		
工具车	工具套件	翼子板布	吹尘枪
	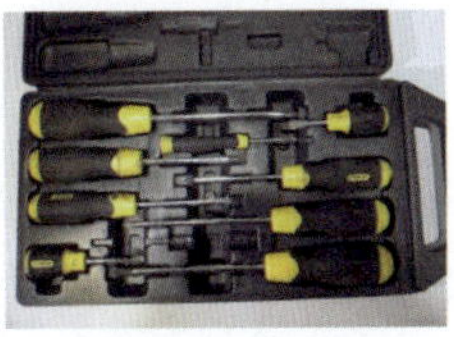	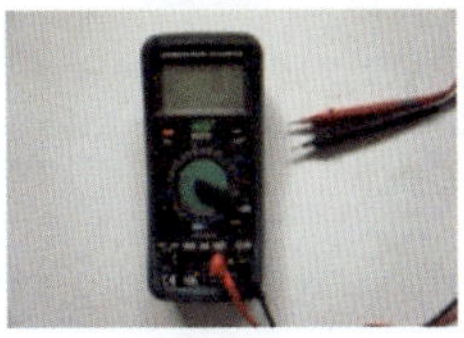	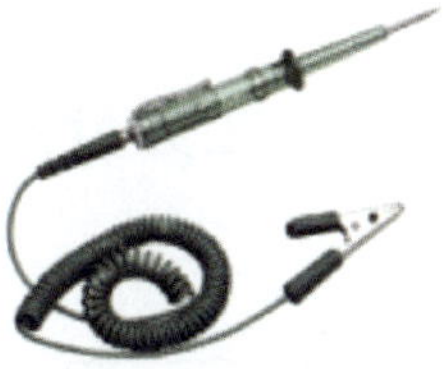
诊断仪	旋具套装	万用表	二极管试灯
			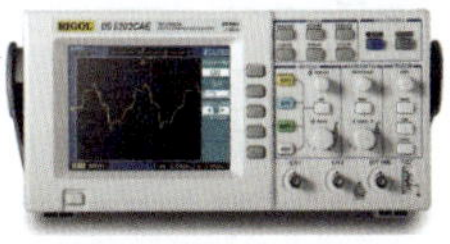
温度计	抹布	歧管压力表	示波器
			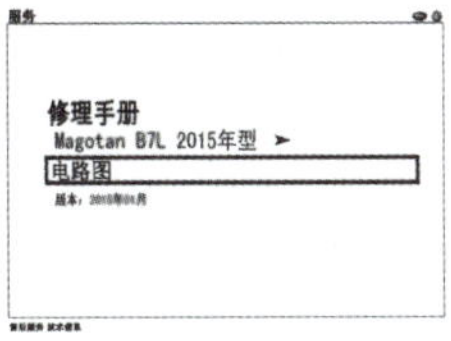
举升机	实训车辆	维修手册	电路图

三、防护措施

1. 进入车间应穿工鞋，戴工帽；工作服应整洁，无破损；操作时不可戴手表等金属饰品，以防划伤车辆表面。

2. 举升车辆时应严格按照举升机使用方法进行操作，并通知其他人员远离举升设备。

3. 在对制冷系统进行拆装操作前，应确保系统中的制冷剂被完全回收，加注制冷剂时应严格按照要求补加相应量的冷冻机油。

观察下列车间操作图片，选出操作正确的图片。

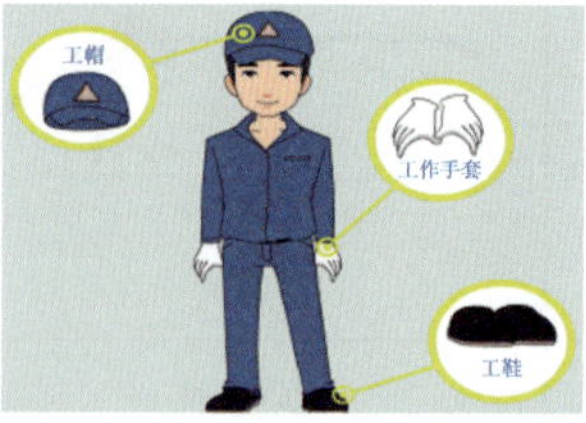		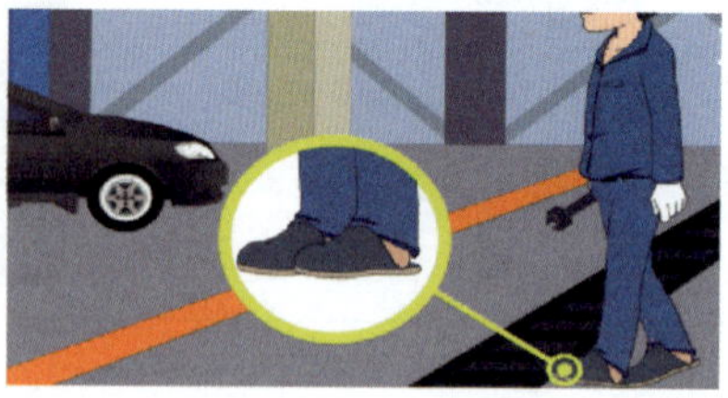

四、任务分配（见表 20-1）

表 20-1　任务分配表

职务	代码	姓名	工作内容
组长	A		监督、管理组员工作
组员	B		准备实训所需车辆及零配件
	C		
	D		准备实训所需工具及维修手册
	E		

五、任务实施

（一）操作流程

完成下面工作内容的排序并填写在表 20-2 中。

表 20-2　空调系统故障诊断与维修操作步骤

操作流程		步骤	工作内容
故障验证及基础检查			启动车辆并按下空调最大制冷开关 max A/C 按钮，使用出风口温度计检查面部出风口温度
			分别检查空调通风系统除霜及面部、脚部出风口出风是否正常
			操作控制面板上的各按钮，检查空调鼓风机转速调节、温度调节、左右分区温度调节、座椅加热等功能是否正常
			连接诊断仪，检查空调控制单元有无故障码
有故障码的检测	高压传感器断路 / 对地短路		拔下高压传感器插接器，检查插接器端子有无松旷、烧蚀现象，针脚有无弯折或折断
			拔下高压传感器熔丝，检查熔丝有无熔断，熔丝插脚有无松旷、烧蚀现象
			检查高压传感器插接器 1 号端子与搭铁之间线路是否断路
			关闭点火开关，拆下空调控制面板并拔下后部的 20 针插接器，检查控制单元针脚有无弯折或折断，检查高压传感器插接器 2 号端子与空调控制单元 T20c/2 号端子之间是否断路

续表

操作流程		步骤	工作内容
有故障码的检测	温度传感器断路/对地短路		查阅维修手册，找到相关温度传感器安装位置并按照手册所述方法拆下温度传感器
			拆下空调控制单元并拔下其后部插接器，检查控制单元后部针脚有无弯折或折断；使用万用表检查温度传感器两个端子与空调控制单元相关端子之间导线是否断路
			检查温度传感器插接器端子有无松旷、烧蚀现象，检查传感器针脚有无弯折或折断
			检测温度传感器两个针脚之间的电阻，检查温度传感器是否内部短路
	空调压缩机断路/对地短路		拔下空调压缩机调节阀插接器，检查插接器端子有无松旷、烧蚀现象，针脚有无弯折或折断
			检查空调压缩机调节阀插接器 1 号端子与搭铁之间线路是否断路
			打开点火开关，使用万用表检查空调压缩机调节阀插接器 2 号端子有无自检电压，若无自检电压，则检查 2 号端子与空调控制单元 T20c/18 号端子之间是否断路，空调控制单元后部针脚有无弯折或折断
	风门控制电动机位置传感器断路/对地短路		查阅维修手册，找到相关传感器安装位置并按照手册所述方法拆下带位置传感器的风门控制电动机
			拔下插接器，检查其针脚有无弯折或折断
			拆下空调控制单元，检查空调控制单元后部插接器针脚有无弯折或折断
			查阅电路图，检查带位置传感器风门控制电动机的端子与空调控制单元相关插接器上的端子之间的线路有无断路
	新鲜空气鼓风机电缆诊断，前部断路/对地短路		拔下鼓风机熔丝并检查有无熔断，检查其插脚有无松旷、烧蚀现象
			拔下空调控制单元后部插接器并检查控制单元插接器端子有无松旷，针脚有无弯折或折断
			检查空调控制单元插接器与鼓风机控制单元插接器之间的通信线路是否存在断路
			拆下前排乘客脚部空间盖板，拔下鼓风机控制单元插接器，检查端子有无松旷、烧蚀现象，针脚有无弯折或折断
			将万用表黑表笔接地，使用万用表电压挡检查鼓风机控制单元 4 号端子有无电源电压，使用电阻挡检查鼓风机控制单元 3 号端子与搭铁之间的导线有无断路
无故障码的检测	前部新鲜空气鼓风机内部故障		拔下鼓风机控制单元上的鼓风机插接器，检查其针脚有无弯折或折断
			使用万用表检查鼓风机的电阻，确认鼓风机电动机有无短路
	高压传感器压力低于下限		操作诊断系统读取空调控制单元的数据块，静态时空调系统压力值应为 700 kPa 左右
			启动发动机并按下空调最大制冷开关 max A/C 按钮，读取空调系统压力值，应不低于 1 000 kPa。若系统压力值低于 1 000 kPa，则说明空调压缩机机械损坏或调节电磁阀未进入工作状态
			读取空调压缩机负荷、压缩机运行状态等相关数据块，若压缩机负荷为 4～5 N·m，说明压缩机运行状态为正常或接通；否则，可能是压缩机内部机械损坏
			若通过数据块无法判断压缩机是否有故障，还应连接歧管压力表对制冷系统高、低压压力进行检测并分析，判断故障原因

续表

操作流程	步骤	工作内容
数据总线诊断接口无法进入的检查		关闭点火开关，拔下数据总线诊断接口控制单元熔丝，检查熔丝有无熔断，熔丝插脚有无松旷、烧蚀现象
		检查数据总线诊断接口控制单元搭铁端子与车身之间是否存在断路
		检查数据总线诊断接口控制单元与车辆诊断接口之间的通信线路是否存在断路
		拆下驾驶员脚部空间盖板，拔下数据总线诊断接口控制单元插接器，检查其针脚有无弯折或折断，插接器各端子有无松旷现象
空调系统通信线路的检查		拆下中央控制台显示屏和空调控制器的装饰板
		使用旋具拆下带操作面板的空调控制单元，拔下其后部 20 针插接器，检查其针脚有无弯折或折断，并检查插接器的通信端子有无松旷现象
		拆下驾驶员脚部空间盖板，拔下数据总线诊断接口控制单元插接器，检查其针脚有无弯折或折断，并检查插接器的通信端子有无松旷现象
		使用万用表电阻挡测量空调控制单元插接器通信端子与数据总线诊断接口控制单元通信端子之间的线路是否存在断路

（二）实施记录

结合实施过程，对照表 20–3 所列检查项目进行检查，并记录实际的检查结果。

表 20–3　空调系统故障诊断与维修实施记录

序号	项目	故障检查	故障记录
1	故障验证及基础检查	铺设三件套，安全防护工作 □　空调系统不制冷 □ 鼓风机不运转或转速不能调节 □　温度调节旋钮失灵 □ 出风口模式不能调整 □　左右温区调节失灵 □ 故障现象验证：__________	检查出的故障：
2	自诊断及针对故障码的检查	自诊断不能进入 □　控制单元电源故障 □　线路连接故障 □ 检测出的故障码：__________ 针对故障码的检修过程：__________ __________ __________ __________ __________ __________ __________ __________ __________ __________	检查出的故障：
3	数据总线诊断接口无法进入的检查	数据总线诊断接口控制单元熔丝熔断 □　熔丝插脚锈蚀、松旷 □ 数据总线诊断接口控制单元插接器针脚弯折、锈蚀或松旷 □ 数据总线诊断接口控制单元搭铁线路断路 □ 数据总线诊断接口控制单元通信线路故障 □	检查出的故障：

续表

序号	项目	故障检查	故障记录
4	空调系统通信线路的检查	空调控制单元插接器针脚弯折、锈蚀或松旷 □ 空调控制单元与数据总线诊断接口控制单元之间通信线路故障 □	检查出的故障：
5	其他		检查出的故障：
根据任务实施流程和故障排除过程，总结空调系统故障排除思路，并填写在下面。 1. ______ 2. ______ 3. ______ 4. ______ 5. ______ 6. ______			

六、检查

（一）自检

结合本组任务操作过程，对任务执行过程中的操作规范性进行检查，检查操作过程中是否存在以下问题，分析讨论应如何避免并总结规范的操作方法（见表 20-4）。

表 20-4 自检

检查项目	结果
故障点是否找到	是 □ 否 □
故障是否排除	是 □ 否 □
工具是否整理归位	是 □ 否 □
现场是否打扫干净	是 □ 否 □

（二）互检

组与组之间相互进行任务操作过程及结果检查，并把检查结果填写在表 20-5 中。

表 20-5 互检

检查项目	结果
故障点是否找到	是 □ 否 □
故障是否排除	是 □ 否 □
工具是否整理归位	是 □ 否 □
现场是否打扫干净	是 □ 否 □

七、课堂小结

任务二十一　空调系统故障诊断与维修（二）

空调系统故障诊断与维修任务工单——无故障码检查					
客户信息	姓名		职业		
车辆信息	车型		VIN 码		行驶里程
维修事项	空调系统不制冷或制冷效果差 □ 双区温度调节失灵 □ 客户描述：		出风口风量太小 □ 空调出风模式异常 □		温度调节失效 □ 其他问题 □

车辆外观检查		车辆内部检查	
凹凸 □ 划痕 □ 石击 □ 油漆 □	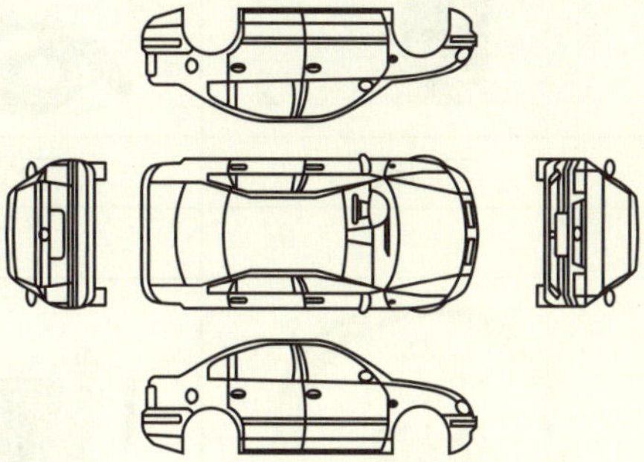	污渍 □ 破损 □ 色斑 □ 变形 □	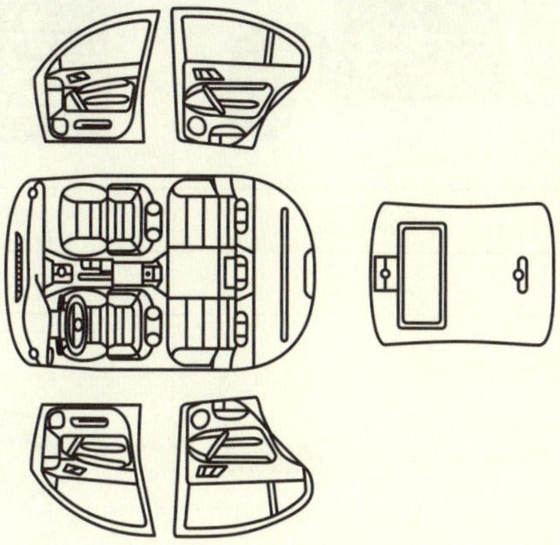

明确具体工作任务	

任务目标

- 能够与客户进行沟通并验证故障现象
- 能够根据故障现象分析可能的故障原因，并制订相关检查计划
- 能够依照计划内容对车辆进行检查，并根据检查结果明确故障点
- 能够对故障进行修复或根据故障点给出故障修复建议
- 能够正确填写维修工单，进行质量检查

任务内容

- 空调系统组成与控制原理
- 空调系统工作异常的诊断流程

续表

任务重点	● 空调系统组成与控制原理 ● 空调系统工作异常的诊断流程
任务难点	● 空调系统故障排除

一、任务准备

选出完成本任务所需的工具、设备、资料等。

	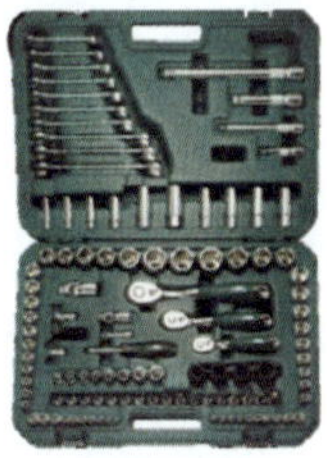	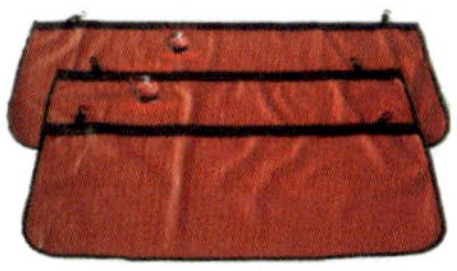	
工具车	工具套件	翼子板布	吹尘枪
	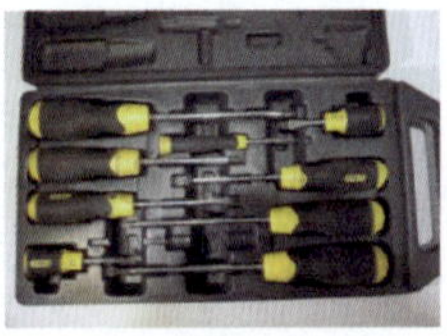	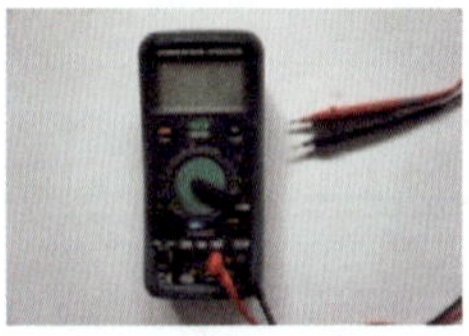	
诊断仪	旋具套装	万用表	二极管试灯
			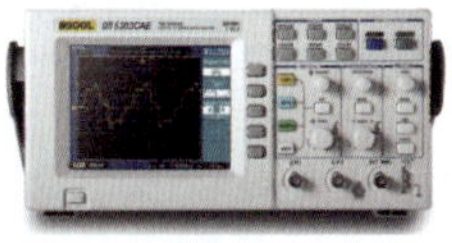
温度计	抹布	歧管压力表	示波器
			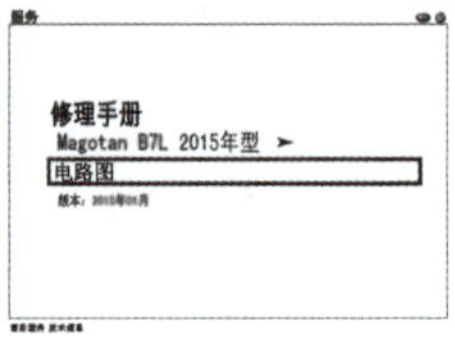
举升机	实训车辆	维修手册	电路图

二、防护措施

1. 进入车间应穿工鞋，戴工帽；工作服应整洁，无破损；操作时不可戴手表等金属饰品，以防划伤车辆表面。

2. 举升车辆时应严格按照举升机使用方法进行操作，并通知其他人员远离举升设备。

3. 在对制冷系统进行拆装操作前，应确保系统中的制冷剂被完全回收，加注制冷剂时应严格按照要求补加相应量的冷冻机油。

观察下列车间操作图片，选出操作正确的图片。

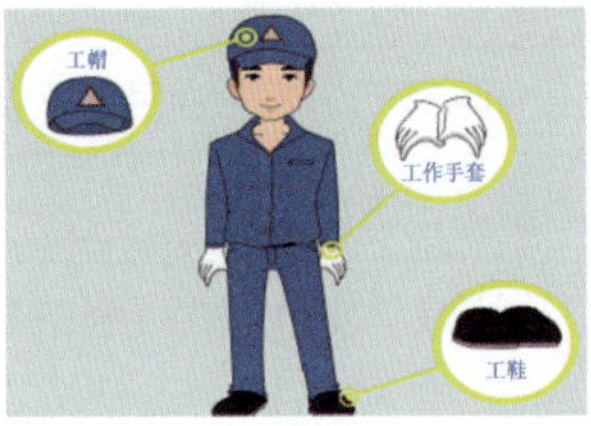		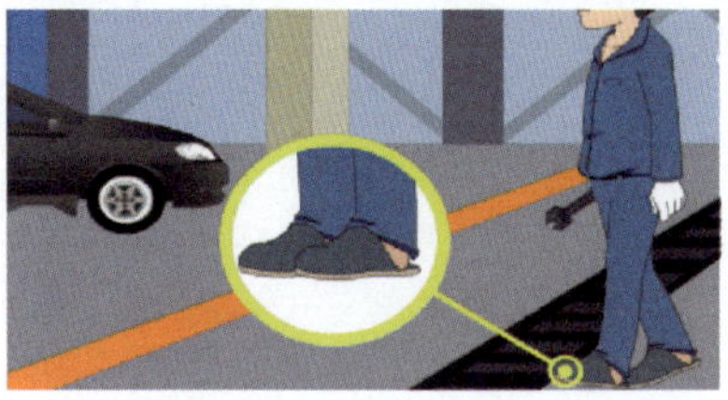

三、任务分配（见表 21-1）

表 21-1 任务分配表

职务	代码	姓名	工作内容
组长	A		监督、管理组员工作
组员	B		准备实训所需车辆及零配件
	C		
	D		准备实训所需工具及维修手册
	E		

四、任务实施

（一）操作流程

完成下面工作内容的排序并填写在表 21-2 中。

表 21-2 空调系统故障诊断与维修操作步骤

操作流程	步骤	工作内容
故障验证及基础检查		启动车辆并按下空调最大制冷开关 max A/C 按钮，使用出风口温度计检查面部出风口温度
		连接诊断仪，检查空调控制单元有无故障码
		分别检查空调通风系统除霜及面部、脚部出风口出风是否正常

续表

操作流程		步骤	工作内容
故障验证及基础检查			操作控制面板上的各按钮，检查空调鼓风机转速调节、温度调节、左右分区温度调节、座椅加热等功能是否正常
有故障码的检测	高压传感器断路 / 对地短路		拔下高压传感器熔丝，检查熔丝有无熔断，熔丝插脚有无松旷、烧蚀现象
			关闭点火开关，拆下空调控制面板并拔下后部的 20 针插接器，检查控制单元针脚有无弯折或折断，检查高压传感器插接器 2 号端子与空调控制单元 T20c/2 号端子之间是否断路
			拔下高压传感器插接器，检查插接器端子有无松旷、烧蚀现象，针脚有无弯折或折断
			检查高压传感器插接器 1 号端子与搭铁之间线路是否断路
	温度传感器断路 / 对地短路		查阅维修手册，找到相关温度传感器安装位置并按照手册所述方法拆下温度传感器
			检测温度传感器两个针脚之间的电阻，检查温度传感器是否内部短路
			检查温度传感器插接器端子有无松旷、烧蚀现象，检查传感器针脚有无弯折或折断
			拆下空调控制单元并拔下其后部插接器，检查控制单元后部针脚有无弯折或折断；使用万用表检查温度传感器两个端子与空调控制单元相关端子之间导线是否断路
	空调压缩机断路 / 对地短路		拔下空调压缩机调节阀插接器，检查插接器端子有无松旷、烧蚀现象，针脚有无弯折或折断
			检查空调压缩机调节阀插接器 1 号端子与搭铁之间线路是否断路
			打开点火开关，使用万用表检查空调压缩机调节阀插接器 2 号端子有无自检电压，若无自检电压，则检查 2 号端子与空调控制单元 T20c/18 号端子之间是否断路，空调控制单元后部针脚有无弯折或折断
	风门控制电动机位置传感器断路 / 对地短路		查阅维修手册，找到相关传感器安装位置并按照手册所述方法拆下带位置传感器的风门控制电动机
			查阅电路图，检查带位置传感器风门控制电动机的端子与空调控制单元相关插接器上的端子之间的线路有无断路
			拔下插接器，检查其针脚有无弯折或折断
			拆下空调控制单元，检查空调控制单元后部插接器针脚有无弯折或折断
	新鲜空气鼓风机电缆诊断，前部断路 / 对地短路		拔下鼓风机熔丝并检查有无熔断，检查其插脚有无松旷、烧蚀现象
			拆下前排乘客脚部空间盖板，拔下鼓风机控制单元插接器，检查端子有无松旷、烧蚀现象，针脚有无弯折或折断
			检查空调控制单元插接器与鼓风机控制单元插接器之间的通信线路是否存在断路
			将万用表黑表笔接地，使用万用表电压挡检查鼓风机控制单元 4 号端子有无电源电压，使用电阻挡检查鼓风机控制单元 3 号端子与搭铁之间的导线有无断路
			拔下空调控制单元后部插接器并检查控制单元插接器端子有无松旷，针脚有无弯折或折断

续表

操作流程		步骤	工作内容
无故障码的检测	前部新鲜空气鼓风机内部故障		拔下鼓风机控制单元上的鼓风机插接器，检查其针脚有无弯折或折断
			使用万用表检查鼓风机的电阻，确认鼓风机电动机有无短路
	高压传感器压力低于下限		操作诊断系统读取空调控制单元的数据块，静态时空调系统压力值应为 700 kPa 左右
			若通过数据块无法判断压缩机是否有故障，还应连接歧管压力表对制冷系统高、低压压力进行检测并分析，判断故障原因
			启动发动机并按下空调最大制冷开关 max A/C 按钮，读取空调系统压力值，应不低于 1 000 kPa。若系统压力值低于 1 000 kPa，则说明空调压缩机机械损坏或调节电磁阀未进入工作状态
			读取空调压缩机负荷、压缩机运行状态等相关数据块，若压缩机负荷为 4～5 N·m，说明压缩机运行状态为正常或接通；否则，可能是压缩机内部机械损坏
数据总线诊断接口无法进入的检查			关闭点火开关，拔下数据总线诊断接口控制单元熔丝，检查熔丝有无熔断，熔丝插脚有无松旷、烧蚀现象
			检查数据总线诊断接口控制单元搭铁端子与车身之间是否存在断路
			检查数据总线诊断接口控制单元与车辆诊断接口之间的通信线路是否存在断路
			拆下驾驶员脚部空间盖板，拔下数据总线诊断接口控制单元插接器，检查其针脚有无弯折或折断，插接器各端子有无松旷现象
空调系统通信线路的检查			拆下中央控制台显示屏和空调控制器的装饰板
			使用旋具拆下带操作面板的空调控制单元，拔下其后部 20 针插接器，检查其针脚有无弯折或折断，并检查插接器的通信端子有无松旷现象
			拆下驾驶员脚部空间盖板，拔下数据总线诊断接口控制单元插接器，检查其针脚有无弯折或折断，并检查插接器的通信端子有无松旷现象
			使用万用表电阻挡测量空调控制单元插接器通信端子与数据总线诊断接口控制单元通信端子之间的线路是否存在断路

（二）实施记录

结合实施过程，对照表 21-3 所列检查项目进行检查，并记录实际的检查结果。

表 21-3　空调系统故障诊断与维修实施记录

序号	项目	故障检查	故障记录
1	故障验证及基础检查	铺设三件套，安全防护工作 □　空调系统不制冷 □ 鼓风机不运转或转速不能调节 □　温度调节旋钮失灵 □ 出风口模式不能调整 □　左右温区调节失灵 □ 故障现象验证：________________	检查出的故障：

续表

序号	项目	故障检查	故障记录
2	自诊断及针对故障码的检查	自诊断不能进入 □ 控制单元电源故障 □ 线路连接故障 □ 检测出的故障码：__________ 针对故障码的检修过程：__________	检查出的故障：
3	数据总线诊断接口无法进入的检查	数据总线诊断接口控制单元熔丝熔断 □ 熔丝插脚锈蚀、松旷 □ 数据总线诊断接口控制单元插接器针脚弯折、锈蚀或松旷 □ 数据总线诊断接口控制单元搭铁线路断路 □ 数据总线诊断接口控制单元通信线路故障 □	检查出的故障：
4	空调系统通信线路的检查	空调控制单元插接器针脚弯折、锈蚀或松旷 □ 空调控制单元与数据总线诊断接口控制单元之间通信线路故障 □	检查出的故障：
5	其他		检查出的故障：
根据任务实施流程和故障排除过程，总结空调系统故障排除思路，并填写在下面。 1.__________ 2.__________ 3.__________ 4.__________ 5.__________ 6.__________			

五、检查

（一）自检

结合本组任务操作过程，对任务执行过程中的操作规范性进行检查，检查操作过程中是否存在以下问题，分析讨论应如何避免并总结规范的操作方法（见表 21–4）。

表 21-4 自检

检查项目	结果
故障点是否找到	是☐ 否☐
故障是否排除	是☐ 否☐
工具是否整理归位	是☐ 否☐
现场是否打扫干净	是☐ 否☐

（二）互检

组与组之间相互进行任务操作过程及结果检查，并把检查结果填写在表 21-5 中。

表 21-5 互检

检查项目	结果
故障点是否找到	是☐ 否☐
故障是否排除	是☐ 否☐
工具是否整理归位	是☐ 否☐
现场是否打扫干净	是☐ 否☐

六、课堂小结

任务二十二　空调系统故障诊断与维修（三）

空调系统故障诊断与维修任务工单——通信线路检查					
客户信息	姓名		职业		
车辆信息	车型		VIN 码		行驶里程

维修事项：

空调系统不制冷或制冷效果差 □　　出风口风量太小 □　　温度调节失效 □

双区温度调节失灵 □　　空调出风模式异常 □　　其他问题 □

客户描述：

车辆外观检查		车辆内部检查	
凹凸 □	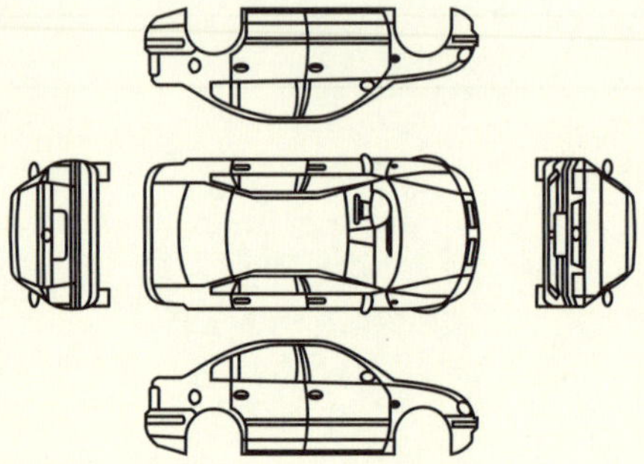	污渍 □	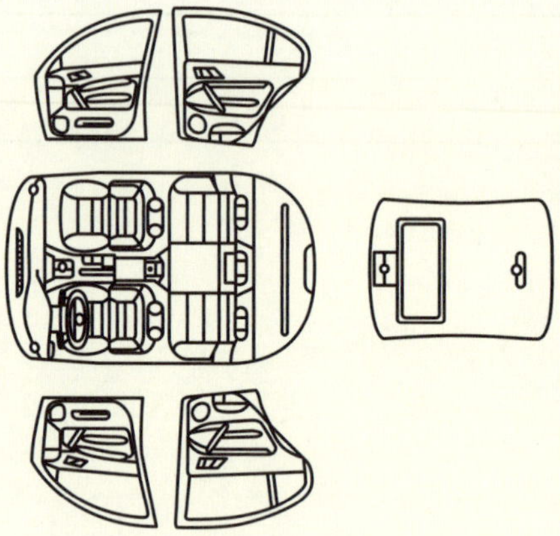
划痕 □		破损 □	
石击 □		色斑 □	
油漆 □		变形 □	

明确具体工作任务：

任务目标

- 能够与客户进行沟通并验证故障现象
- 能够根据故障现象分析可能的故障原因，并制订相关检查计划
- 能够依照计划内容对车辆进行检查，并根据检查结果明确故障点
- 能够对故障进行修复或根据故障点给出故障修复建议
- 能够正确填写维修工单，进行质量检查

任务内容

- 空调系统组成与控制原理
- 空调系统工作异常的诊断流程

续表

任务重点	● 空调系统组成与控制原理 ● 空调系统工作异常的诊断流程
任务难点	● 空调系统故障排除

一、任务准备

选出完成本任务所需的工具、设备、资料等。

	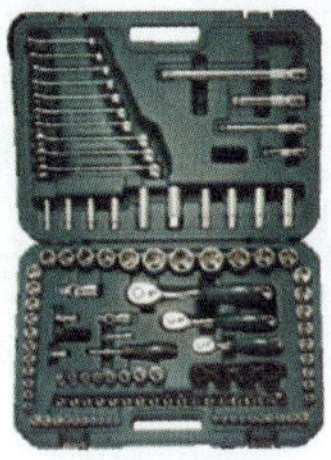		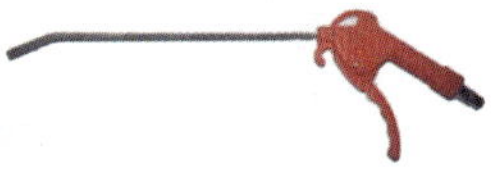
工具车	工具套件	翼子板布	吹尘枪
	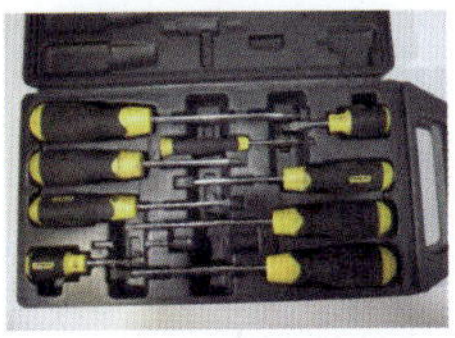		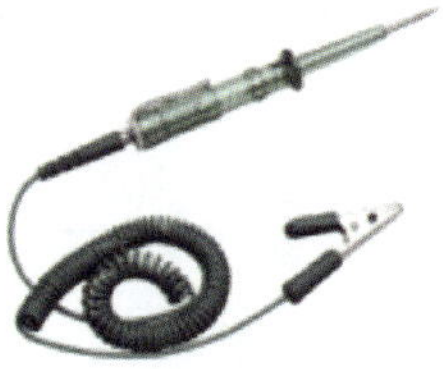
诊断仪	旋具套装	万用表	二极管试灯
		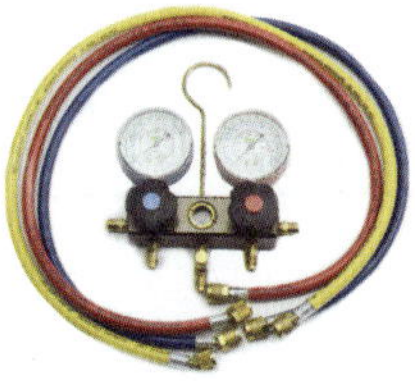	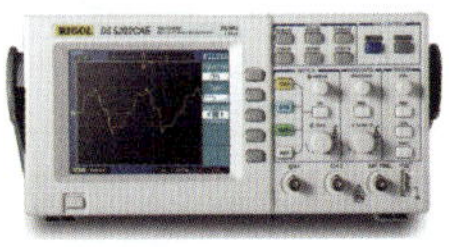
温度计	抹布	歧管压力表	示波器
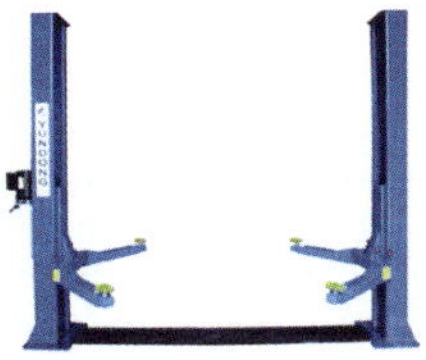			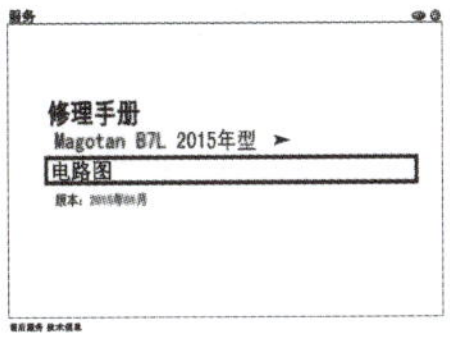
举升机	实训车辆	维修手册	电路图

二、防护措施

1. 进入车间应穿工鞋，戴工帽；工作服应整洁，无破损；操作时不可戴手表等金属饰品，以防划伤车辆表面。

2. 举升车辆时应严格按照举升机使用方法进行操作，并通知其他人员远离举升设备。

3. 在对制冷系统进行拆装操作前，应确保系统中的制冷剂被完全回收，加注制冷剂时应严格按照要求补加相应量的冷冻机油。

观察下列车间操作图片，选出操作正确的图片。

		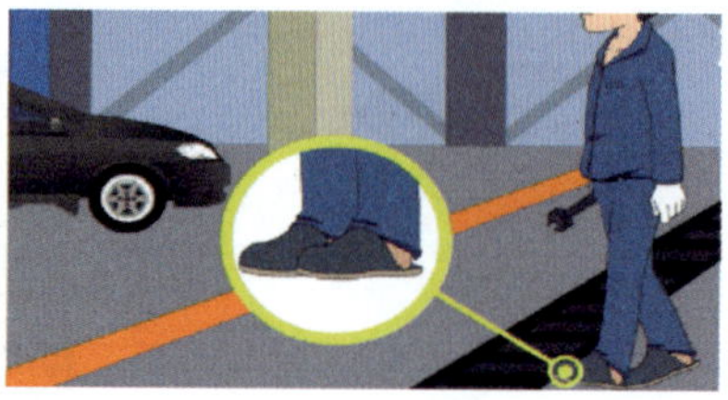

三、任务分配（见表 22-1）

表 22-1　任务分配表

职务	代码	姓名	工作内容
组长	A		监督、管理组员工作
组员	B		准备实训所需车辆及零配件
	C		
	D		准备实训所需工具及维修手册
	E		

四、任务实施

（一）操作流程

完成下面工作内容的排序并填写在表 22-2 中。

表 22-2　空调系统故障诊断与维修操作步骤

操作流程	步骤	工作内容
故障验证及基础检查		启动车辆并按下空调最大制冷开关 max A/C 按钮，使用出风口温度计检查面部出风口温度
		操作控制面板上的各按钮，检查空调鼓风机转速调节、温度调节、左右分区温度调节、座椅加热等功能是否正常

续表

操作流程		步骤	工作内容
故障验证及基础检查			分别检查空调通风系统除霜及面部、脚部出风口出风是否正常
			连接诊断仪，检查空调控制单元有无故障码
有故障码的检测	高压传感器断路 / 对地短路		拔下高压传感器熔丝，检查熔丝有无熔断，熔丝插脚有无松旷、烧蚀现象
			拔下高压传感器插接器，检查插接器端子有无松旷、烧蚀现象，针脚有无弯折或折断
			检查高压传感器插接器 1 号端子与搭铁之间线路是否断路
			关闭点火开关，拆下空调控制面板并拔下后部的 20 针插接器，检查控制单元针脚有无弯折或折断，检查高压传感器插接器 2 号端子与空调控制单元 T20c/2 号端子之间是否断路
	温度传感器断路 / 对地短路		检查温度传感器插接器端子有无松旷、烧蚀现象，检查传感器针脚有无弯折或折断
			检测温度传感器两个针脚之间的电阻，检查温度传感器是否内部短路
			拆下空调控制单元并拔下其后部插接器，检查控制单元后部针脚有无弯折或折断；使用万用表检查温度传感器两个端子与空调控制单元相关端子之间导线是否断路
			查阅维修手册，找到相关温度传感器安装位置并按照手册所述方法拆下温度传感器
	空调压缩机断路 / 对地短路		拔下空调压缩机调节阀插接器，检查插接器端子有无松旷、烧蚀现象，针脚有无弯折或折断
			检查空调压缩机调节阀插接器 1 号端子与搭铁之间线路是否断路
			打开点火开关，使用万用表检查空调压缩机调节阀插接器 2 号端子有无自检电压，若无自检电压，则检查 2 号端子与空调控制单元 T20c/18 号端子之间是否断路，空调控制单元后部针脚有无弯折或折断
	风门控制电动机位置传感器断路 / 对地短路		拔下插接器，检查其针脚有无弯折或折断
			拆下空调控制单元，检查空调控制单元后部插接器针脚有无弯折或折断
			查阅电路图，检查带位置传感器风门控制电动机的端子与空调控制单元相关插接器上的端子之间的线路有无断路
			查阅维修手册，找到相关传感器安装位置并按照手册所述方法拆下带位置传感器的风门控制电动机
	新鲜空气鼓风机电缆诊断，前部断路 / 对地短路		拔下鼓风机熔丝并检查有无熔断，检查其插脚有无松旷、烧蚀现象
			拔下空调控制单元后部插接器并检查控制单元插接器端子有无松旷，针脚有无弯折或折断
			检查空调控制单元插接器与鼓风机控制单元插接器之间的通信线路是否存在断路
			拆下前排乘客脚部空间盖板，拔下鼓风机控制单元插接器，检查端子有无松旷、烧蚀现象，针脚有无弯折或折断
			将万用表黑表笔接地，使用万用表电压挡检查鼓风机控制单元 4 号端子有无电源电压，使用电阻挡检查鼓风机控制单元 3 号端子与搭铁之间的导线有无断路

续表

操作流程		步骤	工作内容
无故障码的检测	前部新鲜空气鼓风机内部故障		拔下鼓风机控制单元上的鼓风机插接器，检查其针脚有无弯折或折断
			使用万用表检查鼓风机的电阻，确认鼓风机电动机有无短路
	高压传感器压力低于下限		操作诊断系统读取空调控制单元的数据块，静态时空调系统压力值应为 700 kPa 左右
			启动发动机并按下空调最大制冷开关 max A/C 按钮，读取空调系统压力值，应不低于 1 000 kPa。若系统压力值低于 1 000 kPa，则说明空调压缩机机械损坏或调节电磁阀未进入工作状态
			读取空调压缩机负荷、压缩机运行状态等相关数据块，若压缩机负荷为 4～5 N·m，说明压缩机运行状态为正常或接通；否则，可能是压缩机内部机械损坏
			若通过数据块无法判断压缩机是否有故障，还应连接歧管压力表对制冷系统高、低压压力进行检测并分析，判断故障原因
数据总线诊断接口无法进入的检查			关闭点火开关，拔下数据总线诊断接口控制单元熔丝，检查熔丝有无熔断，熔丝插脚有无松旷、烧蚀现象
			拆下驾驶员脚部空间盖板，拔下数据总线诊断接口控制单元插接器，检查其针脚有无弯折或折断，插接器各端子有无松旷现象
			检查数据总线诊断接口控制单元搭铁端子与车身之间是否存在断路
			检查数据总线诊断接口控制单元与车辆诊断接口之间的通信线路是否存在断路
空调系统通信线路的检查			拆下中央控制台显示屏和空调控制器的装饰板
			使用万用表电阻挡测量空调控制单元插接器通信端子与数据总线诊断接口控制单元通信端子之间的线路是否存在断路
			使用旋具拆下带操作面板的空调控制单元，拔下其后部 20 针插接器，检查其针脚有无弯折或折断，并检查插接器的通信端子有无松旷现象
			拆下驾驶员脚部空间盖板，拔下数据总线诊断接口控制单元插接器，检查其针脚有无弯折或折断，并检查插接器的通信端子有无松旷现象

（二）实施记录

结合实施过程，对照表 22-3 所列检查项目进行检查，并记录实际的检查结果。

表 22-3　空调系统故障诊断与维修实施记录

序号	项目	故障检查	故障记录
1	故障验证及基础检查	铺设三件套，安全防护工作 □　空调系统不制冷 □ 鼓风机不运转或转速不能调节 □　温度调节旋钮失灵 □ 出风口模式不能调整 □　左右温区调节失灵 □ 故障现象验证：________________	检查出的故障：

续表

序号	项目	故障检查	故障记录
2	自诊断及针对故障码的检查	自诊断不能进入 □ 控制单元电源故障 □ 线路连接故障 □ 检测出的故障码：____ 针对故障码的检修过程：____	检查出的故障：
3	数据总线诊断接口无法进入的检查	数据总线诊断接口控制单元熔丝熔断 □ 熔丝插脚锈蚀、松旷 □ 数据总线诊断接口控制单元插接器针脚弯折、锈蚀或松旷 □ 数据总线诊断接口控制单元搭铁线路断路 □ 数据总线诊断接口控制单元通信线路故障 □	检查出的故障：
4	空调系统通信线路的检查	空调控制单元插接器针脚弯折、锈蚀或松旷 □ 空调控制单元与数据总线诊断接口控制单元之间通信线路故障 □	检查出的故障：
5	其他		检查出的故障：
根据任务实施流程和故障排除过程，总结空调系统故障排除思路，并填写在下面。 1. ____ 2. ____ 3. ____ 4. ____ 5. ____ 6. ____			

五、检查

（一）自检

结合本组任务操作过程，对任务执行过程中的操作规范性进行检查，检查操作过程中是否存在以下问题，分析讨论应如何避免并总结规范的操作方法（见表 22–4）。

表 22-4 自检

检查项目	结果
故障点是否找到	是☐ 否☐
故障是否排除	是☐ 否☐
工具是否整理归位	是☐ 否☐
现场是否打扫干净	是☐ 否☐

（二）互检

组与组之间相互进行任务操作过程及结果检查，并把检查结果填写在表 22-5 中。

表 22-5 互检

检查项目	结果
故障点是否找到	是☐ 否☐
故障是否排除	是☐ 否☐
工具是否整理归位	是☐ 否☐
现场是否打扫干净	是☐ 否☐

六、课堂小结

任务二十三　中控门锁故障诊断与维修（一）

中控门锁故障诊断与维修任务工单——开锁功能失效故障检修					
客户信息	姓名		职业		
车辆信息	车型	VIN 码		行驶里程	
维修事项	无钥匙进入功能失效 □ 遥控钥匙按键失效 □ 客户描述：	遥控钥匙解锁功能失效 □ 遥控钥匙遥控距离缩短 □		遥控钥匙闭锁功能失效 □ CAN 数据总线检修 □	

车辆外观检查		车辆内部检查	
凹凸 □	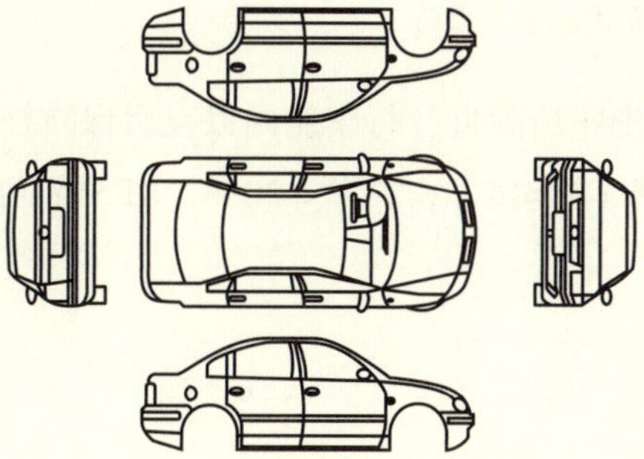	污渍 □	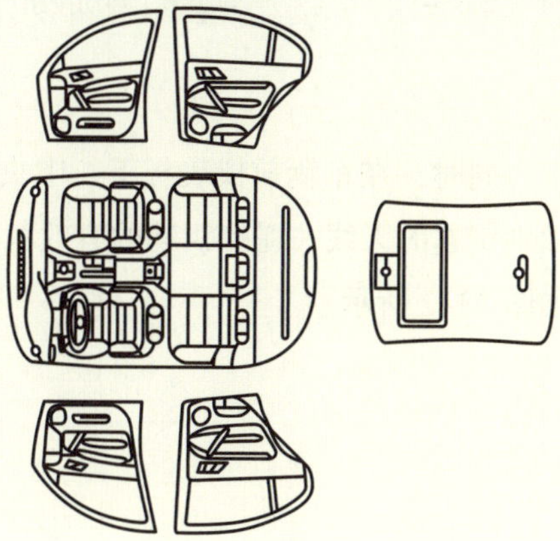
划痕 □		破损 □	
石击 □		色斑 □	
油漆 □		变形 □	
明确具体工作任务			

任务目标

- 掌握无钥匙进入系统故障诊断与维修的思路
- 能够使用检测设备和仪器进行故障检测
- 能够正确填写维修工单，进行质量检查

任务内容

- 无钥匙进入系统组成及功用
- 舒适系统中央控制单元 J393 功能及安装位置
- 中控门锁系统功能及故障诊断与排除方法

续表

任务重点	● 无钥匙进入系统组成及功用 ● 中控门锁系统故障诊断与排除方法
任务难点	● 中控门锁系统故障诊断与排除方法

一、知识讲解

（一）无钥匙进入系统

无钥匙进入系统（KESSY）如图 23-1 所示，两个前车门把手内都集成有一根磁棒天线，该天线的任务是将进入和启动许可控制单元的信号发送到车钥匙上。

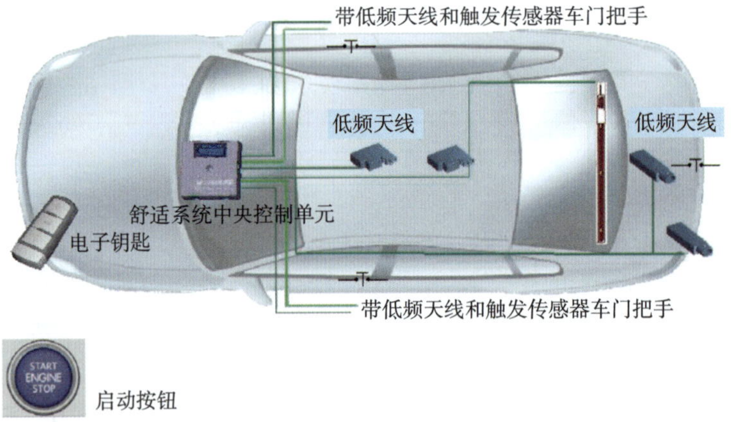

图 23-1　无钥匙进入系统

同时，在车辆前仪表板下、中央扶手附近、后排座椅附近、行李舱内以及后保险杠处也装有用于识别钥匙的天线。遥控钥匙的有效范围：解锁 / 闭锁车辆≤6 m，寻车≤30 m，KESSY 功能范围≤1 m，如图 23-2 所示。

图 23-2　KESSY 天线范围

驾驶员侧门外把手的组成如图 23–3 所示。其中，门外把手接近和开锁传感器 G415 是电容式的，集成在门外把手内，由直流电压来启动，进入和启动许可控制单元会对传感器电流进行分析。也就是说，每个门外把手和支座上都装有一个电容片，如果电容片之间插入新的介质，就会有一个电流短时流过，进入和启动许可控制单元会识别并分析这个电流。

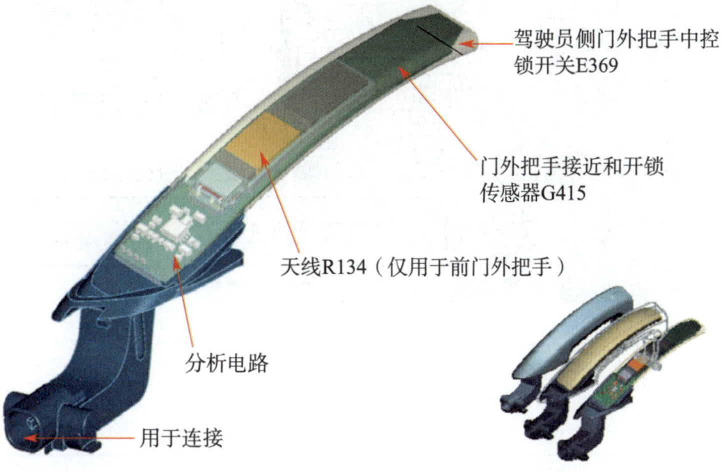

图 23–3 驾驶员侧门外把手的组成

（二）舒适系统中央控制单元 J393

1. 功能

舒适系统中央控制单元 J393 具有以下控制功能：

（1）车门锁的控制。

（2）后车门控制单元的控制。

（3）油箱盖解锁的控制。

（4）行李舱盖开锁的控制。

（5）防盗报警装置通过 LIN 数据总线的控制。

（6）轮胎压力检查的控制。

（7）防盗锁止系统的控制。

（8）进入和启动许可系统的控制。

2. 安装位置

舒适系统中央控制单元 J393 的安装位置如图 23–4 所示。在大众迈腾轿车中，舒适系统中央控制单元首次集轮胎压力检查功能（通过轮胎压力传感器和轮胎压力检查天线进行监控）、防盗锁止系统控制单元 J362 功能以及进入和启动许可控制单元 J518 功能于一身。

此外，舒适系统中央控制单元是防盗报警装置 LIN 数据总线上的主控制单元。车内监控传感器 G273、防盗报警装置智能信号喇叭 H12 和车身倾斜传感器 G384 均属于防盗报警装置。

（三）中控门锁

舒适系统中央控制单元控制中控门锁的全部功能，车门、行李舱盖和油箱盖都属于中控门锁机构。中控门锁有三个不同的锁止状态，见表 23–1。

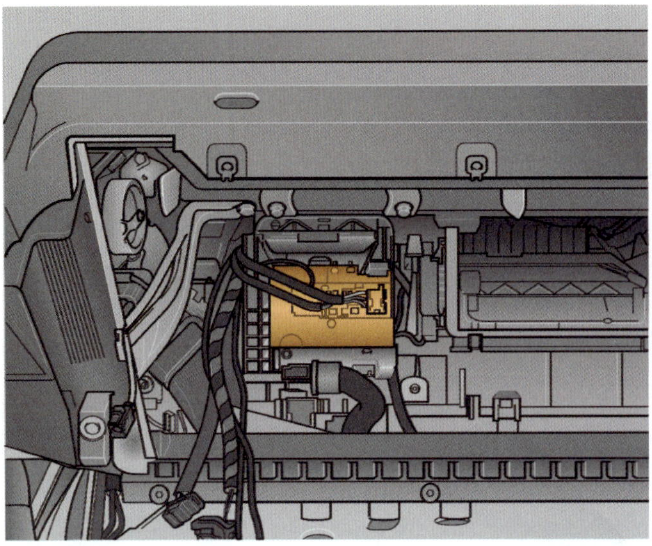

图 23-4 舒适系统中央控制单元 J393 的安装位置

表 23-1 中控门锁的三个不同锁止状态

状态	状态描述
已开锁	车门可以从内部和外部打开
已闭锁	车门只能从内部通过一次性操作车门把手打开
安全	从内部和外部都不能打开车门

1. 中控门锁闭锁状态

该操作可通过驾驶员侧车门上的车内联锁按钮、其余车门上的车内上锁按钮以及汽车钥匙无线遥控器来实现。各车门控制单元由驾驶员和副驾驶员侧中控门锁控制，而后部车门、行李舱盖以及油箱盖的控制则由舒适系统中央控制单元来负责。

2. 中控门锁开锁状态

如果通过驾驶员侧车门上的车内联锁按钮将所有车门闭锁，则集成在车内联锁按钮中的 LED 信号装置点亮。车门可以从内部通过一次性操纵车门把手打开。在单门开启功能被激活并且用汽车钥匙机械打开车门时，仅能控制驾驶员侧的车门控制单元解锁驾驶员侧车门。

（四）中控门锁系统故障检查方法

1. 故障现象

无钥匙进入、遥控功能不能正常使用，闭锁关窗功能失效。

2. 检查步骤

打开点火开关，使用诊断仪进入“舒适系统中央控制单元”读取故障码，然后根据故障码和车辆出现的故障现象，分析并判断检查方向。具体检查步骤见表 23-2。

表 23-2 故障现象分析及检查步骤

故障类别	故障现象分析	检查步骤
天线故障类	无钥匙进入异常，可能原因是天线故障、线路故障、控制故障	1. 拆检 R134 和 R135 天线 2. 检查 R134 和 R135 天线至舒适系统中央控制单元的连接线、插接器（门把手天线电路见图 23-5）
无故障码类	钥匙遥控功能失效	1. 检查、更换遥控钥匙中的电池 2. 重新匹配遥控钥匙（仅限非无钥匙进入车型）
	闭锁关窗功能失效	检查、更换驾驶员侧车门控制单元 J386 并重新进行编码

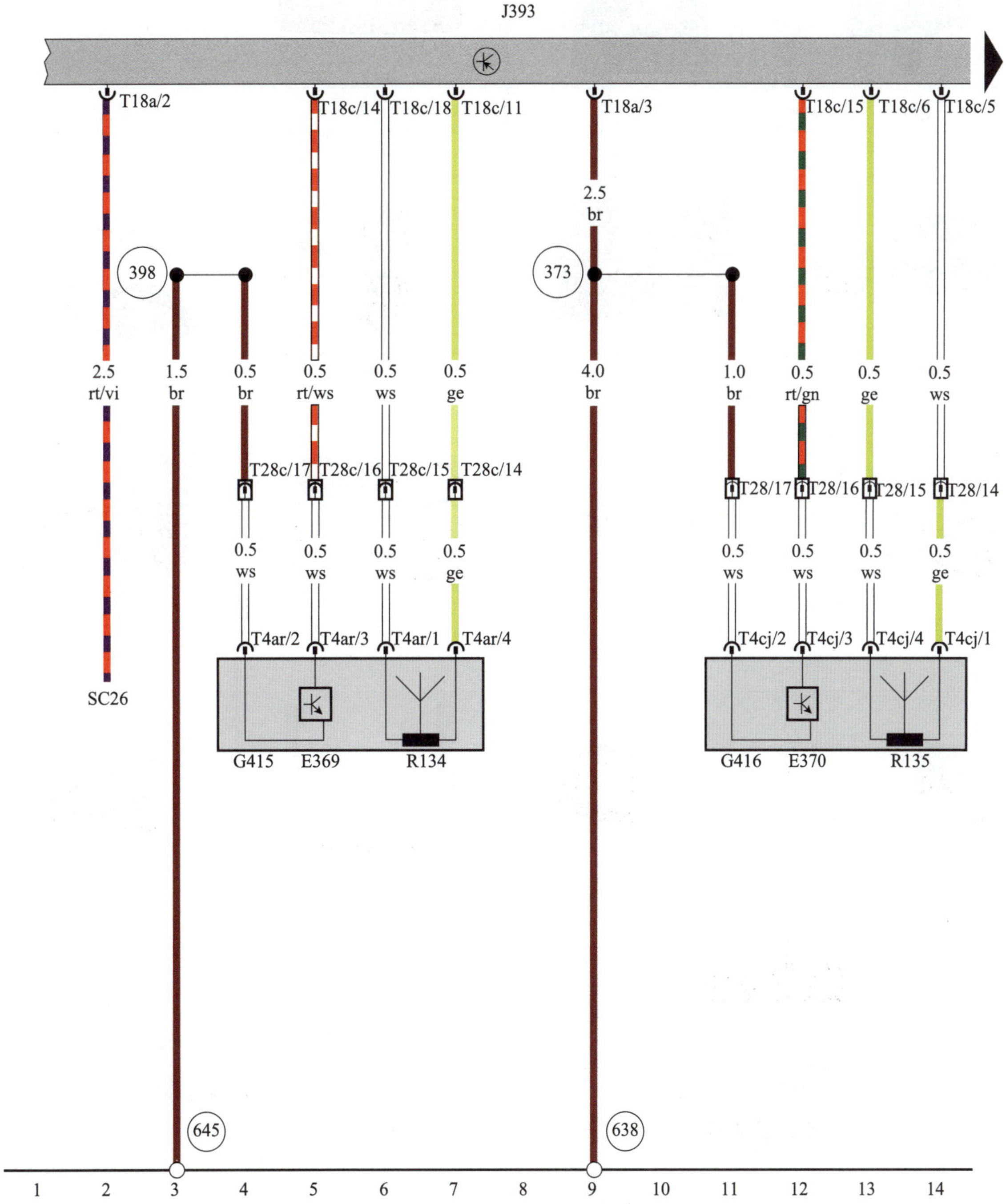

图 23-5 门把手天线电路

二、任务准备

选出完成本任务所需的工具、设备、资料等。

<table>
<tr><td></td><td>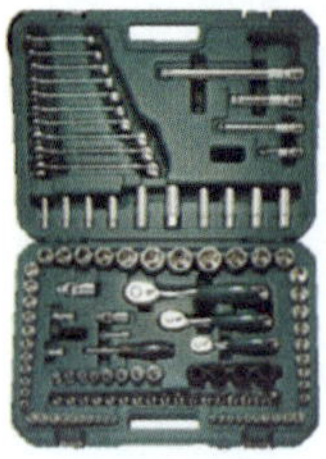</td><td></td><td></td></tr>
<tr><td>工具车</td><td>工具套件</td><td>翼子板布</td><td>吹尘枪</td></tr>
<tr><td></td><td></td><td></td><td></td></tr>
<tr><td>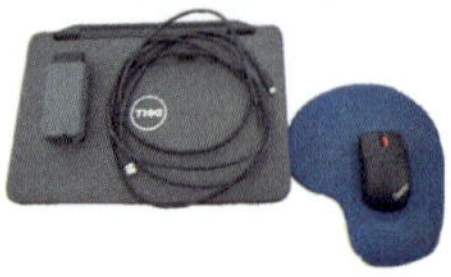</td><td>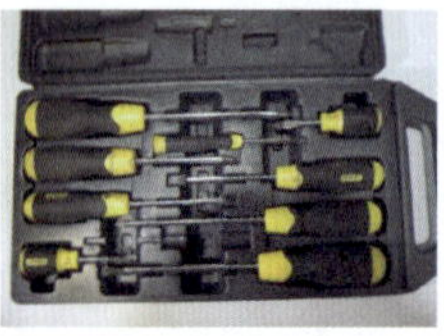</td><td>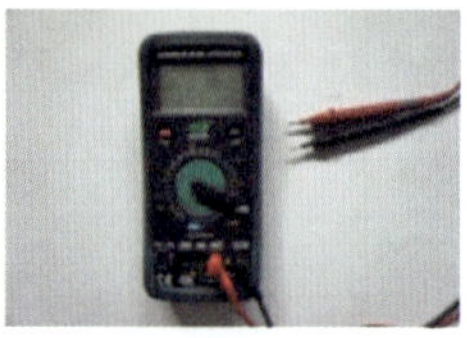</td><td>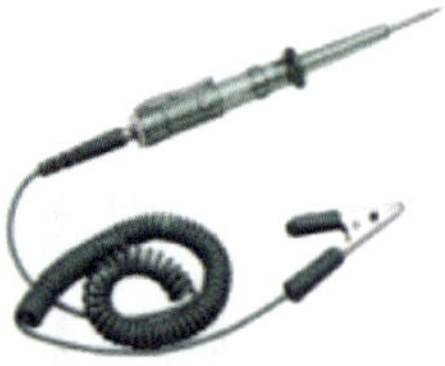</td></tr>
<tr><td>诊断仪</td><td>旋具套装</td><td>万用表</td><td>二极管试灯</td></tr>
<tr><td></td><td></td><td></td><td></td></tr>
<tr><td>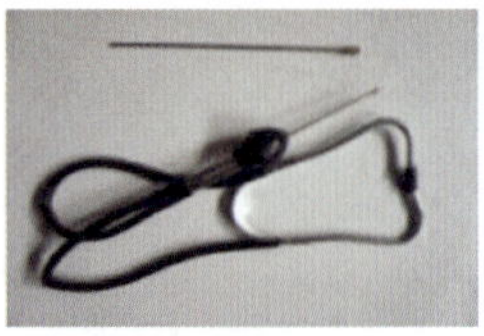</td><td></td><td>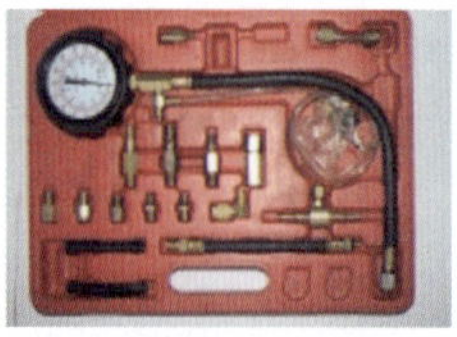</td><td>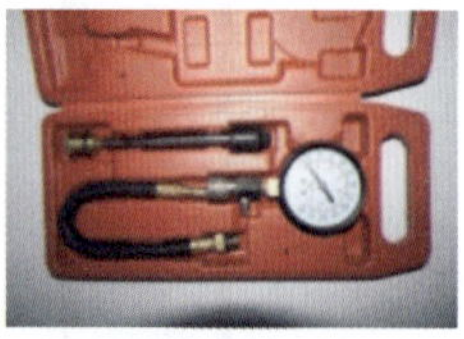</td></tr>
<tr><td>听诊器</td><td>抹布</td><td>燃油压力表</td><td>气缸压力表</td></tr>
<tr><td></td><td></td><td></td><td></td></tr>
<tr><td>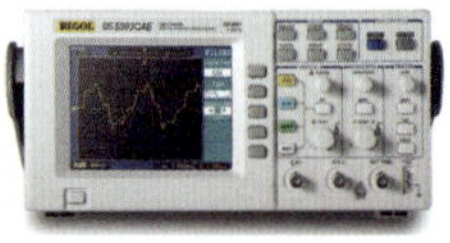</td><td>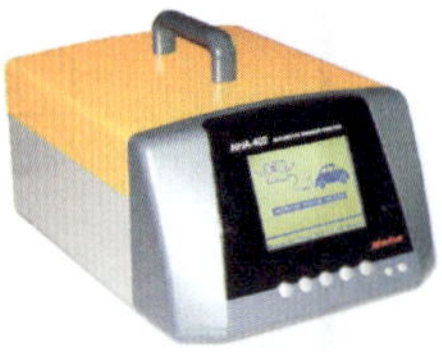</td><td></td><td></td></tr>
<tr><td>示波器</td><td>尾气分析仪</td><td>举升机</td><td>实训车辆</td></tr>
<tr><td></td><td></td><td></td><td></td></tr>
<tr><td colspan="2"></td><td colspan="2"></td></tr>
<tr><td colspan="2">维修手册</td><td colspan="2">多楔传动带</td></tr>
<tr><td colspan="2"></td><td colspan="2"></td></tr>
</table>

三、防护措施

1. 进入车间应穿工鞋，戴工帽；工作服应整洁，无破损；操作时不可戴手表等金属饰品，以防划伤车辆表面。

2. 举升车辆时应严格按照举升机使用方法进行操作，并通知其他人员远离举升设备。

3. 更换油液或配件时应处理好油液或配件的回收清理工作，以免对工作环境造成污染。

观察下列车间操作图片，选出操作正确的图片。

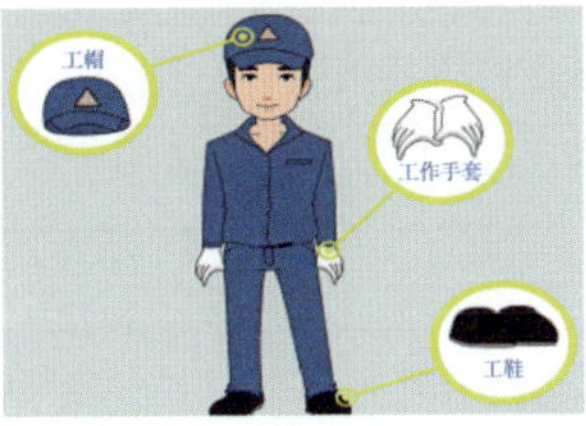		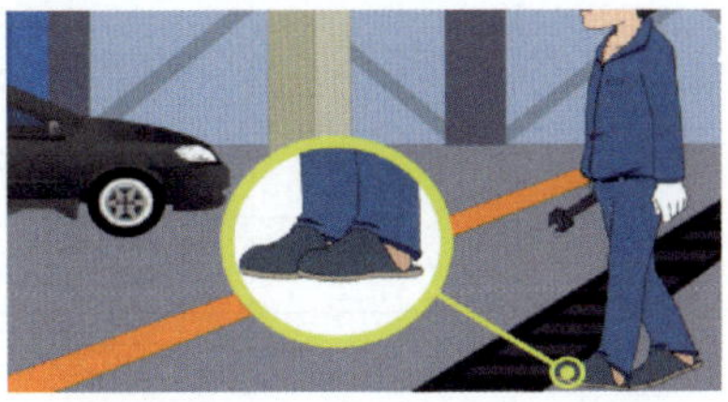

四、任务分配（见表 23-3）

表 23-3　任务分配表

职务	代码	姓名	工作内容
组长	A		监督、管理组员工作
组员	B		准备实训所需车辆及零配件
	C		
	D		准备实训所需工具及维修手册
	E		

五、任务实施

（一）操作流程

完成下面工作内容的排序并填写在表 23-4 中。

表 23-4　中控门锁故障诊断与维修操作步骤

操作流程	步骤	工作内容
故障验证及基础检查		将车辆停放在维修工位，拉起驻车制动器并将自动变速器置于空挡
		铺好转向盘套、座椅套、脚垫，打开发动机舱盖，铺好翼子板布
		准备好常用工具、诊断仪、万用表、试灯

续表

操作流程	步骤	工作内容
故障验证及基础检查		携带遥控钥匙，在驾驶员位置通过门把手闭锁车辆、解锁车辆，查看有无异常情况
		使用遥控钥匙闭锁车辆、解锁车辆，查看有无异常情况
		连接诊断仪，打开点火开关，使用诊断仪进入“中央电气电子设备”系统读取故障码
检查带 KESSY 的车门把手		拆卸锁芯外壳盖罩
		拆卸带 KESSY 的车门把手（R134 天线）
		安装带 KESSY 的车门把手（R134 天线）
		检查插接器是否有锈蚀、断针等异常情况
		检查带 KESSY 的车门把手和舒适系统中央控制单元 J393 之间连接线束
		安装锁芯外壳盖罩
		验证无钥匙进入功能是否正常，故障是否排除
更换遥控钥匙电池		拆卸遥控钥匙，并拆下遥控钥匙电池
		组装遥控钥匙
		更换新电池
		针对非无钥匙进入车型，如有需要可进行遥控钥匙匹配（无钥匙进入车型匹配需要在线模式）
检查驾驶员侧车门控制单元 J386		拆检驾驶员侧车门控制单元 J386，如有需要，则更换新的驾驶员侧车门控制单元 J386
		更换时，首先使用诊断仪读取原控制单元编码信息并记录，更换后输入原编码信息进行编码匹配

（二）实施记录

结合实施过程，对照表 23-5 所列检查项目进行检查，并记录实际的检查结果。

表 23-5　中控门锁故障诊断与维修实施记录

序号	项目	故障检查	故障记录
1	故障验证及基础检查	铺设三件套，安全防护工作 □　遥控钥匙 □　闭锁升窗功能 □ 无钥匙进入功能 □ 故障现象验证：________________	检查出的故障：
2	检查带 KESSY 的车门把手	正确连接诊断仪 □　不能进入自诊断 □　可以进入自诊断 □ 车门把手　□　天线相关故障码 □ 检查天线和舒适系统中央控制单元 J393 的线束连接 □ 检查舒适系统中央控制单元 J393 电源、搭铁、熔丝 □ 故障记录：________________ ________________	检查出的故障：
3	更换遥控钥匙电池	遥控钥匙电池检查 □　非无钥匙进入车型遥控钥匙匹配情况 □ 故障记录：________________ ________________	检查出的故障：

续表

序号	项目	故障检查	故障记录
4	检查驾驶员侧车门控制单元 J386	检查驾驶员侧车门控制单元 J386 电源、搭铁、CAN 数据总线连接情况 □ 检查编码匹配情况 □ 编码记录：________ ________ ________	检查出的故障：
根据任务实施流程和故障排除过程，总结中控门锁系统故障排除思路，并填写在下面。 1. ________ 2. ________ 3. ________ 4. ________ 5. ________ 6. ________			

六、检查

（一）自检

结合本组任务操作过程，对任务执行过程中的操作规范性进行检查，检查操作过程中是否存在以下问题，分析讨论应如何避免并总结规范的操作方法（见表 23–6）。

表 23–6　自检

检查项目	结果
车辆停放位置是否合适，是否将变速器置于空挡并拉紧驻车制动器	是 □　否 □
是否使用三件套对车辆进行防护	是 □　否 □
故障是否确认	是 □　否 □
带 KESSY 的车门把手工作是否正常	是 □　否 □
遥控钥匙更换电池后是否匹配，工作是否正常	是 □　否 □
驾驶员侧车门控制单元 J386 更换后编码是否匹配，工作是否正常	是 □　否 □
工作场地是否清洁，车辆是否复位	是 □　否 □

（二）互检

组与组之间相互进行任务操作过程及结果检查，并把检查结果填写在表 23–7 中。

表 23-7　互检

检查项目	结果
车辆停放位置是否合适，是否将变速器置于空挡并拉紧驻车制动器	是 □　否 □
是否使用三件套对车辆进行防护	是 □　否 □
故障是否确认	是 □　否 □
带 KESSY 的车门把手工作是否正常	是 □　否 □
遥控钥匙更换电池后是否匹配，工作是否正常	是 □　否 □
驾驶员侧车门控制单元 J386 更换后编码是否匹配，工作是否正常	是 □　否 □
工作场地是否清洁，车辆是否复位	是 □　否 □

七、课堂小结

____

____

____

任务二十四　中控门锁故障诊断与维修（二）

中控门锁故障诊断与维修任务工单——闭锁功能失效故障检修				
客户信息	姓名		职业	
车辆信息	车型	VIN 码	行驶里程	
维修事项	无钥匙进入功能失效 □ 遥控钥匙按键失效 □	遥控钥匙解锁功能失效 □ 遥控钥匙遥控距离缩短 □	遥控钥匙闭锁功能失效 □ CAN 数据总线检修 □	
	客户描述：			

车辆外观检查		车辆内部检查	
凹凸 □	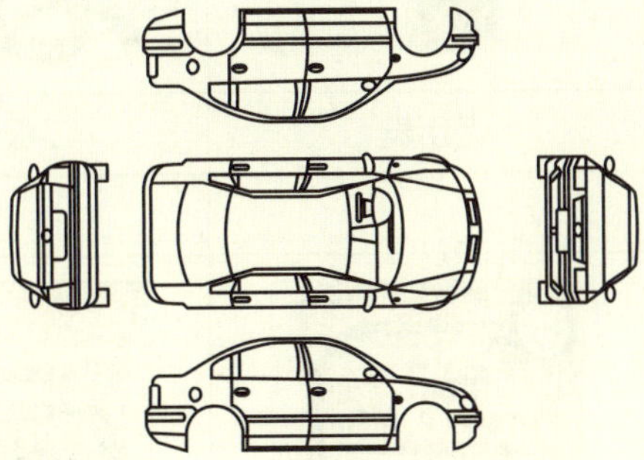	污渍 □	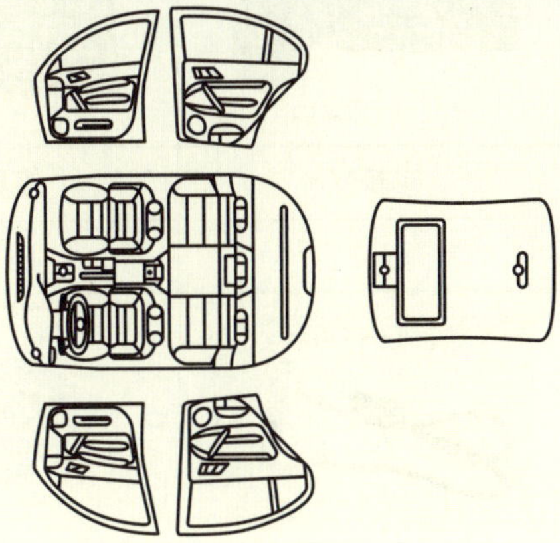
划痕 □		破损 □	
石击 □		色斑 □	
油漆 □		变形 □	

明确具体工作任务	

任务目标

- 掌握无钥匙进入系统故障诊断与维修的思路
- 能够使用检测设备和仪器进行故障检测
- 能够正确填写维修工单，进行质量检查

任务内容

- 无钥匙进入系统组成及功用
- 舒适系统中央控制单元 J393 功能及安装位置
- 中控门锁系统功能及故障诊断与排除方法

续表

任务重点	● 无钥匙进入系统组成及功用 ● 中控门锁系统故障诊断与排除方法
任务难点	● 中控门锁系统故障诊断与排除方法

一、任务准备

选出完成本任务所需的工具、设备、资料等。

	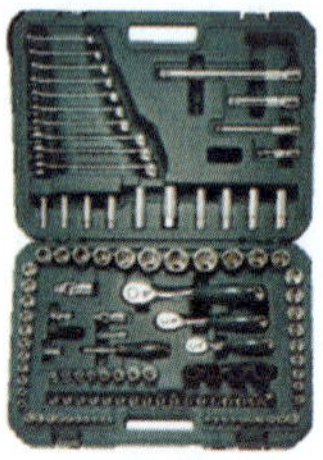	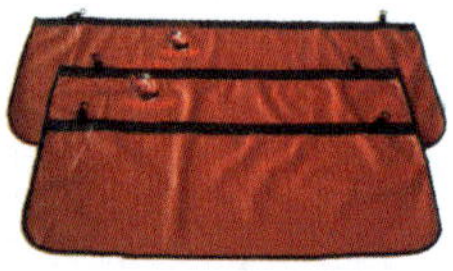	
工具车	工具套件	翼子板布	吹尘枪
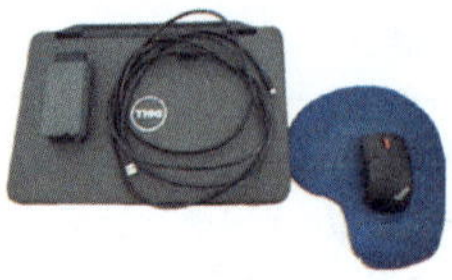	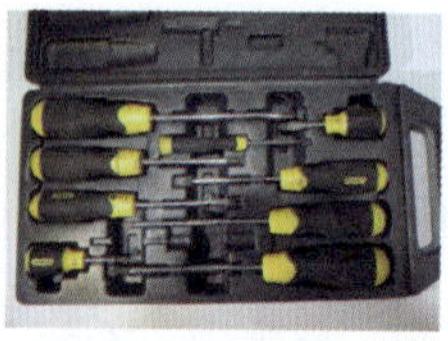		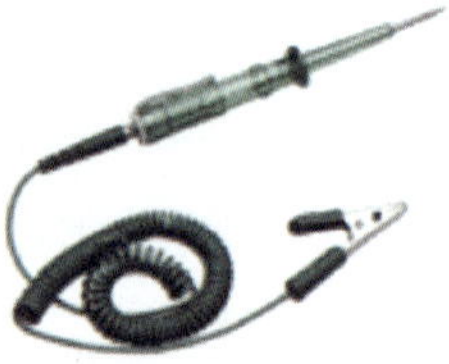
诊断仪	旋具套装	万用表	二极管试灯
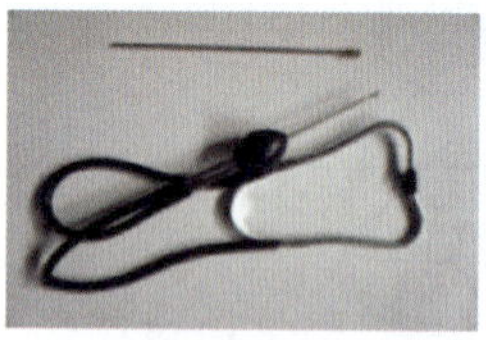		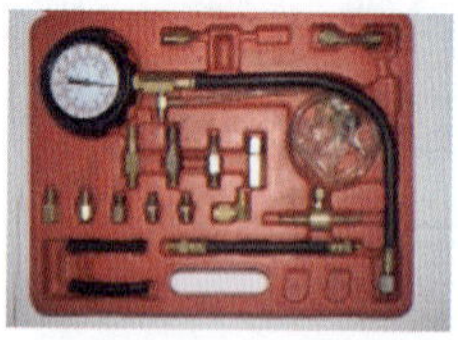	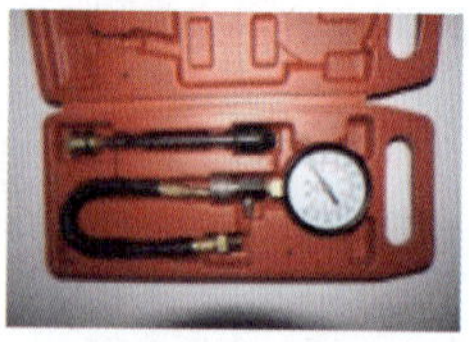
听诊器	抹布	燃油压力表	气缸压力表
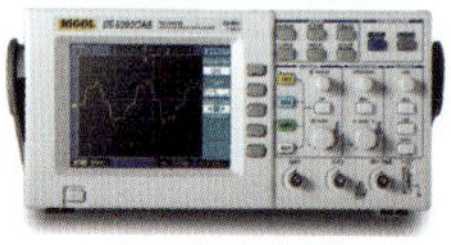	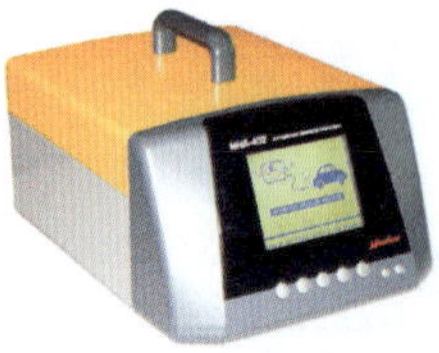	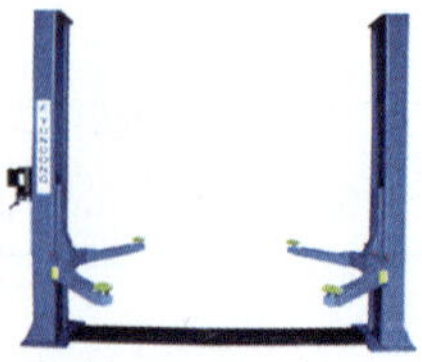	
示波器	尾气分析仪	举升机	实训车辆

维修手册	多楔传动带

二、防护措施

1. 进入车间应穿工鞋，戴工帽；工作服应整洁，无破损；操作时不可戴手表等金属饰品，以防划伤车辆表面。

2. 举升车辆时应严格按照举升机使用方法进行操作，并通知其他人员远离举升设备。

3. 更换油液或配件时应处理好油液或配件的回收清理工作，以免对工作环境造成污染。

观察下列车间操作图片，选出操作正确的图片。

		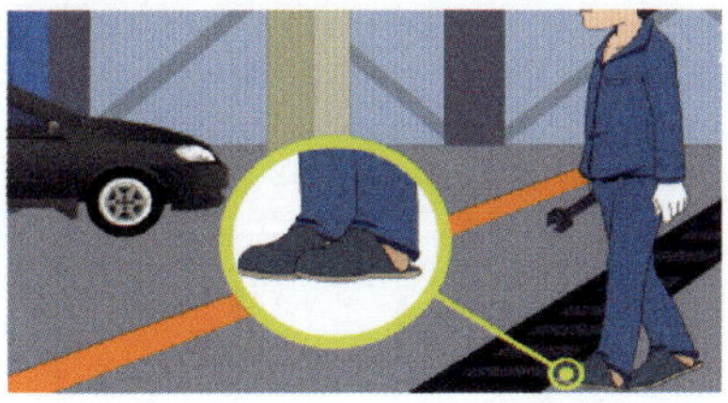

三、任务分配（见表 24-1）

表 24-1 任务分配表

职务	代码	姓名	工作内容
组长	A		监督、管理组员工作
组员	B		准备实训所需车辆及零配件
	C		
	D		准备实训所需工具及维修手册
	E		

四、任务实施

（一）操作流程

完成下面工作内容的排序并填写在表 24-2 中。

表 24-2　中控门锁故障诊断与维修操作步骤

操作流程	步骤	工作内容
故障验证及基础检查		将车辆停放在维修工位，拉起驻车制动器并将自动变速器置于空挡
		铺好转向盘套、座椅套、脚垫，打开发动机舱盖，铺好翼子板布
		准备好常用工具、诊断仪、万用表、试灯
		连接诊断仪，打开点火开关，使用诊断仪进入“中央电气电子设备”系统读取故障码
		使用遥控钥匙闭锁车辆、解锁车辆，查看有无异常情况
		携带遥控钥匙，在驾驶员位置通过门把手闭锁车辆、解锁车辆，查看有无异常情况
检查带 KESSY 的车门把手		拆卸锁芯外壳盖罩
		检查插接器是否有锈蚀、断针等异常情况
		检查带 KESSY 的车门把手和舒适系统中央控制单元 J393 之间连接线束
		拆卸带 KESSY 的车门把手（R134 天线）
		安装带 KESSY 的车门把手（R134 天线）
		安装锁芯外壳盖罩
		验证无钥匙进入功能是否正常，故障是否排除
更换遥控钥匙电池		针对非无钥匙进入车型，如有需要可进行遥控钥匙匹配（无钥匙进入车型匹配需要在线模式）
		拆卸遥控钥匙，并拆下遥控钥匙电池
		更换新电池
		组装遥控钥匙
检查驾驶员侧车门控制单元 J386		拆检驾驶员侧车门控制单元 J386，如有需要，则更换新的驾驶员侧车门控制单元 J386
		更换时，首先使用诊断仪读取原控制单元编码信息并记录，更换后输入原编码信息进行编码匹配

（二）实施记录

结合实施过程，对照表 24-3 所列检查项目进行检查，并记录实际的检查结果。

表 24-3　中控门锁故障诊断与维修实施记录

序号	项目	故障检查	故障记录
1	故障验证及基础检查	铺设三件套，安全防护工作 □　遥控钥匙 □　闭锁升窗功能 □ 无钥匙进入功能 □ 故障现象验证：________________	检查出的故障：
2	检查带 KESSY 的车门把手	正确连接诊断仪 □　不能进入自诊断 □　可以进入自诊断 □ 车门把手　□　天线相关故障码 □ 检查天线和舒适系统中央控制单元 J393 的线束连接 □ 检查舒适系统中央控制单元 J393 电源、搭铁、熔丝 □ 故障记录：________________ ________________	检查出的故障：

续表

序号	项目	故障检查	故障记录
3	更换遥控钥匙电池	遥控钥匙电池检查 □ 非无钥匙进入车型遥控钥匙匹配情况 □ 故障记录：________________	检查出的故障：
4	检查驾驶员侧车门控制单元 J386	检查驾驶员侧车门控制单元 J386 电源、搭铁、CAN 数据总线连接情况 □ 检查编码匹配情况 □ 编码记录：________________	检查出的故障：
根据任务实施流程和故障排除过程，总结中控门锁系统故障排除思路，并填写在下面。 1. ________________ 2. ________________ 3. ________________ 4. ________________ 5. ________________ 6. ________________			

五、检查

（一）自检

结合本组任务操作过程，对任务执行过程中的操作规范性进行检查，检查操作过程中是否存在以下问题，分析讨论应如何避免并总结规范的操作方法（见表 24–4）。

表 24–4 自检

检查项目	结果
车辆停放位置是否合适，是否将变速器置于空挡并拉紧驻车制动器	是 □ 否 □
是否使用三件套对车辆进行防护	是 □ 否 □
故障是否确认	是 □ 否 □
带 KESSY 的车门把手工作是否正常	是 □ 否 □
遥控钥匙更换电池后是否匹配，工作是否正常	是 □ 否 □
驾驶员侧车门控制单元 J386 更换后编码是否匹配，工作是否正常	是 □ 否 □
工作场地是否清洁，车辆是否复位	是 □ 否 □

（二）互检

组与组之间相互进行任务操作过程及结果检查，并把检查结果填写在表 24-5 中。

表 24-5　互检

检查项目	结果
车辆停放位置是否合适，是否将变速器置于空挡并拉紧驻车制动器	是□　否□
是否使用三件套对车辆进行防护	是□　否□
故障是否确认	是□　否□
带 KESSY 的车门把手工作是否正常	是□　否□
遥控钥匙更换电池后是否匹配，工作是否正常	是□　否□
驾驶员侧车门控制单元 J386 更换后编码是否匹配，工作是否正常	是□　否□
工作场地是否清洁，车辆是否复位	是□　否□

六、课堂小结

任务二十五　无钥匙进入故障诊断与维修（一）

无钥匙进入故障诊断与维修任务工单——故障诊断					
客户信息	姓名		职业		
车辆信息	车型		VIN 码		行驶里程
维修事项	无钥匙进入功能失效 □ 遥控钥匙按键失效 □		遥控钥匙解锁功能失效 □ 遥控钥匙遥控距离缩短 □		遥控钥匙闭锁功能失效 □ CAN 数据总线检修 □
	客户描述：				
车辆外观检查			车辆内部检查		
凹凸 □ 划痕 □ 石击 □ 油漆 □	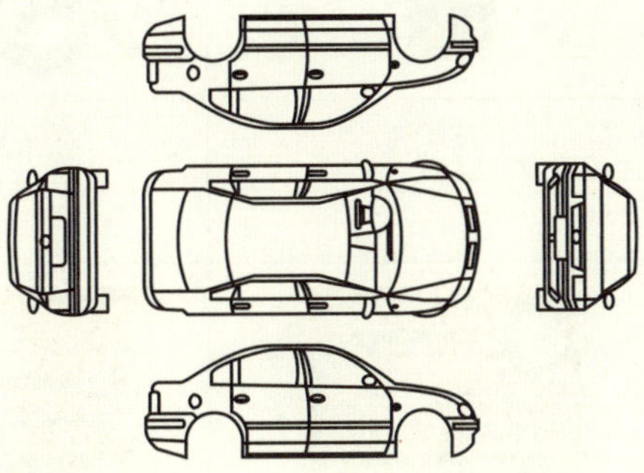		污渍 □ 破损 □ 色斑 □ 变形 □	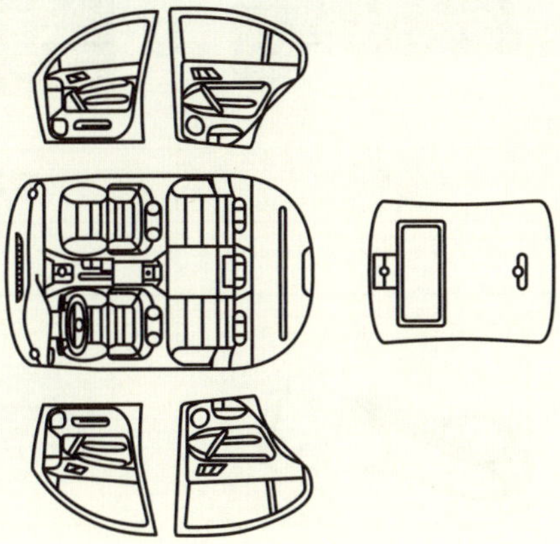	
明确具体工作任务					

任务目标

- 掌握无钥匙进入系统故障诊断与维修的思路
- 能够使用检测设备和仪器进行故障检测
- 能够正确填写维修工单，进行质量检查

任务内容

- 无钥匙进入系统组成及故障检修

续表

任务重点	● 无钥匙进入系统组成及故障检修
任务难点	● 无钥匙进入系统故障检修

一、任务准备

选出完成本任务所需的工具、设备、资料等。

	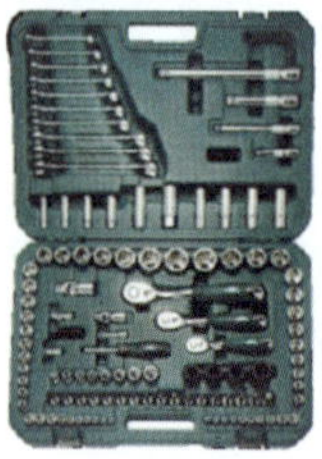		
工具车	工具套件	翼子板布	吹尘枪
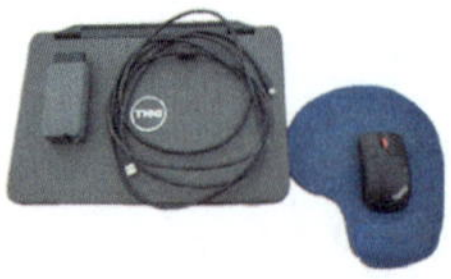	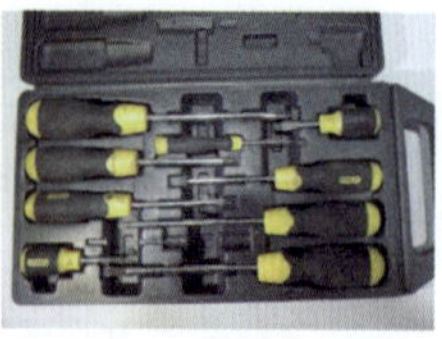		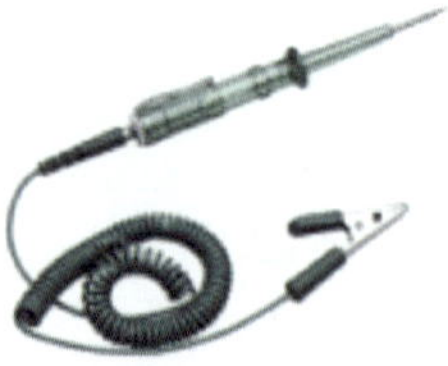
诊断仪	旋具套装	万用表	二极管试灯
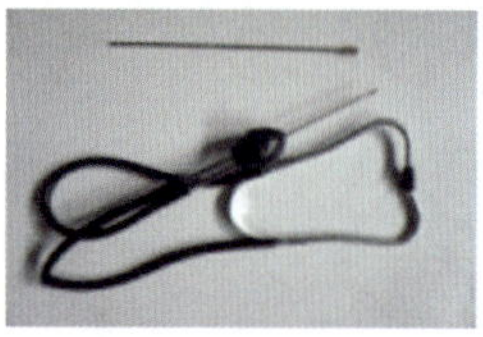		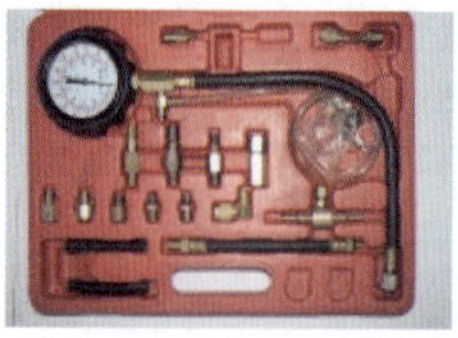	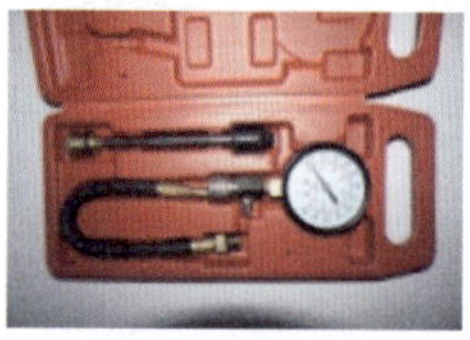
听诊器	抹布	燃油压力表	气缸压力表
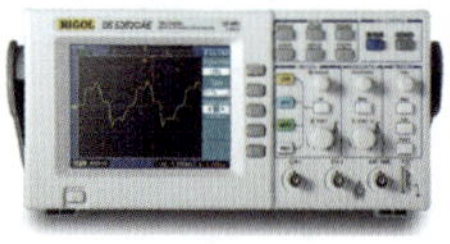	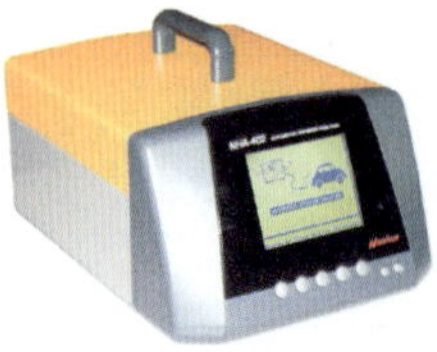	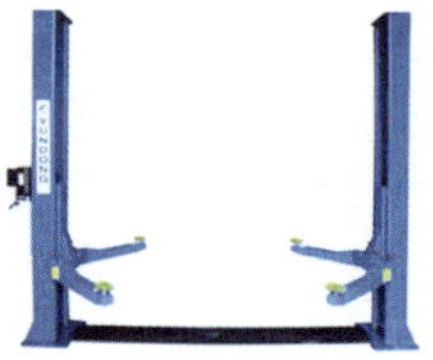	
示波器	尾气分析仪	举升机	实训车辆

维修手册	多楔传动带

二、防护措施

1. 进入车间应穿工鞋，戴工帽；工作服应整洁，无破损；操作时不可戴手表等金属饰品，以防划伤车辆表面。

2. 举升车辆时应严格按照举升机使用方法进行操作，并通知其他人员远离举升设备。

3. 更换油液或配件时应处理好油液或配件的回收清理工作，以免对工作环境造成污染。

观察下列车间操作图片，选出操作正确的图片。

		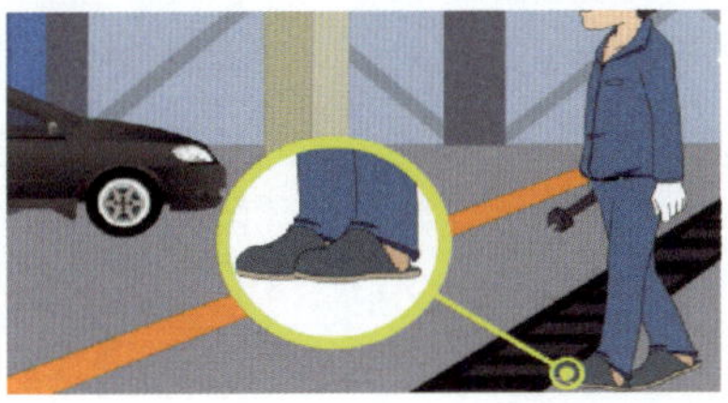

三、任务分配（见表 25-1）

表 25-1 任务分配表

职务	代码	姓名	工作内容
组长	A		监督、管理组员工作
组员	B		准备实训所需车辆及零配件
	C		
	D		准备实训所需工具及维修手册
	E		

四、任务实施

（一）操作流程

完成下面工作内容的排序并填写在表 25-2 中。

表 25-2　无钥匙进入故障诊断与维修操作步骤

操作流程	步骤	工作内容
故障验证		车辆锁车状态下，分别使用遥控钥匙解锁车辆和靠近车门通过门把手上的感应传感器解锁车辆，检查是遥控钥匙电池亏电还是无钥匙进入系统失灵
		若遥控钥匙正常，则在锁闭车门后，分别检查两前车门无钥匙进入开锁功能和行李舱尾门踢脚开锁功能，初步判断是传感器故障还是天线故障
故障自诊断		连接诊断仪，进行故障诊断，如果无法进入自诊断系统，检查诊断插座 U31 熔丝（SC1、SC13）、电源、搭铁是否正常，检查网关 J533 熔丝（SB15、SC7）、电源、搭铁是否正常
		进入舒适系统中央控制单元后，读取舒适系统中央控制单元故障码，如有故障码，按照故障码提示对相应传感器和天线的电路进行检查
		若无法进入舒适系统中央控制单元，则检查舒适系统中央控制单元熔丝 SC26 是否正常，若熔丝正常，则检查舒适系统中央控制单元电源和搭铁是否正常
车门进入许可天线及接触传感器的检查（以左侧车门为例）		打开左侧车门，拔下 A 柱下方插接器的防护套，检查 A 柱上插接器的 17 针脚与接地之间的电阻值，应不大于 0.5 Ω
		检查完毕后，分别检查门把手和 A 柱插接器针脚有无锈蚀和弯折，插接器插接是否牢固
		拆下带天线及接触传感器的门把手并拔下门把手后方插接器，分别检查其 1、2、3、4 号端子与左侧 A 柱插接器上的 15、17、16、14 号端子之间的导线是否导通，并检查各导线是否存在短路
		若导线正常，则更换带天线及接触传感器的门把手，消除控制单元故障码后重新进行故障验证，若故障依然存在则控制单元损坏
		拔下舒适系统中央控制单元插接器，检查左侧 A 柱 14、15、16 号端子与控制单元上 11、18、14 号端子之间的导线是否导通，并检查各导线是否存在短路
其他进入许可天线的检查（以行李舱内的进入许可天线为例）		分别拔下舒适系统中央控制单元插接器和行李舱内部进入许可天线插接器，检查插接器针脚有无弯折、锈蚀或接触不良等现象
		若检查线路正常，则应更换新的进入许可天线，消除控制单元故障码后重新进行故障验证，若故障依然存在则控制单元损坏
		使用万用表分别检查进入许可天线 1 号端子与舒适系统中央控制单元 4 号端子之间的电阻值，应不大于 0.5 Ω；检查进入许可天线 2 号端子与舒适系统中央控制单元 10 号端子之间的电阻值，应不大于 0.5 Ω；使用最大电阻挡测量进入许可天线 1 号和 2 号端子之间的电阻值，应为无穷大
行李舱盖打开传感器的检查		举升车辆，找到行李舱盖打开传感器并拔下其插接器，检查插接器针脚有无弯折、锈蚀等现象，使用万用表检查其 2 号端子与搭铁之间的电阻值，应不大于 0.5 Ω
		使用万用表检查行李舱盖打开传感器 1 号端子与舒适系统中央控制单元 7 号端子之间的电阻值，应不大于 0.5 Ω
		拔下舒适系统中央控制单元插接器，检查插接器针脚有无弯折、锈蚀或接触不良等现象
		使用万用表检查行李舱盖打开传感器 3 号端子与舒适系统中央控制单元 6 号端子之间的电阻值，应不大于 0.5 Ω；使用最大电阻挡检查行李舱盖打开传感器三个端子之间的电阻值，应为无穷大
		若检查线路正常，则应更换新的传感器，消除控制单元故障码后重新进行故障验证，若故障依然存在则控制单元损坏

（二）实施记录

结合实施过程，对照表 25-3 所列检查项目进行检查，并记录实际的检查结果。

表 25-3 无钥匙进入故障诊断与维修实施记录

序号	项目	故障检查	故障记录
1	故障验证	铺设三件套，安全防护工作 □ 无钥匙进入故障 □ 行李舱尾门感应开启故障 □ 遥控钥匙故障 □ 故障现象验证：________	检查出的故障：
2	故障自诊断	正确连接诊断仪 □ 不能进入自诊断 □ 可以进入自诊断 □ 车门把手检查 □ 天线相关故障码 □ 天线和舒适系统中央控制单元线束连接检查 □ 舒适系统中央控制单元 J393 电源、搭铁、熔丝检查 □ 故障码记录：________ ________	检查出的故障：
3	进入许可天线、接触传感器及行李舱盖打开传感器检查	进入许可天线损坏 □ 进入许可天线线路故障 □ 接触传感器损坏 □ 接触传感器线路故障 □ 行李舱盖打开传感器损坏 □ 行李舱盖打开传感器线路故障 □ 故障码记录：________ ________ ________	检查出的故障：
根据任务实施流程和故障排除过程，总结无钥匙进入故障排除思路，并填写在下面。 1. ________ 2. ________ 3. ________ 4. ________ 5. ________ 6. ________			

五、检查

（一）自检

结合本组任务操作过程，对任务执行过程中的操作规范性进行检查，检查操作过程中是否存在以下问题，分析讨论应如何避免并总结规范的操作方法（见表 25-4）。

表 25-4 自检

检查项目	结果
车辆停放位置是否合适，是否将变速器置于空挡并拉紧驻车制动器	是 □ 否 □
是否使用三件套对车辆进行防护	是 □ 否 □
故障是否确认	是 □ 否 □
进入许可天线工作是否正常	是 □ 否 □
接触传感器工作是否正常	是 □ 否 □

续表

检查项目	结果
行李舱盖打开传感器工作是否正常	是□ 否□
工作场地是否清洁，车辆是否复位	是□ 否□

（二）互检

组与组之间相互进行任务操作过程及结果检查，并把检查结果填写在表 25-5 中。

表 25-5 互检

检查项目	结果
车辆停放位置是否合适，是否将变速器置于空挡并拉紧驻车制动器	是□ 否□
是否使用三件套对车辆进行防护	是□ 否□
故障是否确认	是□ 否□
进入许可天线工作是否正常	是□ 否□
接触传感器工作是否正常	是□ 否□
行李舱盖打开传感器工作是否正常	是□ 否□
工作场地是否清洁，车辆是否复位	是□ 否□

六、课堂小结

____

____

____

任务二十六　无钥匙进入故障诊断与维修（二）

无钥匙进入故障诊断与维修任务工单——进入许可天线及接触传感器检查				
客户信息	姓名		职业	
车辆信息	车型	VIN 码	行驶里程	
维修事项	无钥匙进入功能失效 □ 遥控钥匙按键失效 □	遥控钥匙解锁功能失效 □ 遥控钥匙遥控距离缩短 □	遥控钥匙闭锁功能失效 □ CAN 数据总线检修 □	
	客户描述：			

车辆外观检查		车辆内部检查	
凹凸 □	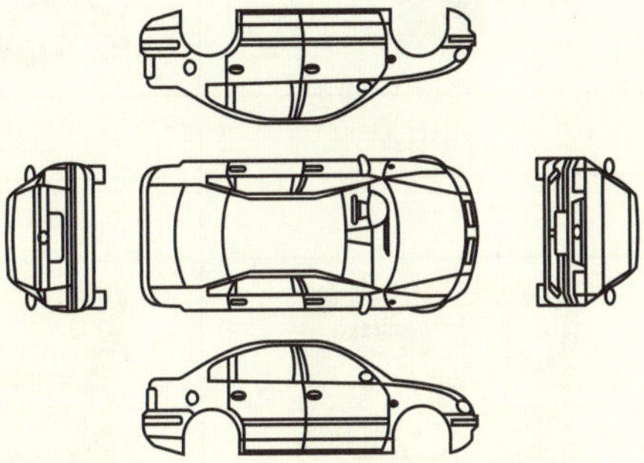	污渍 □	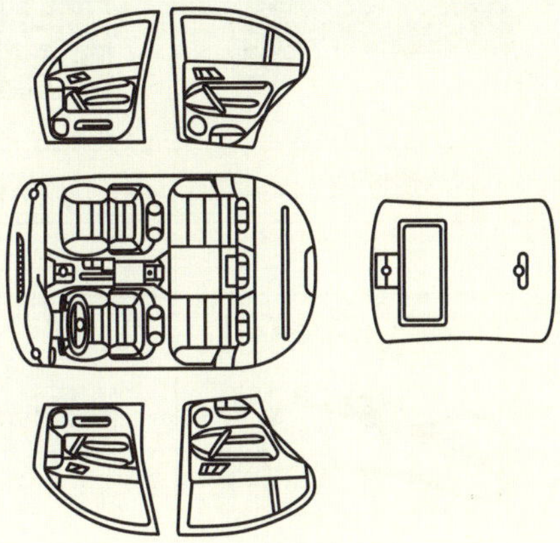
划痕 □		破损 □	
石击 □		色斑 □	
油漆 □		变形 □	
明确具体工作任务			

任务目标

- 掌握无钥匙进入系统故障诊断与维修的思路
- 能够使用检测设备和仪器进行故障检测
- 能够正确填写维修工单，进行质量检查

任务内容

- 无钥匙进入系统组成及故障检修

续表

任务重点	● 无钥匙进入系统组成及故障检修
任务难点	● 无钥匙进入系统故障检修

一、任务准备

选出完成本任务所需的工具、设备、资料等。

	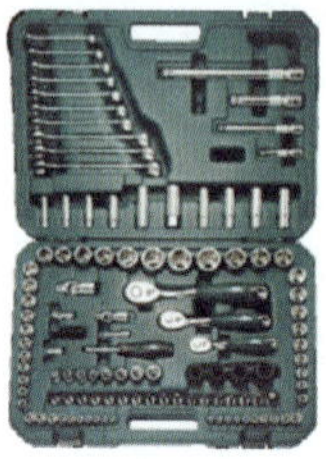	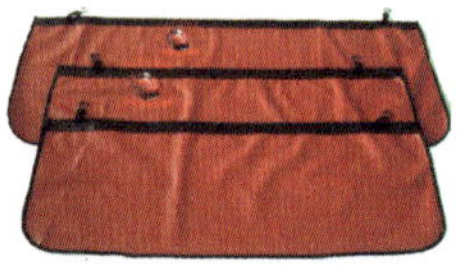	
工具车	工具套件	翼子板布	吹尘枪
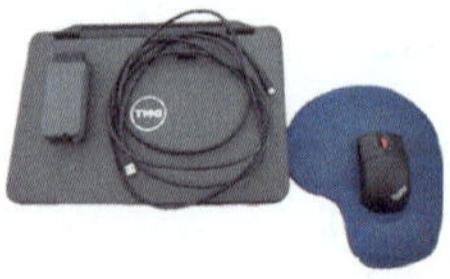	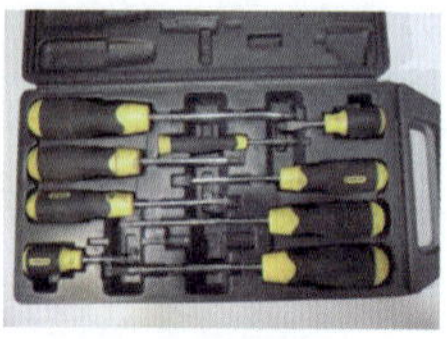	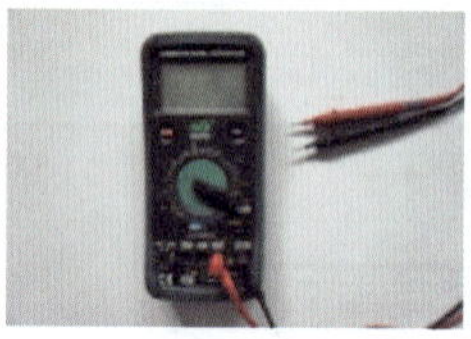	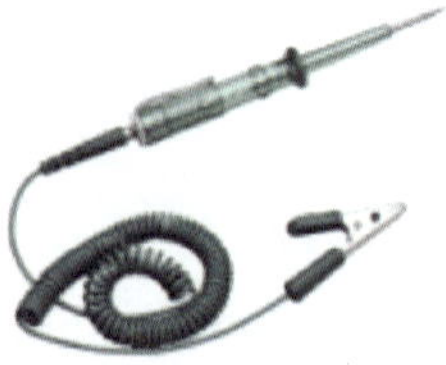
诊断仪	旋具套装	万用表	二极管试灯
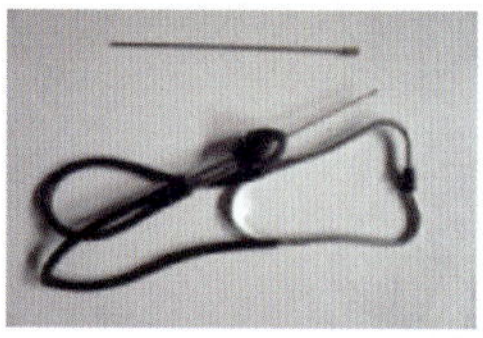		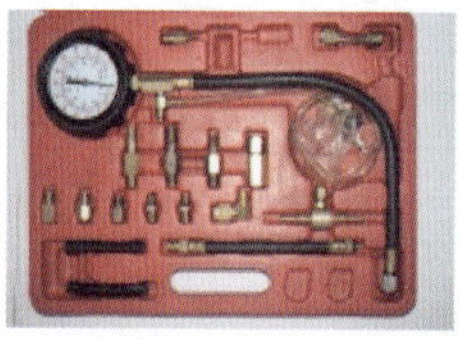	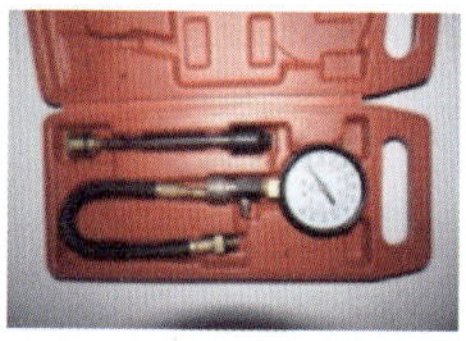
听诊器	抹布	燃油压力表	气缸压力表
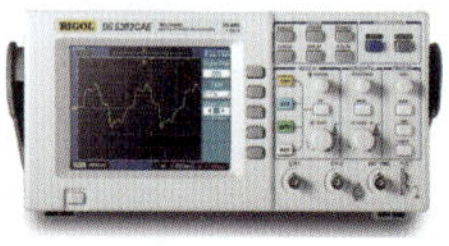	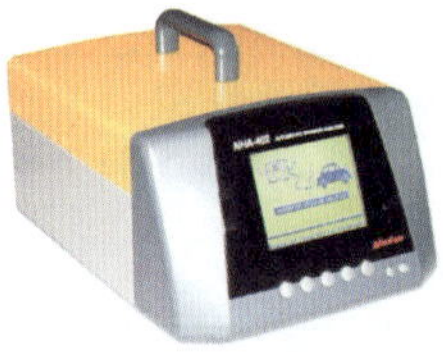		
示波器	尾气分析仪	举升机	实训车辆

维修手册	多楔传动带

二、防护措施

1. 进入车间应穿工鞋，戴工帽；工作服应整洁，无破损；操作时不可戴手表等金属饰品，以防划伤车辆表面。

2. 举升车辆时应严格按照举升机使用方法进行操作，并通知其他人员远离举升设备。

3. 更换油液或配件时应处理好油液或配件的回收清理工作，以免对工作环境造成污染。

观察下列车间操作图片，选出操作正确的图片。

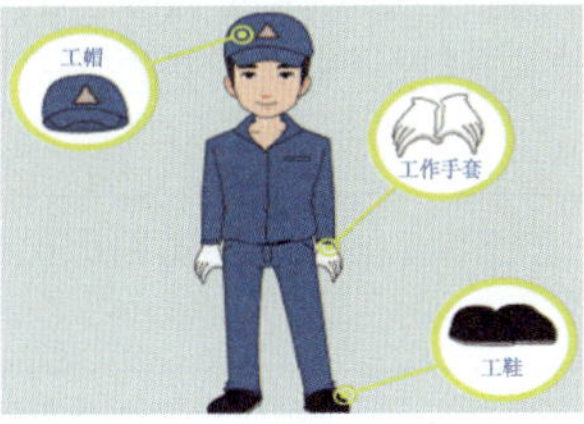		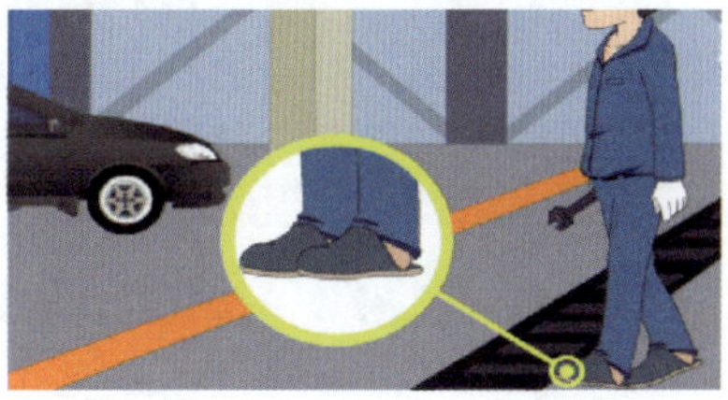

三、任务分配（见表 26-1）

表 26-1　任务分配表

职务	代码	姓名	工作内容
组长	A		监督、管理组员工作
组员	B		准备实训所需车辆及零配件
	C		
	D		准备实训所需工具及维修手册
	E		

四、任务实施

（一）操作流程

完成下面工作内容的排序并填写在表 26-2 中。

表 26-2　无钥匙进入故障诊断与维修操作步骤

操作流程	步骤	工作内容
故障验证		车辆锁车状态下，分别使用遥控钥匙解锁车辆和靠近车门通过门把手上的感应传感器解锁车辆，检查是遥控钥匙电池亏电还是无钥匙进入系统失灵
		若遥控钥匙正常，则在锁闭车门后，分别检查两前车门无钥匙进入开锁功能和行李舱尾门踢脚开锁功能，初步判断是传感器故障还是天线故障
故障自诊断		进入舒适系统中央控制单元后，读取舒适系统中央控制单元故障码，如有故障码，按照故障码提示对相应传感器和天线的电路进行检查
		连接诊断仪，进行故障诊断，如果无法进入自诊断系统，检查诊断插座 U31 熔丝（SC1、SC13）、电源、搭铁是否正常，检查网关 J533 熔丝（SB15、SC7）、电源、搭铁是否正常
		若无法进入舒适系统中央控制单元，则检查舒适系统中央控制单元熔丝 SC26 是否正常，若熔丝正常，则检查舒适系统中央控制单元电源和搭铁是否正常
车门进入许可天线及接触传感器的检查（以左侧车门为例）		打开左侧车门，拔下 A 柱下方插接器的防护套，检查 A 柱上插接器的 17 针脚与接地之间的电阻值，应不大于 0.5 Ω
		拔下舒适系统中央控制单元插接器，检查左侧 A 柱 14、15、16 号端子与控制单元上 11、18、14 号端子之间的导线是否导通，并检查各导线是否存在短路
		拆下带天线及接触传感器的门把手并拔下门把手后方插接器，分别检查其 1、2、3、4 号端子与左侧 A 柱插接器上的 15、17、16、14 号端子之间的导线是否导通，并检查各导线是否存在短路
		若导线正常，则更换带天线及接触传感器的门把手，消除控制单元故障码后重新进行故障验证，若故障依然存在则控制单元损坏
		检查完毕后，分别检查门把手和 A 柱插接器针脚有无锈蚀和弯折，插接器插接是否牢固
其他进入许可天线的检查（以行李舱内的进入许可天线为例）		若检查线路正常，则应更换新的进入许可天线，消除控制单元故障码后重新进行故障验证，若故障依然存在则控制单元损坏
		使用万用表分别检查进入许可天线 1 号端子与舒适系统中央控制单元 4 号端子之间的电阻值，应不大于 0.5 Ω；检查进入许可天线 2 号端子与舒适系统中央控制单元 10 号端子之间的电阻值，应不大于 0.5 Ω；使用最大电阻挡测量进入许可天线 1 号和 2 号端子之间的电阻值，应为无穷大
		分别拔下舒适系统中央控制单元插接器和行李舱内部进入许可天线插接器，检查插接器针脚有无弯折、锈蚀或接触不良等现象
行李舱盖打开传感器的检查		举升车辆，找到行李舱盖打开传感器并拔下其插接器，检查插接器针脚有无弯折、锈蚀等现象，使用万用表检查其 2 号端子与搭铁之间的电阻值，应不大于 0.5 Ω
		使用万用表检查行李舱盖打开传感器 1 号端子与舒适系统中央控制单元 7 号端子之间的电阻值，应不大于 0.5 Ω
		拔下舒适系统中央控制单元插接器，检查插接器针脚有无弯折、锈蚀或接触不良等现象
		使用万用表检查行李舱盖打开传感器 3 号端子与舒适系统中央控制单元 6 号端子之间的电阻值，应不大于 0.5 Ω；使用最大电阻挡检查行李舱盖打开传感器三个端子之间的电阻值，应为无穷大
		若检查线路正常，则应更换新的传感器，消除控制单元故障码后重新进行故障验证，若故障依然存在则控制单元损坏

（二）实施记录

结合实施过程，对照表 26–3 所列检查项目进行检查，并记录实际的检查结果。

表 26–3 无钥匙进入故障诊断与维修实施记录

序号	项目	故障检查	故障记录
1	故障验证	铺设三件套，安全防护工作 □ 无钥匙进入故障 □ 行李舱尾门感应开启故障 □ 遥控钥匙故障 □ 故障现象验证：________	检查出的故障：
2	故障自诊断	正确连接诊断仪 □ 不能进入自诊断 □ 可以进入自诊断 □ 车门把手检查 □ 天线相关故障码 □ 天线和舒适系统中央控制单元线束连接检查 □ 舒适系统中央控制单元 J393 电源、搭铁、熔丝检查 □ 故障码记录：________ ________	检查出的故障：
3	进入许可天线、接触传感器及行李舱盖打开传感器检查	进入许可天线损坏 □ 进入许可天线线路故障 □ 接触传感器损坏 □ 接触传感器线路故障 □ 行李舱盖打开传感器损坏 □ 行李舱盖打开传感器线路故障 □ 故障码记录：________ ________ ________	检查出的故障：
根据任务实施流程和故障排除过程，总结无钥匙进入故障排除思路，并填写在下面。 1. ________ 2. ________ 3. ________ 4. ________ 5. ________ 6. ________			

五、检查

（一）自检

结合本组任务操作过程，对任务执行过程中的操作规范性进行检查，检查操作过程中是否存在以下问题，分析讨论应如何避免并总结规范的操作方法（见表 26–4）。

表 26–4 自检

检查项目	结果
车辆停放位置是否合适，是否将变速器置于空挡并拉紧驻车制动器	是 □ 否 □
是否使用三件套对车辆进行防护	是 □ 否 □
故障是否确认	是 □ 否 □
进入许可天线工作是否正常	是 □ 否 □
接触传感器工作是否正常	是 □ 否 □

续表

检查项目	结果
行李舱盖打开传感器工作是否正常	是 □ 否 □
工作场地是否清洁，车辆是否复位	是 □ 否 □

（二）互检

组与组之间相互进行任务操作过程及结果检查，并把检查结果填写在表 26-5 中。

表 26-5 互检

检查项目	结果
车辆停放位置是否合适，是否将变速器置于空挡并拉紧驻车制动器	是 □ 否 □
是否使用三件套对车辆进行防护	是 □ 否 □
故障是否确认	是 □ 否 □
进入许可天线工作是否正常	是 □ 否 □
接触传感器工作是否正常	是 □ 否 □
行李舱盖打开传感器工作是否正常	是 □ 否 □
工作场地是否清洁，车辆是否复位	是 □ 否 □

六、课堂小结

____

____

____

情境四

底盘系统故障检修

任务二十七　电子驻车制动系统故障诊断与维修（一）

电子驻车制动系统故障诊断与维修任务工单——故障诊断				
客户信息	姓名		职业	
车辆信息	车型	VIN 码	行驶里程	
维修事项	电子驻车故障指示灯亮 □ 电子驻车功能失效 □	电子驻车功能无法自动解除 □ 关闭点火开关后无法驻车 □	AUTO HOLD 功能失效 □ 单侧驻车电动机失效 □	
	客户描述：			
车辆外观检查		车辆内部检查		
凹凸 □ 划痕 □ 石击 □ 油漆 □	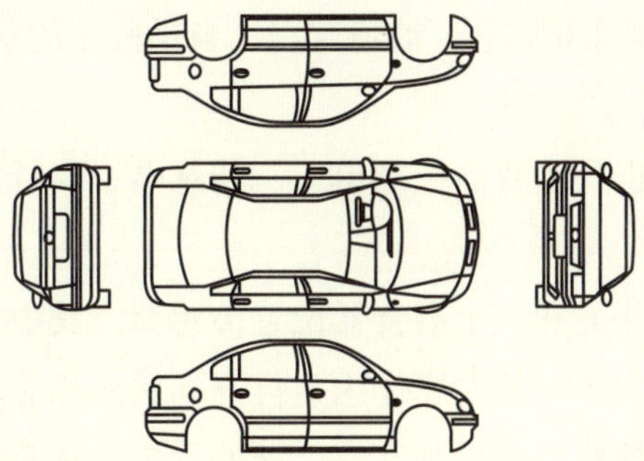	污渍 □ 破损 □ 色斑 □ 变形 □	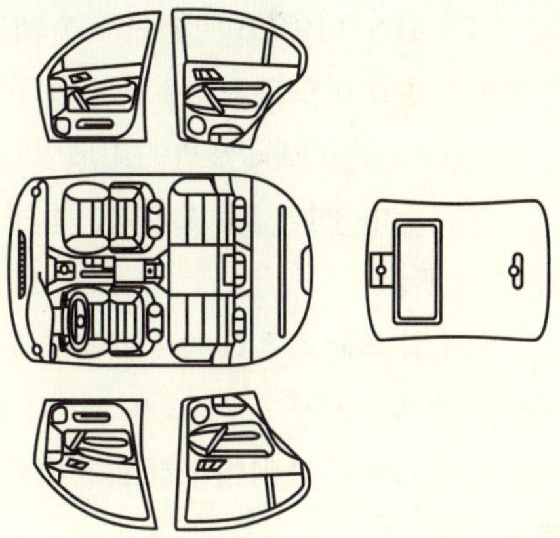	
明确具体工作任务				
任务目标	● 掌握电子驻车制动系统故障诊断与维修的思路 ● 能够使用检测设备和仪器对系统故障进行查询 ● 能够根据电子驻车制动系统故障码对相关电气元件和电路进行检修			
任务内容	● 电子驻车制动系统的功能与组成 ● 电子驻车制动系统的控制原理 ● 电子驻车制动系统的电路原理分析 ● 电子驻车制动系统电路的检查方法			

续表

任务重点	● 电子驻车制动系统的控制原理 ● 电子驻车制动系统的电路原理分析 ● 电子驻车制动系统电路的检查方法
任务难点	● 电子驻车制动系统的电路原理分析与检查方法

一、知识讲解

（一）电子驻车制动系统的功能与组成

1. 电子驻车制动系统的功能

电子驻车制动系统是用控制单元与电动机械元件取代原来的机械式驻车制动装置，使驻车制动操作变得更为简单。驻车制动系统的主要功能有驻车制动、动态起动辅助、动态紧急制动和 AUTO HOLD 等功能。

（1）驻车制动功能能够确保车辆在 30% 倾斜度的斜坡上安全驻车。一般通过操作电控机械式驻车制动器按钮开关来打开和关闭电控机械式驻车制动器。

（2）动态起动辅助功能是指在电控机械式驻车制动器打开的情况下，能确保车辆在倾斜道路上起动时车轮不会向前猛冲或倒退的功能。

（3）动态紧急制动功能是指制动踏板失灵或锁住时，可以强行制动车辆的功能。

（4）AUTO HOLD 功能是一个辅助功能，它在车辆静止和起动过程中（向前或向后行驶时）辅助驾驶员，主动对车辆制动系统进行干预，自动实现制动和起动、坡道起步、自动驻车的功能。

2. 电子驻车制动系统的组成

与其他电子控制系统相同，电子驻车制动系统也是主要由控制单元、传感器、执行器等组成，如图 27–1 所示。

电子驻车制动系统的传感器主要包括两个按钮开关和一个离合器位置传感器。其中，电控机械式驻车制动器按钮开关 E538 和 AUTO HOLD 按钮开关 E540 的主要作用是打开和关闭相应功能，离合器位置传感器的信号则用于帮助电控机械式驻车制动器控制单元判断离合器的状态，从而实现动态起动辅助功能。

电控机械式驻车制动器的执行器主要包括两个后车轮电子驻车制动电动机和相关的指示灯。电子驻车制动电动机通过齿形带和斜盘齿轮等传动装置，为两个后车轮制动轮缸提供机械制动力，实现驻车制动。而相关的指示灯则用于提示驾驶人员电子驻车制动系统工作是否正常。

除此之外，电子驻车制动系统还通过 CAN 数据总线与 ABS 控制单元相互通信，实现电子驻车制动系统的动态紧急制动功能。

（二）电子驻车制动系统的控制原理

1. 驻车制动功能控制流程（见图 27–2）

（1）驾驶员用手指向上勾一下电控机械式驻车制动器按钮开关，向控制单元发送驻车指令。

（2）电控机械式驻车制动器控制单元接收到此指令后，通过专用 CAN 数据总线与 ABS 控制单元

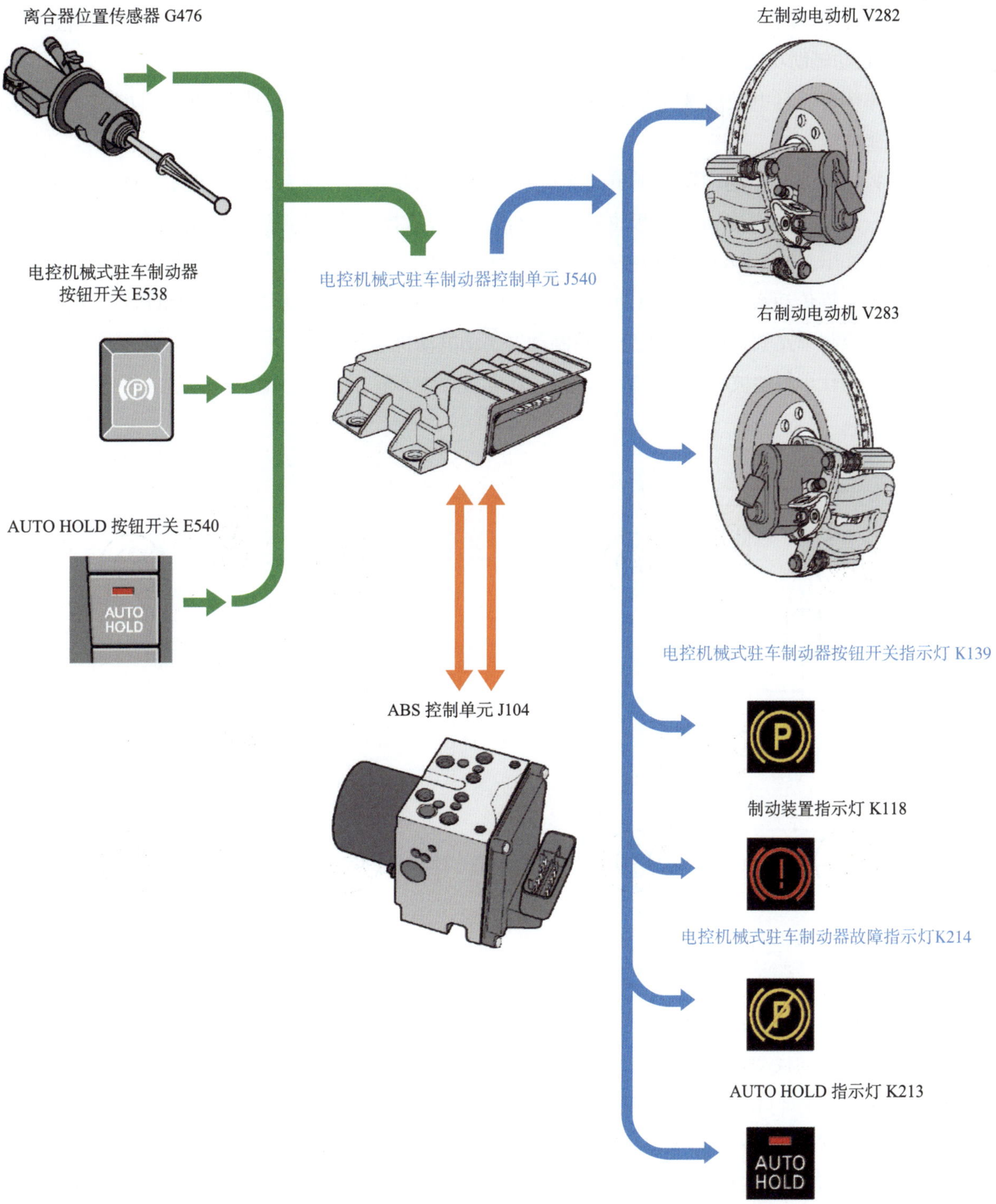

图 27-1 电子驻车制动系统组成

互通信息并判断车速是否低于 7 km/h。

（3）当收到 ABS 控制单元中车速低于 7 km/h 的信息后，电控机械式驻车制动器启动两个后车轮制动器制动电动机，对两个后车轮实施制动，电控机械式驻车制动过程完成。

（4）驾驶员踩下制动踏板，同时按下电控机械式驻车制动器按钮开关，后车轮驻车制动器松开。

2. 动态起动辅助功能控制流程（见图 27-3）

（1）在车辆静止且电控机械式驻车制动器接通的情况下，驾驶员要起动车辆时，只需要选择第 1 挡并踩下加速踏板。

（2）电控机械式驻车制动器控制单元通过 CAN 数据总线获悉车辆起动的信号，分析完所有参数（如倾斜角度、发动机扭矩、加速踏板位置、离合器操纵或选择的前进挡等）后，电控机械式驻车制动器控制单元计算出斜坡上制动车辆所需要的输出扭矩。

（3）如果车辆传动系统输入到驱动轮上的扭矩大于斜坡上车辆制动所需要的输出扭矩，电控机械式驻车制动器控制单元就会控制两个后车轮制动器制动电动机运转。

（4）后车轮驻车制动被解除，车辆起动，且起动过程中车轮不会向后滚。

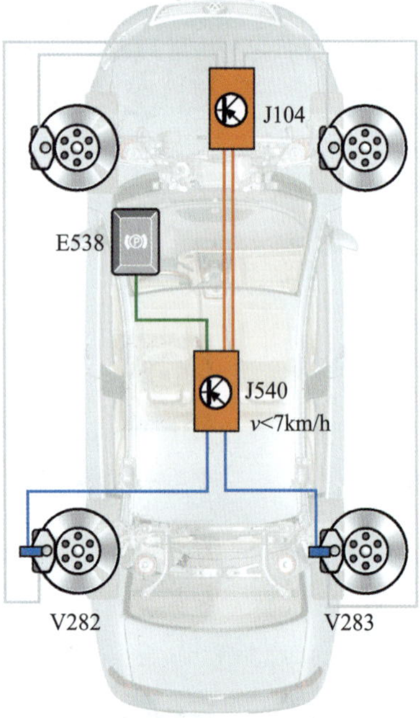

图 27-2 驻车制动功能控制流程

E538—电控机械式驻车制动器按钮开关

J104—ABS 控制单元（制动防抱死系统控制单元）

J540—电控机械式驻车制动器控制单元

V282—左制动电动机 V283—右制动电动机

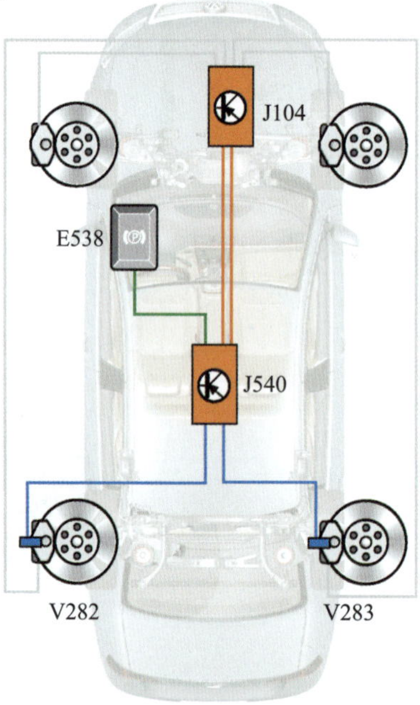

图 27-3 动态起动辅助功能控制流程

E538—电控机械式驻车制动器按钮开关

J104—ABS 控制单元

J540—电控机械式驻车制动器控制单元

V282—左制动电动机 V283—右制动电动机

3. 动态紧急制动功能控制流程（见图 27-4）

（1）行车过程中，驾驶员使用手指向上勾住电控机械式驻车制动器按钮开关。

（2）电控机械式驻车制动器控制单元接收到此长期闭合的按钮开关信号后，通过专用 CAN 数据总线与 ABS 控制单元互通信息并判断车速是否高于 7 km/h。

（3）若车速高于 7 km/h，则 ABS 控制单元启动液压泵，并在液压管路中建立液压制动压力，液压管路与四个车轮制动器连接，车辆减速制动。

（4）紧急制动过程中，如果松开电控机械式驻车制动器按钮开关或者操纵加速踏板，电控机械式驻车制动器控制单元就会通过专用 CAN 数据总线与 ABS 控制单元互通信息并判断当前车速是否仍高于 7 km/h。

（5）若车速仍高于 7 km/h，则 ABS 控制单元启动液压泵，使液压制动压力下降，制动器松开，紧急制动状态解除。

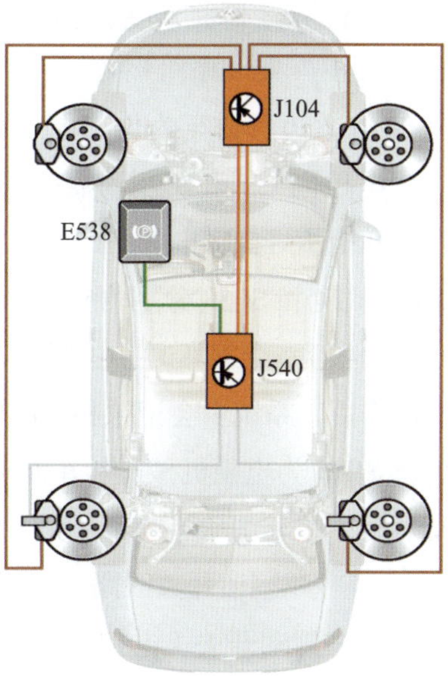

图 27-4 动态紧急制动功能控制流程

E538—电控机械式驻车制动器按钮开关

J104—ABS 控制单元

J540—电控机械式驻车制动器控制单元

4. AUTO HOLD 功能控制原理

AUTO HOLD 功能可以在车辆静止和起动过程中自动辅助驾驶员拉紧和松开驻车制动器。主要功能如下：

（1）自动保持功能

自动保持是指当驾驶员在驾车过程中踩下制动踏板后再松开制动踏板时，车辆会自动保持制动状态。当踩下加速踏板时，自动解除制动状态。

（2）起动辅助功能

在坡道起步时，松开制动踏板且未踩下加速踏板时可以自动保持制动状态；踩下加速踏板后，车轮获得的扭矩大于坡道产生的扭矩时，自动释放制动。

（3）自动驻车功能

在 AUTO HOLD 功能打开的状态下，当车辆行驶过程中制动并停止且打开驾驶员侧车门，安全带被解除或点火系统关闭时，驻车制动器会自动启动。

驾驶员可通过按中央控制台上的 AUTO HOLD 按钮开关激活 AUTO HOLD 功能，按钮开关上的指示灯亮说明此功能激活，如图 27-5 所示。再次按下 AUTO HOLD 按钮开关，AUTO HOLD 功能关闭。AUTO HOLD 功能是否可以被激活取决于以下几个条件：

图 27-5 AUTO HOLD 按钮开关及指示灯

1）驾驶员侧车门被关闭。

2）安全带被系上。

3）发动机已启动。

以上条件中的任何一个发生变化，AUTO HOLD 功能都将被关闭。因此，每次重新点火启动发动机，都必须再按一下 AUTO HOLD 按钮开关重新激活此功能。

（三）电子驻车制动系统电路原理分析

1. 电子驻车制动系统熔丝

以 2016 款迈腾轿车为例，电子驻车制动系统的熔丝分别为 SC2、SC15、SC24、SC33。其中，熔丝 SC2 为电控机械式驻车制动器控制单元 J540 提供主电源，同时还向中控台开关模块的 AUTO HOLD 按钮开关和指示灯提供电源。

熔丝 SC24 和 SC33 分别为电子驻车制动系统执行器左、右制动电动机提供驱动电源。当熔丝 SC24 和 SC33 中任何一个损坏时，拉紧驻车制动器，驻车制动指示灯都会闪亮，且只有剩余一侧驻车制动电动机起作用，系统中会记录相关故障码。

熔丝 SC15 为电控机械式驻车制动器按钮开关指示灯 K139 提供工作电源，若其损坏，则在拉紧驻车制动器时，驻车制动器按钮开关上的指示灯便不会亮起。

2. 电子驻车制动开关线路

电子驻车制动开关（电控机械式驻车制动器按钮开关）安装在变速器挡杆旁的中控台开关模块 1 上，并采用冗余信号控制，即电子驻车制动开关的“拉紧”和“放开”开关都有两个，一个常闭，一个常开，分别由电控机械式驻车制动器控制单元的 T30/11 和 T30/20 号端子提供电源，再由 T30/19 和 T30/18 号端子、T30/10 和 T30/9 号端子分别接收开关变化的反馈信号。

电子驻车制动开关线路中的任何一根导线或开关损坏，都会导致电子驻车制动系统无法工作。若故障前，电子驻车制动系统处于“拉紧”状态，则仍可以通过关闭车门、系上安全带并挂挡踩加速踏板的动作进行自动释放。

3. 电子驻车制动系统唤醒线

电控机械式驻车制动器控制单元采用高速 CAN 数据总线与 ABS 控制单元进行通信，但因高速 CAN 数据总线无休眠模式，因此当关闭点火开关后，理论上 ABS 控制单元便会处于“离线”状态；而电控机械式驻车制动器控制单元在关闭点火开关并拉紧驻车制动器时，必须与 ABS 控制单元进行车速确认。因此，需要一根唤醒线将 ABS 控制单元进行“唤醒”。若此导线出现问题，则会导致在关闭点火开关后无法拉紧驻车制动器。

二、任务准备

选出完成本任务所需的工具、设备、资料等。

	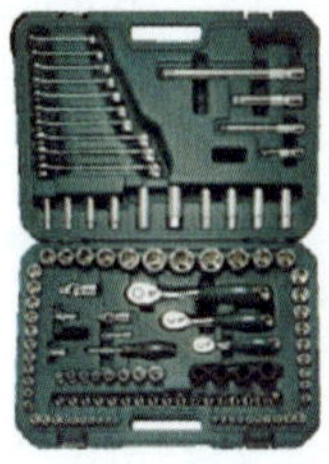	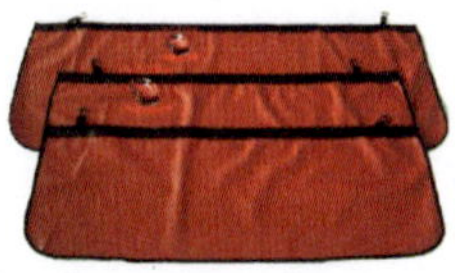	
工具车	工具套件	翼子板布	吹尘枪

	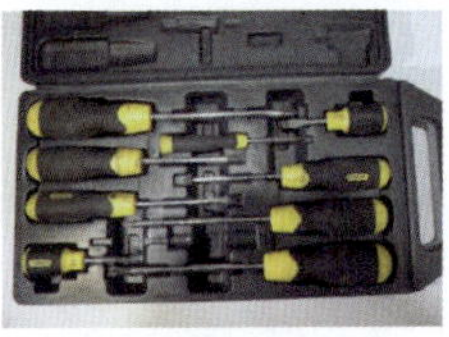	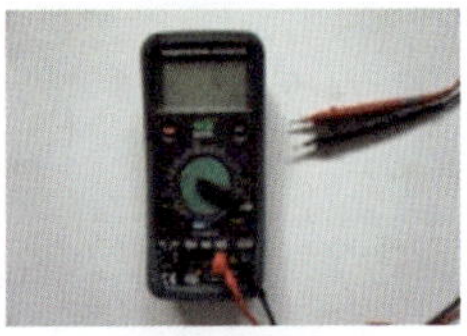	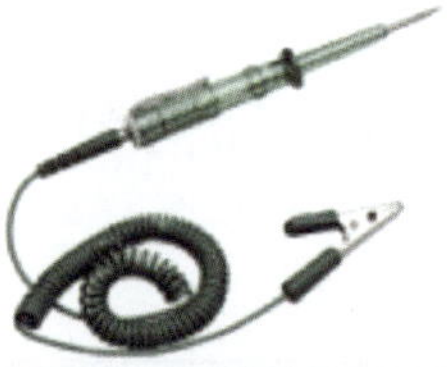
诊断仪	旋具套装	万用表	二极管试灯
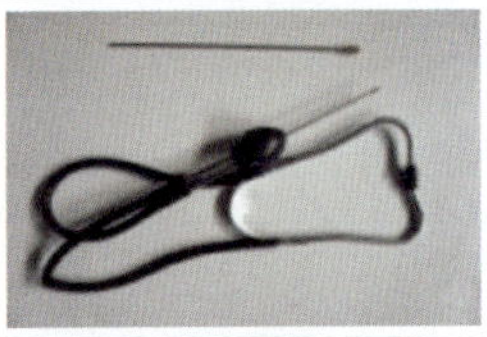		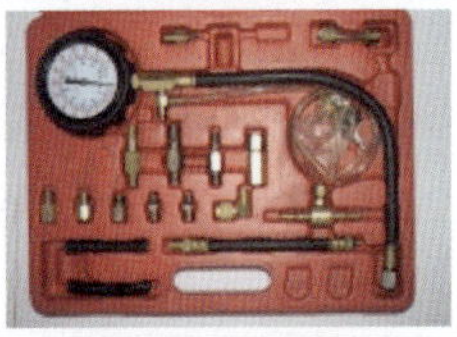	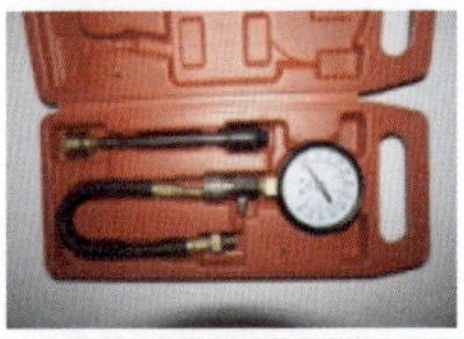
听诊器	抹布	燃油压力表	气缸压力表
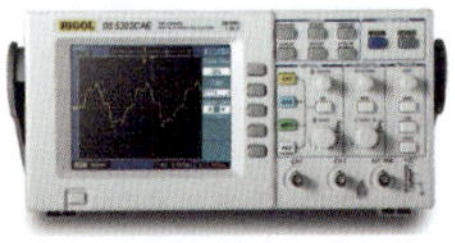	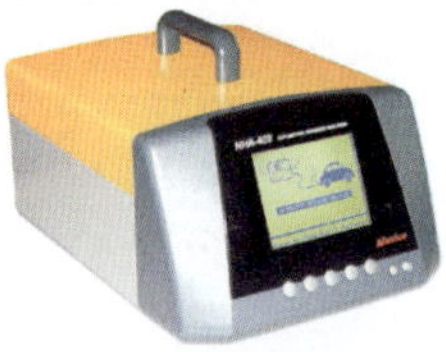		
示波器	尾气分析仪	举升机	实训车辆

维修手册		多楔传动带	

三、防护措施

1. 进入车间应穿工鞋，戴工帽；工作服应整洁，无破损；操作时不可戴手表等金属饰品，以防划伤车辆表面。

2. 举升车辆时应严格按照举升机使用方法进行操作，并通知其他人员远离举升设备。

3. 更换油液或配件时应处理好油液和配件的回收清理工作，以免对工作环境造成污染。

观察下列车间操作图片，选出操作正确的图片。

		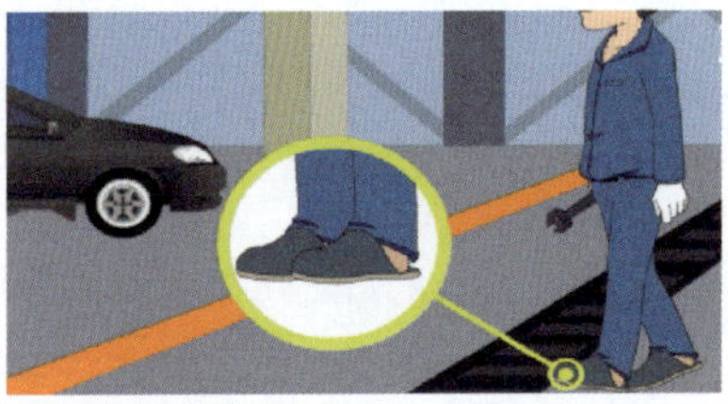

四、任务分配（见表 27-1）

表 27-1　任务分配表

职务	代码	姓名	工作内容
组长	A		监督、管理组员工作
组员	B		准备实训所需车辆及零配件
	C		
	D		准备实训所需工具及维修手册
	E		

五、任务实施

（一）操作流程

完成下面工作内容的排序并填写在表 27-2 中。

表 27-2　电子驻车制动系统故障诊断与维修操作步骤

操作流程	步骤	工作内容
验证故障现象并读取故障码		检查电子驻车故障指示灯是否点亮
		铺设三件套，打开发动机舱盖，铺设翼子板布
		选择“自诊断”并进入驻车制动器，若无法进入，则检查电控机械式驻车制动器控制单元电源与 CAN 通信线路
		若能够进入，则读取故障码并根据故障码进行维修
检查电控机械式驻车制动器控制单元电源与通信		检查电控机械式驻车制动器控制单元熔丝是否正常，断开电控机械式驻车制动器控制单元插接器，检查控制单元搭铁是否正常
		检查 ABS 控制单元熔丝是否正常，断开 ABS 控制单元插接器，检查其搭铁是否正常
		检查 ABS 控制单元与电控机械式驻车制动器控制单元之间的 CAN 通信线路是否正常
		检查 ABS 控制单元与网关之间的 CAN 通信线路是否正常
无故障码的诊断		读取数据流 008 组，检查车门开关与安全带开关数据是否正常
		读取数据流 125～126 组，检查电控机械式驻车制动器控制单元与其他控制单元通信是否正常
从电子驻车制动系统 ECU 引出的唤醒线断路 / 对地短路（故障码：02839）的检修		拔下 ABS 控制单元插接器，检查插接器针脚有无锈蚀、弯折，插接器连接是否到位
		拔下电控机械式驻车制动器控制单元插接器，检查插接器针脚有无锈蚀、弯折，插接器连接是否到位
		使用万用表与跨接线组检查 ABS 控制单元与电控机械式驻车制动器控制单元之间的唤醒线是否断路
		使用万用表检查唤醒线是否对地短路，正常电阻值应为无穷大

续表

操作流程	步骤	工作内容
组合仪表内的驻车指示灯断路/对地短路（故障码：02845）的检修		拔下仪表控制单元插接器，检查插接器针脚有无锈蚀、弯折，插接器连接是否到位
		拔下电控机械式驻车制动器控制单元插接器，检查插接器针脚有无锈蚀、弯折
		使用万用表与跨接线组检查仪表控制单元与电控机械式驻车制动器控制单元之间的驻车指示灯控制线路是否断路
		使用万用表检查驻车指示灯控制线路是否对地短路，正常电阻值应为无穷大
电控机械式驻车制动器按钮开关电路电气故障（故障码：03200）的检修		关闭点火开关并拔下中控台开关模块 1 插接器，检查插接器针脚有无锈蚀、弯折，插接器连接是否到位
		使用万用表电阻挡检查中控台开关模块 1 的 6 号与 3 号针脚之间的电阻值，自然状态下，电阻值应为无穷大。向上扳动电子驻车制动开关时，应导通；否则为开关损坏，应更换
		使用万用表电阻挡检查中控台开关模块 1 的 5 号与 4 号针脚之间的电阻值，自然状态下，应导通。向上扳动电子驻车制动开关时，电阻值应为无穷大；否则为开关损坏，应更换
		使用万用表电阻挡检查中控台开关模块 1 的 6 号与 1 号针脚之间的电阻值，自然状态下，应导通。向下按电子驻车制动开关时，电阻值应为无穷大；否则为开关损坏，应更换
		使用万用表电阻挡检查中控台开关模块 1 的 5 号与 2 号针脚之间的电阻值，自然状态下，电阻值应为无穷大。向下按电子驻车制动开关时，应导通；否则为开关损坏，应更换
		使用万用表电阻挡检查中控台开关模块 1 的 13 号与 14 号针脚之间的电阻值。按下 AUTO HOLD 按钮开关时，电阻值应为 830 Ω 左右；松开 AUTO HOLD 按钮开关后，电阻值应为无穷大。否则为开关损坏，应更换
		检查 AUTO HOLD 按钮开关电源熔丝是否正常，若熔丝正常则检查线路通断
		使用万用表检查电子驻车制动开关和 AUTO HOLD 按钮开关与电控机械式驻车制动器控制单元之间的连接导线有无断路、短路等情况
		若开关正常且相关线路正常，则可能是控制单元内部断路，应更换电控机械式驻车制动器控制单元
自动停车功能灯断路/对地短路（故障码：02844）的检修		拔下中控台开关模块 1 插接器，检查插接器针脚有无锈蚀、弯折
		打开点火开关，使用万用表电压挡检查 AUTO HOLD 按钮开关指示灯 K213 电源端子有无电源电压，若无电源电压，则应对电源线路进行检查修复
		使用万用表检查 AUTO HOLD 指示灯与电控机械式驻车制动器控制单元之间的连接导线有无断路、短路等情况
		若开关正常且相关线路正常，则可能是控制单元内部断路，应更换电控机械式驻车制动器控制单元

续表

操作流程	步骤	工作内容
操作控制中的功能灯断路/对地短路（故障码：02442）的检修		检查电子驻车制动开关指示灯熔丝是否正常
		拔下中控台开关模块1插接器，检查插接器针脚有无锈蚀、弯折
		打开点火开关，使用万用表电压挡检查电子驻车制动开关指示灯K139电源端子有无电源电压，若无电源电压，则应对电源线路进行检查修复
		使用万用表检查电子驻车制动开关指示灯K139与电控机械式驻车制动器控制单元之间的连接导线有无断路、短路等情况
		若开关正常且相关线路正常，则可能是控制单元内部断路，应更换电控机械式驻车制动器控制单元
控制单元左/右侧通道电源断路/对地短路（故障码：02435/02434）的检修		检查电控机械式驻车制动器控制单元的电源熔丝是否正常
		拔下电控机械式驻车制动器控制单元插接器，检查电源线有无电源电压，若无电源电压，则检查电源线路是否正常
		若电源线路正常，则可能是控制单元内部断路或短路，应更换电控机械式驻车制动器控制单元
左/右侧停车制动电动机供电断路（故障码：02432/02433）的检修		拔下相应侧驻车制动器插接器，检查针脚有无锈蚀、弯折等情况
		使用万用表检测相应侧驻车制动器电动机内部是否断路
		拔下电控机械式驻车制动器控制单元插接器，检查控制单元针脚有无锈蚀、弯折等情况
		使用万用表检查电控机械式驻车制动器控制单元与驱动电动机之间线路是否断路
		若驱动电动机线路正常，则可能是电控机械式驻车制动器控制单元内部损坏，应更换电控机械式驻车制动器控制单元
由于电压过低造成功能受限未达到下限（故障码：00446）的检修		检查蓄电池电压应不低于11.7 V
		拔下电控机械式驻车制动器控制单元熔丝，检查其插脚有无锈蚀或接触不良
		拔下电控机械式驻车制动器控制单元插接器，检查电控机械式驻车制动器控制单元熔丝与电源导线间的电阻值，应不大于0.5 Ω

（二）实施记录

结合实施过程，对照表27-3所列检查项目进行检查，并记录实际的检查结果。

表27-3 电子驻车制动系统故障诊断与维修实施记录

序号	项目	故障检查	故障记录
1	故障验证	铺设三件套，安全防护工作 □ 电子驻车制动系统故障 □ 故障现象验证：________________	检查出的故障：
2	故障自诊断	正确连接诊断仪 □ 不能进入自诊断 □ 只可以进入ABS □ 可以进入自诊断 □ 故障码记录：________________ ________________	检查出的故障：

续表

序号	项目	故障检查	故障记录
3	相关电气元件维修记录	有故障的电气元件或电路：______ 检查步骤： ______ ______ ______ ______ ______ ______	检查出的故障：
根据任务实施流程和故障排除过程，总结电子驻车制动系统故障排除思路，并填写在下面。 1. ______ 2. ______ 3. ______ 4. ______ 5. ______ 6. ______			

六、检查

（一）自检

结合本组任务操作过程，对任务执行过程中的操作规范性进行检查，检查操作过程中是否存在以下问题，分析讨论应如何避免并总结规范的操作方法（见表 27-4）。

表 27-4 自检

检查项目	结果
车辆停放位置是否合适，是否将变速器置于空挡并拉紧驻车制动器	是□ 否□
是否使用三件套对车辆进行防护	是□ 否□
电子驻车制动系统故障是否消除	是□ 否□
其他控制系统故障是否消除	是□ 否□
工作场地是否清洁，车辆是否复位	是□ 否□

（二）互检

组与组之间相互进行任务操作过程及结果检查，并把检查结果填写在表 27-5 中。

表 27-5　互检

检查项目	结果
车辆停放位置是否合适，是否将变速器置于空挡并拉紧驻车制动器	是☐　否☐
是否使用三件套对车辆进行防护	是☐　否☐
电子驻车制动系统故障是否消除	是☐　否☐
其他控制系统故障是否消除	是☐　否☐
工作场地是否清洁，车辆是否复位	是☐　否☐

七、课堂小结

任务二十八　电子驻车制动系统故障诊断与维修（二）

电子驻车制动系统故障诊断与维修任务工单——电子驻车功能失效故障检修				
客户信息	姓名		职业	
车辆信息	车型	VIN 码	行驶里程	
维修事项	电子驻车故障指示灯亮 □ 电子驻车功能失效 □	电子驻车功能无法自动解除 □ 关闭点火开关后无法驻车 □	AUTO HOLD 功能失效 □ 单侧驻车电动机失效 □	
	客户描述：			

车辆外观检查		车辆内部检查	
凹凸 □	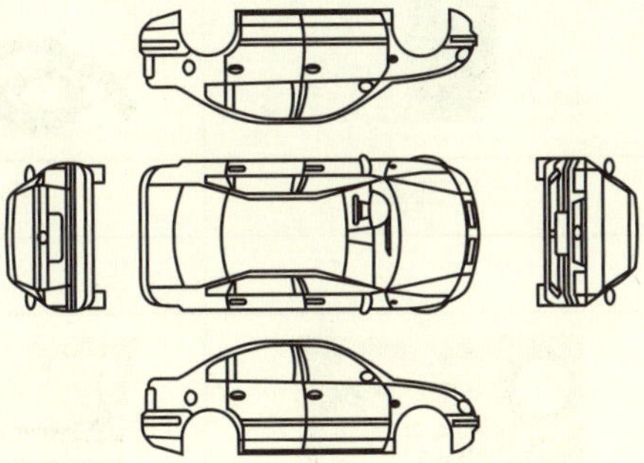	污渍 □	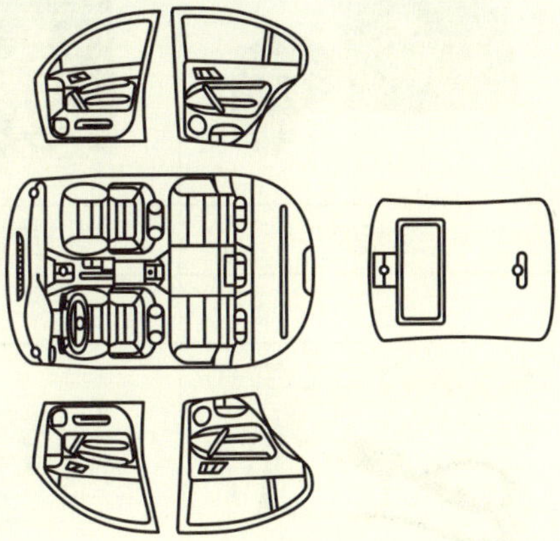
划痕 □		破损 □	
石击 □		色斑 □	
油漆 □		变形 □	

明确具体工作任务	

任务目标

- 掌握电子驻车制动系统故障诊断与维修的思路
- 能够使用检测设备和仪器对系统故障进行查询
- 能够根据电子驻车制动系统故障码对相关电气元件和电路进行检修

任务内容

- 电子驻车制动系统的功能与组成
- 电子驻车制动系统的控制原理
- 电子驻车制动系统的电路原理分析
- 电子驻车制动系统电路的检查方法

续表

任务重点	● 电子驻车制动系统的控制原理 ● 电子驻车制动系统的电路原理分析 ● 电子驻车制动系统电路的检查方法
任务难点	● 电子驻车制动系统的电路原理分析与检查方法

一、任务准备

选出完成本任务所需的工具、设备、资料等。

	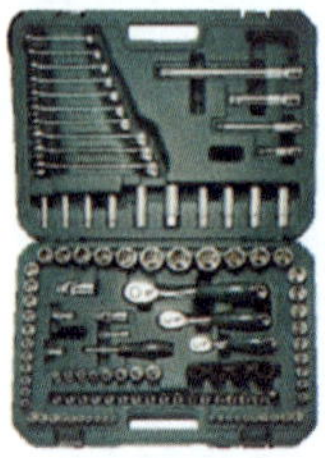		
工具车	工具套件	翼子板布	吹尘枪
	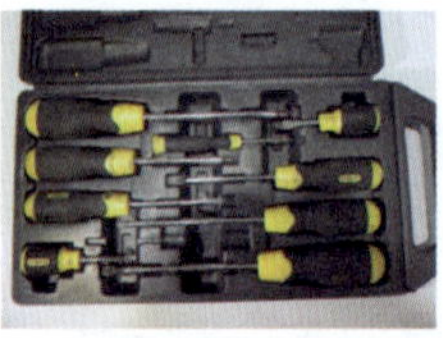	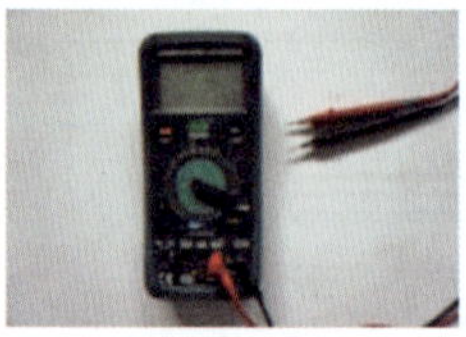	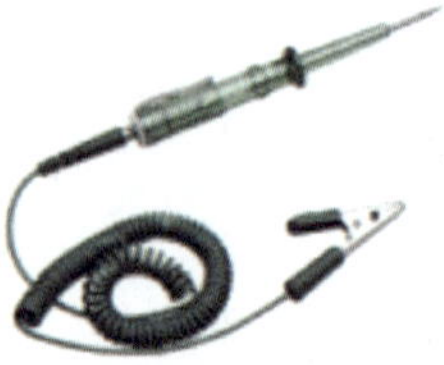
诊断仪	旋具套装	万用表	二极管试灯
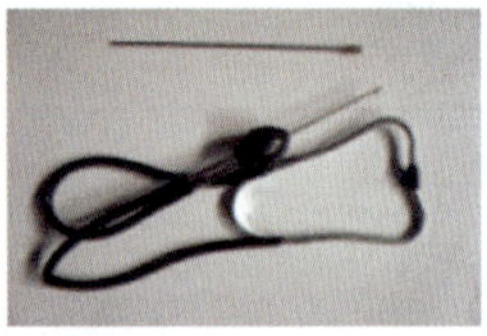		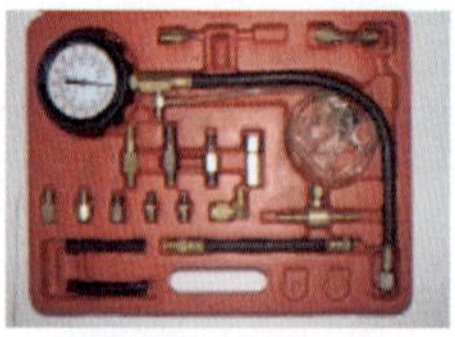	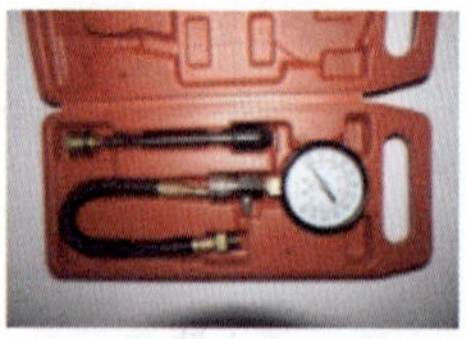
听诊器	抹布	燃油压力表	气缸压力表
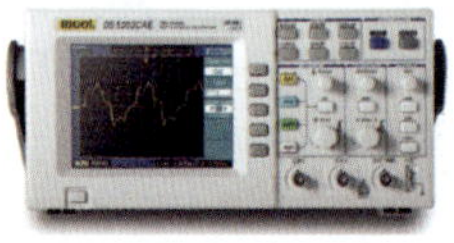	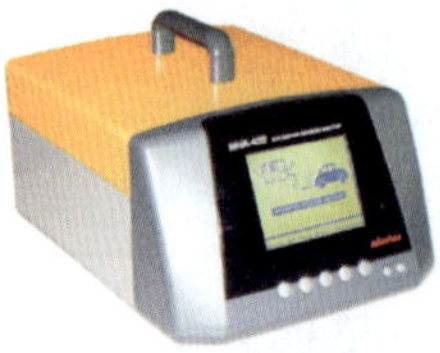	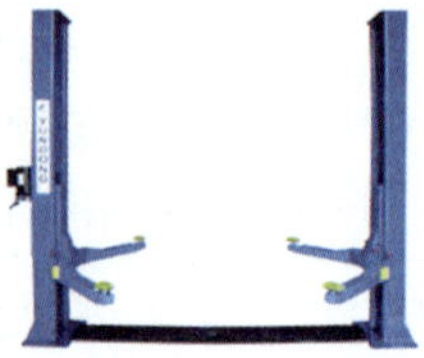	
示波器	尾气分析仪	举升机	实训车辆

<table>
<tr><td></td><td></td></tr>
<tr><td>维修手册</td><td>多楔传动带</td></tr>
<tr><td></td><td></td></tr>
</table>

二、防护措施

1. 进入车间应穿工鞋，戴工帽；工作服应整洁，无破损；操作时不可戴手表等金属饰品，以防划伤车辆表面。

2. 举升车辆时应严格按照举升机使用方法进行操作，并通知其他人员远离举升设备。

3. 更换油液或配件时应处理好油液和配件的回收清理工作，以免对工作环境造成污染。

观察下列车间操作图片，选出操作正确的图片。

<table>
<tr><td></td><td></td><td></td></tr>
<tr><td></td><td></td><td></td></tr>
</table>

三、任务分配（见表 28-1）

表 28-1 任务分配表

职务	代码	姓名	工作内容
组长	A		监督、管理组员工作
组员	B		准备实训所需车辆及零配件
	C		
	D		准备实训所需工具及维修手册
	E		

四、任务实施

（一）操作流程

完成下面工作内容的排序并填写在表 28-2 中。

表 28-2　电子驻车制动系统故障诊断与维修操作步骤

操作流程	步骤	工作内容
验证故障现象并读取故障码		检查电子驻车故障指示灯是否点亮
		铺设三件套，打开发动机舱盖，铺设翼子板布
		若能够进入，则读取故障码并根据故障码进行维修
		选择“自诊断”并进入驻车制动器，若无法进入，则检查电控机械式驻车制动器控制单元电源与 CAN 通信线路
检查电控机械式驻车制动器控制单元电源与通信		检查 ABS 控制单元与电控机械式驻车制动器控制单元之间的 CAN 通信线路是否正常
		检查 ABS 控制单元熔丝是否正常，断开 ABS 控制单元插接器，检查其搭铁是否正常
		检查电控机械式驻车制动器控制单元熔丝是否正常，断开电控机械式驻车制动器控制单元插接器，检查控制单元搭铁是否正常
		检查 ABS 控制单元与网关之间的 CAN 通信线路是否正常
无故障码的诊断		读取数据流 008 组，检查车门开关与安全带开关数据是否正常
		读取数据流 125～126 组，检查电控机械式驻车制动器控制单元与其他控制单元通信是否正常
从电子驻车制动系统 ECU 引出的唤醒线断路 / 对地短路（故障码：02839）的检修		拔下 ABS 控制单元插接器，检查插接器针脚有无锈蚀、弯折，插接器连接是否到位
		拔下电控机械式驻车制动器控制单元插接器，检查插接器针脚有无锈蚀、弯折，插接器连接是否到位
		使用万用表与跨接线组检查 ABS 控制单元与电控机械式驻车制动器控制单元之间的唤醒线是否断路
		使用万用表检查唤醒线是否对地短路，正常电阻值应为无穷大
组合仪表内的驻车指示灯断路 / 对地短路（故障码：02845）的检修		使用万用表与跨接线组检查仪表控制单元与电控机械式驻车制动器控制单元之间的驻车指示灯控制线路是否断路
		拔下电控机械式驻车制动器控制单元插接器，检查插接器针脚有无锈蚀、弯折
		拔下仪表控制单元插接器，检查插接器针脚有无锈蚀、弯折，插接器连接是否到位
		使用万用表检查驻车指示灯控制线路是否对地短路，正常电阻值应为无穷大
电控机械式驻车制动器按钮开关电路电气故障（故障码：03200）的检修		关闭点火开关并拔下中控台开关模块 1 插接器，检查插接器针脚有无锈蚀、弯折，插接器连接是否到位
		使用万用表电阻挡检查中控台开关模块 1 的 6 号与 3 号针脚之间的电阻值，自然状态下，电阻值应为无穷大。向上扳动电子驻车制动开关时，应导通；否则为开关损坏，应更换
		使用万用表电阻挡检查中控台开关模块 1 的 5 号与 4 号针脚之间的电阻值，自然状态下，应导通。向上扳动电子驻车制动开关时，电阻值应为无穷大；否则为开关损坏，应更换
		使用万用表电阻挡检查中控台开关模块 1 的 6 号与 1 号针脚之间的电阻值，自然状态下，应导通。向下按电子驻车制动开关时，电阻值应为无穷大；否则为开关损坏，应更换
		使用万用表电阻挡检查中控台开关模块 1 的 5 号与 2 号针脚之间的电阻值，自然状态下，电阻值应为无穷大。向下按电子驻车制动开关时，应导通；否则为开关损坏，应更换
		使用万用表电阻挡检查中控台开关模块 1 的 13 号与 14 号针脚之间的电阻值。按下 AUTO HOLD 按钮开关时，电阻值应为 830 Ω 左右；松开 AUTO HOLD 按钮开关后，电阻值应为无穷大。否则为开关损坏，应更换
		检查 AUTO HOLD 按钮开关电源熔丝是否正常，若熔丝正常则检查线路通断

续表

操作流程	步骤	工作内容
电控机械式驻车制动器按钮开关电路电气故障（故障码：03200）的检修		使用万用表检查电子驻车制动开关和 AUTO HOLD 按钮开关与电控机械式驻车制动器控制单元之间的连接导线有无断路、短路等情况
		若开关正常且相关线路正常，则可能是控制单元内部断路，应更换电控机械式驻车制动器控制单元
自动停车功能灯断路/对地短路（故障码：02844）的检修		拔下中控台开关模块 1 插接器，检查插接器针脚有无锈蚀、弯折
		打开点火开关，使用万用表电压挡检查 AUTO HOLD 按钮开关指示灯 K213 电源端子有无电源电压，若无电源电压，则应对电源线路进行检查修复
		使用万用表检查 AUTO HOLD 指示灯与电控机械式驻车制动器控制单元之间的连接导线有无断路、短路等情况
		若开关正常且相关线路正常，则可能是控制单元内部断路，应更换电控机械式驻车制动器控制单元
操作控制中的功能灯断路/对地短路（故障码：02442）的检修		检查电子驻车制动开关指示灯熔丝是否正常
		拔下中控台开关模块 1 插接器，检查插接器针脚有无锈蚀、弯折
		打开点火开关，使用万用表电压挡检查电子驻车制动开关指示灯 K139 电源端子有无电源电压，若无电源电压，则应对电源线路进行检查修复
		使用万用表检查电子驻车制动开关指示灯 K139 与电控机械式驻车制动器控制单元之间的连接导线有无断路、短路等情况
		若开关正常且相关线路正常，则可能是控制单元内部断路，应更换电控机械式驻车制动器控制单元
控制单元左/右侧通道电源断路/对地短路（故障码：02435/02434）的检修		检查电控机械式驻车制动器控制单元的电源熔丝是否正常
		拔下电控机械式驻车制动器控制单元插接器，检查电源线有无电源电压，若无电源电压，则检查电源线路是否正常
		若电源线路正常，则可能是控制单元内部断路或短路，应更换电控机械式驻车制动器控制单元
左/右侧停车制动电动机供电断路（故障码：02432/02433）的检修		使用万用表检查电控机械式驻车制动器控制单元与驱动电动机之间线路是否断路
		使用万用表检测相应侧驻车制动器电动机内部是否断路
		拔下电控机械式驻车制动器控制单元插接器，检查控制单元针脚有无锈蚀、弯折等情况
		拔下相应侧驻车制动器插接器，检查针脚有无锈蚀、弯折等情况
		若驱动电动机线路正常，则可能是电控机械式驻车制动器控制单元内部损坏，应更换电控机械式驻车制动器控制单元
由于电压过低造成功能受限未达到下限（故障码：00446）的检修		检查蓄电池电压应不低于 11.7 V
		拔下电控机械式驻车制动器控制单元熔丝，检查其插脚有无锈蚀或接触不良
		拔下电控机械式驻车制动器控制单元插接器，检查电控机械式驻车制动器控制单元熔丝与电源导线间的电阻值，应不大于 0.5 Ω

（二）实施记录

结合实施过程，对照表 28-3 所列检查项目进行检查，并记录实际的检查结果。

表 28-3　电子驻车制动系统故障诊断与维修实施记录

序号	项目	故障检查	故障记录
1	故障验证	铺设三件套，安全防护工作 □　电子驻车制动系统故障 □ 故障现象验证：________	检查出的故障：
2	故障自诊断	正确连接诊断仪 □　不能进入自诊断 □ 只可以进入 ABS □　可以进入自诊断 □ 故障码记录：________ ________	检查出的故障：
3	相关电气元件维修记录	有故障的电气元件或电路：________ 检查步骤： ________ ________ ________ ________ ________ ________	检查出的故障：
根据任务实施流程和故障排除过程，总结电子驻车制动系统故障排除思路，并填写在下面。 1. ________ 2. ________ 3. ________ 4. ________ 5. ________ 6. ________			

五、检查

（一）自检

结合本组任务操作过程，对任务执行过程中的操作规范性进行检查，检查操作过程中是否存在以下问题，分析讨论应如何避免并总结规范的操作方法（见表 28–4）。

表 28–4　自检

检查项目	结果
车辆停放位置是否合适，是否将变速器置于空挡并拉紧驻车制动器	是 □　否 □
是否使用三件套对车辆进行防护	是 □　否 □
电子驻车制动系统故障是否消除	是 □　否 □
其他控制系统故障是否消除	是 □　否 □
工作场地是否清洁，车辆是否复位	是 □　否 □

（二）互检

组与组之间相互进行任务操作过程及结果检查，并把检查结果填写在表 28–5 中。

表 28-5　互检

检查项目	结果
车辆停放位置是否合适，是否将变速器置于空挡并拉紧驻车制动器	是 □　否 □
是否使用三件套对车辆进行防护	是 □　否 □
电子驻车制动系统故障是否消除	是 □　否 □
其他控制系统故障是否消除	是 □　否 □
工作场地是否清洁，车辆是否复位	是 □　否 □

六、课堂小结

____

____

____

任务二十九　电子驻车制动系统故障诊断与维修（三）

电子驻车制动系统故障诊断与维修任务工单——电子驻车功能无法自动解除故障检修				
客户信息	姓名		职业	
车辆信息	车型	VIN 码	行驶里程	
维修事项	电子驻车故障指示灯亮 □ 电子驻车功能失效 □	电子驻车功能无法自动解除 □ 关闭点火开关后无法驻车 □	AUTO HOLD 功能失效 □ 单侧驻车电动机失效 □	
	客户描述：			

车辆外观检查		车辆内部检查	
凹凸 □	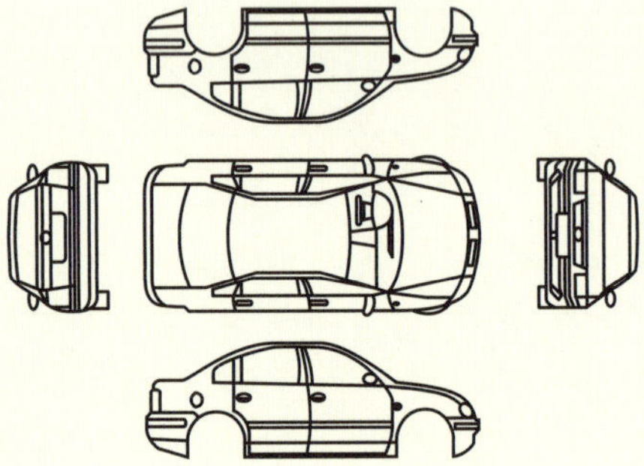	污渍 □	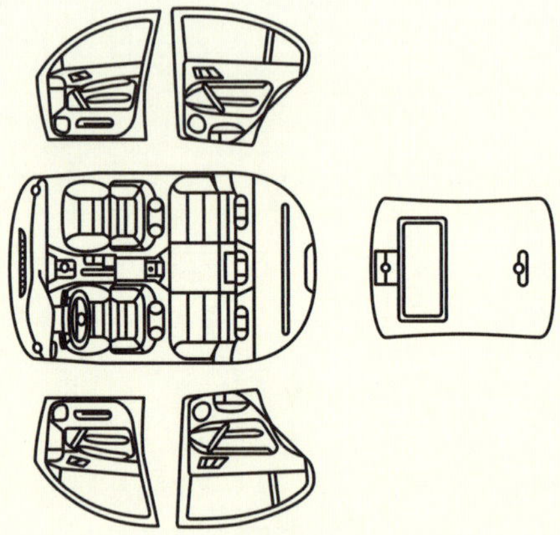
划痕 □		破损 □	
石击 □		色斑 □	
油漆 □		变形 □	

明确具体工作任务	

任务目标

- 掌握电子驻车制动系统故障诊断与维修的思路
- 能够使用检测设备和仪器对系统故障进行查询
- 能够根据电子驻车制动系统故障码对相关电气元件和电路进行检修

任务内容

- 电子驻车制动系统的功能与组成
- 电子驻车制动系统的控制原理
- 电子驻车制动系统的电路原理分析
- 电子驻车制动系统电路的检查方法

续表

任务重点	● 电子驻车制动系统的控制原理 ● 电子驻车制动系统的电路原理分析 ● 电子驻车制动系统电路的检查方法
任务难点	● 电子驻车制动系统的电路原理分析与检查方法

一、任务准备

选出完成本任务所需的工具、设备、资料等。

	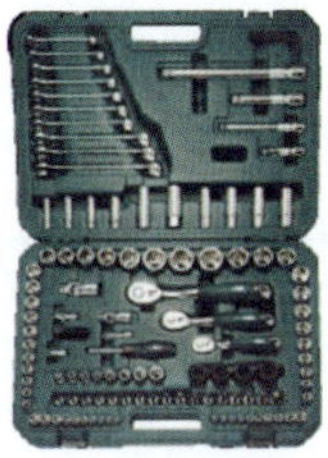	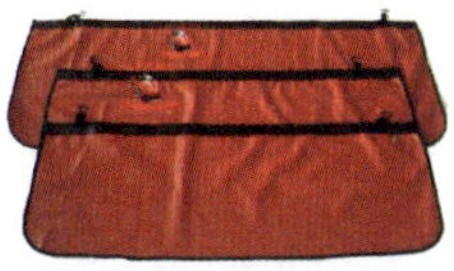	
工具车	工具套件	翼子板布	吹尘枪
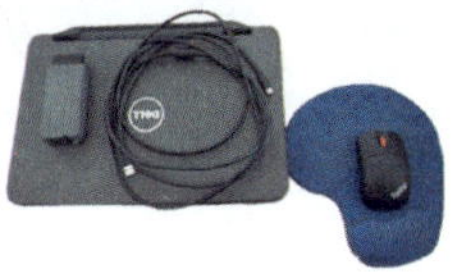	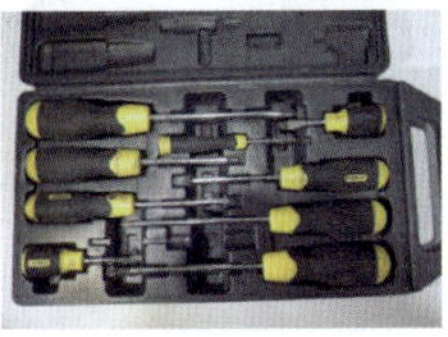	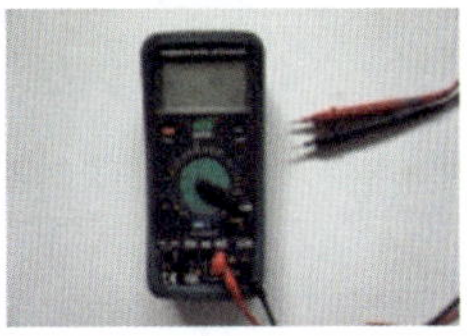	
诊断仪	旋具套装	万用表	二极管试灯
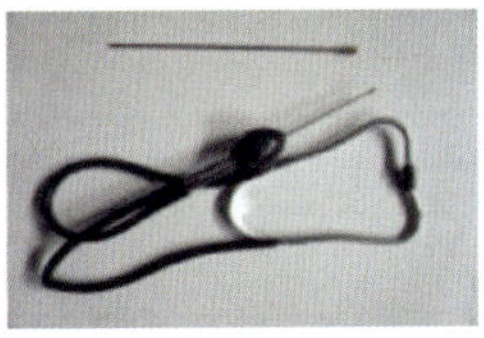		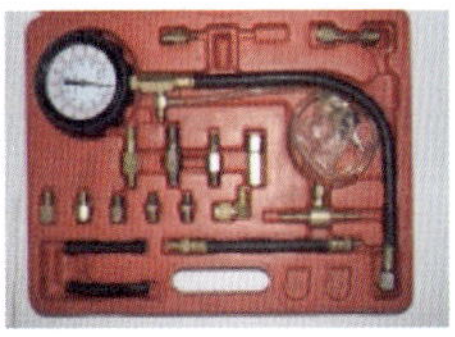	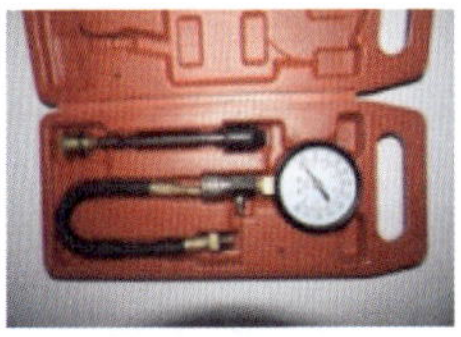
听诊器	抹布	燃油压力表	气缸压力表
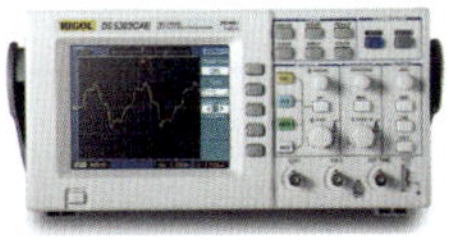	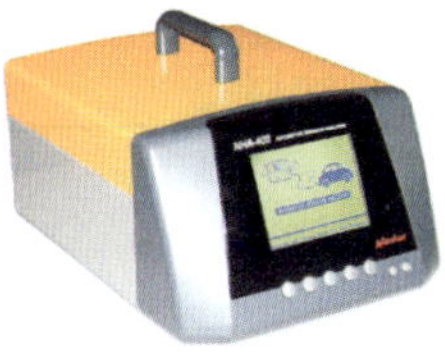		
示波器	尾气分析仪	举升机	实训车辆

维修手册	多楔传动带

二、防护措施

1. 进入车间应穿工鞋，戴工帽；工作服应整洁，无破损；操作时不可戴手表等金属饰品，以防划伤车辆表面。

2. 举升车辆时应严格按照举升机使用方法进行操作，并通知其他人员远离举升设备。

3. 更换油液或配件时应处理好油液和配件的回收清理工作，以免对工作环境造成污染。

观察下列车间操作图片，选出操作正确的图片。

		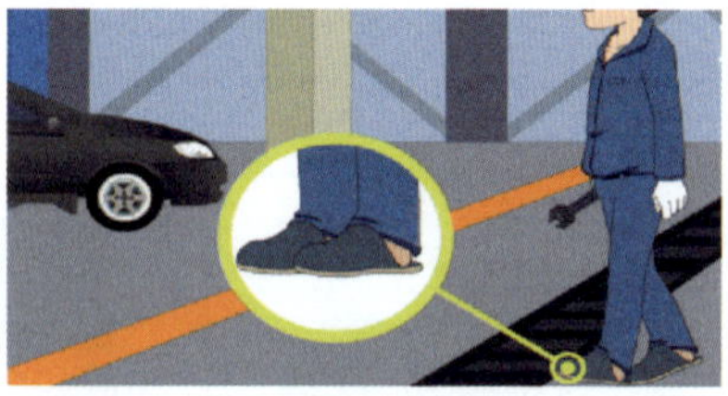

三、任务分配（见表 29-1）

表 29-1　任务分配表

职务	代码	姓名	工作内容
组长	A		监督、管理组员工作
组员	B		准备实训所需车辆及零配件
	C		
	D		准备实训所需工具及维修手册
	E		

四、任务实施

（一）操作流程

完成下面工作内容的排序并填写在表 29-2 中。

表 29-2 电子驻车制动系统故障诊断与维修操作步骤

操作流程	步骤	工作内容
验证故障现象并读取故障码		检查电子驻车故障指示灯是否点亮
		铺设三件套，打开发动机舱盖，铺设翼子板布
		选择“自诊断”并进入驻车制动器，若无法进入，则检查电控机械式驻车制动器控制单元电源与 CAN 通信线路
		若能够进入，则读取故障码并根据故障码进行维修
检查电控机械式驻车制动器控制单元电源与通信		检查 ABS 控制单元与网关之间的 CAN 通信线路是否正常
		检查 ABS 控制单元熔丝是否正常，断开 ABS 控制单元插接器，检查其搭铁是否正常
		检查 ABS 控制单元与电控机械式驻车制动器控制单元之间的 CAN 通信线路是否正常
		检查电控机械式驻车制动器控制单元熔丝是否正常，断开电控机械式驻车制动器控制单元插接器，检查控制单元搭铁是否正常
无故障码的诊断		读取数据流 008 组，检查车门开关与安全带开关数据是否正常
		读取数据流 125～126 组，检查电控机械式驻车制动器控制单元与其他控制单元通信是否正常
从电子驻车制动系统 ECU 引出的唤醒线断路/对地短路（故障码：02839）的检修		拔下 ABS 控制单元插接器，检查插接器针脚有无锈蚀、弯折，插接器连接是否到位
		拔下电控机械式驻车制动器控制单元插接器，检查插接器针脚有无锈蚀、弯折，插接器连接是否到位
		使用万用表与跨接线组检查 ABS 控制单元与电控机械式驻车制动器控制单元之间的唤醒线是否断路
		使用万用表检查唤醒线是否对地短路，正常电阻值应为无穷大
组合仪表内的驻车指示灯断路/对地短路（故障码：02845）的检修		使用万用表检查驻车指示灯控制线路是否对地短路，正常电阻值应为无穷大
		拔下电控机械式驻车制动器控制单元插接器，检查插接器针脚有无锈蚀、弯折
		使用万用表与跨接线组检查仪表控制单元与电控机械式驻车制动器控制单元之间的驻车指示灯控制线路是否断路
		拔下仪表控制单元插接器，检查插接器针脚有无锈蚀、弯折，插接器连接是否到位
电控机械式驻车制动器按钮开关电路电气故障（故障码：03200）的检修		关闭点火开关并拔下中控台开关模块 1 插接器，检查插接器针脚有无锈蚀、弯折，插接器连接是否到位
		使用万用表电阻挡检查中控台开关模块 1 的 6 号与 3 号针脚之间的电阻值，自然状态下，电阻值应为无穷大。向上扳动电子驻车制动开关时，应导通；否则为开关损坏，应更换
		使用万用表电阻挡检查中控台开关模块 1 的 5 号与 4 号针脚之间的电阻值，自然状态下，应导通。向上扳动电子驻车制动开关时，电阻值应为无穷大；否则为开关损坏，应更换
		使用万用表电阻挡检查中控台开关模块 1 的 6 号与 1 号针脚之间的电阻值，自然状态下，应导通。向下按电子驻车制动开关时，电阻值应为无穷大；否则为开关损坏，应更换
		使用万用表电阻挡检查中控台开关模块 1 的 5 号与 2 号针脚之间的电阻值，自然状态下，电阻值应为无穷大。向下按电子驻车制动开关时，应导通；否则为开关损坏，应更换
		使用万用表电阻挡检查中控台开关模块 1 的 13 号与 14 号针脚之间的电阻值。按下 AUTO HOLD 按钮开关时，电阻值应为 830 Ω 左右，松开 AUTO HOLD 按钮开关后，电阻值应为无穷大。否则为开关损坏，应更换

续表

操作流程	步骤	工作内容
电控机械式驻车制动器按钮开关电路电气故障（故障码：03200）的检修		若开关正常且相关线路正常，则可能是控制单元内部断路，应更换电控机械式驻车制动器控制单元
		检查 AUTO HOLD 按钮开关电源熔丝是否正常，若熔丝正常则检查线路通断
		使用万用表检查电子驻车制动开关和 AUTO HOLD 按钮开关与电控机械式驻车制动器控制单元之间的连接导线有无断路、短路等情况
自动停车功能灯断路/对地短路（故障码：02844）的检修		拔下中控台开关模块 1 插接器，检查插接器针脚有无锈蚀、弯折
		若开关正常且相关线路正常，则可能是控制单元内部断路，应更换电控机械式驻车制动器控制单元
		使用万用表检查 AUTO HOLD 指示灯与电控机械式驻车制动器控制单元之间的连接导线有无断路、短路等情况
		打开点火开关，使用万用表电压挡检查 AUTO HOLD 按钮开关指示灯 K213 电源端子有无电源电压，若无电源电压，则应对电源线路进行检查修复
操作控制中的功能灯断路/对地短路（故障码：02442）的检修		检查电子驻车制动开关指示灯熔丝是否正常
		拔下中控台开关模块 1 插接器，检查插接器针脚有无锈蚀、弯折
		打开点火开关，使用万用表电压挡检查电子驻车制动开关指示灯 K139 电源端子有无电源电压，若无电源电压，则应对电源线路进行检查修复
		使用万用表检查电子驻车制动开关指示灯 K139 与电控机械式驻车制动器控制单元之间的连接导线有无断路、短路等情况
		若开关正常且相关线路正常，则可能是控制单元内部断路，应更换电控机械式驻车制动器控制单元
控制单元左/右侧通道电源断路/对地短路（故障码：02435/02434）的检修		检查电控机械式驻车制动器控制单元的电源熔丝是否正常
		拔下电控机械式驻车制动器控制单元插接器，检查电源线有无电源电压，若无电源电压，则检查电源线路是否正常
		若电源线路正常，则可能是控制单元内部断路或短路，应更换电控机械式驻车制动器控制单元
左/右侧停车制动电动机供电断路（故障码：02432/02433）的检修		拔下相应侧驻车制动器插接器，检查针脚有无锈蚀、弯折等情况
		若驱动电动机线路正常，则可能是电控机械式驻车制动器控制单元内部损坏，应更换电控机械式驻车制动器控制单元
		拔下电控机械式驻车制动器控制单元插接器，检查控制单元针脚有无锈蚀、弯折等情况
		使用万用表检测相应侧驻车制动器电动机内部是否断路
		使用万用表检查电控机械式驻车制动器控制单元与驱动电动机之间线路是否断路
由于电压过低造成功能受限未达到下限（故障码：00446）的检修		检查蓄电池电压应不低于 11.7 V
		拔下电控机械式驻车制动器控制单元熔丝，检查其插脚有无锈蚀或接触不良
		拔下电控机械式驻车制动器控制单元插接器，检查电控机械式驻车制动器控制单元熔丝与电源导线间的电阻值，应不大于 0.5 Ω

（二）实施记录

结合实施过程，对照表 29-3 所列检查项目进行检查，并记录实际的检查结果。

表 29-3 电子驻车制动系统故障诊断与维修实施记录

序号	项目	故障检查	故障记录
1	故障验证	铺设三件套，安全防护工作 □ 电子驻车制动系统故障 □ 故障现象验证：________________	检查出的故障：
2	故障自诊断	正确连接诊断仪 □ 不能进入自诊断 □ 只可以进入 ABS □ 可以进入自诊断 □ 故障码记录：________________ ________________	检查出的故障：
3	相关电气元件维修记录	有故障的电气元件或电路：________________ 检查步骤： ________________ ________________ ________________ ________________ ________________ ________________	检查出的故障：
根据任务实施流程和故障排除过程，总结电子驻车制动系统故障排除思路，并填写在下面。 1. ________________ 2. ________________ 3. ________________ 4. ________________ 5. ________________ 6. ________________			

五、检查

（一）自检

结合本组任务操作过程，对任务执行过程中的操作规范性进行检查，检查操作过程中是否存在以下问题，分析讨论应如何避免并总结规范的操作方法（见表 29-4）。

表 29-4 自检

检查项目	结果
车辆停放位置是否合适，是否将变速器置于空挡并拉紧驻车制动器	是 □ 否 □
是否使用三件套对车辆进行防护	是 □ 否 □
电子驻车制动系统故障是否消除	是 □ 否 □
其他控制系统故障是否消除	是 □ 否 □
工作场地是否清洁，车辆是否复位	是 □ 否 □

（二）互检

组与组之间相互进行任务操作过程及结果检查，并把检查结果填写在表 29-5 中。

表 29-5　互检

检查项目	结果
车辆停放位置是否合适，是否将变速器置于空挡并拉紧驻车制动器	是□　否□
是否使用三件套对车辆进行防护	是□　否□
电子驻车制动系统故障是否消除	是□　否□
其他控制系统故障是否消除	是□　否□
工作场地是否清洁，车辆是否复位	是□　否□

六、课堂小结

任务三十 电子驻车制动系统故障诊断与维修（四）

电子驻车制动系统故障诊断与维修任务工单——AUTO HOLD 功能失效故障检修					
客户信息	姓名		职业		
车辆信息	车型		VIN 码		行驶里程
维修事项	电子驻车故障指示灯亮 □ 电子驻车功能失效 □		电子驻车功能无法自动解除 □ 关闭点火开关后无法驻车 □		AUTO HOLD 功能失效 □ 单侧驻车电动机失效 □
	客户描述：				

车辆外观检查		车辆内部检查	
凹凸 □	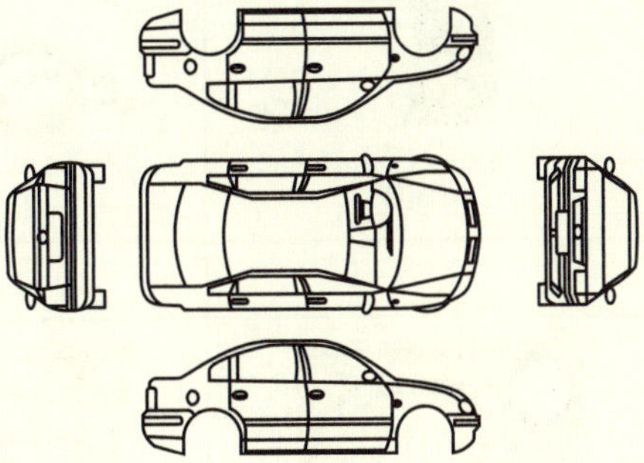	污渍 □	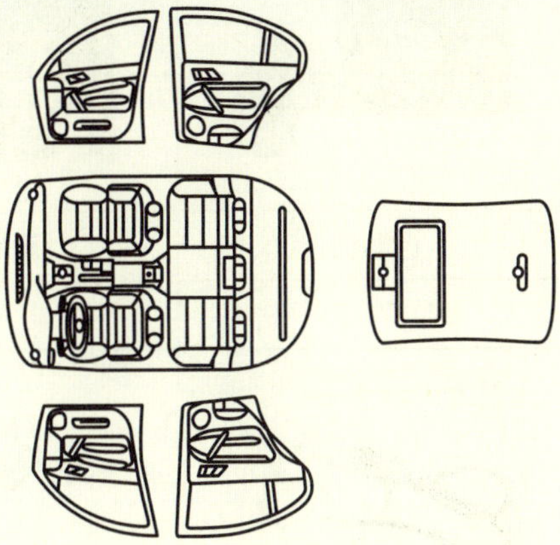
划痕 □		破损 □	
石击 □		色斑 □	
油漆 □		变形 □	

明确具体工作任务	

任务目标

- 掌握电子驻车制动系统故障诊断与维修的思路
- 能够使用检测设备和仪器对系统故障进行查询
- 能够根据电子驻车制动系统故障码对相关电气元件和电路进行检修

任务内容

- 电子驻车制动系统的功能与组成
- 电子驻车制动系统的控制原理
- 电子驻车制动系统的电路原理分析
- 电子驻车制动系统电路的检查方法

续表

任务重点	● 电子驻车制动系统的控制原理 ● 电子驻车制动系统的电路原理分析 ● 电子驻车制动系统电路的检查方法
任务难点	● 电子驻车制动系统的电路原理分析与检查方法

一、任务准备

选出完成本任务所需的工具、设备、资料等。

	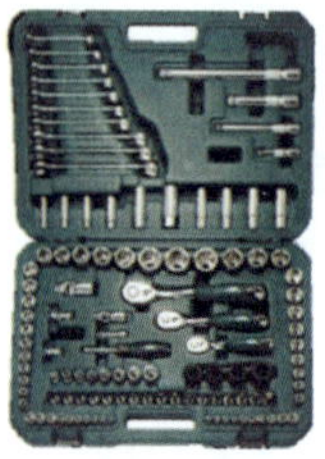		
工具车	工具套件	翼子板布	吹尘枪
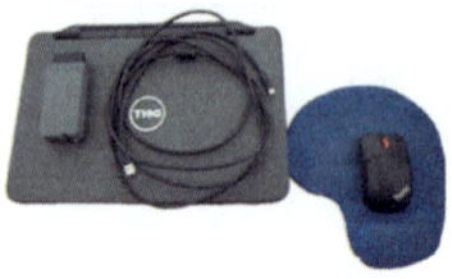	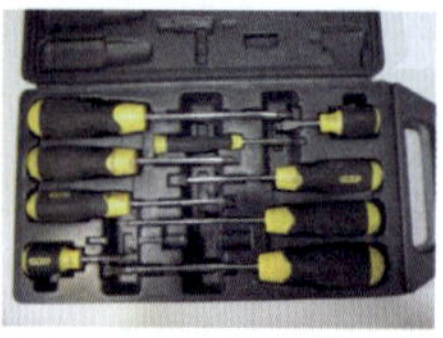		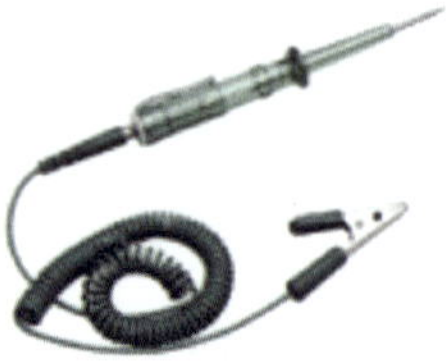
诊断仪	旋具套装	万用表	二极管试灯
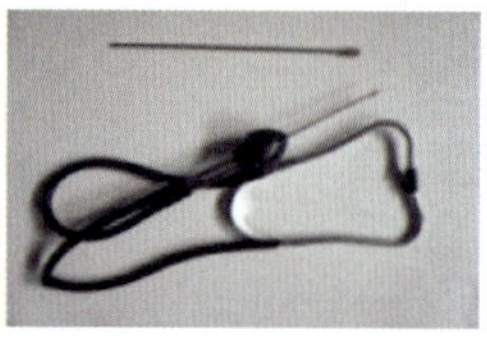		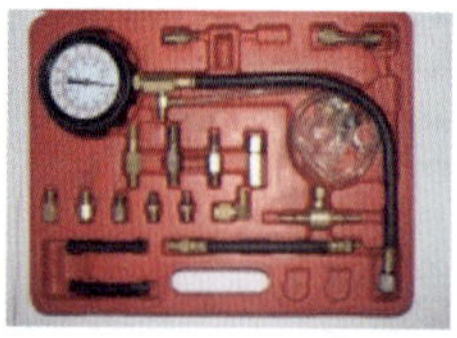	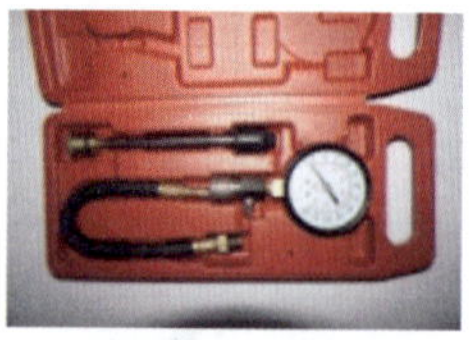
听诊器	抹布	燃油压力表	气缸压力表
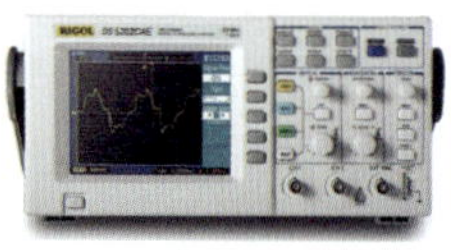	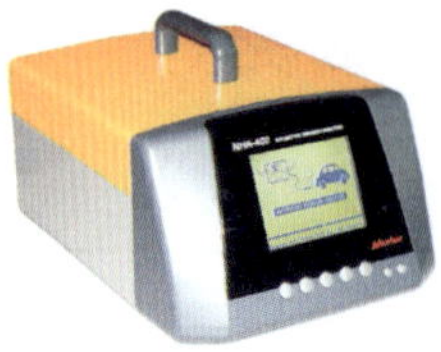		
示波器	尾气分析仪	举升机	实训车辆

维修手册	多楔传动带

二、防护措施

1. 进入车间应穿工鞋，戴工帽；工作服应整洁，无破损；操作时不可戴手表等金属饰品，以防划伤车辆表面。

2. 举升车辆时应严格按照举升机使用方法进行操作，并通知其他人员远离举升设备。

3. 更换油液或配件时应处理好油液和配件的回收清理工作，以免对工作环境造成污染。

观察下列车间操作图片，选出操作正确的图片。

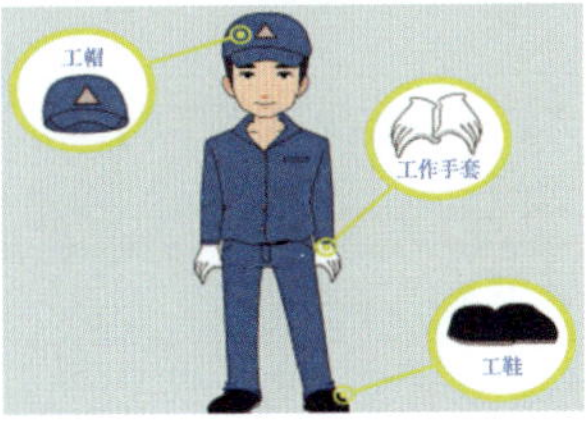		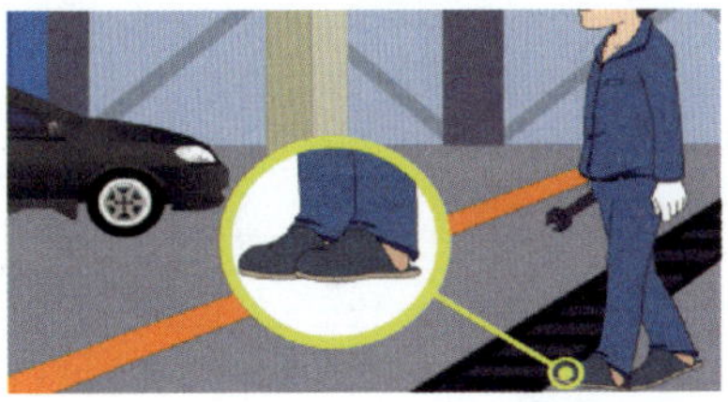

三、任务分配（见表 30-1）

表 30-1　任务分配表

职务	代码	姓名	工作内容
组长	A		监督、管理组员工作
组员	B		准备实训所需车辆及零配件
	C		
	D		准备实训所需工具及维修手册
	E		

四、任务实施

（一）操作流程

完成下面工作内容的排序并填写在表 30-2 中。

表 30-2　电子驻车制动系统故障诊断与维修操作步骤

操作流程	步骤	工作内容
验证故障现象并读取故障码		检查电子驻车故障指示灯是否点亮
		铺设三件套，打开发动机舱盖，铺设翼子板布
		选择“自诊断”并进入驻车制动器，若无法进入，则检查电控机械式驻车制动器控制单元电源与 CAN 通信线路
		若能够进入，则读取故障码并根据故障码进行维修
检查电控机械式驻车制动器控制单元电源与通信		检查电控机械式驻车制动器控制单元熔丝是否正常，断开电控机械式驻车制动器控制单元插接器，检查控制单元搭铁是否正常
		检查 ABS 控制单元熔丝是否正常，断开 ABS 控制单元插接器，检查其搭铁是否正常
		检查 ABS 控制单元与网关之间的 CAN 通信线路是否正常
		检查 ABS 控制单元与电控机械式驻车制动器控制单元之间的 CAN 通信线路是否正常
无故障码的诊断		读取数据流 125 ~ 126 组，检查电控机械式驻车制动器控制单元与其他控制单元通信是否正常
		读取数据流 008 组，检查车门开关与安全带开关数据是否正常
从电子驻车制动系统 ECU 引出的唤醒线断路 / 对地短路（故障码：02839）的检修		拔下 ABS 控制单元插接器，检查插接器针脚有无锈蚀、弯折，插接器连接是否到位
		拔下电控机械式驻车制动器控制单元插接器，检查插接器针脚有无锈蚀、弯折，插接器连接是否到位
		使用万用表与跨接线组检查 ABS 控制单元与电控机械式驻车制动器控制单元之间的唤醒线是否断路
		使用万用表检查唤醒线是否对地短路，正常电阻值应为无穷大
组合仪表内的驻车指示灯断路 / 对地短路（故障码：02845）的检修		拔下仪表控制单元插接器，检查插接器针脚有无锈蚀、弯折，插接器连接是否到位
		拔下电控机械式驻车制动器控制单元插接器，检查插接器针脚有无锈蚀、弯折
		使用万用表检查驻车指示灯控制线路是否对地短路，正常电阻值应为无穷大
		使用万用表与跨接线组检查仪表控制单元与电控机械式驻车制动器控制单元之间的驻车指示灯控制线路是否断路
电控机械式驻车制动器按钮开关电路电气故障（故障码：03200）的检修		关闭点火开关并拔下中控台开关模块 1 插接器，检查插接器针脚有无锈蚀、弯折，插接器连接是否到位
		使用万用表电阻挡检查中控台开关模块 1 的 6 号与 3 号针脚之间的电阻值，自然状态下，电阻值应为无穷大。向上扳动电子驻车制动开关时，应导通；否则为开关损坏，应更换
		使用万用表电阻挡检查中控台开关模块 1 的 5 号与 4 号针脚之间的电阻值，自然状态下，应导通。向上扳动电子驻车制动开关时，电阻值应为无穷大；否则为开关损坏，应更换
		使用万用表电阻挡检查中控台开关模块 1 的 6 号与 1 号针脚之间的电阻值，自然状态下，应导通。向下按电子驻车制动开关时，电阻值应为无穷大；否则为开关损坏，应更换
		使用万用表电阻挡检查中控台开关模块 1 的 5 号与 2 号针脚之间的电阻值，自然状态下，电阻值应为无穷大。向下按电子驻车制动开关时，应导通；否则为开关损坏，应更换
		使用万用表电阻挡检查中控台开关模块 1 的 13 号与 14 号针脚之间的电阻值。按下 AUTO HOLD 按钮开关时，电阻值应为 830 Ω 左右；松开 AUTO HOLD 按钮开关后，电阻值应为无穷大。否则为开关损坏，应更换
		检查 AUTO HOLD 按钮开关电源熔丝是否正常，若熔丝正常则检查线路通断

续表

操作流程	步骤	工作内容
电控机械式驻车制动器按钮开关电路电气故障（故障码：03200）的检修		使用万用表检查电子驻车制动开关和 AUTO HOLD 按钮开关与电控机械式驻车制动器控制单元之间的连接导线有无断路、短路等情况
		若开关正常且相关线路正常，则可能是控制单元内部断路，应更换电控机械式驻车制动器控制单元
自动停车功能灯断路/对地短路（故障码：02844）的检修		拔下中控台开关模块 1 插接器，检查插接器针脚有无锈蚀、弯折
		打开点火开关，使用万用表电压挡检查 AUTO HOLD 按钮开关指示灯 K213 电源端子有无电源电压，若无电源电压，则应对电源线路进行检查修复
		使用万用表检查 AUTO HOLD 指示灯与电控机械式驻车制动器控制单元之间的连接导线有无断路、短路等情况
		若开关正常且相关线路正常，则可能是控制单元内部断路，应更换电控机械式驻车制动器控制单元
操作控制中的功能灯断路/对地短路（故障码：02442）的检修		检查电子驻车制动开关指示灯熔丝是否正常
		拔下中控台开关模块 1 插接器，检查插接器针脚有无锈蚀、弯折
		使用万用表检查电子驻车制动开关指示灯 K139 与电控机械式驻车制动器控制单元之间的连接导线有无断路、短路等情况
		打开点火开关，使用万用表电压挡检查电子驻车制动开关指示灯 K139 电源端子有无电源电压，若无电源电压，则应对电源线路进行检查修复
		若开关正常且相关线路正常，则可能是控制单元内部断路，应更换电控机械式驻车制动器控制单元
控制单元左/右侧通道电源断路/对地短路（故障码：02435/02434）的检修		检查电控机械式驻车制动器控制单元的电源熔丝是否正常
		拔下电控机械式驻车制动器控制单元插接器，检查电源线有无电源电压，若无电源电压，则检查电源线路是否正常
		若电源线路正常，则可能是控制单元内部断路或短路，应更换电控机械式驻车制动器控制单元
左/右侧停车制动电动机供电断路（故障码：02432/02433）的检修		拔下相应侧驻车制动器插接器，检查针脚有无锈蚀、弯折等情况
		使用万用表检测相应侧驻车制动器电动机内部是否断路
		拔下电控机械式驻车制动器控制单元插接器，检查控制单元针脚有无锈蚀、弯折等情况
		使用万用表检查电控机械式驻车制动器控制单元与驱动电动机之间线路是否断路
		若驱动电动机线路正常，则可能是电控机械式驻车制动器控制单元内部损坏，应更换电控机械式驻车制动器控制单元
由于电压过低造成功能受限未达到下限（故障码：00446）的检修		拔下电控机械式驻车制动器控制单元熔丝，检查其插脚有无锈蚀或接触不良
		拔下电控机械式驻车制动器控制单元插接器，检查电控机械式驻车制动器控制单元熔丝与电源导线间的电阻值，应不大于 0.5 Ω
		检查蓄电池电压应不低于 11.7 V

（二）实施记录

结合实施过程，对照表 30-3 所列检查项目进行检查，并记录实际的检查结果。

表 30-3　电子驻车制动系统故障诊断与维修实施记录

序号	项目	故障检查	故障记录
1	故障验证	铺设三件套，安全防护工作 □　电子驻车制动系统故障 □ 故障现象验证：________	检查出的故障：
2	故障自诊断	正确连接诊断仪 □　不能进入自诊断 □ 只可以进入 ABS □　可以进入自诊断 □ 故障码记录：________ ________	检查出的故障：
3	相关电气元件维修记录	有故障的电气元件或电路：________ 检查步骤： ________ ________ ________ ________ ________ ________	检查出的故障：
根据任务实施流程和故障排除过程，总结电子驻车制动系统故障排除思路，并填写在下面。 1. ________ 2. ________ 3. ________ 4. ________ 5. ________ 6. ________			

五、检查

（一）自检

结合本组任务操作过程，对任务执行过程中的操作规范性进行检查，检查操作过程中是否存在以下问题，分析讨论应如何避免并总结规范的操作方法（见表 30-4）。

表 30-4　自检

检查项目	结果
车辆停放位置是否合适，是否将变速器置于空挡并拉紧驻车制动器	是 □　否 □
是否使用三件套对车辆进行防护	是 □　否 □
电子驻车制动系统故障是否消除	是 □　否 □
其他控制系统故障是否消除	是 □　否 □
工作场地是否清洁，车辆是否复位	是 □　否 □

（二）互检

组与组之间相互进行任务操作过程及结果检查，并把检查结果填写在表 30-5 中。

表 30-5 互检

检查项目	结果
车辆停放位置是否合适，是否将变速器置于空挡并拉紧驻车制动器	是□ 否□
是否使用三件套对车辆进行防护	是□ 否□
电子驻车制动系统故障是否消除	是□ 否□
其他控制系统故障是否消除	是□ 否□
工作场地是否清洁，车辆是否复位	是□ 否□

六、课堂小结